全国老年服务与管理类专业规划教材

NATIONAL PLANNED TEXTBOOK FOR ELDERLY SERVICE AND MANAGEMENT

养老机构管理实务

Nursing Home Management Practice

主 编 易 丹
Chief Editor Yi Dan

副主编 王俊颖
Deputy Editor Wang Junying

天津大学出版社
TIANJIN UNIVERSITY PRESS

内 容 提 要

本书面向养老机构运行维护实务需求，结合管理实际工作中所关注的具体事项，根据各地发展的实践经验和大量的文献资料，系统阐述了养老机构的管理与服务规范，涵盖了新时代和新形势下养老机构的行政管理、运营管理、服务管理、质量管理等内容，同时对未来的养老机构管理模式进行了探讨。书中提供了丰富的案例、图表、模板，可供读者借鉴。本书既注重理论指导，又注重可读性与可操作性，同时附有相应的视频教学资料和拓展阅读资料。读者可以通过扫描二维码观看视频或者阅读文献。

本书既可以作为高等职业院校、中等职业学校老年服务与管理类各专业以及老年社会工作、民政服务与管理等专业的教材，又可以作为各类养老服务机构、社区养老服务中心、企事业单位离退办、干休所、老年大学、老年学校、老年教育培训机构的教材或教学参考书，为一线老年服务人员提供技术流程参考，还可以作为从事养老敬老相关工作的老年服务从业人员职业技能培训用书。

图书在版编目（CIP）数据

养老机构管理实务：汉文、英文 / 易丹主编；王俊颖副主编.
—天津：天津大学出版社，2023.7

全国老年服务与管理类专业规划教材

ISBN 978-7-5618-7520-9

Ⅰ.①养… Ⅱ.①易… ②王… Ⅲ.①养老院—运营管理
—中国—高等职业教育—教材 Ⅳ.①D669.6

中国国家版本馆 CIP 数据核字（2023）第 114724 号

YANGLAO JIGOU GUANLI SHIWU

出版发行 天津大学出版社
地　　址 天津市卫津路 92 号天津大学内（邮编：300072）
电　　话 发行部：022-27403647
网　　址 www.tjupress.com.cn
印　　刷 北京盛通数码印刷有限公司
经　　销 全国各地新华书店
开　　本 787mm×1092mm　1/16
印　　张 26.5
字　　数 682 千
版　　次 2023 年 7 月第 1 版
印　　次 2023 年 7 月第 1 次
定　　价 99.00 元

前　言 Preface

我国已进入老龄化社会，截至2021年底，全国60岁及以上老年人口达2.67亿，占总人口的18.9%；65岁及以上老年人口达2亿以上，占总人口的14.2%。据测算，预计“十四五”时期，60岁及以上老年人口将突破3亿，占总人口的比例将超过20%，我国进入中度老龄化阶段。2035年左右，60岁及以上老年人口将突破4亿，占总人口的比例将超过30%。在此背景下，我国老龄化问题将愈发突出。人口老龄化牵动全局，关系国计民生，关系社会稳定。养老事业和养老产业发展受到党和国家高度重视。中国共产党第二十次全国代表大会报告从“增进民生福祉，提高人民生活品质”的角度阐述了养老事业和养老产业的发展方向，即积极推动全体老年人享有基本养老服务，提供满足不同年龄、不同区域、不同品质市场需求的“为老服务”，进而让老年人共享改革发展成果，实现颐养天年。

在政策与市场的驱动下，我国养老机构在取得突飞猛进的发展的同时也遇到了发展的瓶颈。习近平总书记在中央财经领导小组第十四次会议上专门针对养老机构服务发展作了重要讲话。他指出，提高养老院服务质量，关系2亿多老年人特别是4 000多万失能半失能老年人的晚年幸福，也关系他们子女的工作和生活，是涉及人民生活质量的大事。要按照适应需求、质量优先、价格合理、多元供给的思路，尽快在养老院服务质量方面有明显改善，加快建立全国统一的服务质量标准和评价体系，加强养老机构服务质量监管，坚决依法依规从严惩处欺老、虐老行为。

在此背景下，伴随着养老机构小型化、专业化、社区化、连锁化发展态势，养医结合模式不断多元化，养老服务更趋亲情化与人性化，树立让老年人满意的服务理念和价值观念，关注、尊重和满足老年人需求，健全服务体系，完善服务功能，丰富服务内容，深化服务内涵，已成为养老机构适应竞争需要、实现自身发展的内在要求。

本书符合当前社会发展的现实需要，致力于提高养老机构的管理和服务水平，促进养老机构从老有所养向老有善养转变。本书的编写引入项目化教学理念，遵循“项目引导，教学做一体化”的原则，以九大项目为主题，以任务为主线，通过设计详细的工作任务，将理论知识融入实践操作中。

本书中英文部分编写分工如下：杨璐编写项目一、项目三，杨璐与陶军屹编写项目二，易丹编写项目四、项目七、项目八，张迎春、王俊颖编写项目五，霍丹、王俊颖编写项目六，徐晶编写项目九。其中易丹、陶军屹、张迎春、徐晶、王俊颖来自重庆城市管理职业学院，杨璐来自重庆青年职业技术学院，霍丹来自重庆医科大学附属第一医院青杠老年护养中心。全书由重庆城市管理职业学院王俊颖、张庆刚统稿。

编者力求提供一本既有理论指导，又有实践应用的教材，同时希望能为关注老年群体养老问题的读者提供一本专业读物。西南大学杨玉辉教授、任一明教授、杨毅教授，重庆城市管理职业学院民政与社会治理学院院长周良才、党总支书记陶军屹、副院长李飞虎、党总支副书记李国英等在本书编写过程中给予热情的指导，提出许多宝贵意见和建议，在此向他们致以衷心的感谢！此外，还要感谢天津大学出版社赵宏志老师、胡小捷老师的大力支持以及石马河街道养老服务中心主任杨艳萍给予的帮助。由于编者水平有限，书中存在不足之处，敬请广大读者提出宝贵的意见和建议。

编　者

2023 年 1 月

Preface

China has entered the stage of an aging society, by the end of 2021, there had been 267 million elderly people aged 60 and above, accounting for 18.9% of the total population, and more than 200 million people aged 65 and above, accounting for 14.2% of the total population. According to estimation, it is expected that the total number of elderly people aged 60 and above will exceed 300 million in the period of the 14th Five-Year Plan, accounting for more than 20% and Entering the stage of moderate aging. Around 2035, the elderly population aged 60 and above will exceed 400 million, accounting for more than 30% of the total population, and China's aging problem will become more and more prominent in this context. The aging of the population affects the whole situation, which is related to the country's livelihood and social stability. The development of elderly care and elderly industry is highly valued by CPC and Chinese government. The report of the 20th National Congress of the Communist Party of China elaborated the development direction of the elderly care and the elderly care industry from the perspective of "promoting the well-being of people's livelihood and improving the quality of people's lives", that is, the implementation of the national strategy to actively respond to the aging of the population, and the development of the elderly care business and the elderly industry, optimize the services for the widows and orphans, and promote the realization of basic elderly services for all elderly people.

With the drive of policy and market, the nursing homes in our country have encountered the bottleneck while achieving rapid development. General Secretary Xi Jinping made an important speech at the 14th Meeting of the Central Leading Group of Finance and Economics specifically for the development of services for the elderly institutions. "Improving the quality of nursing home services is vital to the well-being of the more than 200 million elderly people, especially the more than 40 million disabled elderly people in their old age. It is also vital to the work and life of their children," he said. According to the idea of adapting to demand, giving priority to quality, reasonable price and diversified supply, we should make a significant improvement in the service quality of nursing homes as soon as possible, accelerate the establishment of a unified national service quality standard and evaluation system, strengthen the supervision of the service quality of nursing homes, and resolutely punish bullying and abuse of the elderly in accordance with the laws and regulations.

In this context, along with the development trend of nursing homes' miniaturization, specialization, communitization and chain-orientation, and the continuous diversification of nursing and medical combination modes, the elderly care service is more familization and humanized. The service concept and value that satisfy the elderly are established. The needs of the elderly are paid attention to, respected and satisfied. The service system is improved, and the service function is perfected. Enriching the service content and deepening the service connotation have become the internal requirements for the elderly care institutions to meet the competitive needs and realize their own development.

The publication of this book meets the current needs of social development and is dedicated to improving the management and service level of elderly care institutions and promoting the transformation of elderly care institutions from having care to having good care for the elderly. The compilation of this book introduces the project-based teaching concept, adopts the principle of "project guidance, teaching integration", takes the work task as the main line, designs detailed tasks, integrates theoretical knowledge into each practical operation, and compiles with nine major projects as the theme.

The division of work for the preparation of the Chinese and English part of this book is as follows: Yang Lu wrote Project 1 and 3, Yang Lu and Tao Junyi wrote Project 2, Yi Dan wrote Project 4, Project 7 and 8, Zhang Yingchun and Wang Junying wrote Project 5, Huo Dan and Wang Junying wrote Project 6, and Xu Jing wrote Project 9. Yi Dan, Tao Junyi, Zhang Yingchun, Xu Jing and Wang Junying are from Chongqing City Management College. Yang Lu is from Chongqing Youth Vocational & Technical College. Huo Dan is from Qinggang Senior Care Center, the First Affiliated Hospital of Chongqing Medical University. The English and Chinese versions of the book were edited by Wang Junying and Zhang Qinggang of Chongqing City Management College.

The editors strive to provide a textbook with both theoretical guidance and practical application, and hopes to provide a professional book for readers who are concerned about the elderly care issues. In the process of topic selection, writing and editing, this book has been warmly guided by professors Yang Yuhui, Ren Yiming and Yang Yi of Southwest University; Zhou Liangcai, Dean of College of Civil Affairs and Social Governance of Chongqing City Management College; Tao Junyi, Secretary of Party General Branch; Li Feihu, Vice President; Li Guoying, Deputy Secretary of Party General Branch and so on. In addition, we would like to thank Mr. Zhao Hongzhi and Ms. Hu Xiaojie of Tianjin University Press for their great support, and Ms. Yang Yanping, Director of the Elderly Care Service Center of Shimahe Street. Due to the limited level of the editors, we would like to invite valuable suggestions and comments from learners on the shortcomings of the book.

Editors

In January 2023

目　录

Contents

Contents

项目一 养老机构管理概述

教学目标

1. 了解养老机构管理内涵。
2. 了解现代养老机构管理理念。
3. 了解养老机构管理新趋势。
4. 了解养老服务体系建设、养老机构管理相关政策法规。

工作任务

案例

小张是老年服务管理专业的大三学生，受到父辈创业经历的影响，从小便在心中埋下了一颗创业的种子，立志长大后回报家乡、奉献社会。毕业在即，在当地政府对毕业生自主创业优惠政策的鼓励和扶持下，小张深入考察了创业市场，了解到“十四五”时期国家对老龄事业发展和养老服务体系大力扶持，为老年幸福生活“加码”，当地也出台了诸多政策推动构建医养结合的养老服务体系，力争养老事业和产业有效协同、高质量发展。在此背景下，结合自身学到的专业知识，他决定创办一所百姓住得起、质量有保证的医养结合机构。为了实现这个梦想，小张拟订了项目建设计划书，计划分步骤地使梦想落地生根，开花结果。但是，由于小张没有相关管理经验，因而如何对养老机构进行管理成了大问题。对此，小张感到十分苦恼。要想让小张快速了解养老机构服务与管理的主要内容，应完成以下任务。

《“十四五”国家老龄事业发展和养老服务体系规划》

任务一　掌握养老机构管理内涵

管理是一门系统性、科学性、艺术性和实用性较强的学科。养老机构是指为老年人提供集中居住和照料服务等综合性服务的机构。掌握养老机构管理的基本框架与内涵，是养老机构平稳运行、可持续发展的关键。

工作步骤

任务一工作步骤如图 1－1 所示。

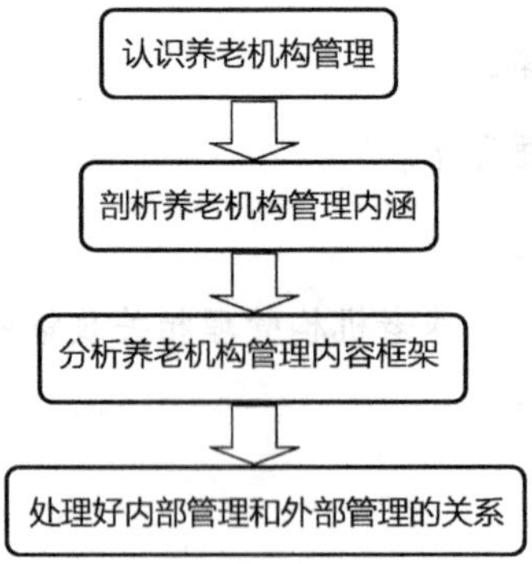

图 1－1　任务一工作步骤

第一步　认识养老机构管理

活动内容

阅读案例材料，分析案例中介绍的养老机构管理成功或失败的原因是什么，对你有什么启示。

案例

李院长的“成长”

一家养老院因连锁经营失败导致债务过多而无法继续运营，被卖给了一家基金事业公司。该养老院的经营转让导致员工人心动摇。领导的管理能力较弱导致员工大量离职。“公司倒闭了，再这样继续下去的话，连工资也拿不到了。”这种毫无根据的传言不断扩散，员工们越发不安。“不尽早辞职的话就要倒霉了。”“他都辞职的话，我也不干了。”想辞职的员工接二连三地出现。因无法阻止员工辞职，惊慌失措的李院长没有经过认真面试就不断地录用兼职员工。

“为了凑数，院长录用了一些根本不会做护理工作的人。工作现场本来就已经人手不足了，这些新员工却和初学者一样，带着他们工作是不可能的。这个时候院长如果不稳住阵脚的话就很难办。”王护士面露怒气地说。

基金事业公司了解情况后，询问李院长具体情况。李院长很无奈，他不知道还能再做什么。李院长原本属于公司的金牌员工，自8年前毕业后进入养老院，就一直作为护理员工工作多年，后被调到营业部，去年刚就任了院长。可是他对这次的事情却束手无策，坦言道：“截止到上个月已经有5名正式员工辞职了，这个月也已经有3人提出了辞职申请。我一个多月都没有休息了，一直在努力地工作，不知道还能再做什么。说实话，我都想辞职了。”为解决这一问题，基金事业公司派出专业管理人员，对李院长面临的困境提出了解决对策。

经过培训与疏导，李院长每天召开员工会议，就本次的收购实情、今后的经营方针、公司的规划等，向员工进行明确的说明，倾听员工的心声，解除员工的误会，并告诉员工提高顾客满意度是新公司最大的目标，也是最优先要做的事情，并呼吁道：“为此应该怎样做，希望大家一起思考，一起商议。”服务质量将对顾客满意度产生巨大影响。补充人力资源也不是“凑数”录用。在找到满意的人才之前，李院长继续加大了招聘力度。对于这一期间人手不足的问题，在与总公司交涉之后，李院长决定稍微增加一些经费，由人才派遣公司输送一些经验丰富的员工。

员工们最初对李院长的改变与成长很吃惊，可是慢慢地感觉到了这是一个可以放心工作的地方。3个月后，员工的流失率总算控制住了。李院长坚持每天和员工开会，新招聘的员工也正式入职了。养老院正逐步恢复以往的盛况。

思考与讨论

面对养老机构出现的危机，李院长的“成长”表现在哪些方面？

第二步 剖析养老机构管理内涵

活动内容

分析案例——李院长的“成长”中体现了养老机构管理的哪些内涵与特征。

知识链接

养老机构管理内涵

管理是组织（管理者）为达到一定的组织目标而有效地利用人力、物力、财力和其他资源的过程。养老机构管理主要是指对养老机构的外部管理和养老机构的内部管理。对养老机构的外部管理主要是指政府及相关行业等社会力量对养老机构的管理，多是从宏观层面，即从政策法规行业标准等层面对养老机构建设、服务与经营进行管理，这种管理多为指导和监督。而养老机构内部管理则是从微观层面，根据老年人的需求，依据国家政策法规所进行的具体事务管理。两者相辅相成，缺一不可，共同目标是规范养老机构的服务与经营，满足广大老年人集中养老的需求，促进养老服务事业的发展。养老机构管理的内容和范围大到政府及相关行业对养老机构各项政策法规、规章制度、标准规范落实的管理，小到养老机构的服务人员对入住老年人日常生活方方面面的照顾和管理。归纳起来可以分为政府对养老机构的外部管理和管理者对养老机构的内部管理。

从管理目标而言，养老机构管理以追求社会效益为主，兼顾经济效益。养老服务业是老年人社会福利事业的重要组成部分，也是社会主义精神文明的窗口，体现党和政府对广大老年人的关心与关怀。因此，不断改善住养条件、提高服务质量、追求社会效益，让老年人满意、让子女放心，为政府和社会分忧是养老机构管理的重要目标。基于此，养老机构须坚持以下原则。

一是以人为本的原则。在软硬件设施规划设计、装修或改造过程中充分考虑老年人的体能、心态变化，理解老年人的心理与期望，对每一位老年人提供体贴入微的个性化服务，在员工的管理上切实解决员工工作、生活上的困难，维护员工的合法权益，激发员工努力工作的积极性。

二是安全第一的原则。养老服务业是一个高风险的行业，它面对的是体弱多病的老年群体。在养老机构管理中，安全管理是头等大事，应从制度上进行设防，意识上加以强化，把不安全因素消除在萌芽状态。同时，坚持依法管理，严格遵守政府相关部门、行业相关标准的规定与指导。

三是服务质量第一的原则。质量是企业发展的生命线。对养老机构的质量管理，是实现养老机构目标的准绳与依据。

拓展阅读

全国人民代表大会常务委员会专题调研组关于实施积极应对人口老龄化国家战略、推动老龄事业高质量发展情况的调研报告

人口老龄化是我国的基本国情。习近平总书记强调，有效应对我国人口老龄化，事关国家发展全局，事关亿万百姓福祉。全国人大常委会开展“实施积极应对人口老龄化国家战略、推动老龄事业高质量发展”的专题调研，是落实党中央决策部署，监督和促进老龄工作的一项重要举措。

调研发现，我国人口老龄化形势严峻。1999 年，我国 60 岁及以上老年人口比例超过 10%，开始进入老龄化社会。截至 2021 年，我国 60 岁及以上老年人口达 2.67 亿，占总人口的 18.9%，处于轻度老龄化阶段。“十四五”时期占比将超过 20%，进入中度老龄化社会。

我国人口老龄化具有规模大、发展快、不平衡等鲜明特征。

1. 规模大

我国是世界上唯一老年人口超过 2 亿的国家。2050 年左右，60 岁及以上老年人口预计达到峰值 4.87 亿，占届时全国总人口的 34.8%、亚洲老年人口的 40%、全球老年人口的 25%。

2. 发展快

1962 年至 1976 年是新中国成立后第二次人口出生高峰，将导致 2022 年至 2036 年老年人口快速增加。预计我国 60 岁及以上老年人口 2025 年将突破 3 亿，2033 年突破 4 亿。2035 年前后我国将进入重度老龄化阶段。

3. 不平衡

首先是城乡差异大。农村 60 岁及以上、65 岁及以上老年人口占农村总人口的比例分别为 23.81%、17.72%，比城镇的比重分别高出 7.99 个百分点、6.61 个百分点。其次是区域差异大。第七次全国人口普查数据显示，有 10 个省区市老年人口占比超过 20%，辽宁最高，达到 25.72%；有 7 个省区市老年人口占比不到 15%，西藏最低，为 8.52%。

从“十四五”时期进入中度老龄化阶段，到 2035 年前后进入重度老龄化阶段，再到 2050 年左右人口老龄化达峰值，这一进程与全面建设社会主义现代化国家新征程的“两个阶段”基本同步，对从全局上、战略上发展老龄事业提出更高要求。调研报告从新时代老龄事业取得历史性成就、当前老龄工作存在的主要问题、积极应对人口老龄化的意见建议等方面进行了总结。

第三步 分析养老机构管理内容框架

活动内容

假设你是小张，以养老机构创业项目为模拟情境，思考应从哪些方面入手进行养老机构的管理工作。

知识链接

养老机构内外部管理

一、养老机构外部管理

政府及相关行业等社会力量对养老机构的管理称为外部管理。根据《养老机构管理办法》（中华人民共和国民政部令第66号），县级以上人民政府民政部门负责养老机构的指导、监督和管理，其他有关部门依照职责分工对养老机构实施监督。养老机构应当按照建筑、消防、食品安全、医疗卫生、特种设备等法律、法规和强制性标准开展服务活动。养老机构及其工作人员应当依法保障收住老年人的人身权、财产权等合法权益。政府投资兴办的养老机构在满足特困人员集中供养需求的前提下，优先保障经济困难的孤寡、失能、高龄等老年人的服务需求。政府投资兴办的养老机构，可以采取委托管理、租赁经营等方式，交由社会力量运营管理。民政部门应当会同有关部门采取措施，鼓励、支持企业事业单位、社会组织或者个人兴办、运营养老机构，鼓励自然人、法人或者其他组织依法为养老机构提供捐赠和志愿服务，鼓励养老机构加入养老服务行业组织，加强行业自律和诚信建设，促进行业规范有序发展。

二、养老机构内部管理

科学的管理工作是实现为老服务和尊老敬老工作的基础。养老机构的管理者必须明确管什么、如何管、应达到什么目标与要求等问题。按照不同的分类标准，养老机构的内部管理可划分为不同类型。按照生产服务要素进行分类，养老机构管理主要包括人、财、物的管理（见图1－2）。

养老机构“人”的管理包括对员工的管理和对入住老年人的管理。对员工管理的目标在于充分调动员工的积极性，增强责任意识，提高服务质量。对入住老年人的管理具体包括老年人入住与出院管理、生活照料与护理管理、医疗服务管理、精神生活与入住安全管理等。

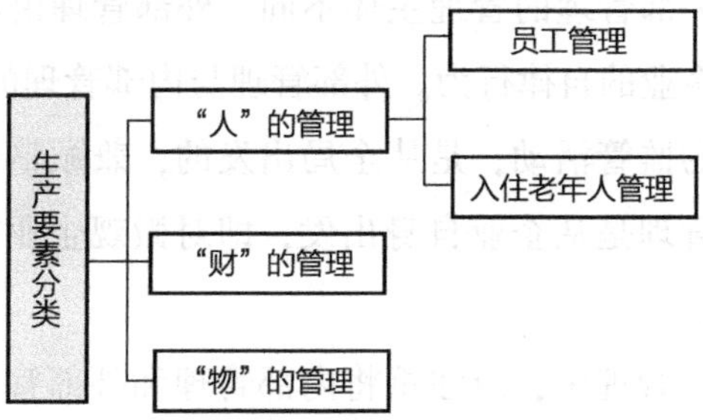

图1－2　养老机构内部管理生产要素分类

养老机构"财"的管理主要是指养老机构的财务和资金的管理，包括财务计划、财务制度、资金分配、资金周转、成本核算和财务监督等。

养老机构"物"的管理包括对机构内软硬件设施的建设、改造、维修，设备、物品的采购、使用、维护和保管以及财产的管理。

此外，按照业务系统类型进行分类可分为行政管理、业务管理和后勤服务管理。按照服务对象进行分类可分为自理老人与非自理老人管理、健康老人与患病或临终老人管理以及国家供养对象（即城镇"三无"老人、农村"五保"老人）与社会老人（即托养老人、寄养老人）的管理。

第四步　处理好内部管理和外部管理的关系

活动内容

经过前三个步骤的学习，小张已经初步理解了管理的内涵，但是小张认为，只要内部管理搞好了，外部管理根本不用操心。这种想法对吗？请说说你的看法。

知识链接

内部管理与外部管理的关系

内部管理与外部管理有着相同的产生根源，作为一个事物对立统一的两个方面，二者密切联系、息息相关。

内部管理与外部管理在实施目的与实施内容上具有一致性。外部管理的目的是维护企业经营的安全，防范企业风险，从而保证国民经济体系的健康稳定运行。内部管理是企业为规避风险、增强自身经营安全性的一项有效的自律机制。因此，外部管理与内部管理在防范风险与维护企业的安全经营方面具有一致性。内部管理可以看成外部管理的具体化。

不过，外部管理与内部管理的管理主体不同，外部管理由不同层次的监管主体进行监管，而内部管理是企业的自律行为。外部管理与内部管理的具体目标与内容不同，外部管理作为监管主体的监管活动，是从全局出发的，兼顾整个行业的发展与整个社会经济的稳定，而内部管理是从企业自身出发，即对微观企业行为的自我控制，有别于外部监管的宏观特征。

因此，在养老机构的管理中，应注重将内部管理和外部管理有机结合，加强内外部信息沟通，不仅要“埋头”把内部管理搞好，也要“抬头”把外部管理看清，协调好内部管理和外部管理的关系。

任务二　确立现代养老机构管理理念

面对纷繁复杂的养老机构管理内容，在日渐激烈的养老服务机构运营市场竞争中，确立何种养老机构管理理念至关重要。老龄化背景下的现代养老机构管理理念更加注重“物质赡养与精神赡养并重”“住养与康复结合，养生与调理并重”等管理理念。

工作步骤

任务二工作步骤如图 1－3 所示。

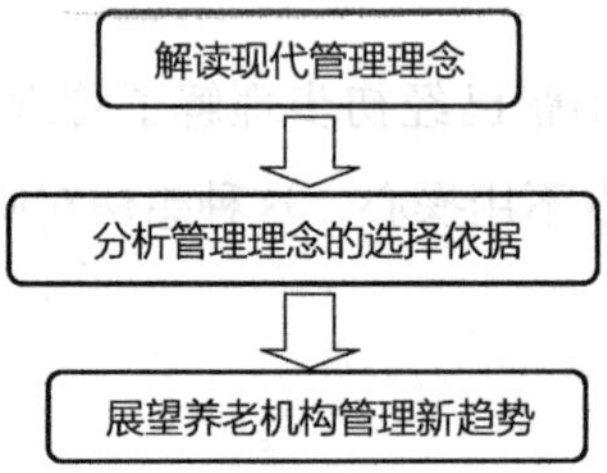

图 1－3　任务二工作步骤

第一步　解读现代管理理念

活动内容

阅读案例，分析案例中的养老机构体现了什么样的管理理念。

案例

江西上饶福海老年公寓

上饶市信州区福海老年公寓创办于2008年3月28日，是江西省第一个大型民办公助专业化养老机构。福海老年公寓占地86亩（约5.7万平方米），建筑面积为3万平方米，有500个床位，是一所诠释“老吾老以及人之老”真谛，充满“福”“孝”文化的幸福乐园。

福海老年公寓确立了“为国家分忧、为社会解难、为子女献孝、为老人圆梦”的办院宗旨，弘扬中华传统“福”“孝”文化，确立了“一切为了老人，为了老人一切”的服务理念，塑造了“创新、孝心、和谐”的福海精神。公寓以“办让老人、子女、社会三方满意的老年公寓”为出发点与归宿，实施“五大养老”，即生态养老、文化养老、亲情养老、科学养老、幸福养老；遵循“五个第一”的工作原则，即社会效益第一、诚信经营第一、老人安全第一、学习创新第一、携手共享第一。

福海老年公寓实现了“环境生态化、设施人性化、服务亲情化、文化多样化、管理规范化、经营集团化、关爱常态化、质量标准化、信息智能化、收费大众化”的“十化”工作目标。福海老年公寓于2017年1月被民政部授予“全国民政标准化示范单位”称号、2017年12月被国家标准化管理委员会确定为“国家级服务业养老服务标准化试点单位”。此外，福海老年公寓还被确定为“全国爱心护理工程建设基地”“全国爱心护理工程培训基地”“江西省首批养老护理员培训基地”。福海老年公寓先后被中共中央授予“全国先进基层党组织”称号，被民政部授予“全国先进社会组织”“全国敬老模范单位”“全国养老服务放心十佳单位”等称号。

思考与讨论

福海老年公寓树立了怎样的管理理念，使其收获了诸多荣誉与好评？

知识链接

现代管理理念的含义

一、数字化管理

数字化管理是指利用计算机、通信、网络等技术，通过统计技术量化管理对象与管理行为，实现研发、计划、组织、生产、协调、销售、服务、创新等职能的管理活动和方法。数字作为人类最容易学习、接受、掌握的知识类型，能客观、公正地反映出事物的本质和规律。现代养老服务机构的管理必须依托数据的计算、统计、分析、处理，留存最客观的工作过程与管理过程记录，并进行科学化的分析与决策。

二、制度化管理

制度化管理是指依据特定的、公认的、带有契约性的、可行性的规则进行管理，同时这种制度也是责、权、利一体的。制度有来自外部的，包括政府和行业的，如《养老机构管理办法》（中华人民共和国民政部令第66号），更多的是需要根据机构自身的实际情况制定的一些内部管理制度、标准和规则，如学习和会议制度、财务管理制度、卫生保健制度、食堂管理制度、安全应急制度、老年人出入院管理制度等，通过明确的制度来指导工作的落实。制度管理表现为一切按照制度运行、制度面前人人平等、制度操作简便易行等。

三、质量化管理

质量化管理是指确定质量方针、目标和职责，并通过质量体系中的质量策划、控制、保证和改进来使其实现的全部活动。质量化管理强化质量检验机制，抓住影响产品质量的关键因素，设置质量管理点或质量控制点。随着我国老龄化的不断加剧，老年人及其家人的消费观日益成熟，现代养老机构的管理要由传统的提供式服务逐渐转变为竞争性选择式服务，提升核心服务与管理质量，如打造由护理员、护士、营养师、医生、社会工作者、作业疗法师、心理咨询师等专业人员构成的服务团队，为老年人提供专业化、整体化的服务。

四、标准化管理

标准化管理即以标准化原理为指导，将工作的内容转化为标准，将标准化贯穿于管理全过程，以增进系统整体效能为宗旨、提高工作质量与工作效率为根本目的的一种科学管理方法。用规范化的标准实施管理，能够很好地从根本上解决养老机构的服务由谁做、怎么做、做什么、如何做的问题，确保标准能解决养老管理中的重点和难点问题，实现过程管理和质量监控并举。养老机构标准化管理可以分为技术标准、管理标准和工作标准三个层面，如2021年12月，民政部发布8项养老机构服务行业标准，为养老机构老年人跌倒预防、膳食服务等工作提供了管理样本和指南。

第二步　分析管理理念的选择依据

活动内容

1. 在现实生活中找到按照上述4种管理理念经营的养老服务机构。

2. 分析养老机构选择数字化管理、制度化管理、质量化管理、标准化管理理念的原因。

案例

比利时养老机构：处处为老人着想

封闭式的“跨楼天桥”总是让比利时布鲁塞尔让·范阿公立养老护理院的参观者印象至深——失智老人也可以在此天桥散步和晒太阳，安全无虞。而这只是这座养老院对老年人无微不至的诸般呵护之一。这里的老年人不太容易迷路，记忆力减退、记不住楼层不要紧，这里的每个楼层都有专属颜色，会提醒你到了哪里；房间门口贴着主人的名字，还有照片。

这里的老年人平均年龄80岁，每5人中有3人超过80岁，他们住在120个单人间和30个双人间里。所有房间和过道的墙壁上都有扶手，帮助他们行动。因为他们大多要坐轮椅，视线高度降低，所以房间的窗台都比较低，方便他们眺望外景。各楼层有护士站，各房间有紧急呼叫器。

这里的老年人由133名工作人员照顾，包括10名管理人员，62名护士、护工，餐厅服务人员、洗衣工、理发师和勤杂工共49人，还有2名工作人员专门为老年人组织文化活动。老年人心理、神经、肢体等方面的健康由10名医疗师分管。在比利时，理疗师、康复师、心理医生等专业医师及相应医护设备的配备是养老护理院的标准配备。养老护理院工作人员都须持相应的上岗证书，受过专业培训。培训内容包括相关法律、心理学、社会医学、哲学、方法学等。

让·范阿养老护理院日常管理、财务、食品安全和消防等事务都要接受主管部门的年检。比利时对养老机构的监管非常严格：警察一年进行两次入住老年人的食宿调查，一年进行3次消防、电气安全等方面的检查；经营者一年参加两次付费培训并须通过考试获得证书，培训内容涉及法律、财务、安全和人力资源管理等。

思考与讨论

比利时让·范阿公立养老护理院的管理反映了怎样的管理理念？

第三步　展望养老机构管理新趋势

活动内容

随着云计算、物联网、大数据、人工智能、移动互联网等新技术的发展，未来养老机构管理将会出现哪些新趋势？

知识链接

养老机构管理新趋势

养老服务机构里的“智慧养老”

一、远程管理

随着移动互联网产业的爆发式发展，以及全球推动移动互联网、云计算、大数据、物联网等与其他产业的跨界融合，“互联网＋养老”将成为未来养老服务机构的业务板块之一。除养老机构外，社区养老、居家养老也成为人们养老的选择。“互联网＋养老”为社区、居家养老提供了远程管理的便利与可能。选择社区养老、居家养老的人们可以通过养老服务机构的远程管理参与机构文化活动、进行健康管理咨询等。

二、个性化管理

个性化管理即养老服务机构把对人的关注、人的个性释放及人的个性需求满足推到中心位置。基于服务对象为老年人，每位老年人的身体健康状况、心理状态均有差异，尤其是对于失智、临终等特殊人群而言，更需“一人一策”的精细化照护方案。个性化管理是指养老服务机构与市场建立一种从服务群体到服务个人的新型关系，建立服务对象个人数据库和信息档案，根据服务对象需求提出个性化服务方案，迎合服务对象个别需求和品位。

三、品牌管理

品牌管理是养老服务机构通过品牌符号使客户形成对企业品牌和产品认知的过程。养老服务机构通过把企业形象、知名度、良好的信誉等展示给服务对象，使服务对象形成对企业产品或者服务的认识。品牌管理建立在富有吸引力的名称、舒适整洁高端的场馆设施等有形产品，以及优质的照护服务等无形产品的基础上。

能力拓展

收集反映养老服务机构管理理念的案例，并撰写案例分析报告。

任务三　了解养老机构管理相关政策法规

制度化管理已成为现代养老机构管理理念之一。制度化管理对加快形成高效规范、公平竞争的养老服务市场，引导和激励养老服务机构诚信守法经营具有重要意义。政策法规成为养老机构外部管理最基本的依循。

工作步骤

任务三工作步骤如图 1－4 所示。

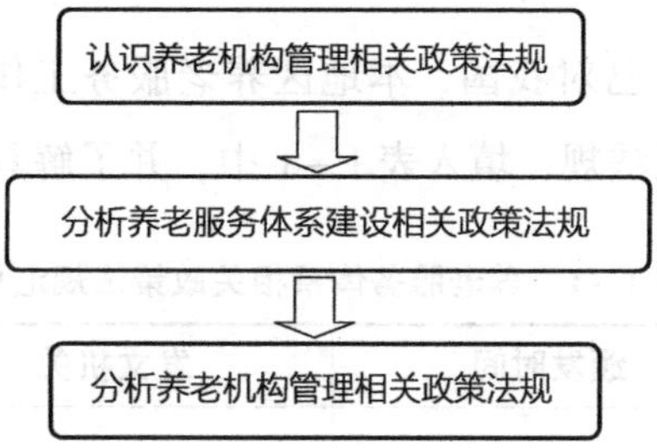

图 1－4　任务三工作步骤

第一步　认识养老机构管理相关政策法规

活动内容

分析并思考下列案例带给你的启示是什么。

案例

民政部发布 2020 版《养老机构管理办法》

2020 年 9 月 17 日，民政部发布 2020 版《养老机构管理办法》（以下简称《办法》）。《办法》一共 7 章 49 条，和 2013 年版《养老机构管理办法》相比新增了 17 条内容，修改了 29 条内容。

《办法》指出，养老机构是指依法办理登记，为老年人提供全日集中住宿和照料护理服务，床位数在10张以上的机构，包括营利性养老机构和非营利性养老机构。

《办法》增加了有关养老机构活动基本要求的内容，明确养老机构应该按照建筑、消防、食品安全、医疗卫生、特种设备等法律法规的规定和强制性的国家标准开展服务，以进一步压实责任，避免因取消许可导致安全底线被击穿的问题。

《办法》还增加了政府投资兴办养老机构经营方式改革的有关内容，明确政府投资兴办的养老机构可以采取委托管理、租赁经营等方式，交由社会力量运营管理，并强化政府投资兴办养老机构的兜底保障责任。

《办法》对养老机构备案管理工作、入院评估制度、传染病防治问题进行了规定，并鼓励养老机构开展延伸服务，如运营社区养老服务设施和上门提供养老服务等。

第二步　分析养老服务体系建设相关政策法规

能力训练

请利用互联网，基于自己对我国、本地区养老服务工作的了解，搜索当前适用的养老服务体系建设相关政策法规，填入表1-1中，并了解具体内容。

表1-1　养老服务体系相关政策法规汇总

政策法规	颁发时间	发文机关	主要内容

知识链接

从宏观视角看，养老服务体系建设工作相关的政策法规有以下几方面。

2005年，民政部出台了《关于支持社会力量兴办社会福利机构的意见》，鼓励和扶持企事业单位、社会团体和个人等社会力量投资兴办养老机构。同年，民政部启动养老服务社会化示范活动，推动老年福利服务由补缺型向适度普惠型转变。

2006年，国务院办公厅转发全国老龄工作委员会办公室和国家发展改革委等部门的《关于加快发展养老服务业意见的通知》，重申了加快发展养老服务业的意义，提出发展养老服务业要按照政策引导、政府扶持、社会兴办、市场推动的原则，逐步建立和完善以居家养老为基础、社区服务为依托、机构养老为补充的服务体系，并明确指出要大力发展社会养老服务机构，要求地方各级人民政府和有关部门采取积极措施，大力支持发展各类社会养老服务机构，引导和支持社会力量兴建适宜老年人集中居住、生活、学习、娱乐、健身的老年公寓、养老院、敬老院，鼓励下岗、失业等人员创办家庭养老院、托老所，开展老年护理服务，为老年人创造良好的养老环境和条件。

2008 年，全国老龄工作委员会等 10 部委下发了《关于全面推进居家养老服务工作的意见》，养老服务逐步形成了“以居家养老为基础，社区服务为依托，机构养老为补充”的具有中国特色的养老服务社会化的基本思路和方向。

2018 年 12 月 29 日，第十三届全国人民代表大会常务委员会第七次会议对《中华人民共和国老年人权益保障法》进行了修订。该法是为保障老年人合法权益，发展老龄事业，弘扬中华民族敬老、养老、助老的美德而制定的法律。该法主要包括总则、家庭赡养与扶养、社会保障、社会服务、社会优待、宜居环境、参与社会发展、法律责任等方面，对社会养老服务体系建设提出了更高的要求。

2019 年 11 月，中共中央、国务院印发《国家积极应对人口老龄化中长期规划》（以下简称《规划》）。《规划》近期至 2022 年，中期至 2035 年，远期展望至 2050 年，是到本世纪中叶我国积极应对人口老龄化的战略性、综合性、指导性文件。《规划》明确了积极应对人口老龄化的战略目标，从 5 个方面部署了应对人口老龄化的具体工作任务：一是夯实应对人口老龄化的社会财富储备，二是改善人口老龄化背景下的劳动力有效供给，三是打造高质量的为老服务和产品供给体系，四是强化应对人口老龄化的科技创新能力，五是构建养老、孝老、敬老的社会环境。

2021 年 6 月，《“十四五”积极应对人口老龄化工程和托育建设实施方案》印发，对加强养老服务基础设施建设、改善设施条件做出部署，进一步推动设施规范化、标准化建设，提高兜底保障能力，增加普惠性服务供给，提升养老服务水平。

2021 年 11 月，《中共中央 国务院关于加强新时代老龄工作的意见》印发，聚焦新时代、聚焦老龄工作、聚焦老年人的“急难愁盼”问题，将满足老年人需求和解决人口老龄化问题相结合，部署推动老龄事业高质量发展，健全养老服务体系，完善老年人健康支撑体系，促进老年人社会参与，构建老年友好型社会，积极培育银发经济。

2021 年 12 月，国务院印发了《“十四五”国家老龄事业发展和养老服务体系规划》，提出发展目标为：在“十四五”时期，积极应对人口老龄化国家战略的制度框架基本建立，老龄事业和产业有效协同、高质量发展，居家社区机构相协调、医养康养相结合的养老服务体系和健康支撑体系加快健全，全社会积极应对人口老龄化格局初步形成，老年人获得感、幸福感、安全感显著提升。具体目标主要包括：养老服务供给不断扩大、老年健康支撑体系更加健全、为老服务多业态创新融合发展、要素保障能力持续增强、社会环境更加适老宜居等。

第三步　分析养老机构管理相关政策法规

能力训练

请利用互联网，基于自己对我国、本地区养老机构管理工作的了解，搜索当前适用的养老机构管理相关政策法规，填入表1－2中，并了解具体内容。

表1－2　养老机构管理相关政策法规汇总

政策法规	颁发时间	发文机关	主要内容

知识链接

从微观视角而言，养老机构管理工作相关的政策法规有以下几方面。

2013年《养老机构管理办法》予以公布施行。2020年9月新修订的《养老机构管理办法》(以下简称《办法》) 正式发布并于该年11月1日正式实施。《办法》从总则、备案管理、服务规范、运营管理、监督检查、法律责任等方面明确了养老机构经营运行的规范。《办法》明确了养老机构应该按照建筑、消防、食品安全、医疗卫生、特种设备等法律法规的规定和强制性的国家标准开展服务，以进一步压实责任，避免因取消许可导致安全底线被击穿的问题。同时，《办法》强化政府投资兴办养老机构的兜底保障责任，增加要求其保障特困人员、经济困难的计划生育特殊家庭的老年人服务需求的有关内容。

2021年，民政部、住房和城乡建设部、国家市场监督管理总局联合印发《关于推进养老机构“双随机、一公开”监管的指导意见》。“双随机”是指随机抽取检查对象、随机选派执法检查人员。“一公开”是指将抽查情况及查处结果及时向社会公开。明确到2023年年底，民政、住房和城乡建设、市场监管部门完成养老机构监管跨部门“双随机、一公开”抽查全流程整合，实现“双随机、一公开”监管全覆盖、法治化、规范化、常态化；到“十四五”期末，推动养老机构综合监管领域相关部门“双随机、一公开”监管全覆盖，各级政府相关部门在养老机构监管领域联合实施“双随机、一公开”监管常态化，养老服务综合监管、智慧监管、效能监管水平显著提升。

2022年1月1日，我国养老服务领域的第一个强制性国家标准《养老机构服务安全基本规范》及《养老机构老年人跌倒预防基本规范》《养老机构膳食服务基本规范》

《养老机构洗涤服务规范》《养老机构老年人营养状况评价和监测服务规范》《养老机构服务礼仪规范》《养老机构岗位设置及人员配备规范》《养老机构接待服务基本规范》《养老机构康复辅助器具基本配置》8 个行业标准正式实施，标志着我国养老服务标准化工作又迈出了一大步。我国正在形成强制性和推荐性标准功能互补，国家标准、行业标准和地方标准相互补充的格局，为养老服务标准化、规范化发展提供必要支撑。《养老机构服务安全基本规范》是养老服务业的第一个强制性国家标准，也是第一个服务业强制性国家标准，规定了养老机构服务安全的基本要求、安全风险评估、服务防护、管理要求等内容，划出了养老机构服务的安全“红线”，养老机构必须遵照执行。

拓展阅读

沪出台养老服务机构信用评价管理办法

为应对人口老龄化，提高养老服务质量，地方政府及相关部门也纷纷出台地方性政策法规，创新养老服务机构管理模式，如《上海市养老服务条例》要求“建立养老服务机构信用档案”“建立信用分级制度，确定养老服务机构信用等级，采取差异化监管措施”。为此，上海市民政局出台了《上海市养老服务机构信用评价管理办法》（以下简称《管理办法》）。《管理办法》明确了养老服务机构信用信息的内容、来源和构成与要求，对养老服务机构信用评价进行了规定。

《管理办法》的适用范围为养老服务机构公共信用信息归集、评价、应用和相关管理活动。这里所称的养老服务机构，包括养老机构、居家社区养老服务机构。民政局对养老服务机构进行动态评价。记分总分值为 100 分，根据不同的得分区间，将养老机构信用级别设为 A、B、C、D 四级。评价规则除了记分以外，还有直接判定等级，即“一票否决”，为后续强化对行业严格禁止性行为的监管提供依据。

上海市率先构建养老服务机构信用管理制度，首次建立养老服务机构信用分级机制，创新养老服务信用管理方式，同时，注重数字化应用手段，依托养老服务领域的大数据资源，建立全市统一的信息平台，开发科学、有效的信用评价模型，对养老服务机构信用情况进行智能化评价，为基层管理减负，并减少对养老服务机构的干扰。

知识链接

2018 年 12 月，国家市场监督管理总局、中国国家标准化管理委员会联合发布了《养老机构等级划分与评定》国家标准（GB/T 37276—2018）。评定标准中，服务项目评价成为最核心的板块。服务质量评价也是对养老服务机构管理工作的“试金石”。养老机构服务质量评价条

《养老机构等级划分与评定》国家标准

目见表1－3。

表1－3　养老机构服务质量评价条目

评价维度	单项指标	评价维度	单项指标
生活照料	个人清洁服务 室内清洁服务 无障碍电梯服务 换洗衣物服务 老年就餐服务 一对一看护服务 理发服务 修脚服务	安全保障	老年专用器材服务 安全隐患排除服务 紧急避险疏散演练 疾病紧急处理服务 设施器材检修服务
		精神慰藉	陪伴服务 读报读书服务 聊天谈心服务 单身联谊服务
医疗服务	日常专业护理服务 病后术后康复护理服务 疾病与用药咨询指导服务 健康教育服务 急性疾病护理服务	社会参与	集体旅游参观 老年大学服务 老年党建活动 社会义务劳动

2023年，民政部社会福利中心、全国社会福利服务标准化技术委员会联合发布《〈养老机构等级划分与评定〉国家标准实施指南（2023版）》，供地方开展养老机构等级评定工作时参考使用。

《〈养老机构等级划分与评定〉国家标准实施指南（2023版）》

实操训练

撰写调研报告

情景模拟

如果你是小张，在学习了养老机构管理的理论知识之后，要想在实践中深入了解当前养老机构管理中遇到的困难与问题，以便自己在机构管理过程中充分吸取经验教训，需要完成一份调研报告。

训练目标——提升获取与传递信息的能力，增强对养老服务行业的感知与了解。

训练要求——以小组为单位，通过网络、电话、实地考察等多元化方式，对你所在省市的养老机构管理的现状、存在的问题、解决问题的策略等进行深度调研，形成书面调研报告并分享。

实训说明——

小组成员与分工：

主要调研方式（网络、电话、实地考察等）及调研地区：

调研报告要点：

调研总结与体会：

参 考 文 献

［1］小嶋胜利. 养老院长的 12 堂管理辅导课［M］. 柳小花，译. 北京：东方出版社，2016.

［2］陈卓颐. 实用养老机构管理［M］. 天津：天津大学出版社，2019.

［3］张昊. 智慧养老视域下中国养老服务体系的优化路径研究［D］. 长春：吉林大学，2020.

[4] 养老机构管理办法［Z］. 中华人民共和国国务院公报，2020（33）：58-62.

[5] 窦洪静. 新旧《养老机构管理办法》的变化及衔接［J］. 中国社会工作，2020（32）：46-48.

[6] 曹海苓. 中国社会化养老服务中的政府职能研究［D］. 长春：东北师范大学，2020.

[7] 潘正琼. 医养结合养老机构服务质量和能力评价［D］. 武汉：华中科技大学，2019.

[8] 许虹，李冬梅. 养老机构管理［M］. 杭州：浙江大学出版社，2015.

[9] 全国人民代表大会常务委员会专题调研组关于实施积极应对人口老龄化国家战略、推动老龄事业高质量发展情况的调研报告［EB/OL］. 2022-09-02（2022-11-19）. http://www.npc.gov.cn/npc/c30834/202209/06bc4e553c77405d89ff77a6b4323547.shtml.

[10] 上饶福海老年公寓. 福海简介［EB/OL］.［2022-10-16］. http://www.srfhlngy.com/Html/2014－3/26/261630241061.htm.

[11] 比利时养老机构：处处为老人着想［EB/OL］.（2021-12-20）［2022-10-16］. https://baijiahao.baidu.com/s?id＝1719615392689759937&wfr＝spider&for＝pc.

[12] 民政部发布2020版《养老机构管理办法》相关发布会解读［EB/OL］.（2020-09-17）［2022-10-16］. https://www.mca.gov.cn/article/xw/xwfbh/2020/n28/zxzb.html.

[13] 沪出台养老服务机构信用评价管理办法［EB/OL］.（2022-02-09）［2022-10-16］. https://m.thepaper.cn/baijiahao_16632556.

[14] 陈坤. 老年人机构养老服务需求与养老机构服务供给现状研究［D］. 济南：山东大学，2020.

项目二
养老机构行政管理

教学目标

1. 了解养老机构备案的政策与流程。
2. 了解制定养老机构规章制度的原则、内容。
3. 了解养老机构执行规章制度需要注意的问题。

工作任务

案例

项目一案例中的小张已经对养老机构的服务与管理有了初步了解。一家创业投资基金管理公司对小张的发展计划非常有兴趣，在考察了养老服务市场后，决定对小张的养老机构进行投资。现在小张开办养老机构“万事俱备，只欠东风”了，这个“东风”便是民政部门的“批准”。小张了解到，与普通的民办单位不同，养老机构需经严格的登记与备案管理。小张想了解养老机构登记与备案管理的流程，同时将养老机构内部行政管理的体制框架建立起来，尽快把养老机构办起来、管起来。要完成这一目标，应完成以下任务。

任务一　了解养老机构备案管理流程

为深化养老服务“放管服”改革，优化养老营商环境，放宽市场准入，延伸产业链条，完善养老服务体系建设，进一步推动我国养老服务业健康有序发展，我国取消了关于设立养老机构需要许可的规定，将养老机构准入变更为备案登记制度。

工作步骤

任务一工作步骤如图 2－1 所示。

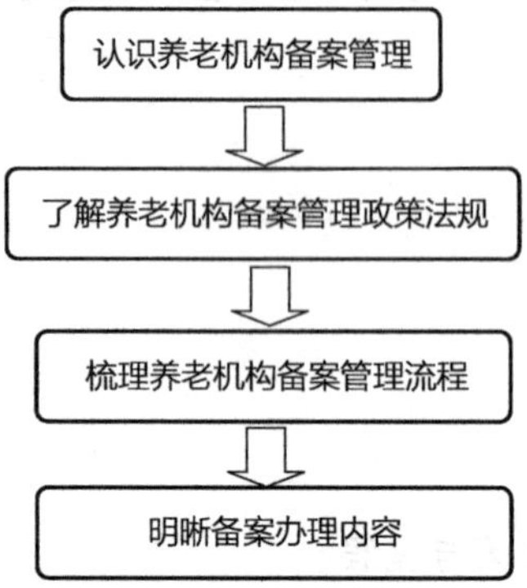

图 2－1　任务一工作步骤

第一步　认识养老机构备案管理

活动内容

阅读案例材料，分析案例中介绍的养老院火灾引发的赔偿案件带给人的启示。

案例

养老院火灾引发的赔偿案件

2018 年 9 月，一家无证经营的居家养老院院内发生火灾，一位老人因此死亡。消防部门笔录推测“不排除死者厌世放火引起火灾的可能”。但老人之子认为“此次火灾完全是由养老院经营者非法经营所致的”。

死者家属称，死者患有严重的脑血栓后遗症，左侧身体完全不能活动，生活不能自理，没有完全行为能力。此次火灾完全是由养老院非法经营所致的。养老院无照经营才是导致本案发生的关键所在，非法经营居家养老院的经营者应该承担赔偿责任。养老院未尽到安全保障义务，责无旁贷，而且其应当承担100% 的民事赔偿责任。

养老院经营者则认为，事故系死者放火引起的火灾，死者与养老院经营者不存在任何法律上的关系，故不应承担责任。经营者是否办理了养老院的营业执照与事故无关。经营者已经尽到了安全保障义务，不应就本案承担任何责任。

一审法院认为，死者居住在养老院内，养老院经营者应对其尽到安全保障义务。

死者之死其自身具有主要责任，但居家养老院设施不完善、消防设施达不到要求亦是其死亡的因素之一，故此不能免除责任，但可减轻赔偿责任。法院认定养老院经营者对死者生命遭受的侵害，负 20% 的赔偿责任。二审驳回上诉，维持一审判决。

思考与讨论

案例中养老院火灾引发的赔偿案件，说明了什么？

第二步　了解养老机构备案管理政策法规

活动内容

基于《养老机构管理办法》（民政部令第 66 号）中关于“备案办理”专章中“备案机关、备案时间、备案提交材料、备案办理流程、变更备案、备案有关信息公开及共享”五个条文细化内容，对比之前设立养老机构需要许可的规定，说一说为什么要改变养老机构的管理方式。

知识链接

《养老机构管理办法》第二章“备案办理”

第九条　设立营利性养老机构，应当在市场监督管理部门办理登记。设立非营利性养老机构，应当依法办理相应的登记。

养老机构登记后即可开展服务活动。

视频：新修订的《养老机构管理办法》：养老机构施行备案管理

第十条　营利性养老机构办理备案，应当在收住老年人后 10 个工作日以内向服务场所所在地的县级人民政府民政部门提出。非营利性养老机构办理备案，应当在收住老年人后 10 个工作日以内向登记管理机关同级的人民政府民政部门提出。

第十一条　养老机构办理备案，应当向民政部门提交备案申请书、养老机构登记证书、符合本办法第四条要求的承诺书等材料，并对真实性负责。

备案申请书应当包括下列内容：

（一）养老机构基本情况，包括名称、住所、法定代表人或者主要负责人信息等；

（二）服务场所权属；

（三）养老床位数量；

（四）服务设施面积；

（五）联系人和联系方式。

民政部门应当加强信息化建设，逐步实现网上备案。

第十二条　民政部门收到养老机构备案材料后，对材料齐全的，应当出具备案回执；材料不齐全的，应当指导养老机构补正。

第十三条　已经备案的养老机构变更名称、法定代表人或者主要负责人等登记事项，或者变更服务场所权属、养老床位数量、服务设施面积等事项的，应当及时向原备案民政部门办理变更备案。

养老机构在原备案机关辖区内变更服务场所的，应当及时向原备案民政部门办理变更备案。营利性养老机构跨原备案机关辖区变更服务场所的，应当及时向变更后的服务场所所在地县级人民政府民政部门办理备案。

第十四条　民政部门应当通过政府网站、政务新媒体、办事大厅公示栏、服务窗口等途径向社会公开备案事项及流程、材料清单等信息。

民政部门应当依托全国一体化在线政务服务平台，推进登记管理机关、备案机关信息系统互联互通、数据共享。

思考与讨论

为什么《养老机构管理办法》中，将许可制度变成了备案制度？说明了什么？

拓展阅读

养老机构许可变备案：喜大普奔之后，请深思应变之策

养老机构许可制度，是一种前置性审批程序，通过标准化和规范化的准入条件限制，提高了投资准入的门槛，也降低了资本进入银发行业的效率，极大地挫伤了资本进入的信心和勇气。如今只需依法登记和备案，不再需要申请设置审批，给民办养老机构申办带来更大的方便，但简化程序提供方便并不意味着放松监管。

养老机构登记后即可开展服务活动，并应当向民政部门备案，真实、准确、完整地提供备案信息，填写备案书和承诺书，民政部门应当提供备案回执，书面告知养老机构运营基本条件，以及本区域现行养老服务扶持政策措施清单。养老机构登记事项变更的，应当及时办理备案变更手续。

同时，简化程序提供方便并不意味着放松监管。“取消设立许可”是把以往严防死守的“入围门槛”降低了，今后的重点在于养老机构日常经营活动中的“过程管理”。

所谓“过程管理”，从宏观层面来说，是各级各类政府部门以及政府委托的第三方从外部进行的评估、管理和监督，从中观和微观层面，是养老机构与工作人员的监督管理和自律。

取消养老机构设立许可，政府对养老机构的管理理念将从“严进”转变为“宽进、严管”，这对加强与完善事中事后监管机制提出了更高的要求。政府对健康养老服务业的宏观调控将越来越注重运作的规范化和标准化。养老机构设立许可取消后，综合监管的力度将更大，目的就是促进养老服务业的规范化与标准化，而这毫无疑问是行业大势所趋。

第三步 梳理养老机构备案管理流程

活动内容

为将养老机构备案工作落到实处，各地根据民政部备案政策法规，纷纷出台了具体详尽的备案细则、备案指南或备案办法。请利用互联网，查一查你所在的地区养老机构备案办理流程是怎样的，并画出备案办理流程图。

知识链接

基于《养老机构管理办法》（民政部令第66号）中对养老服务机构备案管理的规定，各地出台了备案细则流程，虽在备案细节上略有差异，但基本流程是一致的。2021年6月，为了规范养老服务机构的登记与备案工作，促进养老服务业发展，上海市民政局、上海市市场监督管理局联合制定了《上海市养老服务机构登记与备案管理办法（试行）》。上海市养老服务机构登记与备案管理工作按照深化“放管服”改革的要求，坚持流程简化优化、服务便捷高效、管理依法合规、政策衔接有效，营造养老服务领域公平、规范、有序的发展环境。该试行办法对名称规范、业务/经营范围、分支机构的登记、变更与注销、备案办理、备案材料等进行了明确的规定。

上海市关于养老服务机构登记备案的流程（图2－2），代表了全国多数地区养老服务机构登记备案的基本工作思路，养老服务机构管理人员应充分了解、认真研究备案工作流程，精心准备备案办理资料。

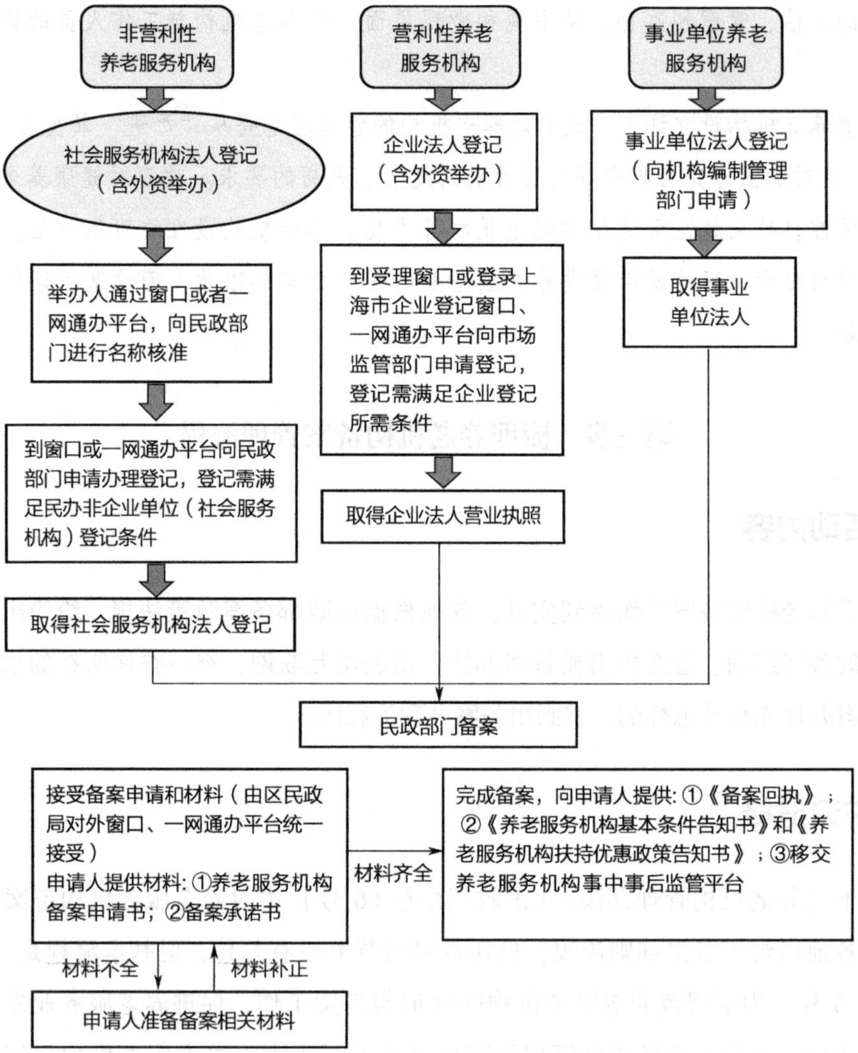

图 2－2　上海市关于养老服务机构登记备案的流程

第四步　明晰备案办理内容

活动内容

如果你是小张，已经明确了当地养老机构备案管理政策法规与具体流程，现需根据当地民政部门的要求准备备案材料。请利用互联网，查一查你所在的地区养老机构备案办理内容模板是什么，试着填一填。

知识链接

某地民政部门养老机构备案材料模板

1. 设置养老机构备案书

设置养老机构备案书

________民政局：

经我单位研究决定，设置一所养老机构，该养老机构备案信息如下：

名称：

地址：

登记机关：

统一社会信用代码：

法定代表人（主要负责人）：

公民身份号码

服务范围：

服务场所性质：自有/租赁

养老床位数量：

服务设施建筑面积：

服务设施占地面积（适用于独立设施）：

联系人：　　　　　　　联系方式（座机和手机）：

请予以备案。

备案单位：　　　　　　　　　　（章）

年　月　日

2. 养老机构备案承诺书

养老机构备案承诺书

本单位承诺如实填报________的备案信息，并将按照相关法律法规的要求，及时、准确报送后续重大事项变更信息。

承诺已了解养老机构管理相关法律法规和标准规范，承诺开展的养老服务符合《养老机构基本条件告知书》载明的要求。

承诺按照诚实信用、安全规范、以人为本的原则和相关国家与行业标准开展养老服务，不以养老机构名义从事欺老虐老、不正当关联交易、非法集资等损害老年人合法权益和公平竞争市场秩序的行为；及时整改消除各类安全隐患，不断提升养老服务质量。

承诺主动接受并配合民政部门和其他有关部门的指导、监督和管理。

承诺不属实，或者违反上述承诺的，依法承担相应法律责任。

备案单位：　　　　　　　　　　　（章）

法定代表人（主要负责人）签字：

年　月　日

3. 养老机构变更备案书

养老机构变更备案书

民政局：

我单位有关事项发生变更，该养老机构变更备案信息如下：

变更事项：

变更前：

变更后：

请予以备案。

联系人：　　　　联系方式：

备案单位：　　　　　　　　　　　（章）

年　月　日

任务二　制定并实施养老机构的规章制度

制度化管理是养老机构现代化管理理念之一。规章制度是养老机构制度化管理的抓手与路径。在遵循外部管理政策与法规的基础上，内部规章制度建设成为内部管理的重要依循。

工作步骤

任务二工作步骤如图 2－3 所示。

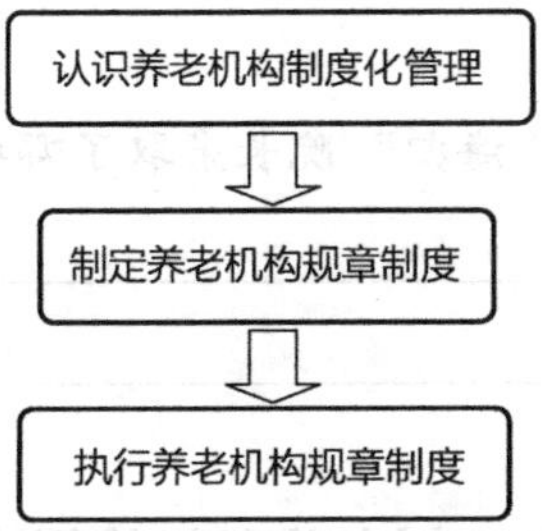

图 2－3　任务二工作步骤

第一步　认识养老机构制度化管理

活动内容

阅读案例材料，分析案例中介绍的“我们养老院不需要指南”事件对你有什么启示。

案例

我们养老院不需要指南

一个养老机构迎来了满腔热血的“海归”院长，院长在入职研修会上说：“我们养老院不设锁。入住者可以 24 小时自由出入。”院长还热情洋溢地说，“100 个人有 100 种看护方式，因此我们养老院没有工作指南”。研修会结束后没多久，护理员非常焦灼地说：“马主任，入住者李大爷不见了！”护理主任回答道：“镇定！首先在养老院的周围找找，如果找不到的话，就联系家人。”多方寻找后，养老院终于在社区发现了认知障碍症患者李大爷。护理主任总算放下心来，叹息道：“真是的！心脏病都快吓出来了。院长也该多为我们想想，适当地改变一下方针吧。”像李大爷一样，有时候就会有入住者趁大门没有锁，偷偷溜出养老院，每次都会引起很大的骚动。护理员不满地说："院长通过'我们和其他养老院不同'这一点来吸引入住者，结果我们可麻烦了。"

"海归"院长具有在国外护理设施经营部门长期工作的经验，是经营者好不容易找到的人才，但他没有护理工作经验。"入住者家属最开始也很期待，但是因为'失踪'事件频发，最近有很多家属也开始不信任他了……"

随着入住者的不断"出逃"，"海归"院长慢慢改变了"不需要指南"的态度，逐步恢复了安全管理制度、护理工作制度和值班制度，但修订了其中一些内容。例如出入大门的问题，养老院仅限于白天开门，强化对入住者的看护，同时向其家人说明不锁门的意义，事前获得他们的理解和同意，并且以防万一，提前准备能够向居委会、派出所说明入住者特征的资料。制度完善后，再也没发生过失踪的骚乱。

思考与讨论

面对养老机构发生的骚乱，"海归"院长采取了哪些应对举措？

____

____

第二步　制定养老机构规章制度

活动内容

基于对企业行政管理不同业务的了解，结合自身所学习的养老管理与服务知识，你认为制定哪些养老机构规章制度，才能保障养老机构的正常运转？

____

____

知识链接

养老机构规章制度制定的原则、内容

一、制定的原则

养老机构规章制度的制定一般应坚持以下几项原则。

1. 坚持服务性与规范性相统一的原则

为老年人服务是养老机构肩负的社会责任。养老机构规章制度的制定必须以"服务性"为遵守的首要原则，而养老机构的社会属性决定了它必须贯彻国家老年社会福

利事业发展的方针政策，遵守政府法令、行业法规，用制度保障将老年服务落到实处。因此，养老机构内部规章制度的制定必须以相关政策、法律、法令为依据，遵从服务性与规范性相统一的基本原则。

2. 坚持调查研究和科学决策相统一的原则

养老服务关涉社会民生工程。养老机构规章制度的制定要以翔实的调查研究为基础。调查并非对事物的每一方面都毫无例外地下大力去调查研究清楚，而是着重抓住事物的某个主要方面去调查，尤其是对影响服务质量的诉求点与争议点，更需着力在机构内外部开展调查工作，从多种角度观察、了解、揭示事物的本质，科学地制定出正确的政策。

3. 坚持稳定性与时效性相统一的原则

规章制度是现实工作客观规律的反映，必须以外部管理相关政策法规为依据。政策具有强烈的时效性，永久有效的政策是不存在的。而人们对任何一项规章制度的制定与实施都有认识、熟悉、适应和掌握的过程，因此规章制度应保持相对的稳定性。如果朝令夕改、频繁更动，即使非常合理的规章制度，也难以实施，甚至会造成管理上的混乱。规章制度也不是一成不变的，应随着客观情况的变化进行调整、增减，不合理和不完善的条款应按规定程序修订完善。

二、制度的主要类型及内容

规章制度是有权部门制定的，以书面形式表达的，并以一定方式公示的。凡是机构内所涉及的重复性或可能重复出现的工作都可以形成制度文件。养老机构规章制度的主要类型见表2－1。

表2－1　养老机构规章制度的主要类型

制度类型	制定目的	主要分类
部门职能	明确各部门的分工与任务、应履行的职责，承担的责任和享受的权限等，以避免各部门互相推诿	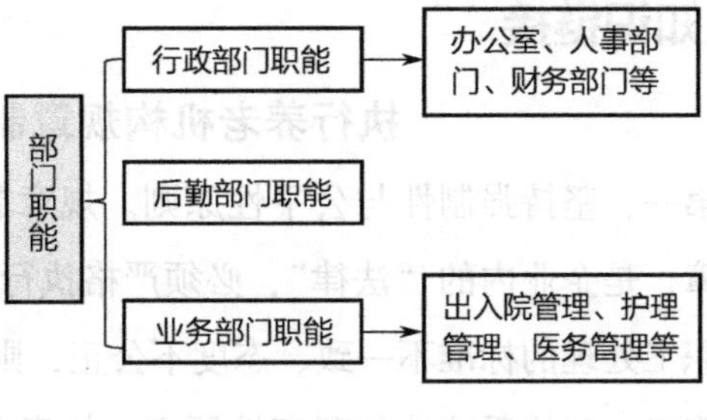

（续）

制度类型	制定目的	主要分类
岗位职责	明确各岗位的员工应当承担的工作任务、履行的职责和上下级的关系，使每一位员工知道该做什么、不该做什么，应当达到什么标准或要求，该对谁负责和该承担什么样的责任	岗位职责： 管理类岗位 → 院长、书记、办公室主任等 专业技术类岗位 → 医生、护士、社工、财会等 工勤类岗位 → 厨师、锅炉工、水电工、维修工等
工作制度	主要依据养老机构实际工作需要制定相应的工作制度、管理与服务规范，明确具体的工作目标、工作任务、工作方法、工作内容、工作程序等内容	工作制度： 行政类 → 人事管理工作制度等 业务类 → 护理等级评估制度等 后勤类 → 食堂服务管理制度等 技术操作类 → 服务诊疗规范等 考核评价类 → 年度考核管理办法等

第三步　执行养老机构规章制度

活动内容

基于自身对养老机构的了解，你认为规章制度制定后，在执行中可能遇到哪些问题？需要注意哪些方面？

知识链接

执行养老机构规章制度需注意的问题

第一，坚持强制性与公平性原则。规章制度是维持企业正常运转、健康发展的重要保障，是企业内的“法律”，必须严格执行。如果执行中带有管理者的人为因素，对违规职工处理的标准不一致、态度不公正，则很容易破坏企业劳动关系的和谐。

第二，坚持系统性与程序性原则。规章制度应有相对的统一性，若在实施过程中发现存在不一致的问题，应及时修正。规章制度的修正首先要注意遵循规章制度修改的必要程序，如民主参与修改、备案，告知等。而且要注意规章制度之间的相互联系与逻辑关系。

第三，处理好分工与协作的辩证关系。在规章制度实施过程中，各行政部门和每个员工不但要认真履行规章制度所要求的责任，而且要注重相互之间的配合、团结协作，注重对规章制度操作性、可行性的把握。

知识拓展

养老机构各类行政规章制度

一、会议管理制度

养老机构的会议管理，应在遵守会议管理原则的基础上，制定务实的会议管理办法，通过会议的分类和组织对不同的会议进行安排和记录，切实保证行政工作的有序高效完成。

某养老机构会议管理制度如下。

为使养老机构的会议管理规范化和有序化，提高会议的质量和效率，切实跟踪落实会议提出的各项工作任务与工作要求的完成情况，从而保证会议的有效性，特制定本制度。本制度适用于养老机构（各分机构、业务部门、办事处）各项会议管理。

第一条　会议形式

（一）公司的会议形式包括定期的常规性会议和临时性会议。其中，定期的常规性会议主要包括以下形式。

1. 院务会。每月至少召开一次，由院长主持，全体工作人员参加。会议分析被送养人员对院务工作的批评和建议，分析院内生活、生产、管理和思想政治教育等方面的情况，总结并研究布置工作。

2. 院务管理委员会会议。根据需要召开，由院长主持，院务管理委员会成员参加。主要传达上级文件或会议精神，解决生产、生活、管理中出现的问题，检查评比岗位责任制、规章制度执行情况，研究财务开支、行政管理中的重要事宜。

3. 供养人员大会。每月或一个阶段召开一次，由院长主持，全体供养人员和工作人员参加。会议主要传达上级文件或会议精神；对岗位责任制落实情况进行检查评比，表彰先进，提出改进意见；公布财务收支情况，总结布置工作。

（二）临时性会议的主持部门以事件主导部门为主，会议参加人、会议时间及会议内容应提前一个工作日以通知的形式告知相关参会人员。

第二条　会议流程

会议安排坚持局部服从整体的原则，各类会议优先顺序为：例会、临时性行政/业务会议、部门内部会议。常规性会议除时间临时调整外，不再另行通知，由主持部门直接通知参会人员。临时性会议按“谁提拟，谁通知”的原则进行会议通知，须于开会前一个工作日内通知参会人员及会务服务提供部门。

会议通知内容：

（一）会议时间；

（二）会议地点；

（三）会议主持部门；

（四）参会人员；

（五）会议主题；

（六）会议须准备的资料；

（七）参会注意事项；

（八）其他。

第三条　会议组织

会议组织遵照“谁提拟，谁组织”的原则。会议主持部门的助理或部门指定执行人应提前做好会议准备工作，如落实会场，布置会场，备好座位、会议器材等会议所需的各种设施、用品等。参会人员应不迟于会前15分钟到达会场，在“会议签到表”上签到，遵守会议纪律，做好会议记录。

第四条　会议记录

各类会议均应以专用记录本进行会议记录。各类会议原则上应确定专人负责记录。会议进行期间，重要会议须用录音笔进行录音，并于会议结束后两个工作日内由会议记录员将会议录音提交至机构存档。会议记录应尽量采用实录风格，确保记录的原始性。会议主持人须在每次会议记录上签字确认。会议记录为机要档案，保管人员不得擅自外泄。

所有会议均需做会议纪要，以方便相关信息的查询和后续工作的追踪、落实；会议纪要需如实记录，对内容进行概括、总结，分类别或分项目记录。

会议纪要中包含（但不仅限于）以下内容。

会议的主要内容及议题；

会议讨论或决定的重大事项；

会议决定的行动计划或改进措施。

二、公文管理制度

在养老机构的行政办公过程中，常用的文书类别包括备忘录、备忘单、签呈、报告、请示、通知、通报以及函等。文书类别不同，其用途也有较大差别。公文处理的基本流程是指自收文或交办起至发文、归档止的全部流程。

某养老机构公文管理制度如下。

公文处理是指公文的办理、管理、立卷、归档等一系列相互关联、衔接有序的工作。公文处理应坚持实事求是、精简、高效的原则，做到准确、及时、安全。

第一条 发文办理

发文办理的流程包括草拟、审核、签发、复核、打印、分发、传递等工作。

（一）公文草拟的要求

1. 符合党的路线、方针、政策和国家的法律、法规及上级机关的指示，准确地体现本机构的工作意图，并同现行有关公文内容相衔接。

2. 全面、准确地反映客观实际情况，提出的政策、措施等切实可行。

3. 观点明确，情况属实，内容充实，条理清晰，结构严谨，表述准确，文字精练。

4. 人名、地名、时间、数字、引文准确。时间应写具体的年月日，引用公文应先引标题，后引发文字号；汉字和标点符号的用法符合国家标准，计量单位和数字用法符合国家的有关规定。

5. 开门见山，文字精练，用语准确，篇幅简短，用词规范，文风端正，文种格式正确，层次序数准确。

6. 起草公文时，对涉及其他部门职权范围内的事项，应当主动协商，征求意见。

7. 起草重要公文应当由部门负责同志亲自主持、指导，进行调查研究和充分论证，征求有关部门意见。

（二）公文审核的要求

1. 凡以本机构名义制发的文件，在送领导正式签发前，必须填写公文审签单，经承办科室分管领导核稿，送办公室主任审核文种、格式，并确定是否公开、保密审查初步意见和发文文号。

2. 核稿重点：观点和内容是否符合国家法律法规，是否符合实际，并同现行有关文件内容相衔接；拟定的措施和办法是否切实可行；涉及有关业务部门的事项是否经过协商并取得一致意见；关键用词是否规范；行文是否准确；文字是否精练；逻辑是否合理；结构是否严谨；是否确需行文或联合行文。

（三）公文签发要求

公文必须由机构领导签发，公文一经签发即定稿生效。

（四）复核、打印、分发、传递的要求

办公室要对公文的审批手续、文种、格式、内容等进行复核，经复核如需对涉及内容进行实质修改时，必须报请原签发领导复审。打印要做到准确、及时、安全、保密，用印规范、正确。分发、传递应做好登记，按分发、传递范围进行分发，传递密级文件时，严格执行密级公文传递办法。办公室要按照公文存档要求及时存档。

第二条　收文办理

收文办理一般程序包括：签收、登记、拟办、分发、传阅（传批）、承办和催办等工作。

收文的签收、登记及拟办统一由办公室负责，提出拟办意见，按拟办意见送领导阅批，急阅件随到随送，阅件一般应在三日内阅批。签收时应逐件清点，标注签收时间，如发现问题，须及时向发文机关查询并采取相应处理措施。登记时，应按照发文机关分类要求，对文件逐一登记，登记内容包括公文标题、密级、发文字号、发文机关、份数、收文日期、收文序号等。办公室按照机构领导的阅批要求分送有关科、室、队办理，并根据机构领导的阅批意见及时提醒相关科、室、队按时限要求办结。

催办时，办公室应对公文的承办情况进行督促检查，对紧急或重要公文及时催办，对一般公文定期催办，并及时向机构领导反馈办理情况。

承办人员在公文办理完毕后，应在文件处理单简要注明发文日期与发文字号，承办人姓名与办理结果等，以便管理和查考。

三、印章管理制度

印章是机构对内、对外行使权力的标志，具有法定性、权威性和效用性。为了防止养老机构因印章的管理、使用不当而造成经济、信誉等损失，必须加强印章管理，按照分级管理的原则，严格制定印章管理办法。

某养老机构印章管理制度如下。

为加强机构各类、各种公章的管理，便于公章的刻制、使用、销毁等各环节的工作，减少和避免因公章疏于管理给机构造成的损失，特制定本管理制度。

第一条　印章刻制

公司印章的刻制均须报机构负责人审批。法定代表人个人名章、行政章、财务章、合同章，由办公室开具机构介绍信统一到指定的公安机关办理刻制手续，印章的形状、规格按国家有关规定执行，并经公安局备案。未经机构负责人批准，任何部门和个人不得擅自刻制印章。违者视情节按照公司问责制度处理，并承担因此产生的一切后果。

第二条　印章启用

机构的印章主要包括公司行政章、专项业务章（合同章、财务章、人事章、技术专业章)、法定代表人个人名章。公司所有印章必须按规定范围使用，不得超出范围使用。

(一) 行政章的使用范围主要为：

1. 机构对外签发的文件；

2. 机构与相关单位联合签发的文件；

3. 由机构出具的证明及有关材料；

4. 机构对外提供的财务报告；

5. 机构章程、制度等正式公文；

6. 员工调动、员工的任免聘用等相关文书；

7. 其他必须加盖行政章的文书与文件。

(二) 专项业务章的使用范围主要为各类业务具体应用范围。

第三章　印章管理

行政章、合同专用章由办公室安排专人负责管理。专项业务章由各部门指定专人负责管理。法定代表人个人名章由机构指定财务部专人负责管理。

四、档案管理制度

养老机构的档案是指机构过去和现在，在从事经营管理、科学技术、机构文化等活动中形成的对机构有保存价值的各种文字、图表、声像等历史记录。养老机构档案管理应遵循统一管理和归口分类相结合的基本原则，对各种不同档案实行分类分级管理。办公室负责全院性各类档案资料的收集、整理、利用和归档管理；职能或业务科室分别负责本部门档案资料的收集、整理、利用和归档管理。

某养老机构档案管理制度如下。

一、档案保管制度

1. 档案工作人员对接收的档案要进行必要的加工整理，进行分类、编号和排列，完善检索工具，逐步使档案管理工作走上规范化、标准化、制度化轨道。

2. 档案库房内要保持清洁卫生。库房内不准存放食物或易霉变还潮物品，每个档案箱、柜每年必须更换一次防虫防霉药物。库房内严禁吸烟、烤火。易燃、易爆、易腐物品等杂物不得带入库房。

二、档案安全保密制度

1. 综合档案室是机要单位，档案工作人员接待借阅和归档人员，应在办公室进行。库房重地，非本室工作人员不得进入。

2. 档案工作人员必须认真执行有关档案接收、管理和借阅制度，认真履行登记、签字、注销手续。

3. 档案工作人员必须严格执行党和国家的保密政策和保密制度，维护各类档案的安全，不得将档案所涉及的内容作为谈话资料向他人泄露，也不得私自摘抄档案内容。

4. 严格遵守相关销毁规定。凡档案室需要销毁的文件材料和档案，必须进行鉴定，编造清册，报领导批准后送指定造纸厂销毁。

三、档案查阅、借阅利用制度

1. 全院各部门因工作需要，借阅本部门业务范围内的各类档案及其他文献资料，档案工作人员要指导其办理借阅登记手续，及时提供利用。

2. 全院各部门因工作需要，利用未开放或保密档案，档案人员要指导利用者办理审批手续后方可提供利用，并且要求利用者不得查阅与工作无关的内容。

3. 外单位要持有效证明材料，经审核后方可查档。

4. 档案工作人员要提醒和指导利用者认真填写“查阅档案登记表”，外借档案要及时催还，凡借阅超过两周而不能归还的，必须办理续借手续。

五、物业管理制度

养老机构提供的物业保障服务是指养老机构向入住老人提供除饮食服务、护理服务、健康管理服务以及娱乐服务以外的其他日常生活服务的总称，其内容主要包括联络、个人财产管理、代办代买、居室清扫等服务（如图 2 –4 所示）。现代养老机构的物业保障服务管理注重在养老理念、模式、服务方式等方面的创新，把现代服务业引入传统养老业，形成“物业服务 + 养老服务”的双重服务模式。

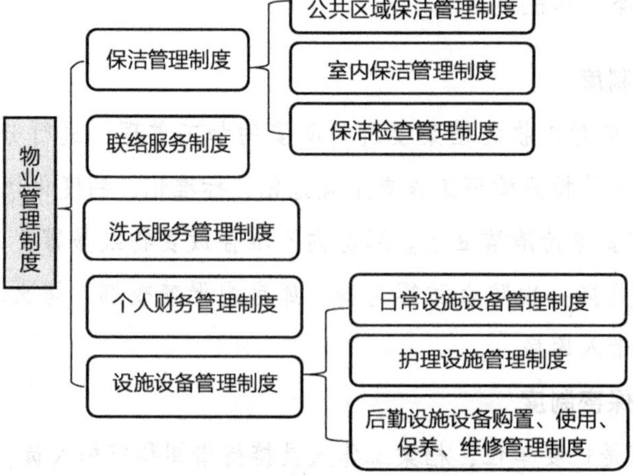

图 2 –4　养老机构物业管理制度

实操训练

情景模拟

如果你是小张，你的同学是民政部门负责养老机构备案的工作人员小李。小张需要根据当地的备案政策与流程，为“夕阳红养老院”进行备案，请进行角色扮演，完成备案流程。

训练目标——在实践中熟悉养老机构备案流程，增强对备案材料的感知与了解。

训练要求——两人一组，每组成员分别选择“小张”“小李”两个角色，通过网络、电话、实地考察等多元化方式，了解当地的养老机构备案的工作流程，由“小张”准备备案材料，由“小李”负责审核与评估，完成备案过程。完成后按以上规则互换角色。

实训说明——

本地养老机构备案流程：

备案材料准备过程记录：

备案材料审核过程记录：

参 考 文 献

[1] 覃李慧. 当代中国养老制度发展研究 [D]. 长春：吉林大学，2022.
[2] 本刊编辑部. 提高养老院服务质量的新举措 [J]. 中国民政，2020 (18)：1.
[3] 黄正权. 完善备案制度 力促机构规范管理 [J]. 中国社会工作，2020 (14)：9.
[4] 马丽萍. 紧扣时代之问 推动高质量发展：《养老机构管理办法（修订草案征求意见稿)》亮点解读 [J]. 中国社会工作，2020 (14)：6-7.
[5] 陈玉屏. 中美养老机构医养结合服务比较研究 [D]. 北京：中国中医科学院，2019.
[6] 王石泉. 中国老年社会保障制度与服务体系的重建 [D]. 上海：复旦大学，2004.
[7] 养老院火灾引发的赔偿案件 [EB/OL]. (2020-09-04) [2022-10-16]. https://www.sohu.com/a/416430158_100195306.
[8]《养老机构管理办法》(民政部令第 66 号) [EB/OL]. (2020-09-01) [2022-10-16]. http://www.gov.cn/zhengce/zhengceku/2020-09/19/content_5544761.htm.
[9] 养老机构许可变备案：喜大普奔之后，请深思应变之策 [EB/OL]. (2021-01-05) [2022-10-16]. https://0555mas.com/xinwen/33986.html.
[10] 小嶋胜利. 养老院长的 12 堂管理辅导课 [M]. 柳小花译. 北京：东方出版社，2016.
[11] 许虹，李冬梅. 养老机构管理 [M]. 杭州：浙江大学出版社，2015.

项目三
养老机构运营管理

教学目标

1. 了解养老机构岗位管理的框架与构成。
2. 了解养老机构人员招聘与录用流程、薪酬待遇体系。
3. 了解养老机构财务预算、财务控制、财务分析的全过程管理方式。

工作任务

案例

通过对项目一、项目二的学习，小张已经对养老机构服务与管理的备案工作与行政管理有了初步了解，在创业投资基金管理公司的资金支持下，他按照当地民政部门的规定完成了备案工作，准备“撸起袖子加油干”。俗话说，掌握了人和财，就掌握了企业的未来。小张虽然对养老服务行业有一定的了解，但是对人力资源管理和财务管理一窍不通，急需“充电”并雇佣相应的人才协助管理工作。要实现这一目标，应完成以下任务。

任务一　掌握养老机构人力资源管理之道

人力资源管理是根据组织和个人发展的需要，对组织中的人力资源这一特殊的战略性资源进行有效开发、合理利用与科学管理的机制、制度、流程、技术和方法的总和。

工作步骤

任务一工作步骤如图 3－1 所示。

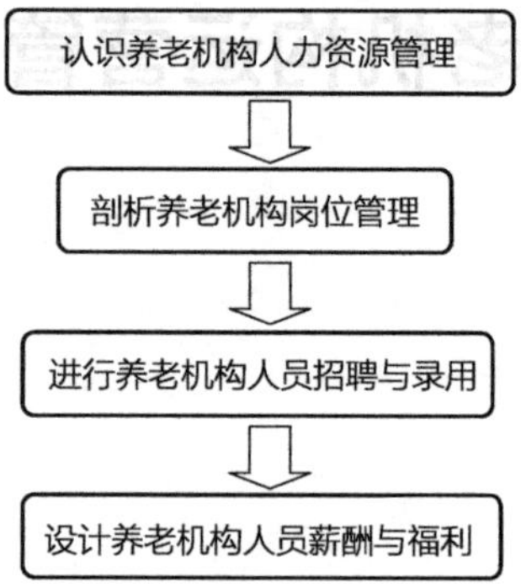

图 3－1　任务一工作步骤

第一步　认识养老机构人力资源管理

活动内容

阅读案例材料，分析案例中介绍的养老机构人力资源管理中存在的问题有哪些，对你有什么启示。

案例

“欺负”新手

某养老机构年轻护理员追问护理主任说：“为什么年长员工总是可以不做洗澡护理的工作？太不公平了吧！”年轻护理员接着抱怨说：“洗澡护理呀，护理状态不好的入住者等，都肯定是我们这些年轻人的工作，年长员工经常会以‘腰疼’‘累了’为由，只拣轻松的工作干。可是我们也会腰疼，也会累啊。”该院由护理主任来决定护理员工一天的工作内容。但是护理主任对年长员工听之任之，而将麻烦的护理工作全部分配给年轻员工。年轻护理员非常生气地说：“大家的工资都一样，这样做会使人心里不平衡。”

护理主任澄清道：“有很多年长员工说‘入住者的情况逐年恶化，重度护理工作增加了，我们会很辛苦。照这样下去身体会吃不消，都想辞职了’。”如果有经验的老员工辞职的话，护理主任会非常难办，所以只有听之任之，结果使年轻员工受到影响。“我也觉得对年轻员工很抱歉，但是实在没有办法。”护理主任坦言。

更为严重的是，年长员工当中有人装作没有听到重度护理者的呼叫器铃声，等着年轻员工去处理。虽然年长员工经验丰富，比较擅长解决复杂问题，能够灵活处理家属的投诉，但是年轻护理员护理压力较大，工作繁重，怨声连连。

思考与讨论

面对养老机构的问题，你认为应该如何处理呢？

____

____

第二步　剖析养老机构岗位管理

活动内容

分析案例"'欺负'新手"中的养老机构在人力资源管理中存在哪些问题。

知识链接

养老机构岗位管理

养老机构的岗位设置以机构的组织结构设置及其职能定位为基本依据。养老服务机构各部门划分的目的在于确定组织中各项任务的分配与责任的归属，以求分工合理、职责分明，共同实现组织目标。养老机构组织结构如图3-2所示。

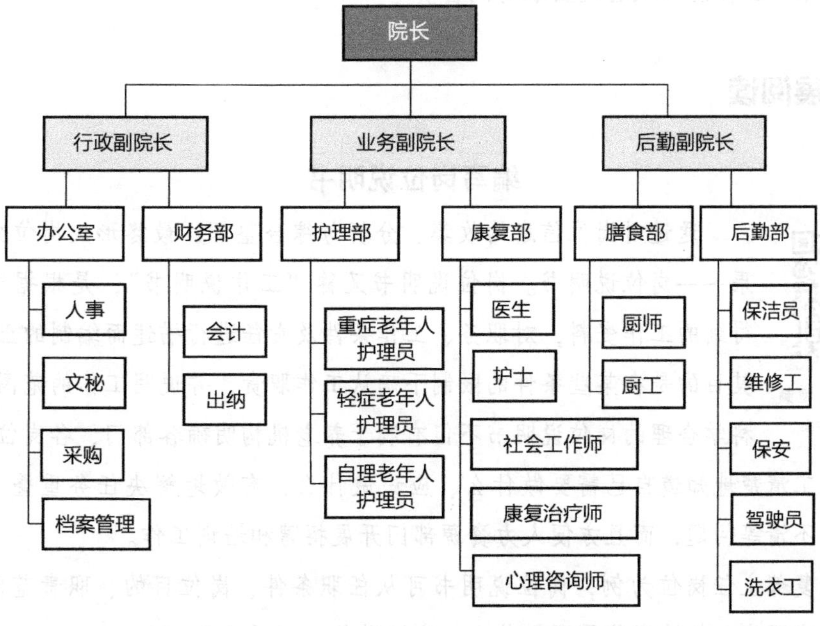

图3-2　养老机构组织结构

岗位又称职位，是指承担一系列工作职责的某一任职者所对应的组织位置，它是组织的基本构成单元。岗位与任职者是一一对应的，例如护理组组长王雪。岗位分析又称职位分析、工作分析，通过收集和分析相关资料来确定组织中岗位的定位、目标、工作内容、职责权限、人员要求等基本要素。具体来说，岗位分析就是要为管理活动提供与工作相关的各种信息，这些信息可以用“6W”加以概括：

Who——谁来从事这份工作；

What——这一岗位的具体工作内容是什么；

When——怎么安排工作时间；

Where——在哪里工作；

Why——工作的目标是什么；

For whom——工作服务对象是谁。

通过岗位分析，主要解决以下问题。

（1）某一具体岗位是做什么的？

这一问题与岗位上的具体工作有关，包括岗位的名称、岗位的职责、岗位的要求、岗位在组织中的位置、考核的标准等内容。

（2）什么样的人最适合这个岗位？

这一问题与从事该岗位的人的资格有关，包括专业、年龄、必要的知识和能力、必要的证书、工作经历及心理要求等内容。

拓展阅读

编写岗位说明书

秒懂百科视频：岗位说明书

通过对岗位信息的收集、分析与综合整理，最终形成岗位分析的成果——岗位说明书。岗位说明书又称“工作说明书”，是根据岗位分析得到的工作资料，对职务、工作条件及责任进行描述而编制的正式文件，其目的是在某些条件的限制下确认工作职责，并说明工作的范围和内容。科学合理的岗位说明书不但有利于养老机构明确各部门、各岗位的职责，有利于员工清楚地知道自己需要做什么、应该做什么，有效地解决任务重叠、相互推诿、责任不清等问题，而且方便人力资源部门开展招聘和培训工作。

以康复部主任岗位为例，岗位说明书可从任职条件、岗位目的、职责范围、考核标准等角度深度分析该岗位需要做什么、应该做什么（见表3－1）。

表 3－1　康复部主任岗位说明书

<table>
<tr><td>单位</td><td>夕阳红养老院</td><td>岗位名称</td><td>康复部主任</td><td>编制日期</td><td>2021 年 10 月 5 日</td></tr>
<tr><td rowspan="3">部门</td><td rowspan="3">康复部</td><td>任职人</td><td>黄丽</td><td>任职人签字</td><td></td></tr>
<tr><td>直接主管</td><td>业务副院长</td><td>直接主管签字</td><td></td></tr>
<tr><td>直接下属</td><td>王雪</td><td>间接下属</td><td>孙红</td></tr>
<tr><td>岗位编号</td><td>B－124</td><td>说明书编号</td><td>456123</td><td>批准日期</td><td>2021 年 12 月 20 日</td></tr>
<tr><td colspan="6">岗位摘要</td></tr>
<tr><td rowspan="5">任职条件</td><td rowspan="2">必备知识</td><td>学历/专业知识</td><td colspan="3">1. 本科及以上学历，医疗相关专业
2. 具有医疗专业知识、行政管理知识</td></tr>
<tr><td>其他上岗技能</td><td colspan="3">有主任医师的任职资格证者优先</td></tr>
<tr><td colspan="2">工作经验</td><td colspan="3">5 年及以上相关工作经验</td></tr>
<tr><td colspan="2">业务了解范围</td><td colspan="3">熟悉养老服务行业医疗康复流程</td></tr>
<tr><td colspan="2">能力素质要求</td><td colspan="3">1. 思维清晰敏捷
2. 热情、主动，有责任心</td></tr>
<tr><td colspan="3">岗位目的</td><td colspan="3">负责住院老年人的医疗康复治疗工作</td></tr>
<tr><td rowspan="2">沟通关系</td><td colspan="2">内部沟通关系</td><td colspan="3">医生、护士、社工师、康复治疗师、心理咨询师</td></tr>
<tr><td colspan="2">外部沟通关系</td><td colspan="3">老年人家属、康复专家学者</td></tr>
<tr><td colspan="4">职责范围</td><td colspan="2">考核标准</td></tr>
<tr><td colspan="4">1. 在分管副院长的领导下开展工作，负责医疗、康复、社会工作、康乐、护理等方面的业务管理</td><td colspan="2">工作开展率达到 100%</td></tr>
<tr><td colspan="4">2. 负责拟定本机构的工作计划，并组织实施，及时总结，按时汇报，主动做好各方面的协调工作，保证工作的正常运行</td><td colspan="2">计划完成率达到________%</td></tr>
<tr><td colspan="4">3. 经常监督专业技术人员严格执行各项规章制度和技术操作规范，有计划地检查各种医疗康复措施的执行情况，加强医护配合，严防差错事故</td><td colspan="2">差错事故低于________次</td></tr>
<tr><td colspan="4">4. 掌握本机构工作人员的思想动态，根据个人特点采取不同的管理方式，充分调动员工积极性，开展部门各项工作</td><td colspan="2">员工工作积极率达到________%</td></tr>
<tr><td colspan="4">5. 深入工作，了解入住老年人的健康状况，采取措施做好老年人保健工作，领导医务人员做好重病老年人的医疗工作</td><td colspan="2">工作完成率达到________%</td></tr>
<tr><td colspan="4">6. 负责组织本机构的业务学习，督促员工自觉遵守劳动纪律，考核部门人员业务完成情况，提出奖惩意见</td><td colspan="2">业务学习次数达到________次以上</td></tr>
<tr><td colspan="4">7. 负责本部门固定资产的保管工作，认真做好安全防护工作</td><td colspan="2">固定资产丢失率为 0，安全事故发生次数低于________次</td></tr>
</table>

第三步　进行养老机构人员招聘与录用

活动内容

假设你是小张，以养老机构建设的创业项目为模拟情景，从“6W”的角度出发，思考为养老机构不同岗位招聘合适的人才，需要设置哪些招聘条件和录用流程。

知识链接

养老机构人员招聘与录用

人力资源部门每年年末根据编制情况和职能或业务部门书面用人需求，或当机构各部门业务发展或人员变动引发临时用人需求时，制订人力资源计划，经院领导同意和上级审批后组织招聘新员工。

人力资源部门根据已批准的人力资源计划和毕业生指标通知相关用人部门，由用人部门对新招聘的员工进行面试、笔试并写出书面意见报人力资源部门备案。人力资源部门负责对新招聘员工的人事档案、任职资格等情况进行审核并安排体检，择优录用，以保证新招聘员工的基本综合素质符合用人部门要求。

新招聘的员工应符合相应岗位的学历、专业技术等要求，应届大中专毕业生应与本院签订服务期协议。

人力资源部门负责新招聘的员工在院规、院纪等方面的岗前培训和教育，用人部门负责新招聘的员工上岗前的岗位职责和业务技能等方面的教育。

新聘用员工劳动合同期限为三个月以上不满一年的，试用期不超过一个月，劳动合同期限为一年以上不满三年的，试用期不超过两个月；为三年以上固定期限和无固定期的，试用期不超过六个月。

根据国家、地区劳动政策的有关规定，经甲乙双方平等协商，自愿签订劳动合同，并共同遵守合同所列条款，具体聘用条款参照所在省（区、市）事业单位聘用合同书。

第四步　设计养老机构人员薪酬与福利

活动内容

经过前三个步骤，小张已经初步理解了岗位设置与人员录用的基本内容，小张认为，只有给出合适的薪酬与福利，才能真正招聘到自己需要的人才，才能真正留得住人。这种想法对吗？说说你的看法。

知识链接

薪酬体系设计

薪酬是员工向所在机构提供劳务而获得的各种货币与实物酬劳的总称，通常包括工资、奖金、津贴、劳动分红、福利等。狭义的薪酬主要来源于“薪”，是指货币和可以转化为货币的报酬；广义的薪酬除了包括狭义的薪酬外，还包括“酬”，即获得的各种非货币形式的满足。

从某种意义上说，薪酬是机构对员工的贡献包括员工的态度、行为和业绩等所做出的各种回报。从广义上讲，薪酬包括工资、奖金、休假等外部回报，也包括参与决策、承担更大的责任等内部回报（如图 3 -3 所示）。

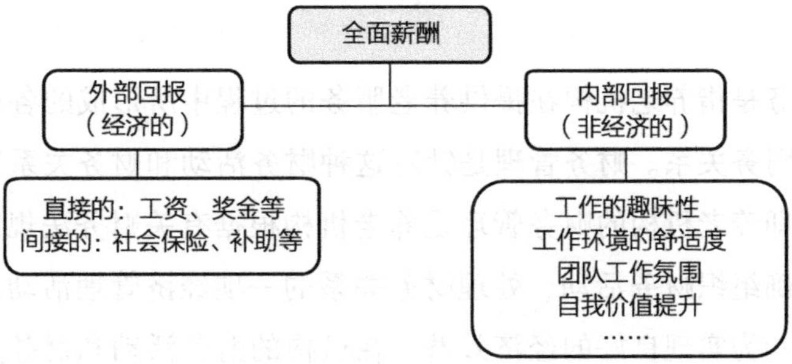

图 3 -3 全面薪酬广义释义

薪酬体系是企业人力资源管理体系中的重要部分，是对员工经济性报酬各项内容的支付标准、发放水平、要素结构、方式方法等进行确定、分配和调整的过程（如图 3 -4 所示）。薪酬体系设计需要遵循内部公平性、外部竞争性、激励性、合法性、灵活性等原则。

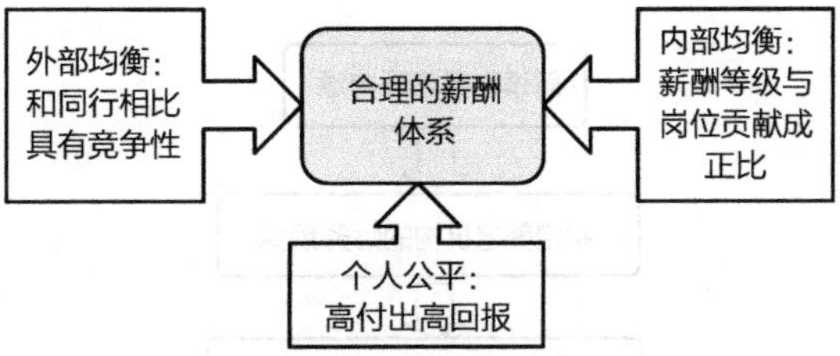

图 3 -4 合理薪酬体系

常见的员工薪酬分为年薪制和月薪制。薪酬可分为固定薪酬和浮动薪酬，其中固定薪酬根据不同情况包括基本工资、津贴、福利等，浮动薪酬可包括奖金、股票期权等长期激励及一些非货币外在薪酬和内在薪酬。薪酬体系的构成如图 3 -5 所示。

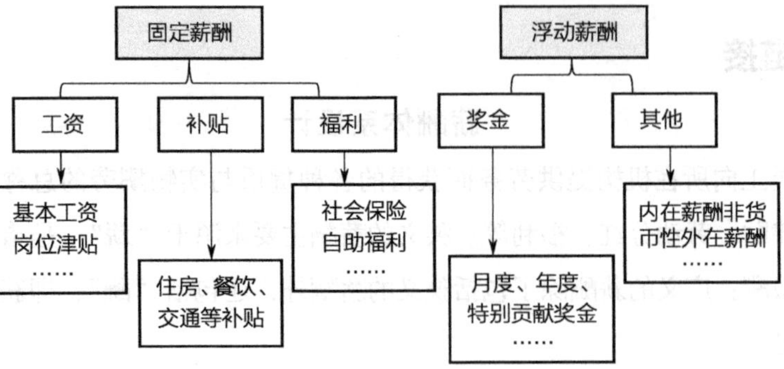

图3-5 薪酬体系构成

任务二 掌握养老机构财务管理之道

养老机构财务是指养老机构在提供养老服务的过程中所形成的各种财务活动以及由此形成的各种财务关系。财务管理是针对这种财务活动和财务关系所运用的各种管理方法和手段，即养老机构的财务管理是养老机构根据有关财务法规制度，按照财务管理的原则，正确组织财务活动、处理财务关系的一项经济管理活动。养老机构的财务管理是养老机构为实现良好的经济效益，在机构的财务活动和财务关系处理过程中所进行的科学预测、决策、计划、控制、协调、核算、分析和考核等一系列经济管理工作。

工作步骤

任务二工作步骤如图3-6所示。

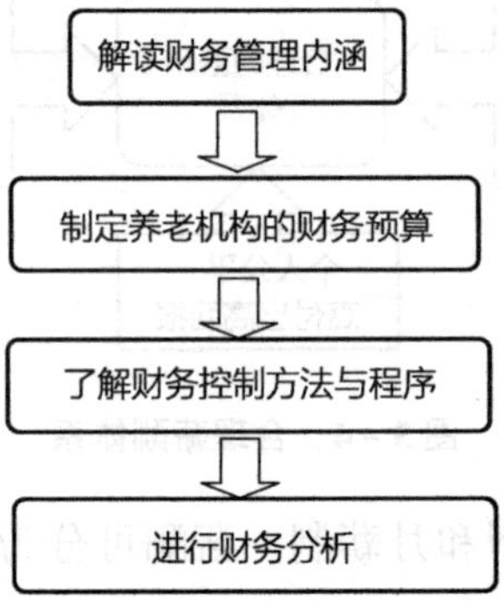

图3-6 任务二工作步骤

第一步 解读财务管理内涵

活动内容

阅读案例材料，分析案例中的从江县民政局为何要规范养老院的财务管理制度。

案例

从江县民政局首创“院财局管”破解财务管理难题

近日，记者从贵州省从江县民政局了解到，该局积极探索并推出“院财局管”机制，出台《从江县民政局“院财局管”工作实施方案》，对敬老院财务实行“院财局管”，规范会计核算行为，破解财务管理难题，开黔东南州各县民政局财务管理“院财局管”之先河。

“院财局管”明确规定：严格财务管理，规范财务行为；严格“三权”“四债”不变，规范管理行为；严格审批程序，规范报账流程；严格专户管理，规范服务范围；严格执行备用金制，规范管理资金。实施“院财局管”后，财务在运行过程中保持坚持敬老院（福利院）的“三权”“四责”不变，即资金所有权、使用权和资金审批权不变，资产管理责任、债权债务管理责任、财务收支平衡责任和会计主体责任不变。

“以前做账票据不规范，现在程序虽然多但很保险。”从江县庆云镇敬老院院长吴国文表示，“院财局管”制度杜绝了过去财务管理混乱、不规范而产生的奢侈浪费现象。

“以前报账混乱，每个敬老院账目都不一样……”从江县民政局办公室主任潘成江说，2017 年开始施行“院财局管”机制，不仅便于资金管理，还使国家资产得到充分利用，起到兜底保障的作用。

目前，通过在该县已投入使用的 15 所敬老院建立养老服务机构对公账号，施行“院财局管”工作机制，不仅开源节流、增收节支，还有效避免了账外账、暗箱操作、私设“小金库”等行为，同时在源头上遏止腐败发生。

____

____

知识链接

养老机构财务管理特征、目标与环节

养老机构既具有社会福利性质，又具有市场化特征，这就决定了养老机构财务管理具有特殊性。养老机构财务活动在一定程度上体现了国家的财政方针政策，具有较

强的政策性。财务管理可以及时全面地反映养老机构经营运行状况，渗透于服务、供应、消费等各个环节和人、财、物各个要素，具有较强的综合性与较广的涉及面。此外，在养老机构的管理过程中，决策是否得当、经营是否合理、服务是否满意等都可在机构财务指标中得到反映，因此养老机构财务管理具有较高的敏感度。

养老机构财务管理的目标是机构财务实践、财务决策的出发点和归宿，也是机构财务管理的行为导向。养老机构财务管理的首要目标是保证养老机构财务与资金操作的规范、安全、良性运行，其次是协助做好成本核算、经济运行分析、资产管理，提高资金和资产的利用效率。

养老机构的财务管理环节是指养老机构财务管理的工作步骤与一般工作程序。一般而言，财务管理主要包括以下几个环节。

一、财务预算

财务预算是一系列专门反映机构未来一定期限内预计财务状况和经营成果，以及现金收支等价值指标的各种预算的总称，包括现金预算、预计利润表和预计资产负债表等内容。编制财务预算是养老机构财务管理的一项重要内容。财务预算必须服从机构决策目标的要求，使决策目标具体化、系统化和定量化。

二、财务控制

养老机构财务控制是指在养老服务经营活动过程中，以计划和各项指标为依据，对资金的收入、支出、占用、耗费进行日常的计算和审核，使之按预定目标运行，提高经济效益的过程。

实行财务控制是落实计划任务、保证计划实现的有效措施。为了保证财务管理工作任务的完成和财务计划目标的实现，养老机构财务部门必须加强日常财务控制工作，以财务制度为依据，以财务计划为目标，以财务定额为标准，并与经济责任制相结合，明确各科室、各部门和有关人员的责权关系，使财务控制工作岗位化、具体化。

三、财务分析

养老机构财务分析是以养老机构会计核算资料、账簿记录和其他有关资料为依据，对一定时期单位财务状况、收支情况和现金流量进行比较、分析和研究，或与同类养老机构相应指标进行比较分析、总结经验、做出正确评价的一种方法，用来帮助评价机构业务绩效，预测未来财务状况、业务活动结果以及现金流量等。

第二步　制定养老机构的财务预算

活动内容

利用互联网查一查养老机构的历年财务预算数据，说说为什么机构每年都要进行财务预算。

知识链接

养老机构财务预算的作用、原则、流程

养老机构财务预算是财务控制的依据和考核的标准，其作用归纳起来主要有以下几方面。一是使决策目标具体化、系统化和定量化。财务预算能全面、综合地协调与规划养老机构内部各部门、各层次的经济关系与职能，使之统一服从于未来经营总体目标的要求。同时，财务预算又能使决策目标具体化、系统化和定量化，能够明确规定养老机构有关生产经营人员各自职责及相应的奋斗目标。二是作为控制与预警的依据，在财务预算执行过程中，各级各部门通过定期（每月或每季度）将执行情况与预算进行对比，及时发现偏差，分析原因，采取必要的措施，以保证整体目标的顺利完成。三是有助于财务目标的顺利实现，控制运营成本。

养老机构财务预算编制应遵循以下几个原则。一是加强编制预算前的调研，充分获取有关数据资料。二是预算编制要全面、完整。三是团结协作、控制成本，在预算过程中，防止“宽打窄用”，原则上不搞赤字，预算强调开源节流。四是预算编制要有科学性、合理性，过高或过低的预算指标都不利于预算管理方法的指导和控制。同时，经营活动过程中出现的不确定因素要求预算指标具有一定的灵活性和应变余地，以切实保证养老机构经营目标的实现。

养老机构的预算编制一般遵循如图 3－7 所示流程。

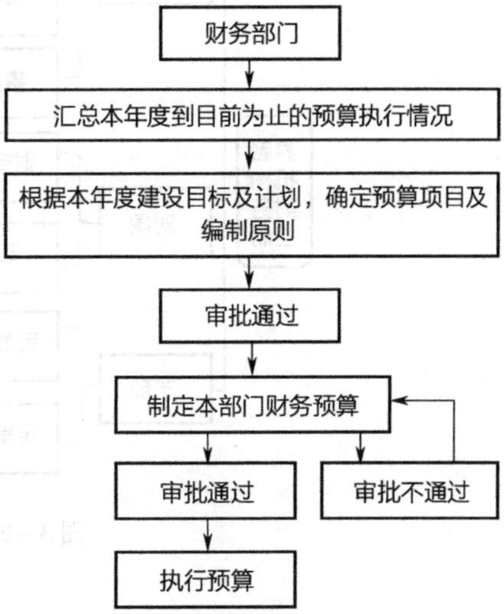

图 3－7　养老机构预算编制流程

第三步 了解财务控制方法与程序

活动内容

小张根据年度建设任务，会同财务部门制定了财务预算，但是小张认为在财务执行过程中，没必要遵守预算的限制，在财务支出时可以随意支配项目金额，他的想法对吗？为什么？

知识链接

养老机构的财务控制分类与方法

财务控制是经济控制系统的重要组成部分。进行财务控制时，必须目的明确，按照一定的财务管理标准进行。在此过程中，应注意具体问题具体分析，将原则性和灵活性结合起来，以保证财务预算指标的实现。

养老机构的财务控制主要按照控制时间、对象、手段进行分类（如图3－8所示）。养老机构财务控制的方法多种多样，应根据客观环境的变化采用不同的方法加以应对。养老机构服务常用的财务控制方法主要包括以下五种。

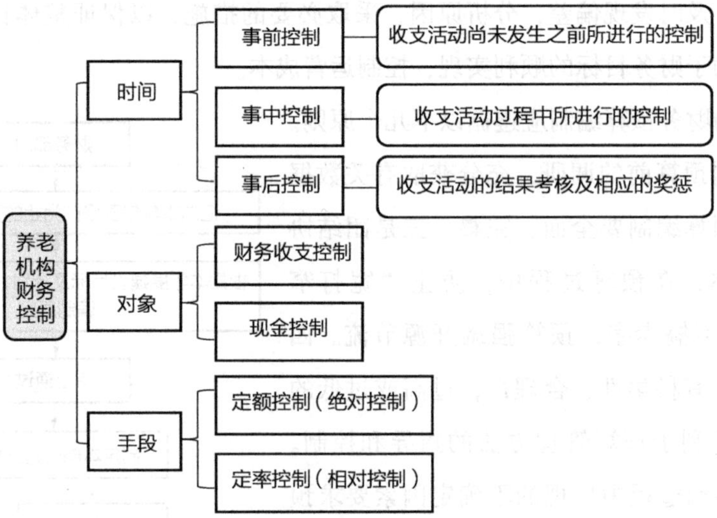

图3－8 养老机构财务控制框架

一、组织架构控制法

养老机构在控制目标的过程中应设立控制的组织架构。合理的组织架构控制是保证经济业务按照机构既定方针执行、提高经营效率、保护资产、增强会计数据可靠性的重要条件。根据财务控制的要求，养老机构在确定和完善财务组织架构的过程中，应明确不相容职务相分离的要求，即一个人不能兼任同一部门财务活动的不同职务。如有权批准采购的人员不能直接从事采购业务，从事采购业务的人员不得从事入库业务。

二、授权批准控制法

养老机构授权批准控制是规定机构各级员工的职责范围和业务处理权限，各级人员必须获得批准或授权，才能实施决策或执行业务，严格禁止越权办理。授权管理的方法是通过授权通知书来明确授权事项和使用资金的限额。进行授权批准控制，第一，要求养老机构内部有授权环节并明确各环节的授权者；第二，授权级别应与授权者的地位相适应；第三，授权人应该是称职的人员，对于不能胜任的人不得授权；第四，各级人员应严格按授权权限办事，对在授权范围内的行为给予充分信任，对其超越权限外的行为不予认可；第五，无论采取什么样的授权方式，都应有文件记录。

三、预算控制法

预算控制法是以预先编制的财务预算为标准来实施控制的方法。养老机构预算管理工作部门应加强与各预算执行单位的沟通，运用财务信息和其他相关资料监控预算执行情况，采用恰当的方式及时向决策机构和各预算执行单位报告，反馈预算执行进度、执行差异及其对预算目标的影响，促进养老机构全面预算目标的实现。

四、措施控制法

（一）政策制度控制法

政策制度控制法主要是指养老机构以国家有关方针政策为依据，结合机构自身特点而进行的财务控制。养老机构财务管理人员应及时掌握相关制度，以制度为标准，严格进行控制。

（二）文件记录控制法

文件记录控制法在养老机构财务控制中具有重要的地位。为了保证文件记录的有效性，应进行可靠性控制。会计档案是机构在经济活动中形成的记录和反映经济业务的重要史料和证据。养老机构应加强对会计档案工作的管理。会计档案工作的日常管理应由财务部主管负责。财务部负责对已形成的会计档案进行整理、立卷和登记。

五、责任控制法

岗位责任制是养老机构实现财务控制的组织保证。只有贯彻岗位责任制，才能保证各部门对经济活动和资金运作进行相应控制。为了保证责任制的实施，首先应实行分组分口核算，保证每个员工都有明确的核算目标；其次应明确各部门甚至个人的责任权限，加强审核，责任到人，使各部门和员工都明确自己的工作权限，便于核查。

第四步　进行财务分析

活动内容

小张根据财务预算，在财务执行过程中进行了预算控制。他想了解近期养老机构财务的整体收支情况，以便做下一步项目拓展的思考与筹备。他应从哪些方面进行分析呢？应该采用什么样的分析方法呢？

知识链接

养老机构财务分析内容

财务分析是一种判断的过程，旨在评估企业现在或过去的财务状况和经营成果，其主要目的在于对企业未来的状况和经营业绩进行最佳预测。财务分析是养老机构管理的重要手段之一，对于提高机构的经营效率及其成果、促进决策的科学化具有重要意义。通过财务分析可以及时发现养老机构经营管理中存在的问题与不足，并采取有效措施给予解决，以便充分利用有限的资源不断提高管理水平。

养老机构财务分析的内容主要包括偿债能力分析、营运能力分析、赢利能力分析和发展能力分析 4 个方面。

一、养老机构偿债能力分析

养老机构的偿债能力是指养老机构能够如期偿付债务的能力。偿债能力分析是机构财务分析的重要组成部分，包括短期偿债能力分析和长期偿债能力分析。短期债务是养老机构日常经营活动中弥补营运资金不足的一个重要来源，通过财务分析有助于判断机构短期资金的营运能力和营运资金的周转状况。通过对长期偿债能力的分析不仅可以判断经营状况，还可以促使机构提高融通资金的能力。

二、养老机构营运能力分析

养老机构营运能力主要是指机构营运资产的效率与效益，即资产的周转率或周转速度。如果机构资产运用效率高、循环快，则机构可以较少的投入获取较多的收益，减少资金的占用和积压。通过营运能力分析，可以评价养老机构资产营运的效率，发现资产营运存在的问题。营运能力分析还是赢利能力分析和偿债能力分析的基础与补充。

三、养老机构赢利能力分析

养老机构赢利能力是指获取利润的能力。赢利能力分析主要是通过将资产、负债、所有者权益与经营成果相结合来分析机构的各项报酬率指标，从不同角度判断机构的获利能力。利润的大小直接关系机构所有相关利益人的利益，所以赢利能力分析是财务分析中最重要的一个部分。

四、养老机构发展能力分析

养老机构的发展能力又称机构的成长性，是机构通过自身的经营活动，不断扩大积累而形成的发展潜能。机构能否健康发展取决于多种因素，包括外部经营环境、制度环境、人力资源、分配制度等。

知识拓展

养老机构财务分析方法

养老机构财务分析常用的方法主要包括比较分析法、比率分析法和因素分析法。此处重点介绍比较分析法。

比较分析法是将所要分析的报表数据与上一年或连续数年财务数据并列比较，或与其他机构的相关资料进行比较，或利用某报表的部分指标与总量指标进行比较，据以分析和衡量养老机构经营成果和财务状况的一种分析方法。比较分析法是财务分析中最基本的一种方法。通过比较分析可以发现所分析数据或指标的问题所在，揭示养老机构经营活动中的优势和劣势。在实践中通常采用以下几种形式。

一、横向比较分析

将养老机构两期以上的财务报表进行比较分析，通过报表中各类目的金额与前一年度金额的增减变化，计算其增减百分比加以比较。其优点在于可以使管理者掌握某一财务报表逐年变动的情况，把握养老机构经营状况。

二、趋势比较分析

选择某一年度作为基期，计算某一年度中各项目对基期同一项目的趋势百分数，以了解各项目在各年度中的变化情况，并可以据此判断养老机构财务状况和经营成果的变化规律及趋势。

比较分析法只适用于同质指标的数量对比。因此，应用此法时应注意指标之间的可比性。如果是在不同养老机构之间进行对比的指标，还必须注意行业归类、财务规模的一致性。

实操训练

发布招聘启事

情景模拟

如果你是小张，你开设的“夕阳红养老院”准备营业，需要2名财务管理专员、5名护理人员、1名康复治疗师，请你发布招聘启事。

训练目标——在实践中熟悉养老机构人员招聘启事撰写的基本要求和发布的基本流程。

训练要求——以小组为单位，通过网络、电话、实地等多元化方式，首先了解当地养老机构招聘启事撰写的内容与发布的基本工作流程，通过模仿—创新的方式，完成“夕阳红养老院”招聘启事的撰写。

实训说明——

招聘启事全文：

参 考 文 献

[1] 段宝印，于世旺. 我国养老机构设施管理现状及适老化改造研究 [J]. 城市建筑空间，2022，29 (10)：110-111，114.

[2] 许娟，李悬悬，高澍婕，等. 公共管理视域下养老机构服务保障研究：以太原市养老机构为例 [J]. 中国公共卫生管理，2022，38 (1)：34-38，51.

[3] 孟兆敏，李振. 养老机构分类标准及分类管理研究 [J]. 江苏大学学报（社会科学版），2018，20 (1)：71-78.

[4] 梁敏怡，毛宁，陈文戈，等. 养老机构服务管理系统的设计与实现 [J]. 科技创新与应用，2017 (5)：1-2.

[5] 贾会. 我国养老机构的护理服务与管理 [J]. 中国护理管理，2014，14 (S1)：65-66.

[6] 贾素平. 养老机构管理与运营实务 [M]. 天津：南开大学出版社，2014.

[7] 小嶋胜利. 养老院长的 12 堂管理辅导课 [M]. 柳小花译. 北京：东方出版社，2016.

[8] 罗志，余求根. 养老服务机构人力资源管理实务培训 [M]. 北京：高等教育出版社，2017.

[9] 许虹，李冬梅. 养老机构管理 [M]. 杭州：浙江大学出版社，2015. 有删改

[10] 从江县民政局首创“院财局管”破解财务管理难题 [EB/OL]. (2018-12-25) [2022-10-16]. http://www.ddcpc.cn/szx/qdn/201812/t20181224_338164.shtml.

[11] 资料来源：许虹，李冬梅. 养老机构管理 [M]. 杭州：浙江大学出版社，2015.

项目四
养老机构入院服务管理

教学目标

1. 接待拟入住老人咨询。
2. 开展养老机构的入院评估。
3. 办理正式入院手续。

工作任务

案例

王奶奶和吴爷爷住在城郊，两人都是农村退休中学教师。他们与儿子一起居住半年多，害怕儿子分心，两人有心入住养老机构。经打听，附近有两家养老机构。有一天，王奶奶和吴爷爷来到某家养老机构。工作人员热情地接待了他们，介绍了养老院的硬件和服务，以及现在入住的优惠政策，包括机构的医疗护理保障和安全，以及特色项目。在进行充分比较的前提下，王奶奶和吴爷爷决定选择这家养老机构，他们入住前需要在工作人员的协助下完成入院评估，并且办理入住手续。

任务一　接待拟入住老人咨询

活动内容

根据《养老机构接待服务基本规范》，养老机构应明确负责接待服务的部门或岗位。养老机构应对来访者的身体和精神状况进行评估，做好体温测量、手部消毒等卫生防疫工作。养老机构应规定接待时间和参观路线，避免影响老年人生活和养老机构工作开展。在接待活动中，养老机构应向来访者告知注意事项，并保护老年人个人隐私。请利用互联网或者养老机构走访，调查养老机构接待服务相关情况。

表 4－1　养老机构接待服务调查

养老机构	接待服务部门	接待部工作人员数	接待部相关岗位职责	是否对来访者身体和精神状况进行评估	是否有规定的接待时间	是否有规定的参观路线	以何种方式向来访者告知注意事项

工作步骤

任务一工作步骤如图 4－1 所示。

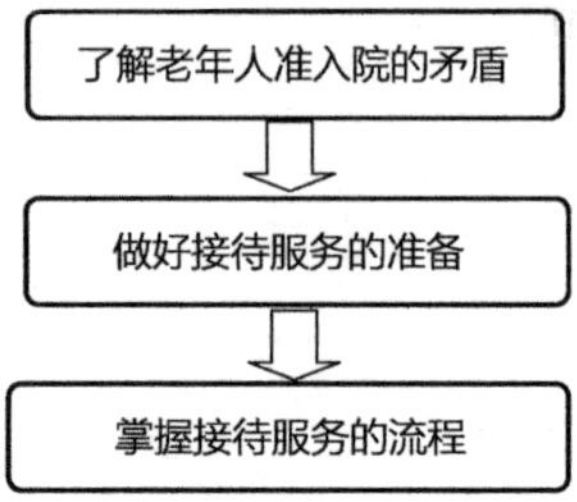

图 4－1　任务一工作步骤

第一步　了解老年人准入院的心理

随着专业性分工日益显著，当前越来越多的老年人倾向于选择到养老机构进行养老，但是真正选择养老机构养老对老人而言是一项重大的决定。尽管各家养老机构纷纷以专长和特色彰显自己的优势，可大多数老人及其监护人在选择养老机构的过程中伴随着欣喜、焦虑等复杂情绪。

活动内容

阅读案例材料，了解刘阿姨对养老机构的“期待”与“困惑”。

案例

刘阿姨的“期待”与“困惑”

刘阿姨和儿子、儿媳住在一起多年，相互关系也不错。刘阿姨一直在帮小两口带孩子，可是随着孙子、孙女慢慢长大，她得了中风。由于老伴去世得早，患病这两年主要是儿子、儿媳以及请的陪护来照顾她的，刘阿姨总觉得自己给儿子、儿媳带来了很多麻烦，很自责。后来，邻居建议像刘阿姨这种情况可以考虑去养老院，在那里白天有人照顾日常生活，晚间也有人陪护，还可以和其他老人聊天。刘阿姨有些犹豫，她想尝试下新环境，但是又有些担忧。

思考与讨论

面对去机构养老，刘阿姨为什么会有些担忧呢？

____

____

知识链接

一、对养老院的期待

（一）养老院具有专业的养老服务

随着中国经济社会的持续健康发展，居民可支配收入得到了大幅增长，老年人的物质生活水平也得到了相应提高。人们不再以养儿防老这种固化的传统思想去理解老年生活，也不再将老年生活定义为衣食无忧，一些老人认为养老院在医疗保健、心理干预、健康管理等方面的专业性比较强，同时开展的丰富的文化活动，从身体与心理方面满足了养老的需求。

鉴于此，在选择养老机构方面，养老院有安全的社会环境和自然环境；周边有医院或者养老院内部本身引入医疗机构；有配套的文化娱乐设施满足老人“老有所学、老有所乐”精神需求等成为大多数老人考虑的因素。

（二）养老院可以融洽亲子关系与结交朋友

老人与子女在一块，由于思想观念、生活习惯等不同，或多或少地都会产生矛盾和摩擦。老人入住养老院，与子女适当分开会让彼此更加牵挂，子女也可以时常去养老院探望父母，这样双方会倍感亲切，子女无后顾之忧。另外，老人还可以结交年龄相仿的朋友，这样可以有效地解决老人的孤独感和寂寞感。

（三）养老院养老具有安全性

伴随着社会生活节奏的加快，一些子女忙于工作或者在外地工作甚至出国，没办法陪伴家中老人，老人在家的安全问题就成了巨大隐患。加之老人在家独居引发的心理健康问题、医疗问题、安全问题等层出不穷，一些老人认为入住养老院更有安全保障，毕竟养老院一般情况下24小时都有值班人员，还有一定数量的应急车辆；同时，最少会配置一名以上有相关医疗工作经验的医生，老人的养老安全相对有保障。

二、对养老院的焦虑

（一）情境失控感

老人对即将入住养老机构，往往会有一种由陌生带来的情境失控感。他们设想入住养老机构之后生活环境会发生变化，原有生活方式被打破，原来的朋友和伙伴要远离，需要结识新朋友、新伙伴，需要建立新的朋友圈，需要形成新的作息习惯等，一切都需要重新认识、重新了解；担心工作人员照顾不好自己、担心与别人相处困难、担心自己自理能力下降而无所适从等。这种对物理环境与社会环境的不明确，让他们对即将入住养老机构产生一定的焦虑。

（二）被动选择的无奈

有一部分老人选择养老机构实属无奈，也许并不是自己乐意的，只是为了给子女减少麻烦；有一部分老人选择养老机构是因为他们认为自己是子女的负担，遭到了嫌弃，他们可能对家庭成员有一定程度的不理解和埋怨心理。因此，他们在进行养老机构入住咨询时可能就存在一定的消极、落寞、自卑等负面情绪。

（三）选择下的患得患失

尽管养老机构越来越专业化、人性化，但养老院的选择对老人而言是一个复杂的过程。如果老人没有提早规划，该选择往往是在时间与情绪压力下做出的，譬如突发事件如摔倒的发生。养老院的选择对老人而言又是一个重要的决定。它涉及自身财务状况，养老机构地理位置、医疗条件、入住价格等多元素的考量，因此老人无论对养老机构做出何种选择，都很容易产生一些患得患失的感受，不断在不同养老院之间犹豫，或者在机构养老与居家养老之间徘徊。

第二步　做好接待服务的准备

活动内容

1. 现场拍摄或网上搜索养老服务机构接待服务区域不同角度的4张照片。
2. 分析服务机构接待场所的信息明示、功能布局、物品设施、环境营造。

知识链接

养老机构接待服务主要是指养老机构通过电话、互联网、现场等方式为来访者提供的咨询、接洽、迎送等活动。来访者既包括来养老机构进行咨询、探访、参观学习、检查调研、志愿服务等活动的个人或组织，又包括老年人的配偶、监护人以及为老年人提供资金担保或委托代理的相关第三方的个人或组织。

一、平台准备

养老机构收费标准

养老机构接待服务有线上与线下咨询两个平台。线上咨询平台可通过相关网站、微信等新媒体平台设置专门的咨询专栏，开通互联网信息交流通道，专人负责网络接待服务，还可通过咨询和投诉服务电话、视频电话等信息化手段开展业务洽谈、家属探视等接待活动。

线下咨询平台往往在养老机构的接待服务场所，它是老人及其代理人最先接触并洽谈工作的主要场所，也是感受整个机构人文环境的窗口。

为此，养老机构应设置与养老机构规模匹配的接待服务区域，其位置应明显、易找，并设置醒目标识，同时在场所的醒目位置清晰明示养老机构证照、养老服务项目及价格表，咨询、投诉和监督电话信息，接待来访的工作时间、来访须知（包括注意事项和禁忌事项），接待服务人员的姓名、岗位、职务、工号、健康证等信息。

设施设备方面，接待服务区域应配备必要的座椅、沙发、轮椅等满足服务需求的设施设备及用品，应设置物品存放区（处），在公共区域应配置高清视频监控设备，并有醒目标志。

二、人员准备

养老机构接待人员应经岗前培训并考核合格后上岗，同时通过对接待人员定期进行服务接待礼仪、人际沟通、危机处理、健康和安全、紧急医疗救助、信息技术等技能培训与考核，确保服务接待人员拥有以下职业素养：一是接待人员应具有较强的沟通能力和风险识别能力，具备养老服务专业知识，熟悉养老机构服务流程、应急事件处理流程和措施；二是根据来访者实际情况使用普通话或方言提供服务，语言表达清晰，对客文明礼貌，不使用服务禁用语。

在形象方面，服务接待人员在工作期间不但要着工装、佩戴工牌、衣着整洁，还要精神饱满、仪表端庄、举止得体，同时保持面部干净整洁，口腔卫生，头发干净、长短适宜。

三、资料准备

入住申请登记表等

服务接待人员应准备好相关资料，如来访客人登记表、来电咨询登记表、拟入住老人需求记录表、入住申请登记表、入院前家庭访问情况表等。来访客人咨询登记表记录内容可以包括来访人姓名、联系电话、到访时间、离开时间、来访事由等。来电咨询登记表可以包括来电人姓名、来电时间、联系电话、来电事由、需求建议。拟入住老人需求记录表记录内容包括老人姓名、需求内容、需求反馈等。

四、应急措施准备

养老机构应明确接待服务过程中突发事件的应急预案，明确公共卫生事件、火灾、治安事件、人身意外、自然灾害、设施设备故障、重大活动意外等情况的应急措施。在应急培训中，每 3 个月至少有 1 次接待服务应急培训或演练，并有完整记录。在接待交流中引发来访者情绪波动较大时，应立刻暂停原话题、转移注意力，平复其情绪，必要时换人接待。在接待服务中，因语言冲突等原因发生肢体碰撞、打架斗殴等情形，应立即将事件双方分开并酌情处理，必要时报警。

拓展阅读

接待人员的常用语

您好！我是某某，在这儿恭候您多时啦！

请问怎么称呼您呢？

这是我们机构的简介，请您先看一下。

我们这里的设施配置有……，我能带您去看看吗？

这是我们的单人间，里面有……，这是我们的双人间，……。

我们还开设了几款新的养老服务产品，现在您看到的是……。

您对护理服务有哪些需求？我们的护理等级分为……，费用大概是……。

请问您现在方便让我带您参观一下吗？

您对看到的房型和设施是否满意呢？有需要我们完善或改进的地方吗？

这是我们的合约以及入住时需要的清单，请好好看看，有不清楚的地方可随时问我。

谢谢您今天能抽时间过来指导，欢迎下次光临！祝一路顺利！

第三步　掌握接待服务的流程

活动内容

请利用互联网或者电话咨询等方式，向养老机构相关工作人员调查接待服务流程，并填充图 4－2。

现场接待服务流程

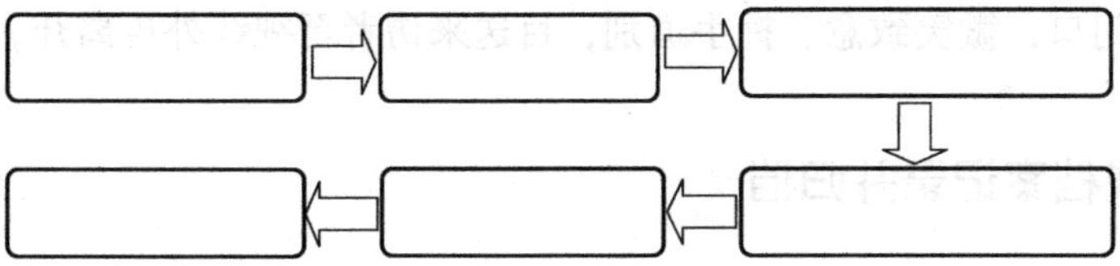

图 4－2　养老机构接待服务流程

知识链接

一、预约迎候并了解需求

为让老人有一种被重视、被尊重的感觉，服务接待人员按预约时间提早到门外迎候，之后及时登记来访客人相关信息，并给予老人及其代理人得当、直接的称谓，积极保持微笑与倾听，尽可能让老人畅所欲言，有效了解老人选择养老机构的原因及服务需求。

现场接待服务流程图

二、介绍机构情况

服务接待人员有针对性地向老人及其代理人客观介绍本机构基本情况、服务性质、功能定位、功能区域分布、设施设备、服务方式和项目、服务等级、收费标准、入住条件、入住流程等内容。针对医养结合的养老机构，服务接待人员需要向老人及其代理人详细介绍医疗护理服务模式和内容。在交流中，服务接待人员对老人关心的重点内容和问题要细致、耐心、准确地作答；对于入住养老机构的程序、准备事宜和注意问题等必须交代的事情、提醒的事项提前告知和提醒；对比较复杂或烦琐的问题，要考虑到老人的心理、精神状况，可以采取先讲述重点要点、后提供相应资料的方式展开。

三、陪同参观

服务接待人员根据前期对老人年龄和身体情况的了解，针对其需求与顾虑合理安排参观养老机构的路线，对行动不便的人员应提供轮椅及相关服务。在参观过程中，服务接待人员实事求是地对老人及其代理人提出的相关问题做出回答，并及时主动提供机构的相关信息，如服务入住要求与规定、服务内容等，为下一步工作做好铺垫。

四、送离

老人及其代理人准备离开养老机构时，服务接待人员应及时提醒其携带好随身物品，询问来访者是否有熟悉的返程路线，可依据情况给予合理化建议，并将来访者送至养老机构大门口，微笑致意、挥手道别，目送来访者至视线外再离开。

五、形成档案记录并归档

养老机构应建立并保存与接待服务活动相关的必要的文字、影像记录档案。老人及其代理人离开养老机构后，服务接待人员可进行跟踪或回访，收集相关信息，完善来访客人咨询登记表中来访人姓名、联系电话、到访时间、离开时间、来访事由、需求建议等，以此作为养老机构接待服务质量考评的重要依据。

六、评价质量与改进

养老机构可以通过意见箱、意见簿、电话、互联网等方式收集意见和建议，及时做好针对接待服务的投诉处理；并将机构接待服务作为日常检查、定期检查、专项检查等必要内容之一。同时，养老机构应至少每年开展一次接待服务满意度测评，至少每半年进行一次接待服务质量自我评价或考核，针对不足制定改进措施并落实。

拓展阅读

养老机构接待服务内容及要求①

8. 接待服务内容及要求

8.1 老年人或相关第三方咨询接待

8.1.1 应了解来访老年人或相关第三方的咨询服务内容和需求。

8.1.2 应尊重来访者的意愿，明确回复来访者关心的重点内容和问题，不应无故中断接待服务。

8.1.3 应根据来访者的年龄、身体情况和服务需求，合理安排参观路线和项目。

8.2 探视人员接待

8.2.1 应告知探视人员养老机构相关规定。未成年人、残疾人、高龄老年人等特殊群体前来探视宜 由监护人陪同。

8.2.2 对于非亲属探视人员，应征得老年人或相关第三方同意后由接待人员陪同探视。

8.2.3 探视人员携带给老年人的物品应进行登记和管理。

8.2.4 对超过探视时间的人员，接待人员应及时提醒并告知相关规定。

8.2.5 关注探视者和被探视老年人的沟通和心理状况，必要时应及时终止探视。

---

① 中华人民共和国民政部. 中华人民共和国民政行业标准：养老机构接待服务内容及要求（MZ/T 188—2021）［S/OL］.［2022－12－22］https://xxgk.mca.gov.cn:8445/gdnps/n164/n230/n240/c15229/attr/107003.pdf.

8.3 团体来访者接待

8.3.1 养老机构接到团体来访者信函或通知后，应做好沟通并确认以下相关信息，视情况组织开展相关接待活动。

a）单位名称和性质；

b）人员数量和结构；

c）参观、学习、调研、检查的内容；

d）抵达养老机构时间、停留时间、离场时间等。

8.3.2 结合实际制定接待计划，安排接待人员，准备相关资料，按计划有序开展接待。对团体来访者应限制人数，一次进入养老机构的团体来访者，不宜超过 50 人，1 天不宜超过 2 批次。

8.3.3 对随机检查或未预约但已到访的团体来访者，应核实情况酌情处理。

8.3.4 应提前告知老年人接待服务相关的信息，积极沟通，取得理解和配合。

任务二 开展老年人入院评估

标准、规范的老年人入院评估是养老机构服务专业的重要体现。通过科学的入院评估可以指导养老服务机构根据老年人不同的情况，选择最佳的照护方案，科学地制订照护计划并提供个性化服务；可以有利于养老机构规范管理、风险防控和避免因收费引起纠纷。可以让老年人更加了解自己，从而能促进康复，提高生活能力。

工作步骤

任务一工作步骤如图 4－3 所示。

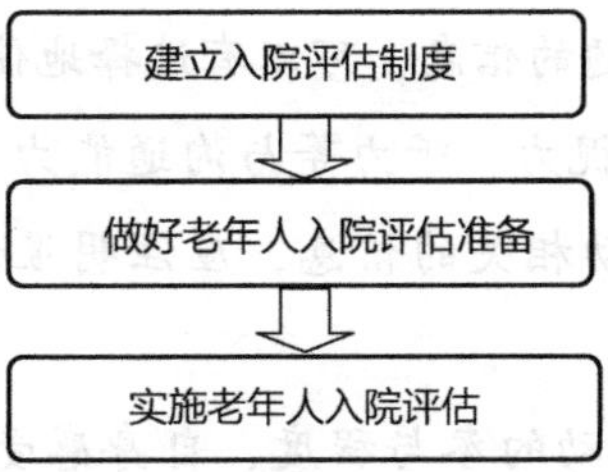

图 4－3 任务一工作步骤

第一步 建立入院评估制度

活动内容

《养老机构管理办法》中明确提出在老年人或者其代理人事先充分告知老年人身体健康状况和患病情况的基础上，养老机构应建立入院评估制度。

案例

某养老院入院评估制度

1. 在老年人入住养老院前，得到老年人同意后应对其进行入院评估，主要对其生理、精神、经济条件、生活状况等进行综合分析和评价，包括健康史、精神状况、自理能力、功能活动等，还要对褥疮、跌倒意外、轻生等需要注意的老人意外风险进行专项评估，以便科学确定对老年人服务的类型。

2. 评估可以分阶段、分次进行，也可以由不同评估员完成。

全面评估应在14天内完成，并建立健康档案。

3. 例行评估每年不少于一次，主要回顾和总结老年人目前面临的健康问题。当老年人健康出现重大变化或危急状况时，要展开即时评估，采取处理措施并制订下一步照护计划。这些评估记录都要纳入老年人的健康档案中，保存期不得少于15年。这将成为老年人入院、转介、出院，以及制订老年人照护计划和风险控制的依据。

4. 入院健康评估服务由院长、医生、护理主管来完成。

5. 评估内容包括老人的健康状况、健康史、精神状况、功能评估、自理能力、社会功能、决定能力、风险评估、健康档案等，使用医学、护理学和养老服务行业的专业术语。

6. 具体情况。

（1）基本资料包括姓名、居民身份证号、性别、出生日期、文化程度、家庭成员和婚姻状况等个人基本信息，还应包括经济来源、居住情况、主要照顾者等社会信息。

（2）健康史包括现病史和既往病史、家族疾病史、外伤史、药物过敏史、目前接受的治疗护理方案等信息，还应包括饮食要求、营养和皮肤等需要特别注明的健康问题的信息。

（3）精神状况包括认知、情感和意志行为各方面的信息，还应包括轻生、伤人等需要特别注意的心理和行为问题的信息，可以有选择地使用精神卫生评定量表。

（4）功能活动包括言语、视力、听力等与沟通能力相关的信息，还应包括完成进食、个人卫生等与日常功能活动相关的信息，应注明眼镜、助听器、拐杖等辅助器具的使用情况。

（5）社会功能包括社会活动的参与程度、自身感受等信息，还应包括社会支持、社会评价等信息，可以有选择地使用精神卫生评定量表。

思考与讨论

建立入院评估制度的意义是什么？该份入院评估制度包括哪些内容？是否有需要完善的地方？

第二步　做好老年人入院评估准备

活动内容

请利用互联网或者养老机构走访、电话咨询等方式，调查 2 ~ 3 家养老机构在开展入院评估方面采用的健康评估表，并比较异同。

表 4 – 2　养老机构老年人入院健康评估表调查

养老机构名称	健康评估表类型	健康评估表名称	健康评估表内容	不同点	共同点

知识链接

一、明确评估人员资质

养老机构应获得民政部门的评估资格认证或委托，而且评估人员应具有医学或护理学学历背景，或获得社会工作者资格证书，或获得高级养老护理员资格证书，并经过专门培训获得评估人员资格认证。评估人员工作主要包括为养老服务机构住院老人提供 健康状况的系统评价和健康等级的划分。

二、搭建评估环境

评估环境应安静、整洁、明亮、空气清新、温度适宜，至少有 3 把椅子和1 张诊桌、4 ~ 5 个台阶，以供评估使用。台阶的踏步宽度不小于 0. 30 米，踏步高度为0. 13 ~ 0. 15 米，台阶有效宽度不应小于 0. 9 米。

三、备好健康评估表

中国健康老年人标准

老年人健康状况评估一级指标共有 4 个，包括日常生活活动、精神状态、感知觉与沟通、社会参与。日常生活活动包括进食、洗澡、修饰、穿脱衣服、大便控制、小便控制、如厕、床椅转移、平地行走、上下楼梯、独立坐起 11 个二级指标，精神状态包括认知功能、攻击行为、抑郁症状 3 个二级指标，感知觉与沟通包括意识水平、视力、听力、沟通交流、饥饱感、痛感 6 个二级指标，社会参与包括生活能力、工作能力、时间/空间定向、人物定向、社会交往能力、运动能力 6 个二级指标（见表 4 – 3 至表 4 – 7）。

表4-3　老年人日常生活活动评估表

询问评估者本人或其代理人，观察被评估者的真实情况，在每一栏中最能反映其最佳功能状态的项目所对应的“□”打“√”，计算出总分，然后根据相应的得分划分等级，得出评价结论。

B.1.1 进食：指用餐具将食物由容器送到口中、咀嚼、吞咽等过程	□分	10分，可独立进食（在合理的时间内独立进食准备好的食物）
		5分，需部分帮助（进食过程中需要一定的帮助，如协助把持餐具）
		0分，需极大帮助或完全依赖他人，或留置营养管
B.1.2 洗澡	□分	5分，准备好洗澡水后，可自己独立完成洗澡过程
		0分，在洗澡过程中需他人帮助
B.1.3 修饰：指洗脸、刷牙、梳头、刮脸等	□分	5分，可自己独立完成
		0分，需他人帮助
B.1.4 穿衣：指穿脱衣服、系扣、拉拉链、穿脱鞋袜、系鞋带	□分	10分，可独立完成
		5分，需部分帮助（能自己穿脱，但需他人帮助整理衣物、系扣/鞋带、拉拉链）
		0分，需极大帮助或完全依赖他人
B.1.5 大便控制	□分	10分，可控制大便
		5分，偶尔失控（每周<1次），或需要他人提示
		0分，完全失控
B.1.6 小便控制	□分	10分，可控制小便
		5分，偶尔失控（每天<1次，但每周>1次），或需要他人提示
		0分，完全失控，或留置导尿管
B.1.7 如厕：包括去厕所、解开衣裤、擦净、整理衣裤、冲水	□分	10分，可独立完成
		5分，需部分帮助（需他人搀扶去厕所，需他人帮忙冲水或整理衣裤等）
		0分，需极大帮助或完全依赖他人
B.1.8 床椅转移	□分	15分，可独立完成
		10分，需部分帮助（需他人搀扶或使用拐杖）
		5分，需极大帮助（较大程度上依赖他人搀扶和帮助）
		0分，完全依赖他人
B.1.9 平地行走	□分	15分，可独立在平地上行走45米
		10分，需部分帮助（因肢体残疾、平衡能力差、过度衰弱、视力问题等，在一定程度上需要他人搀扶或使用拐杖、助行器等辅助用具）
		5分，需极大帮助（因肢体残疾、平衡能力差、过度衰弱、视力等问题，在较大程度上依赖他人搀扶，或坐在轮椅上自行移动）
		0分，完全依赖他人
B.1.10 上下楼梯	□分	10分，可独立上下楼梯（连续上下10~15个台阶）
		5分，需部分帮助（需他人搀扶，或扶着楼梯、使用拐杖等）
		0分，需极大帮助或完全依赖他人

表4-4 老年人精神状态评估表

B.2.1 认知功能	测验	“我说三样东西，请重复一遍，并记住，一会儿会问您”：苹果、手表、国旗
		（1）画钟测验：“请您在这儿画一个圆形的时钟，在时钟上标出10点45分。”
		（2）回忆词语：“现在请您告诉我，刚才我要您记住的三样东西是什么？” 答：________、________、________（不必按顺序）
	评分 □分	0分，画钟正确（画出一个闭锁圆，指针位置准确），且能回忆出2~3个词
		1分，画钟错误（画的圆不闭锁，或指针位置不准确），或只回忆出0~1个词
		2分，已确诊为认知障碍，如老年失智症
B.2.2 攻击行为	□分	0分，无身体攻击行为（如打/踢/推/咬/抓/摔东西）和语言攻击行为（如骂人、语言威胁、尖叫）
		1分，每月有几次身体攻击行为，或每周有几次语言攻击行为
		2分，每周有几次身体攻击行为，或每日有语言攻击行为
B.2.3 抑郁症状	□分	0分，无
		1分，情绪低落、不爱说话、不爱梳洗、不爱活动
		2分，有自杀念头或轻生行为
B.2.4 精神状态总分	□分	上述3个项目得分之和
B.2.5 精神状态分级	□级	0级，能力完好：总分为0分
		1级，轻度受损：总分为1分
		2级，中度受损：总分为2~3分
		3级，重度受损：总分为4~6分

表4-5　老年人感知觉与沟通评估表

B.3.1 意识水平	□分	0分，神志清醒，对周围环境警觉
		1分，嗜睡，表现为睡眠状态过度延长。当呼唤或推动其肢体时可唤醒，并能进行正确的交谈或执行指令，停止刺激后又继续入睡
		2分，昏睡，一般的外界刺激不能使其觉醒，给予较强烈的刺激时可有短时的意识清醒，醒后可简短回答提问，当刺激减弱时又很快进入睡眠状态
		3分，昏迷，处于浅昏迷时对疼痛刺激有回避和痛苦表情；处于深昏迷时对刺激无反应（若评定为昏迷，直接评定为重度失能，可不进行以下项目的评估）
B.3.2 视力：若平日戴老花镜或近视镜，则应在戴眼镜的情况下评估	□分	0分，能看清书报上的标准字体
		1分，能看清大字体，但看不清书报上的标准字体
		2分，视力有限，看不清报纸大标题，但能辨认物体
		3分，辨认物体有困难，但眼睛能跟随物体移动，只能看到光、颜色和形状
		4分，没有视力，眼睛不能随物体移动
B.3.3 听力：若平时佩戴助听器，则应在佩戴助听器的情况下评估	□分	0分，可正常交谈，能听到电视、电话、门铃的声音
		1分，在轻声说话或说话距离超过2米时听不清
		2分，正常交流有些困难，需在安静的环静或别人大声说话时才能听到
		3分，别人大声说话或说话很慢，才能部分听见
		4分，完全听不见
B.3.4 沟通交流：包括非语言沟通	□分	0分，无困难，能与他人正常沟通和交流
		1分，能够表达自己的需要及理解别人的话，但需要增加时间或给予帮助
		2分，表达需要或理解有困难，需频繁重复或简化口头表达
		3分，不能表达需要或理解他人的话
B.3.5 饥饱感	□分	0分，能够明确感到饥饿感与饱腹感
		1分，有时感觉不到饥饿感与饱腹感
		2分，完全没有饥饿与饱腹的感觉
B.3.6 痛感	□分	0分，能够正常感觉到疼痛
		1分，难以感觉到痛觉（针或牙签刺脚面无感觉）
		2分，无法感觉到痛觉（针或牙签刺耳垂无感觉）
B.3.7 感知觉与沟通分级	□级	0级，能力完好：意识清醒，且视力和听力评为0或1分，沟通评为0分，饥饱感与痛感评为0分 1级，轻度受损：意识清醒，但视力或听力中至少一项评为2分，或沟通评为1分 2级，中度受损：意识清醒，但视力或听力中至少一项评为3分，或沟通评为2分，或饥饱感与痛感中至少一项评为1分，或嗜睡，视力或听力评为3分及以下，沟通评为2分及以下 3级，重度受损：意识清醒或嗜睡，但视力或听力中至少一项评为4分，或沟通评为3分，或饥饱感与痛感中至少一项评为2分，或昏睡/昏迷

表 4-6　老年人社会参与评估表

B.4.1 生活能力	□分	0 分，除个人生活自理外（如饮食、洗漱、穿戴、二便），能料理家务（如做饭、洗衣）或当家管理事务
		1 分，除个人生活自理外，能做家务，但欠好，家庭事务安排欠条理
		2 分，个人生活能自理；只有在他人帮助下才能做些家务，但质量不好
		3 分，个人基本生活事务能自理（如饮食、二便），在督促下可洗漱
		4 分，个人基本生活事务（如饮食、二便）需要部分帮助或完全依赖他人帮助
B.4.2 工作能力	□分	0 分，原来熟练的脑力工作或体力技巧性工作可照常进行
		1 分，原来熟练的脑力工作或体力技巧性工作能力有所下降
		2 分，原来熟练的脑力工作或体力技巧性工作明显不如以往，部分遗忘
		3 分，对熟练工作只有一些片段保留，技能全部遗忘
		4 分，以往的知识或技能全部磨灭
B.4.3 时间/空间定向	□分	0 分，时间观念（年、月、日、时）清楚；可单独出远门，能很快掌握新环境的方位
		1 分，时间观念有些下降，年、月、日清楚，但有时相差几天；可单独来往于近街，知道现住地的名称和方位，但不知回家路线
		2 分，时间观念较差，年、月、日不清楚，可知上半年或下半年；只能单独在家附近行动，对现住地只知名称，不知方位
		3 分，时间观念很差，年、月、日不清楚，可知上午或下午；只能在左邻右舍间串门，对现住地不知名称和方位
		4 分，无时间观念；不能单独外出
B.4.4 人物定向	□分	0 分，知道周围人们的关系，知道祖孙、叔伯、姑姨、侄子、侄女等称谓的意义；可分辨陌生人的大致年龄和身份，可用适当称呼
		1 分，只知家中亲密近亲的关系，不会分辨陌生人的大致年龄，不能称呼陌生人
		2 分，只能称呼家中人，或只能照样称呼，不知其关系，不辨辈分
		3 分，只认识常同住的亲人，可称呼子女或孙子女，可辨熟人和生人
		4 分，只认识保护人，不辨熟人和生人
B.4.5 社会交往能力	□分	0 分，参与社会，在社会环境有一定的适应能力，待人接物恰当
		1 分，能适应单纯环境，主动接触人，初见面时难让人发现智力问题，不能理解隐喻语
		2 分，脱离社会，可被动接触，不会主动待人，谈话中很多不适词句，容易上当受骗
		3 分，勉强可与人交往，谈吐内容不清楚，表情不恰当
		4 分，难以与人接触
B.4.6 运动能力	□分	0 分，能独立进行户外有氧运动（慢跑）
		1 分，能独立进行户外伸展运动（太极拳、健身操）
		2 分，能在室内进行行走锻炼（可借助扶手与拐杖）
		3 分，能在座椅上进行手臂运动（健身球、手指操）
		4 分，无法进行任何运动

（续）

B.4.7 社会参与总分	□分	上述6个项目得分之和
B.4.8 社会参与分级	□级	0级，能力完好：总分0～3分 1级，轻度受损：总分4～9分 2级，中度受损：总分10～16分 3级，重度受损：总分17～24分

表4－7　老年人健康状况评估报告

<table>
<tr><td rowspan="2">C.1 一级指标分级</td><td>C.1.1 日常生活活动：□级</td><td>C.1.2　精神状态：□级</td></tr>
<tr><td>C.1.3 感知觉与沟通：□级</td><td>C.1.4　社会参与：□级</td></tr>
<tr><td>C.2 老年人能力初步等级</td><td colspan="2">0级，能力完好
1级，轻度失能
2级，中度失能
3级，重度失能　□</td></tr>
<tr><td>C.3 等级变更条款</td><td colspan="2">1. 有认知障碍/失智症、精神疾病者，在原有能力级别上提高一个等级；
2. 近30天内发生过2次及2次以上跌倒、噎食、轻生、走失者，在原有能力级别上提高一个等级；
3. 处于昏迷状态者直接评定为重度失能；
4. 若初步等级确定为“3 重度失能”，则不考虑上述1～3中各情况对最终等级的影响，等级不再提高　□</td></tr>
<tr><td>C.4 老年人健康最终等级</td><td colspan="2">0级，能力完好
1级，轻度失能
2级，中度失能
3级，重度失能　□</td></tr>
<tr><td colspan="3">评估员签名________、________　日期________年________月________日
信息提供者签名________　日期________年________月________日</td></tr>
<tr><td colspan="3">注：老年人能力初步等级划分标准：
0级，能力完好
日常生活活动、精神状态、感知觉与沟通分级均为0级，社会参与分级为0级或1级
1级，轻度失能
日常生活活动分级为0级，但精神状态、感知觉与沟通中至少一项分级为1级及1级以上，或社会参与的分级为2级及2级以上；
或日常生活活动分级为1级，精神状态、感知觉与沟通、社会参与中至少有一项的分级为0级或1级
2级，中度失能
日常生活活动分级为1级，但精神状态、感知觉与沟通、社会参与均为2级，或有一项为3级；
或日常生活活动分级为2级，且精神状态、感知觉与沟通、社会参与中有1～2项的分级为1级或2级
3级，重度失能
日常生活活动的分级为3级；
或日常生活活动、精神状态、感知觉与沟通、社会参与分级均为2级；
或日常生活活动分级为2级，且精神状态、感知觉与沟通、社会参与中至少有一项分级为3级</td></tr>
</table>

第三步 实施老年人入院评估

活动内容

阅读案例材料，完成相应的情景模拟与讨论。

案例

某老年人计划办理入院。你是这家养老机构的护理员，需要为他安排入院评估，以判定其能力等级。

展示与讨论

请根据该情景案例进行模拟展现。展现内容过程中要体现评估过程的实施。模拟展现后，要求每个成员轮流表达观点，对评估应注意的事项进行分析讨论，形成统一意见。

知识链接

一、分析体检报告

老年人入住前，应按养老机构要求提供其最近两个月内由二级甲等以上医疗机构出具的体检报告，内容一般应包括：胸透、肝功能、骨密度、血糖、血常规等，以及养老机构认为应该提供的检测项目。

体检报告对于老年人的能力评估至关重要，它是快速判断老年人基本身体状况、判定护理需求的重要依据。

二、初评判定能力等级

为了使老人在试住期就能接受较有针对性的护理服务，养老机构首先需要对新入住老人健康状况进行初评。老年人健康状况评估作为基础性评估，只提供健康分级。初评的项目包括老人的基本资料、日常生活活动、精神状态、感知觉与沟通、社会参与能力等。评估人员初评主要通过自己的感官、知觉等获取评估对象相关客观资料；通过与评估对象及代理人正式与非正式交谈获取评估对象相关主观资料。需要指出的是资料记录应清晰、简洁、反映事实，避免使用模糊不清的词语。初评结果作为确定护理等级（能力完好、轻度失能、中度失能与重度失能），确定与护理等级相对应的服务项目与入住区域的依据。

表4-8　老年人健康状况评估指标

一级指标	二级指标
日常生活活动	进食、洗澡、修饰、穿衣、大便控制、小便控制、如厕、床椅转移、平地行走、上下楼梯
精神状态	认知功能、攻击行为、抑郁症状
感知觉与沟通	意识水平、视力、听力、沟通交流
社会参与	生活能力、工作能力、时间/空间定向、人物定向，社会交往能力

表4-9　老年人健康等级划分

健康等级	等级名称	等级标准
0	能力完好	日常生活活动、精神状态、感知觉与沟通的等级均为0，社会参与的等级为0或1
1	轻度失能	日常生活活动的分级为0，但精神状态、感知觉与沟通中至少一项的等级为1及1以上，或社会参与的等级为2及2以上；或日常生活活动的等级为1，精神状态、感知觉与沟通、社会参与中至少有一项等级为0或1
2	中度失能	日常生活活动的等级为1，但精神状态、感知觉与沟通、社会参与的等级均为2，或有一项的等级为3，或日常生活活动的等级为2，且精神状态、感知觉与沟通、社会参与中有1~2项的等级为1或2
3	重度失能	日常生活活动的等级为3，或日常生活活动、精神状态、感知觉与沟通、社会参与的等级均为2，或日常生活活动的等级为2，且精神状态、感知觉与沟通、社会参与中至少有一项的等级为3
注1：对于处于昏迷状态者，直接评定其为重度失能。若其意识转为清醒，需重新对其进行评估。 注2：有以下情况之一者，在原有健康等级上提高一个级别：①确诊为认知障碍/失智症；②确诊为精神疾病；③近30天内发生过2次及2次以上意外事件（如跌倒、噎食、轻生、走失）。		

三、完成系统评估

一些养老机构会让通过初评的老人开始试住生活，并在试住期间完成系统评估。

（一）试住

养老机构通常会根据住养老人提供的体检报告，在对其身体健康状况进行评估的基础上，暂定护理等级，出示“意外风险告知书”，并确定试住期。这是一个双向选择的适应期。试住期间费用与正式入住费用一致，养老机构需要承担老人试住期间应负的相应责任。需要说明的是，老人首次入住时，养老机构首先应做好老人的安置准备工作。工作人员应在老人入院前做好房间清洁卫生，准备好相关居住生活用品、用具，检查房间设施的完好情况。其次，应做好接待、引导和护送工作，让老人顺利入住，同时向老人及其家属或随行人员介绍养老机构的居住环境、基本设施和规章制度，让老人尽快熟悉环境，共同遵守养老机构的规章制度。再次是体检。有条件的养老机构应对新入住老人，特别是患有急慢性疾病、存有功能障碍和高龄老人进行常规入院体检。体检的内容包括询问病史、体格检查和必要的化验以及其他特殊的检查。无条件的养老机构可不做入院体检，但应认真阅读老人外院体检资料，以了解老人的健康状况，指导护理工作。

（二）系统评估

在试住期间，养老机构评估人员在日常护理过程中对新入住老年人进行全方位的系统评定，内容不但包括日常生活能力、精神认知能力、感知觉与沟通能力、社会参与能力，还增加了压疮风险、跌倒风险、走失风险、吞咽功能、大小便等评估内容。

表 4－10 老年人健康系统评估表

评价参数		程度等级
一级指标分级	日常生活处理能力	□正常 □轻度 □中度 □重度
	认知能力	□正常 □轻度 □中度 □重度
	沟通与视力评估	□正常 □轻度 □中度 □重度
	压疮风险评估	□正常 □轻度 □中度 □重度
	跌倒风险评估	□低风险 □中度风险 □高风险
	走失风险评估	□有风险
特殊指标	大小便评估	□需要膀胱功能训练 □需要习惯训练 □失禁处理
	吞咽功能评估	□正常 □吞咽功能减退
老年人能力初步等级	级	0 级，能力完好；1 级，轻度失能；2 级，中度失能；3 级，重度失能

评估小组中的医护人员、康复师、心理师、营养师、社工会根据各自的专业领域，就相关评估量表中的问题对老年人进行询问与观察。

如营养师会根据营养风险筛查表对老年人的营养安全进行评估。医护人员会对老年人日常生活活动、精神状态、感知觉与沟通、社会参与进行包括噎食、食品药品误食、压疮、烫伤、坠床、跌倒、他伤和自伤、走失、文娱活动意外方面的服务安全开展风险评估，评估出老年人的总体健康状况，为入院、出院、制订老年人照顾计划和风险控制提供依据。需要说明的是，评估结果仅作为老年人现有健康状况的说明，不代表老年人今后的状况且非疾病的诊断。因此，老年人健康评估应为动态评估，并且老年人入院评估、例行评估、即时评估信息应纳入养老机构的个人健康档案管理并被

新入住老年人7日跟进记录表

妥善保存。

一般来说，试住老年人应作为重点护理观察对象，一些养老机构制定了7天跟进护理制度，从老年人的生活、心理、护理、健康状况等方面进行观察并及时记载。

任务三　办理正式入院手续

为满足老人安度晚年的实际需要，切实保护老年人的合法权益，遵循新修订的《中华人民共和国老年人权益保障法》和《养老机构管理办法》《养老机构服务安全基本规范》等国家法律、标准和文件规定，养老机构应为老年人及其家属办理相关正式入院手续，保障双方的权利与义务。

工作任务

任务三工作步骤如图4-4所示。

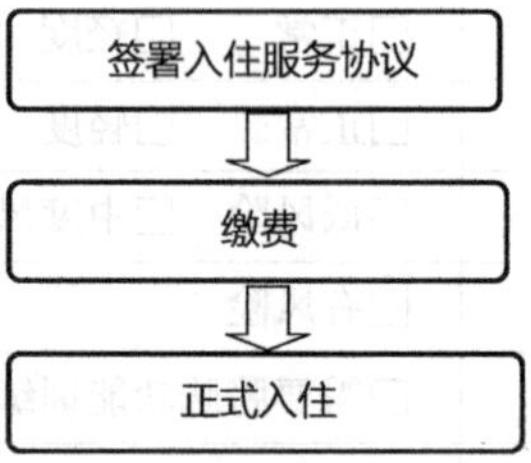

图4-4　任务三工作步骤

第一步　签署入住协议

活动内容

案例

养老机构服务合同（示范文本）

某老人入院前的体检检出该老人有时糊涂，有时清醒，院方认为老人应接受一级护理，但家属不同意，后来老人以二级护理标准入院。老人平时经常吵着要打电话给子女。某天19点，老人已上床睡觉，护理人员查完房后进行交班事宜，19:10前后老人在护理人员不在的情况下下床并摔倒，造成严重骨折。家属认为院方未尽到看护责任，应承担责任；院方认为曾经和家属协商提高护理等级，但家属不同意，因此作为二级护理，老人自行行走导致的摔伤，院方没有责任。后经协商，由院方赔偿老人部分费用。

思考与讨论

针对该老人及其家属因为主动降低护理等级从而导致老人意外受伤，养老机构在与老人签订协议时应怎么做才能避免与老人及其家属产生不必要的矛盾纠纷？

知识链接

试住期满，养老机构根据试住期间老人的生活起居等各类状况及护理情况进行评估，出具“试住期评估表”并确定护理等级。经三方同意后，养老机构与老人及其代理人签订入住服务协议，明确双方的权利和义务。

一、服务协议内容

服务协议一般包括下列条款。

（1）养老机构的名称、住所、法定代表人或者主要负责人、联系方式。

（2）老年人或者其代理人和紧急联系人的姓名、住址、身份证明、联系方式。

（3）照料护理等级和服务内容、服务方式。

（4）收费标准和费用支付方式。

（5）服务期限和场所。

（6）协议变更、解除与终止的条件。

（7）暂停或者终止服务时对老年人进行安置的方式。

（8）违约责任和争议解决方式。

（9）当事人协商一致的其他内容。

二、协议中护理等级的变更

签订协议前，养老机构工作人员要向老人及其家属详细介绍护理等级、服务内容、要求与收费标准。鉴于不同的护理等级有着不同的服务内容、要求与收费标准，护理等级的确定是非常严肃、科学的工作，必须由病房或护理区负责人会同机构医务人员一同确定。养老机构在调整护理等级时，应当根据老人每年健康体检情况或者老人健康状况发生变化情况，结合老人生活自理能力和年龄等因素，在老人及其家属意见统一的前提下调整，及时备案并与老人及其家属签署补充协议。

三、协议中联系方式的变更

托养方与受托方联系方式发生变更时要及时通知对方，以便当老人发生疾病、意外或生命垂危时，加强联系，共同实施救助。老年人是一个生命脆弱的特殊群体，照顾老年人是一项高风险工作，明确三方的责任和义务，有助于保障老年人的生活质量，规避受托方的经营风险。

第二步 缴 费

活动内容

请利用互联网或者养老机构走访、电话咨询等方式，调查 2～3 家养老机构的收费标准、相关优惠与缴费方式，比较异同并用 PPT 汇报展示。

表 4－11 养老机构收费情况调查表

养老机构名称	收费标准	相关优惠	缴费方式

知识链接

一旦院方审核通过并签署入住协议，代理人收到入住通知后，老年人或代理人就应该根据协议中的条款和收费标准到养老机构财务部门交费。大多数养老机构都要求老年人入住前缴纳一定数量的押金或医疗保证（备用）金，以及相关入住费用。需要说明的是，在收取老人入住费用时，养老机构应做到以下几点。

一、入住收费有标准

入住收费应有标准和相关制度，并严格按照收费标准和收费管理制度核收老人的床位费、护理费、伙食费、医疗服务费和其他服务费用。

二、入住收费有凭证

无论是首次收费还是后续收费，养老机构财务人员都要向老年人及其亲属开具凭证，必要时打印详细收费清单。老人对收费存有疑问时，要热情接待查询，耐心逐项解释，不得拒绝，确实存在工作疏忽或错收、重复收取时应及时纠正，并向老人及其亲属当面致歉。

三、入住收费要及时

已建立养老机构信息化管理系统的养老机构，财务人员要及时将老人入住和服务费用录入养老机构信息化管理系统，以备老人及其亲属上网查询。如果老人逾期未缴费，要及时向老人所在科室、住区下发收费催缴通知单，督促老人及其亲属及时缴费。

第三步　正式入住

活动内容

请参看如图 4－5 所示的养老机构出入院流程图，用语言描述正式入住前的流程，以及入住满意度的影响因素。

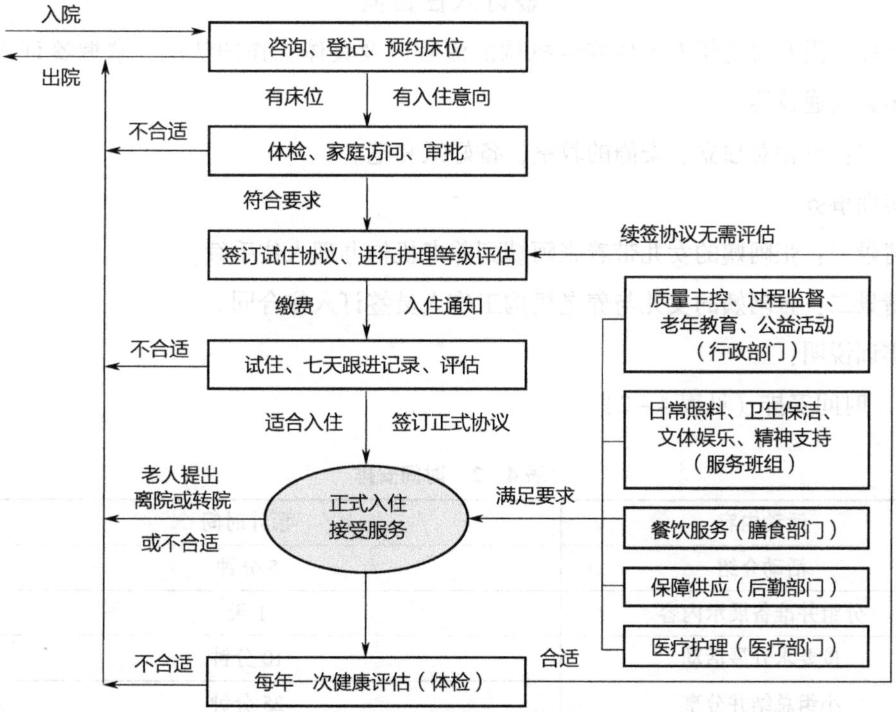

图 4－5　养老机构出入院流程

知识链接

住养期间老年人身心状况发生变化，需要变更照料护理等级的，养老机构重新进行评估，在老年人或者其代理人同意的前提下，确定或者变更老年人照料护理等级。

老人患病，养老机构应立即通知委托人或监护人；若联系不上委托人或监护人，本着人道主义原则，养老机构有权紧急处置并及时送医。

老人如遇特殊情况须紧急送医院救治，在委托人或老人代理人无法及时赶到的情况下，养老机构应为老人提供如代为挂号、陪同看病，办理入院手续等服务。

因养老机构安全措施不当、管理服务不善等过错造成老人身体、财产受到损害的，养老机构据实承担赔偿责任；若老人有过错，根据过错责任由养老机构、老人双方共同承担。

老年人入住自由。当老人病故或者因其他原因需要离院、转院时，养老机构应为其办理有关离院手续。老人在结清费用、取回物品后，由住区或病区负责人开具出门证，方可离去。

实操训练

签订入住合同

目标：提升对老年人入住养老机构的流程以及具体工作的认识，掌握签订入住合同的相关沟通技能。

要求：有相对独立、安静的教室，备好纸和笔。

实训事务：

情景一：张阿姨的女儿带着张阿姨到养老机构办理入住手续。

情景二：张阿姨的女儿与养老机构工作人员签订入住合同。

实训说明：

1. 时间安排（见表4－2）

表4－2　时间安排

活动内容	预计时间
活动介绍	5分钟
分组并准备展示内容	1天
按要求开展活动	10分钟
小组总结并分享	25分钟

2. 规则

第一步：各小组选择上面一个情景。每小组分为两组（设为A组和B组），A组选出一人扮演养老机构的工作人员；B 组选出两人，一人扮演 65 岁的张阿姨，一人扮演阿姨的女儿。由他们分别扮演其中的角色进行情景展示。

第二步：展示后，要求每个成员轮流表述观点，再进行分析讨论，形成小组意见。

第三步：在班里分享。

分组名单与扮演的角色：

场景设计要点（时间、地点、环境、氛围与要求等）：

主要的感受或体会：

建议与意见要点：

参考文献

[1] 中华人民共和国民政部. 养老机构接待服务基本规范：MZ/T 188—2021 [S/OL] [2022-12-22]. https://xxgk.mca.gov.cn：8445/gdnps/n2445/n2575/n2580/n2582/n2590/c117045/attr/273028.pdf.

[2] 中华人民共和国民政部国家工商行政管理总局. 养老机构服务合同（示范文本）[EB/OL]. (2016-12-12) [2022-12-22]. https://oss.henan.gov.cn/typtfile/20201222/91ae8d6bec1346848779646734d09ae8.pdf.

[3] 中华人民共和国民政部. 养老机构接待服务基本规范：MZ/T 188—2021 [S/OL] [2022-12-22]. https://xxgk.mca.gov.cn：8445/gdnps/n2445/n2575/n2580/n2582/n2590/c117045/attr/273028.pdf.

[4] 陈卓颐. 实用养老机构管理 [M]. 天津：天津大学出版社，2009.

项目五
养老机构自理照护管理

教学目标

1. 了解老年人的生理特征。

2. 简单评估老年人的自理能力。

3. 掌握协助老年人洗浴、用药、外出活动、用餐、打扫房间卫生（清理床铺，擦床头柜、茶几、电视柜、门窗等处灰尘，拖地，清洗换下来的衣物）等护理方法。

案例分析：

王某某，男，65岁，退休前任行政职务多年，工作认真，工作作风良好，退休后与老伴住在一起。他的儿女工作很忙，平时很少有时间看望两位老人。王某某退休后的生活就是每天陪帮老伴儿买菜做饭，做家务。时间一长，他感觉很无聊，一天无所事事，没有什么可以做的大事，很失落，经常唉声叹气，闷闷不乐。老伴儿问他有什么心事，他摇头不说，劝他一起出去走走运动一下，他也不太愿意。他说感觉自己老了，走不动了，身体没有从前好了，吃饭睡觉也不香了。

请根据王某某目前的所有表现和老年人生理、心理特征，分析讨论他存在哪些生理和心理的需求没有得到满足，并写出相关问题及问题产生的原因。

任务一　了解老年人的生理特征

老年人身体机能的衰老退化，是老年时期最主要的现象，是随着年龄的增长，在形态和功能上发生的进行性、衰退性的变化。老年人的老化过程分为生理性老化和病理性老化两种形式。生理性老化是机体在生长过程中随着年龄的增长发生的生理性的、衰退性的变化。病理性老化是在生理性老化的基础上，因某些生物、心理、社会及环境因素而产生的异常老化。衰老过程是人们不可避免的自然规律，它给老年人带来许多不适、烦恼和困惑，因而老年人需要得到更多的关注和照顾。

老年人的生理特点包括身心的老化衰退、生理机能的变化、感觉器官功能下降、神经系统的变化、思维与想象力的变化等。

一、身心的老化衰退

进入老年阶段后，人的各种生理机能逐步进入衰退期，同时会引起心理机制产生一系列变化。代谢减慢和胶原蛋白的流失使面容形态发生衰老变化。身体代谢循环减缓、营养物质过剩堆积导致体形偏胖、体态松垮等现象和变化出现，导致有些老年人可能对自己老化的形象和身体老化状况暂时不能接受，甚至伤害了老年人的自尊心。老年人在行动上会变得缓慢、不准确、不协调，稳定性差，容易摔倒；在操作技能方面也表现出变得缓慢、迟钝、动作幅度变小等行为特征，导致老年人的活动范围变得窄小，活动方式比较保守单一，老年人外出参加社会活动的积极性降低。

二、生理机能的变化

老年人体质日渐衰退，抵抗力也随之下降，急慢性疾病的患病发生率也有所增多。疾病引起心理改变必须引起关注和重视。强烈持久的不良情绪会影响机体各个系统的正常生理功能，如果这种影响持续时间过长，生理功能障碍也会进一步加重，会导致出现病理性变化，成为身心疾病，形成恶性循环。严重的心理健康问题，会削弱老年人的记忆力和工作、生活能力，甚至可能会引起智力减退和痴呆。由于性激素枯竭，性器官的形态发生变化，老年人的性机能有所下降。这意味着老年人的性欲和性生活的满足方式和青壮年时期有所区别。

三、感觉器官功能下降

伴随着衰老，老年人的各种感觉（包括视觉、听觉、痛觉、温度觉、味觉等）系统的结构和功能都会发生退化。在视觉方面，适应性和敏锐度下降，导致视力降低，出现“老花眼”；在听觉方面，对声音的分辨和识别能力降低，导致听力减退，出现重听、误听的现象，容易导致老年人产生敏感、多疑等心理。在嗅觉、味觉方面的灵敏度下降，动作的灵活性、灵敏性变差，协调性能力低，反应迟钝缓慢，行动显得笨拙，这些在老年人的生活和社交活动中影响其社会性沟通交流，使老年人不自觉地回避参与适应周围环境的活动，缺少与周围和外界的思想感情交流，容易产生孤独感和忧郁感。这样容易致使老年人在做事方面感到信心不足，表现得被动顺从，产生依赖、犹豫不决、畏缩不前等现象。若长期对他人依赖，还会导致老年人情绪不稳定，自我感觉退化。

四、神经系统的变化

老年人的神经系统也会发生相应的衰老变化。脑的重量减轻，脑血管弹性变差，血流变缓慢，大脑供血不足。脑电波放慢化改变，大脑皮质的诱发电位的反应潜伏期延长，神经冲动信息的传导减慢，中枢神经系统递质的合成和代谢减弱，这些导致老年人感觉能力降低、意识性差、反应迟钝、注意力不集中，大脑反应的速度和准确性降低，大脑皮质兴奋和抑制能力低下，造成睡眠减少、睡眠浅、多梦、早醒等睡眠障碍。

五、思维与想象力的变化

拓展阅读：老年生活不适应

老年人的智力和记忆力有逐渐减退的趋势。他们的记忆呈现出近事易遗忘而远事记忆尚好、速记强记困难但理解性记忆、逻辑性记忆正常等特征，记忆力下降速度非常快，经常会出现不同程度的“健忘”现象。因思维观念的局限固化，老年人不易接受新鲜事物，害怕学习新的知识，发展新的兴趣爱好较少。同时，老年人语言表达能力也会有所下降，讲话缓慢、重复啰嗦，此外，专注力和思维能力都有所下降。

任务二　简单评估老年人自理能力

一、自理的概念

自理是个人可以根据自身能力情况自主承担为持续维护个人生命、健康和舒适所表现的自主性行为，如衣食住行、疾病预防、自我保健、自行服药和自我治疗等。自理能力是指老年人完成基本生活活动和利用日常生活服务设施的能力。奥瑞姆认为，自理活动是个体为了满足自身的需要而采取的有目的的行动。在正常情况下，人有能力满足自己的各种需要，即人有自理能力。自理需要包括一般性自理需要、生长发育的需要和健康不佳时的自理需要。当个体的自理需要超出他自己拥有的自理能力时，就需要护理人员提供帮助。而个体存在自理缺陷，需要一定的护理帮助，也就是有明确的护理工作范围。奥瑞姆认为，当个体的自理能力能够满足其治疗性自理需求时，个体处于平衡状态；当个体的自理能力无法满足其治疗性自理需求时，平衡被破坏，即出现自理缺陷。而出现自理缺陷，才是需要提供护理帮助的时候。护理系统理论提出采取相对应的护理措施弥补病人的自理不足，满足其治疗性自理需求，如自理护理可有效改善脑卒中患者的运动及平衡功能，有利于老年人日常生活活动能力及生活质量的提高。

二、自理老人护理标准

执行护理程序时，在评估阶段要考虑病人为何需要护理，即评估病人的治疗性自理需求和自理能力；在诊断阶段要确定病人自理缺陷的程度，无论在质还是在量上出现的现存或潜在的健康问题；在计划阶段要根据病人对治疗性需求的程度，制订完全补偿、部分补偿和支持教育系统的护理计划和具体的措施；在评价阶段要通过判断病人自理情形增强的程度来评价护理成效。将自理护理模式的理论引入护理程序可丰富护理活动的内容，给病人提供更多层面的护理服务。

（一）老年人生活方式评估

1. 目的及意义

了解老年人是否存在影响健康、导致疾病的行为危险因子，为生活方式指导提供依据。

2. 评估方法

（1）在健康体检时询问。

（2）使用调查问卷询问。

（3）在日常诊疗和随访时询问。

（4）在开展健康教育工作中询问。

（二）老年人生活自理能力评估

1. 目的和意义

了解老年人的生活自理能力，为针对性提供健康管理提供相关信息，为老年人生活照料和支持提供依据；有助于进行针对性的健康管理，提高老年人的健康水平和生活质量。

2. 评估工具

老年人生活自理能力评估表。

（三）健康状况的评估

获得老年人健康信息的方法：问诊、体格检查、辅助检查和老年人生活自理能力评估、健康档案。根据老年人生活自理能力评估表总评分判断老年人生活自理能力的程度，分为：①可自理，0～3分；②轻度依赖，4～8分；③中度依赖，9～18分；④不能自理，19分。

思考与讨论

（1）讨论有哪些老年人健康管理生活方式？

（2）老年人生活自理能力和健康状况的评估目的和评估方法是怎样的？

知识点巩固练习　　知识拓展

三、评估实施

（一）评估室设立

评估室是由获得民政部门的资格认证或委托的医疗机构和部门设立的、用于提供健康评估服务的专门场所。评估环境应安静、温度适宜、空气清新、光线明亮。

（二）评估员派遣

每次评估至少由2名评估员同时进行。评估员应是经医疗养老行业管理部门培训并获得有关机构的评估员资格认定，可从事健康评估服务工作的专业服务人员。

（三）评估所需设施准备

体检设施设备及器具，包括诊断桌椅、体温计、听诊器、血压计、手电筒、一次性压舌板、体重计等其他体检和医疗设备。

日常活动能力检查设施设备及器具：餐具，包括筷子、汤匙、碗盘等；圆、扁玻璃珠；单侧扶手三层阶梯台；模拟银行单据；有条件的可以选配洗衣机等其他日常生活设备设施。

心理测量工具：简易智能状态筛查问卷、巴氏指数测量表、老人选择卫生服务的能力问卷。有条件的也可以选择使用韦氏智力量表等其他心理测量工具。

（四）评估方法

评估员通过询问被评估者（患病老人应处于医疗终结期）或照顾者，填写“老年人能力评估基本信息表”。评估员按照“老年人能力基本信息表”进行逐项评估，评估完成后将数据录入全市统一的信息系统，由系统自动评分，情况紧急时由评估员填写每个项目的评分，事后录入。老年人的能力等级，由两名评估员确认并签名，同时请信息提供者签名。老年人能力评估应为动态评估，养老机构在提供养老服务前应对老年人进行初始评估；在提供养老服务后，老年人若无特殊变化，每6个月定期评估一次；老年人若出现特殊情况导致能力发生变化时，应及时对其进行评估。老年人能力变化信息由提供服务的社会组织或其他知情人员提供。

（五）评估指标

评估指标包括一级指标和二级指标。一级指标有4项，包括日常生活活动、认知能力、情绪行为、视听觉。二级指标共15项，其中6项日常生活活动指标、4项认知能力指标、3项情绪行为指标、2项视听觉指标。

各项指标的评分标准参见表5－1。

表5－1　老年人能力评估指标

一级指标	二级指标
日常生活活动	进食、洗澡、修饰、穿衣、大便控制、小便控制、如厕、床椅转移、平地行走、上下楼梯
精神状态	认知功能、攻击行为、抑郁症状
感知觉与沟通	意识水平、视力、听力、沟通交流
社会参与	生活能力、工作能力、时间/空间定向、人物定向、社会交往能力

（六）评估内容

（1）基本资料：应包括姓名、居民身份证号、性别、出生日期、文化程度和婚姻状况等个人基本信息，还应包括经济来源、居住情况、主要照顾者等社会信息。

（2）健康史：包括老年人的现病史和既往病史、家族疾病史、外伤史、药物过敏史、目前接受的治疗护理方案等信息，饮食要求、营养和皮肤等需要特别注明的健康问题的信息，以及影响老年人健康状况的重大生活事件和重要因素。

（3）精神状况：是指老年人在评估时的外表、行为、情绪状态、认知功能等方面的外在表现，包括认知、情感和意志行为等方面的信息，以及轻生、伤人等需要特别注意的心理和行为问题的信息，可以有选择地使用精神卫生评定量表。

（4）躯体功能评估：包括对老年人的感觉器官和运动系统完成功能活动情况以及个人卫生等老人完成日常生活活动能力的评估，应注明有无眼镜、助听器、拐杖等辅助器具的使用情况。

（5）社会功能：是指老年人与周围人群、环境的联系与交流状况，包括社会活动的参与程度、自身感受等信息和社会支持、社会评价等信息，可以有选择地使用精神卫生评定量表。

(6) 其他专门项目的评估：应对褥疮、跌倒意外、轻生等需要特别注意的健康问题进行专门评估。

(七) 评估结果

根据对老年人的健康评估的结果做出的等级划分，评定老年人的能力等级。评估结果由分值体现。评估分值由 15 个二级指标（具体可包括 6 项日常生活活动指标、4 项认知能力指标、3 项情绪行为指标、2 项视听觉指标）的分值累加确定。

(八) 评估结果的应用指导

老年人能力评估是从老年人生活自理的表象方面做出的评估，用于确定养老服务的等级。当从医疗、护理、康复等专业领域进行分级时，宜请相关专业人员进行进一步的专科评估。预测和评价老年人的健康状态及自身功能、疾病等目前状态可能会出现的、易造成老年人并发症或意外伤害等风险的影响。建立老年人的健康评估结果档案，并对健康与疾病相关问题的格式化记录和既往诊疗资料和体检记录做好相关备案。

(九) 评估的注意事项

评估员行为一定要规范，遵守职业道德，保证评估资料的真实、有效和可靠。评估员要规范着装，佩戴有自己身份标识的证件；态度和蔼，使用礼貌用语。评估员在评估前应首先表明自己的身份，向老人及其担保人说明评估的目的、程序并征得老人的同意；评估时应使用老人可以理解的语言，并随时解释和澄清老人的疑问；评估后，应及时告知老人及其担保人评估结果，并说明该结果将作为制订照顾计划的依据。最后，评估员记录结果并签字负责。不同评估员对同一老人分阶段进行评估应分别签字负责。

老年人各类能力评估表

任务三 协助老年人自理护理方法

工作任务

案例

王大爷，73 岁，身高 173 厘米，体重 63 千克，中专学历，退休前为小学数学教师；有退休工资 8 000 元/月，有一定的积蓄。王大爷有看书、听戏曲等兴趣爱好；喜清淡饮食；性格开朗、喜欢热闹；家庭成员有 1 个女儿，1 个外孙女，2 个外甥，均在本地。王大爷的女儿经济条件一般，能给予少量的支持。既往病史：10 年前确诊糖尿病；现与女儿同住，老人长期服用糖尿病相关药物。王大爷最近一段时间没有按时服药，经常需要被提醒服药；食欲不强，觉得自己老了，没有用了，有点儿拖累女儿，很悲观。女儿请了居家护理员上门照护。居家护理员针对老年人进食困难的原因和应对措施等协助老年人进餐；协助口服用药；完成居家服务后，根据王大爷的情况进一步改进持续照护计划。

思考分析：

请确定老人目前存在的主要照护问题，制订可行的照护计划，解释措施的依据，并与老人及其家属、其他相关专业人员沟通，保证照护工作的有效性和可延续性。制订照护计划时请考虑到直观性、功能性、专业性、适合性、工作程序等要求。

一、协助老人做卫生

协助老人整理床铺、清扫房间，具体工作包括清理床铺，简单弹扫床头柜、茶几、电视柜、窗门等处灰尘，清扫地面，拖地，清洗换脱下来的衣物被单等。协助老年人打扫卫生间，进行刷马桶、倒垃圾、清洗地面台面等工作。保持室内整洁，保障室内环境无蝇、无鼠、无蟑螂、无臭虫等，保持室内空气新鲜，无异味。同时，定期清理检查老年人房间和冰箱内的食物有无腐烂变质现象，药物是否过期，提醒老年人及时处理。

协助老年人整理床铺操作流程具体如下。

（一）准备工作

（1）物品：床刷、刷套、用物车。

（2）环境：确保房间内的老年人没有进食，没有进行治疗操作等日常生活护理。

（3）工作人员：洗手、戴口罩、整齐着装。

（二）操作程序

操作程序如图 5－1 所示。

（三）注意事项

（1）房间内如果老年人在进餐或治疗时，暂停扫床。

（2）操作中，动作要轻稳，以避免渣屑飞扬。

（3）床上用品、衣物等需要定期换洗、晾晒。睡衣等衣物在春秋冬季需要每周换洗 1 次，在夏季则需要经常换洗。被罩、床单、枕巾等床上用品需要每半个月换洗一次（必要时随时换洗）。

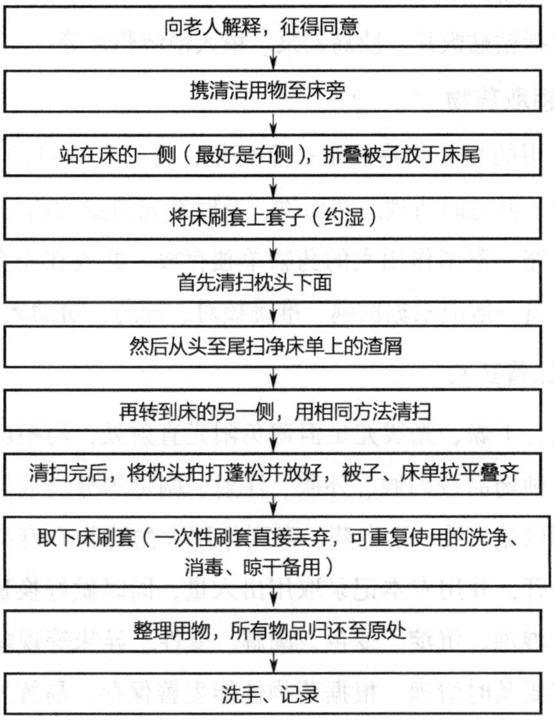

图 5－1　协助老年人整理床铺的操作流程

二、协助老年人服用药物

（一）服药协助

大部分老年人因机体衰老、损伤、意外等原因而出现基础性的慢性病症和疾病后遗症，他们大多会有长期服药史或因临时急性病症而服用药物。护理人员需要协助老年人服用药物。他们在协助药物服用的过程中，需要对药物有充分的认识，并对老年人服用药物后的反应多注意观察。

1. 药物的分类

药物分为内服药、外用药、注射药和新型制剂药。

内服药：临床给药的目的是治疗或预防疾病，减轻症状，增强体质，协助诊断，维持机体的正常生理功能。内服药剂型包括片剂 、丸剂 、散剂 、胶囊、溶液、酊剂和合剂等。

外用药：是指与体表局部直接接触而发生治疗作用的药物。外用药可以根据病情需要用不同的剂型和不同的给药方法。外用药包括软膏、搽剂、酊剂、洗剂、滴剂、粉剂、栓剂、涂抹剂等。

注射药：将无菌药液注入人体内，达到预防和治疗疾病的目的的药物，包括水溶液、混悬液、油剂、结晶和粉剂等。

新型制剂药：包括粘贴敷片、胰岛素泵、植入慢溶药片等。

2. 协助老年人领取药物

为所有老年人服用的相关药物设定一个药柜，将一定数目的常用药物放入药柜，由专人协助负责保管，并适时清理过期药物，及时补充需要的药物。剧毒药和麻醉药，应凭医生处方领取补充。毒副作用大的药物单独存放，并放在安全的地方。对于患者日常口服药，护理人员一般应根据医嘱，准确核对、配药，协助老年人服用。

3. 协助老年人保管药物

药柜应放在通风、干燥、光线充足但避免阳光直射处；药柜应由照护人员负责保管，并保持整洁。各种药品按内服、外服、注射、剧毒等分类放置，并按有效期先后顺序排列，先领先用以免失效。剧毒药、毒副作用大的药物和麻醉药应加锁保管，由照护人员专人负责保管，并用专本记录取用出入量，同时做好换班交接工作。定期检查药品质量，药品有混浊、沉淀、变色、潮解、变性、异味等现象，或者超过有效期的，不能使用的，需要及时清理。根据药物性能妥善保存，易挥发、易潮解、易风化的药物应装密封瓶并盖紧；易氧化和遇光变质的药物应装在深色密封瓶中，或放在有黑纸遮盖的纸盒中，并放在阴凉处。易燃易爆的药物应单独存放，并密闭置于阴凉处，同时远离明火，以防意外；易被热破坏的药物应按要求冷藏在2～10℃的冰箱内，或置于阴凉干燥处；患者个人专用的特种药物应标明用药时间、剂量、保质期等信息，并单独存放。

4. 协助老年人服用药物

协助老年人遵医嘱安全、正确地服下药物，以达到减轻症状、治疗疾病、协助诊断和预防疾病的目的。

操作前准备：评估并解释沟通；评估老年人的病情、意识状态、吞咽能力、有无口腔疾病、治疗情况及对药物相关知识的了解程度；向患者解释口服药物的目的和注意事项。

护理人员准备：衣帽整洁、剪指甲、洗手、戴口罩。

物品准备：根据医嘱准备药物、服药本、小药卡、饮水管、水壶（盛有温开水）、药杯 、药匙、量杯等。

环境准备：室温适宜、光线充足、环境安静。

药物服用过程的开展和实施：将药物送到老年人手里，根据医嘱针对老年人药物服用的方法，与老年人进行服用药物前的沟通；陪伴并协助老年人服用药物。

（二）协助老年人用药后观察

用药后注意观察各种给药方法的服用程序、用药时间，以及头晕、过敏等毒副作用引发的异常反应；及时发现生命体征异常，及时就医，及时进行抢救；了解药物的保管方法及相关的健康知识。

（三）协助老年人服用药物的注意事项

严格遵照医嘱进行核查制度和无菌技术操作，需要吞服的药物通常用40～60℃的温开水送服，不能用茶水、饮料送服药物；按药物性能，指导患者合理用药，以增强疗效，减少不良反应；增加或停用某些药物时，应及时告诉患者；注意观察药物的毒副作用和用药后的禁忌。

知识拓展：外用药物使用法

三、协助老年人搞好个人清洁卫生

督促和指导自理老人做好晨晚间个人洗漱、刮胡子、理发、修剪指甲等，保持个人卫生。协助督促自理老人洗澡、勤换衣物、清洗衣物等。协助老年人收集换洗衣物并清洗干净、晾晒、收拾，存放在老年人容易找到和拿取的地方。协助自理老年人洗澡，春秋季每周 1 次、夏季每周 2 次、冬季每周或每半个月 1 次。

协助老年人沐浴更衣和洗头的操作流程如下。

（一）沐浴操作流程

1. 准备工作

物品：清洁、干燥的浴巾一条，中毛巾一条，沐浴液或香皂、干净的衣裤、防滑拖鞋。

环境：浴室清洁、关闭门窗，调节室内温度至22～26℃。

工作人员：跟沐浴老人进行进一步确认，了解老年人的沐浴习惯、沐浴时间，穿着防水围裙、防滑鞋，不能留长指甲。

2. 操作程序

协助老年人沐浴更衣的操作流程如图 5－2 所示。

3. 注意事项

（1）给沐浴老年人使用的浴室，需要放置防滑垫、安全扶手，以防老年人滑倒跌伤；

（2）水温不宜过热，根据老年人的感受来调节，调至老年人能耐受的温度，以免老年人发生头晕不适状况，调节水温时，应先放冷水，后放热水。

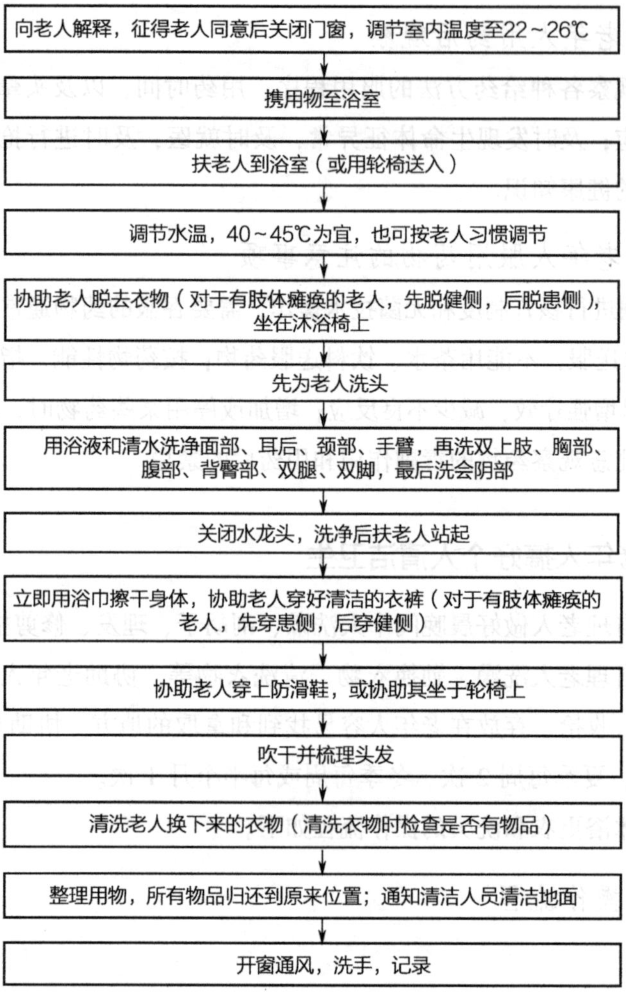

图 5－2　协助老人沐浴更衣操作流程

（3）沐浴时间不宜过长（一般 20～30 分钟为宜），沐浴时应随时注意老人的反应，适时询问老年人的感受，如有不适，应立即停止沐浴。

（4）给老年人沐浴时动作应轻柔快速，注意保暖。

（二）单独坐位洗头操作流程

1. 准备工作

物品：梳子、洗发水、毛巾（2 条）、棉球（2 个）、热水（40～45℃为宜）、电吹风、椅子等。

环境：关闭门窗，避免对流风。

工作人员：着装整洁，不留长指甲。

2. 操作程序

协助老人单独坐位洗头的操作流程如图 5－3 所示。

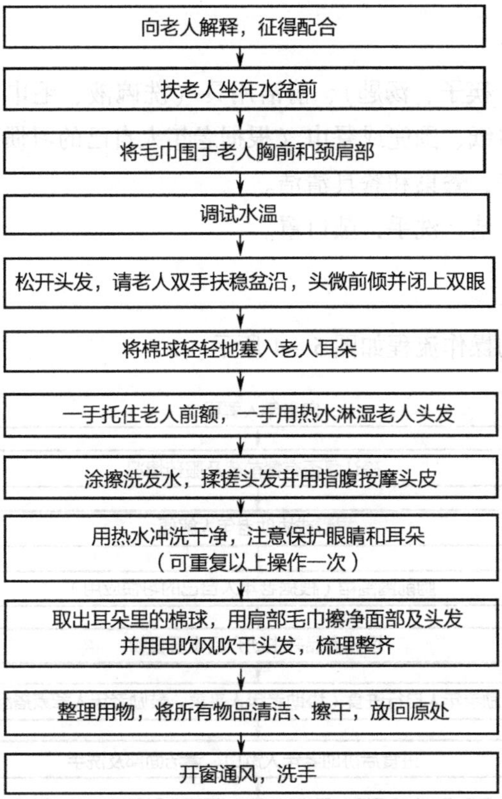

图 5－3　协助老人单独坐位洗头操作流程

3. 注意事项

（1）洗头过程中，随时注意观察老人的反应并询问老人感受，如有不舒服，立刻停止洗头；可询问揉搓的力度是否合适、水温是否适宜、体位是否舒适，以便根据老人的要求做好调整操作方法的准备。

（2）注意一定要根据老年人的要求调节水温和室温；洗完头发，及时擦干，以防受凉。

（3）操作时，应及时使用干毛巾或棉签棉球等物品，以防水流入眼、耳等引起身体不适。若水沾湿了衣裤，应及时更换。

（4）洗头时，动作要轻快，以减少老人产生不舒适的感觉，或因洗头时间太久而引起疲劳。

四、协助老人进餐

协助老年人进行早餐、午餐、晚餐等三餐营养搭配，清洗摆放碗筷、收拾清理餐桌等用餐活动的开展；督促老年人饮水，保障饮水需要，协助和提醒老年人喝水；督促和提醒老年人喝牛奶、吃水果等，注重日常营养物质的摄取；让老年人保持营养均衡，增加对钙、维生素等营养物质的补充。

协助老人进食的操作流程如下。

（一）准备工作

物品：餐具（碗、筷子、汤匙）、清洁用具（洗碗液、毛巾、漱口杯、假牙）、食物、一杯温开水、餐巾纸、围兜或餐巾（根据老年人自己的习惯应用）、餐桌等。

环境：清新、整齐，餐桌和餐具清洁。

工作人员：衣帽整洁，洗手，戴口罩。

（二）操作流程

协助老年人进食的操作流程如图 5－4 所示。

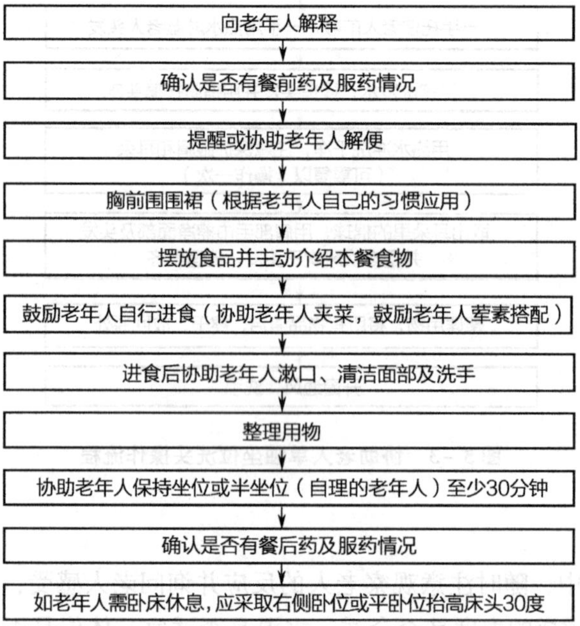

图 5－4　协助老人进食的操作流程

（三）注意事项

（1）准备食物（可以和老年人一起准备，根据老年人需求来准备）。准备食物时需先试尝味道，检查食物质量，根据老年人牙口情况判断是否需要去除食物中的鱼刺、骨头等；不给老年人选用圆形、滑溜、黏性的食物，如糯米、汤圆、果冻等，防止噎食；食物温度要适宜，以防食物温度过高引起口腔、食道黏膜烫伤。

（2）老年人进食姿势要正确，一定要做到端坐稳定，足跟着地、身体前倾，身体与桌子之间约一拳距离。吞食的时候头不能后仰，防止误吸。

（3）老年人必须在清醒状态下进食。对于有视力障碍的老年人，在其进餐前应主动告知食物的名称，并协助其夹菜用餐。

（4）根据老年人的情况选择恰当的餐具。进食时，先让老年人喝少许温开水（湿润口腔)，再吃其他食物，做到干稀交替，避免噎食。

（5）进餐速度不宜过快也不宜过慢，每次食量不宜过多也不宜过少，应充分咀嚼，缓慢下咽，等咽下一口后再吃下一口，每次进食时间30～60分钟为宜，视老人情况而定。

（6）应提醒进食的老年人注意运用勺子时由下嘴唇下方放入口中，勺子放在舌背中央，沿上嘴唇向上抽出勺子，以防老年人发生呛咳。

（7）在老年人进食过程中，应随时提醒老年人用纸巾或干净湿毛巾擦净嘴巴周围的食物残渣，避免食物外溢，影响进食。此外，还要提醒老年人保持桌面整洁，将使用过的纸巾扔进垃圾桶内，并节约用纸。

（8）在老年人进食过程中，不要与之谈笑，并减少走动，督促和观察老年人将口中食物完全吞咽下去，避免食物残渣误入气管，堵塞呼吸道，引起窒息。若老年人因误吸引起呛咳，应提醒老年人暂停进食，并协助老人上半身向前倾，鼓励其咳嗽。此时不能饮水或汤，以免呛入肺内，休息一会儿确保无大碍后再进食。若发生噎食应立马展开抢救。

（9）进食结束，陪同指导老年人用温开水漱口，并收拾碗筷餐桌，清洗摆放好碗筷。

（10）餐后，可以和老年人聊聊他对食物质量、品种、烹饪技术等方面的意见和建议，收集老年人个人口味习惯，共同探讨设计符合老年人个体需求的三餐营养搭配。

（11）若老年人暂时拒绝进食或进食量很少，需要询问原因，并开展积极劝说，及时向其家人和相关护理人员协商汇报，以达到更好了解老年人进餐情况、更好让老年人进餐的目的，保障老年人身体健康和营养均衡。

五、协助老年人睡眠

协助老年人睡眠包括协助午休和协助晚间睡眠两个方面。

1. 协助午休

提醒和帮助有午睡习惯的老年人上床午睡，协助其穿脱衣物，上下床铺，根据老年人生物钟特点定闹铃，或实行叫醒服务。

2. 协助晚间睡眠

根据老年人白天的活动量、老年人自身睡眠习惯和身体健康状况，适时地安排组织晚间睡前活动，同时协助老年人服用睡前药物，包括有助睡眠的安眠药物；晚间睡眠时间到了，提醒并协助老年人上床睡觉。根据老年人的睡眠生活习惯，提前做好晚间睡眠洗漱准备，协助穿脱衣物、上下床铺，根据老年人生物钟特点定闹铃，或实行叫醒服务；老年人进入睡眠状态后，关闭屋内大灯，根据老年人习惯准备打开小夜灯。

睡眠照料操作流程如下。

（一）入睡前工作准备

1. 物品准备

三个盆（脸盆、脚盆、会阴盆）、三条毛巾（洗脸、洗脚、洗会阴）、漱口用品（漱口杯、牙膏、牙刷）、热水、热水袋（冬天可备用）、便器等。

2. 环境准备

安静、暖和、相对隐蔽、光线宜稍昏暗。

3. 工作人员准备

衣帽整洁、注意礼仪、洗净并温暖双手，了解老年人睡眠习惯和要求。

4. 老年人准备

心情安静平和，准备入睡。

（二）睡眠照料操作流程

1. 睡眠环境准备

与老年人进行睡前沟通，征得同意后，开窗通风20分钟左右，合理地收拾归放室内物品；关闭门窗，调节室温（室温保持在24～26℃），拉上窗帘；根据老年人的自身习惯打开卫生间的灯或地灯；关闭房间大灯、电视或收音机。

2. 收拾整理床单位

打开被子，铺好被窝，依季节和老年人习惯为其增减被子；冬天可将热水袋放在被窝内，待老年人入睡前取出。拍松枕头，根据老年人习惯调节枕头高度。将呼叫器放在老年人枕旁。将拖鞋放置于床边。依老年人自身习惯和相关病情可安放好坐便器。

3. 协助做睡前个人卫生

协助老人漱口、刷牙；打开热水，调节水温；解开老人领口和袖口；协助老人洗脸、洗手；换脚盆盛热水、洗脚（冬天可用热水泡脚）；必要时协助排便（根据老年人自身身体状况进行）；更换会阴盆洗会阴部、臀部，完成会阴清洁工作。

4. 协助老年人上床睡觉

先协助老年人脱衣或更换睡衣，上床躺卧；协助老年人取平卧位或侧卧位；协助老年人盖好被盖，按照老年人习惯关灯睡觉。

（三）睡眠照料注意事项

随时巡回观察老年人的入睡情况和夜间有无基础病情变化，尽量让协助的动作变得轻稳缓和，减少老年人的疲劳感和情绪波动。多主动询问老年人协助入睡过程中有无不适，有无特殊睡前生活习惯和嗜好。根据老年人自身身体状况，在身体受压不适部位垫海绵垫或枕头，可以协助其翻身起床。对于有睡眠前药物或帮助睡眠的药物需要服用的老年人，要叮嘱、督促、提醒、协助其提前服用，确保老年人在上床睡觉前已服用。睡前提醒老年人喝水排便等事务，尽力避免老年人因服用睡眠药物后起床活动造成跌倒。

六、协助陪同老年人外出行走

老年人，尤其是高龄老年人，因普遍存在慢性基础性疾病，最好需要有人陪同外出，以预防因外出发生意外，如发生跌倒、晕倒、骨折、迷路、走失、旧疾复发、突发急性病症、意外伤害等事故。协助陪同老年人外出可以随时观察老年人的状况，提供外出安全保障。

协助老年人外出使用拐杖进行行走训练流程如下。

（一）准备工作

（1）物品准备：单拐杖或带坐凳的拐杖。

（2）老年人准备：方便出行的宽松衣裤、有防滑底的鞋；出行前适当活动肢体，尤其是下肢，做好站立和行走的准备。

（3）环境准备：地面整洁，较平坦，无障碍物，不湿滑。

（二）操作流程

协助老年人外出使用拐杖进行行走训练流程如图 5－5 所示。

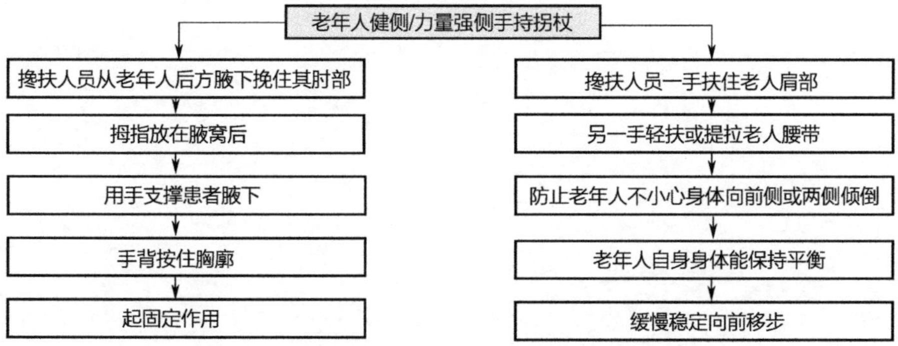

图 5－5 协助老人外出使用拐杖进行行走训练流程

（三）注意事项

（1）陪老年人走动要缓慢小心，注意安全。老年人若使用拐杖，要先移动拐杖，调整好重心后再移动脚步。

（2）在道路不平整的地方，不宜使用拐杖；因老年人容易疲劳，移动距离较长时最好使用轮椅。

（3）保障老年人行走环境中无障碍物，如电线、门槛、书角、尖锐物等。

（4）根据老年人的身高调节拐杖长度。持拐杖的最佳位置是老年人在站立位手臂下垂时，从地面到手腕的高度。

参 考 文 献

[1] 史优波，张微微，李宁宁，等．太极“云手”运动结合 Orem 自理护理对脑卒中康复患者 ADL 的影响［J］．中国现代医生，2019，57（29）：150-154.

[2] 肖建英，胡鸿雁，肖东玲．康复护理学基础［M］．武汉：华中科技大学出版社，2018.

项目六
养老机构医疗照护管理

教学目标

1. 掌握医疗护理康复服务内容。
2. 了解养老机构医疗护理康复服务流程。
3. 做好医养服务衔接管理工作。

工作任务

案例

老年服务管理专业大三学生小张，经过之前章节的学习后对养老机构管理基本知识、养老机构备案、养老机构运营等有了基本的了解。在选择实习机构时，小张发现养老机构被划分为不同的等级。通过查阅资料，他发现等级划定的核心依据是养老服务机构的照护质量。对于大部分老年人，尤其是高龄老年人，由于生理功能衰弱和心理失调等原因，加之社会经济和医疗卫生条件改善后，对慢性病症的预防、诊断、照护更加精细，失能、半失能老人成为养老机构医疗照护的重要部分。此外，各地出台了关于医疗照护的地方标准，对照护服务内容、服务要求有了更加精细的规范。基于养老服务的职业生涯规划，小张决定对养老机构中常用的医疗服务内容与流程管理进行深入学习。

浙江省湖州市地方标准：医疗照护标准

任务一　掌握医疗护理康复服务内容

《养老机构管理办法》中明确规定，养老机构可以通过设立医疗机构或者采取与周边医疗机构合作的方式，为老年人提供医疗服务，从而实现医养结合。内设医疗机构的养老机构属于医养结合机构，应当按照医养结合机构管理与服务相关法律法规和指南要求开展服务活动。

工作步骤

任务一工作步骤如图6－1所示。

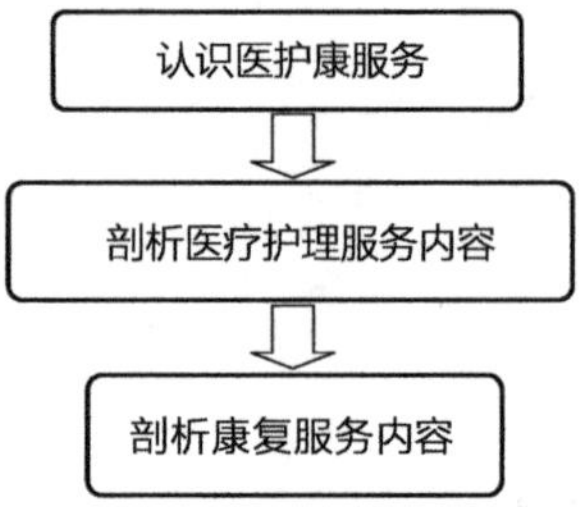

图6－1　任务一工作步骤

第一步　认识医疗护理康复服务

活动内容

阅读案例材料，思考案例中的养老机构与传统福利院相比，增加了哪些服务，从而赢得了社会的认可？

案例

甘肃省庆阳市社会福利院医养结合项目

甘肃省庆阳市社会福利院成立于1981年，是收养城镇孤寡老人、孤残儿童和社会弃婴的综合性社会福利机构，隶属庆阳市民政局，2002年晋升为甘肃省一级福利院。2016年4月，庆阳市社会福利院被省卫计委（今省卫健委）、民政厅确定为省级医养结合试点单位。作为全市唯一一所综合性福利院，庆阳市社会福利院细化服务标准，优化服务流程，定岗定编定员，完善监管机制，实现了医中有养、养中有医。

庆阳市社会福利院入住老人大多数患有心脑血管疾病、糖尿病、风湿病、腰颈椎等处疾病。针对入院老人的不同需求，庆阳市社会福利院在全面深入普查的基础上进行分类归纳，总结出共性需求和个性需求，制定了科学化、人性化的管理服务工作流程。一是实行分级护理。根据老人身体状况和生活自理能力，制定了特级护理、一级护理、二级护理、三级护理4个护理等级，明确了各等级的护理标准，实行了护理人员工资与护理等级挂钩制度和24小时值班制度。二是坚持三级查房制度。每周一由主任医师带领各级医师进行查房，测量血压和其他生命体征，进行体格检查，对老人目前的健康状况进行评定，提出治疗方案，由护士、康复治疗师和理疗师执行医嘱，分发药物并进行床边康复治疗或理疗。每周由主治医师组织2次查房，分管床位的医师每日晨间查房，随时观察病情变化，如遇有危重病症，立即与老人家属联系。三是发挥中医药特色。四是注重健康教育和心理疏导。针对患有慢性疾病的老年人如糖尿病、心脑血管疾病、脑卒中后遗症等，不定期开展健康教育。对性格内向和患有精神障碍的老人耐心开导，鼓励他们树立起生活信心。

为规范医疗保健管理，庆阳市社会福利院制定了《庆阳市社会福利院医养结合试点工作实施方案》，以老年护理部的代养老人和公养老人为重点服务对象，建立健康档案，制作医养结合个人记录簿，由康复中心康复医师、康复治疗师和护士组成医疗康复服务组，老年护理部护理员为生活起居护理组，两组配合，有序开展老人吸氧、输液、肌肉注射、皮下注射、导尿、拆线、床头换药、床头发药、褥疮护理、床头康复理疗等工作。对各岗位人员职责进行了细化、量化，使管理服务工作有据可依，有章可循，逐步形成了科学高效的管理服务体系。

庆阳市社会福利院自开展医养结合以来，赢得了社会各界的欢迎和认可。庆阳市社会福利院以前单纯开展养老助老服务，现在引进医疗设施，新增医疗护理康复理疗等医疗服务，不仅提高了在医疗方面的硬件水平和服务水平，使入院老人的健康得到了充分保障，还使医疗资源与养老资源相结合，实现了社会资源的最大化。

思考与讨论

在甘肃省庆阳市社会福利院医养结合项目中，医疗护理康复服务内容与流程是怎样的？请梳理出来。

第二步　剖析医疗护理服务内容

活动内容

分析案例福利院中的医疗护理内容主要有哪些。

知识链接

医养结合机构的医疗护理服务内容

一、医疗服务内容

1. 定期巡诊

养老机构根据老年人的健康需求，安排医生定期到老年人房间巡诊并做好记录。医生在巡诊过程中记录老年人的身体状况，及时发现老年人的病情变化。在巡诊过程中，可根据需要为老年人提供健康指导服务。

2. 老年人一般常见病、多发病诊疗服务

定期或不定期地为老年人开展一般常见病、多发病的诊疗。诊疗前，医生详细询问老年人的病史，评估老年人病情、过敏史、用药史、不良反应史，仔细地进行体格检查。在诊疗过程中，进行必要的体检和辅助检查。在给药前核对处方和药品，以免误服、漏服。有条件的机构可以通过远程医疗辅助诊断与治疗。

3. 紧急救治服务

养老机构根据自身条件安排医护人员 24 小时值班或者电话值班，以便提供及时的急救服务。针对超出处理能力范围的急危重症疾病，及时使用救护车转诊，可直接呼叫 120 或通知上级医院派出救护车并做好急救准备，同时通知老人家属。在救护车到达前，机构内医护人员根据老年人病情和已有医疗条件进行力所能及的救治，如心肺复苏、抢救用药、清理呼吸道和吸氧等。

4. 危重症转诊服务

若在诊疗过程中遇到老人的病情超出了机构的专业范围或医疗技术水平的情况，在征求家属同意后，为老人提供及时、有效、畅通的转诊服务。可根据病情和家属意愿，安排专业的医护人员或熟悉老人情况的工作人员陪同转诊或由医生书写病情介绍与转诊医院对接，便于接诊医院及时了解患者病情。

5. 安宁疗护服务

为老年人提供舒适照护、心理、精神及社会支持等人文关怀服务；为需要安宁疗护的老年人提供疼痛、呼吸困难、咳嗽、咳痰、咯血、呕吐、便血、便秘、腹胀、水肿、发热、厌食、口干、失眠等症状控制服务；帮助患者及其家属应对情绪反应、寻求社会支持，提供死亡教育等心理支持。

6. 健康管理服务

入住机构的所有老年人均需建立健康档案，有条件的机构可建立电子健康档案。健康档案应按照《国家基本公共卫生服务规范（第三版）》的要求建立，可根据各机构的不同条件适当增加内容，保证内容准确、信息完整，并及时更新健康档案内容。工作人员应建立老年人就诊、会诊、转诊等接受医疗服务的记录，并放入健康档案中。健康档案应当随着老年人身体健康状况变化及时更新。

养老机构可每年自行提供或安排其他医疗机构提供至少 1 次老年人体检服务，并根据老年人需求，提供个性化体检服务。体检结果应当及时反馈给老年人及其家属，并将结果与医护人员、养老服务人员沟通，以便为老年人提供更合适的服务。针对老年人的健康状况和老年人的个性化需求提供养生保健、疾病预防、营养、心理健康等健康服务。

7. 健康教育和健康知识普及服务

养老机构应当开展健康教育和健康知识普及服务。可制作和发放健康教育宣传资料，如健康教育折页、健康教育处方和健康手册等，内容包括但不限于合理膳食、控制体重、适当运动、心理平衡、改善睡眠、戒烟限酒、科学就医、合理用药等健康生活方式及可干预危险因素的健康教育内容。在老年人公共活动区域设置健康教育宣传栏或循环播放健康知识相关音像材料，并根据季节变化、疾病流行情况、老年人需求等及时更新。定期举办老年人健康知识讲座，引导老年人学习健康知识，掌握疾病预防的措施和必要的健康技能。

二、护理服务

（1）基础护理服务包括但不限于生命体征监测、护理协助、风险应对、安全给药、药品管理、环境及物品消毒或清洁、常见传染病预防；为失智老年人提供安全的生活环境并制定应对措施；为临终老年人家属提供心理慰藉及哀伤应对、协助老年人家属处理后事等。

（2）治疗护理包括老年人常见疾病的护理，如糖尿病、冠心病、高血压、慢性阻塞性肺部疾病、脑血管疾病、骨关节疾病、阿尔茨海默症等疾病的护理；标本收集和送检；各类管道维护与护理等。

第三步　剖析康复服务内容

活动内容

分析案例福利院中的康复服务内容主要有哪些。

知识链接

医养结合机构的康复护理服务内容

医养结合机构的康复护理服务主要分为以下板块。

(1) 物理治疗，包括但不限于运动治疗、物理因子治疗等。康复人员在实施物理治疗前，需要通过身体形态评定、肌力评定、感觉评定、协调评定、心血管评定等评估老年人身体功能，并制定康复治疗方案。康复人员可以采用徒手训练和器械训练等运动治疗技术，以维持和恢复因组织黏连和肌肉痉挛等多因素引发的老年人关节功能障碍。康复人员可采用电疗法、光疗法、磁疗法、超声波疗法、冷疗法、热疗法、压力疗法等物理因子治疗技术预防和治疗疾病。

(2) 作业治疗，包括但不限于自助具适配、助行器使用、轮椅选择与使用、矫形器制作与使用等。康复人员在实施作业治疗前，需要通过日常生活活动评定、手功能评定、知觉功能评定、认知功能评定等评估老年人作业功能障碍情况，并制定康复治疗方案。康复人员可以通过日常生活活动训练、娱乐与休闲活动训练、手功能训练、知觉功能训练等提高老年人的生活和劳动能力。康复人员需要指导和协助老年人正确使用拐杖、步行器、支架、轮椅等助行器具。

(3) 生活式康复，包括但不限于协助老年人进行体位转换、进食训练、穿脱衣训练、行走训练、清洁卫生训练、认知训练等日常生活能力训练，将康复服务融入老年人日程生活与照护中。

任务二　梳理养老机构医疗护理康复服务流程

在明晰医疗护理康复服务内容之后，如何将服务内容细化成可操作的、分步骤的服务流程，形成基本的服务流程规范，对养老机构管理至关重要。

工作步骤

任务二工作步骤如图 6－2 所示。

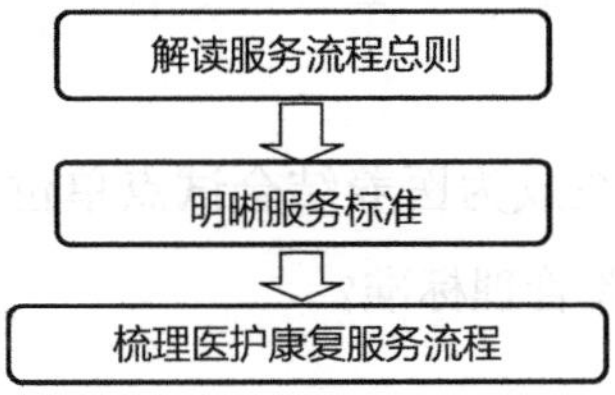

图 6－2　任务二工作步骤

第一步　解读服务流程总则

知识链接

养结合机构服务流程总则

医养结合机构具体服务流程包括服务接待、老年人入院体检、老年人护理需求评估、老年人能力评估、中医评估（适用于具备中医服务资质的机构）、制订服务计划、签订服务协议、建立服务档案、提供医养结合服务等。具体服务流程见图 6－3。此服务流程为推荐性流程，具体流程可以根据服务实际情况适当调整。

医养结合机构服务指南（试行）

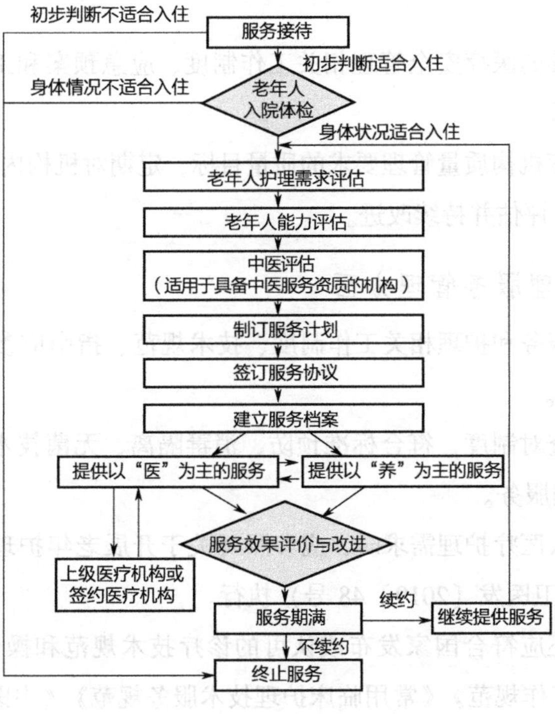

图 6－3　医养结合机构服务流程

第二步　明晰服务标准

活动内容

甘肃省庆阳市社会福利院在成为医养结合试点单位后，在开展医疗、护理、康复等服务过程中，应遵照哪些相关管理标准？

知识链接

医养结合机构的医疗—护理—康复管理标准

（一）医疗质量管理方面

（1）医疗服务行为需符合《基本医疗卫生与健康促进法》《医疗机构管理条例》《医疗质量管理办法》等法规的要求，加强医疗服务管理，规范医疗服务行为。

（2）需成立医疗质量管理专门部门或工作小组，或指定专（兼）职人员负责医疗质量具体管理工作。

（3）在为老年人提供常见病、多发病诊疗服务时，应参照和遵循相关临床诊疗指南、临床技术操作规范、行业标准和临床路径等有关要求，严格遵守医疗质量安全核心制度。

（4）应制定完善的医疗安全管理相关工作制度、应急预案和工作流程，落实机构内老年人的安全目标。

（5）有符合医疗机构质量管理要求的质量目标，定期对机构内医疗质量进行监测、预警、分析、考核、评估并持续改进。

（二）医疗护理服务管理方面

（1）所有护理服务和护理相关工作制度、技术规范、指南应参照《老年护理实践指南（试行)》执行。

（2）应当遵循查对制度，符合标准预防、消毒隔离、无菌技术的原则，遵医嘱为老年人提供医疗护理服务。

（3）评估老年人医疗护理需求时，应参照《关于开展老年护理需求评估和规范服务工作的通知》(国卫医发〔2019〕48 号）执行。

（4）护理服务还应符合国家发布或认可的诊疗技术规范和操作规程的有关要求，如《基础护理服务工作规范》《常用临床护理技术服务规范》《中医护理常规技术操作规程》等。

（三）医疗康复服务管理

（1）开展康复服务的医养结合机构，应当根据机构规模和老年人需求状况，配备相应的设施设备，并严格执行康复的各项规章制度、人员职责和技术操作规范。独立设置的康复医疗中心应当按照《康复医疗中心管理规范（试行）》进行管理。

（2）开展康复服务的机构，应当按需评定老年人身心状况、日常生活活动能力和社会功能，制定并实施康复服务质量评价标准、效果评价流程和风险防控预案。

（3）开展康复辅具适配服务的机构，应当建立康复辅具管理制度，明确本机构配置的康复辅具目录，专人管理，做好定期检查、维修及相关记录，并指导老年人科学使用辅具。

（4）康复人员需要按照《常用康复治疗技术操作规范（2012 年版）》的相关要求为老年人提供作业治疗康复服务。

第三步　梳理医疗护理康复服务流程

活动内容

甘肃省庆阳市社会福利院细化服务标准，优化服务流程，定岗定编定员，完善监管机制，实现了医中有养、养中有医。具体有哪些常用的医疗护理康复养老服务流程呢？

知识链接

（一）紧急救治（转诊）流程

（1）发现老年人出现紧急病情变化时，第一发现人进行紧急抢救，同时呼叫医务人员。

（2）医务人员到达现场后，判断病情并继续抢救，同时上报上级管理人员、通知家属，如涉及法律相关风险需同时呼叫 110。其他工作人员协助准备相关物品、协助抢救等。

（3）如无须转诊，按照医疗常规结合家属和老人意愿实施力所能及的抢救，并按要求做好抢救记录、签署病情告知书，安抚家属情绪。

（4）如需转诊，第一时间联系救护车并书写病情介绍。由医务人员陪同转诊，转诊过程中持续进行必要的抢救措施，到达指定医院后与医疗机构交接老人病情和抢救过程。定期向家属随访老人相关救治情况。

（二）陪同院外就医流程

（1）老人病情变化需要或老人提出转诊需求后，与家属沟通确认陪同就诊需求并讲解陪同就诊服务内容和相关风险。

（2）医务人员书写老人病情介绍，包括就诊目的、相关检查结果、目前治疗情况等。

（3）照护人员携病情介绍、外出陪诊包陪同老人至指定医院就诊。

（4）如需住院，通知家属办理住院相关手续并做住院准备。

（5）如无须住院，照护人员陪老人返回机构，并将就诊结果交接给医务人员，医务人员根据院外就诊结果调整治疗方案。

（三）老年人护理需求与计划变更流程

（1）发现老人护理需求与实际状况不相符时，或老人家属主动要求调整护理计划时，根据老人近况重新评估老人的护理需求，确定护理级别。

（2）根据老年人护理需求评估结果、老年人能力评估结果、老年人主观需求，为老年人制订有针对性的护理服务计划。

（3）与老人及家属讨论确定新的护理目标与护理计划。

（4）按新的护理目标与护理计划为老人提供服务并动态记录，过程中如发现仍不相符或未达到家属需求，重复前面的步骤。

（5）两周后与老人及其家属最后确认新的护理服务计划并交班。

任务三　医养服务衔接管理

随着我国人口老龄化程度不断加深、社会经济文化生活水平不断提高、人们对生活质量和健康保健的需求不断增加，医养结合模式在我国应运而生并成为养老发展趋势。自2012年以来，党和国家高度重视医养结合的发展，医养结合的政策体系不断完善，服务能力不断提升。但是，目前仍存在医疗卫生服务与养老服务需要进一步衔接的问题。

工作步骤

任务三的工作步骤如图6－4所示。

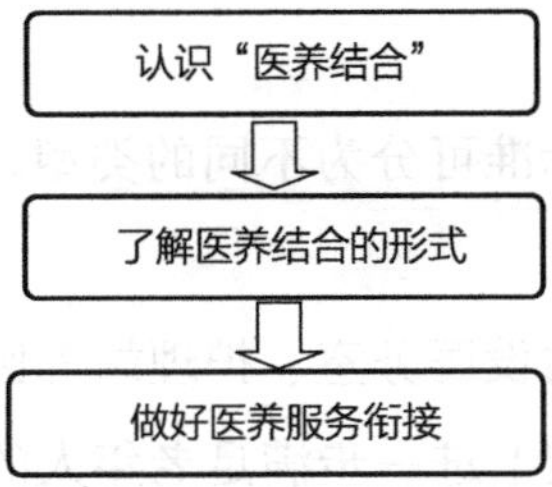

图6－4　任务三工作步骤

第一步　认识“医养结合”

活动内容

案例

为总结推广医养结合好的经验和做法，进一步加强合作交流，2019年中国国家卫生健康委与世界卫生组织（WHO）共同开展2018—2019双年度合作项目“医养结合在中国的最佳实践”，在全国范围内开展了医养结合典型经验征集推广活动。各地推荐申报典型经验633例，经专家评审和实地考察等环节，共评选出“北京市平谷区卫生健康委：医养联动，老人康乐，政通人和”等200例医养结合典型经验。

全国医养结合典型经验名单

思考与讨论

请利用互联网或实地走访了解以上医养结合典型经验中的一家单位，分析医养结合养老模式的重要意义是什么，该机构是如何实现医养的有效结合，是否还有需要完善的地方。

第二步　了解医养结合的形式

活动内容

医养结合的形式依据筹办主体的不同可以分为不同类型，请对2019年全国医养结合典型经验名单中你所在省市的医养结合机构进行分类。

知识链接

医养结合的形式按不同的标准可分为不同的类型。按筹办主体不同，医养结合的形式可以分为以下四类。

一是以养老机构为主体，内设医务室、护理站等医疗机构。这种模式可以使养老机构在提供养老照护服务的基础上进一步满足老年人的基本医疗需求，从而提高老年人的生活质量和健康水平。

二是以医疗机构为主体，内设养老机构或老年病区、医疗机构转型为医养结合养老机构。该模式可以充分发挥医疗机构自身的优势，满足老年人的医疗需求，同时解决长期住院老人的生活照料问题。

三是养老机构与医疗机构双主体协作。养老机构可以与医疗机构双方签订合作协议，充分提高双方相关资源的利用率，是扩大医养结合服务覆盖面的有效办法。

四是政府主导的社区居家医养结合服务形式。该模式以政府为主导，依托社区卫生服务中心或护理站、政府购买服务等来开展医养结合服务。

第三步　做好医养服务衔接

活动内容

有人认为医养结合机构就是医院和养老院两个机构独立地为老年人服务，你是如何看待医养结合的？你认为可以在哪些方面加强医养衔接？

知识链接

"医养结合"并非简单的"医疗＋养老"，它不仅可以满足老年人日常生活照料等服务需求，而且能提供医疗护理、健康咨询、健康管理、健康教育、安宁疗护等医疗护理服务。医疗卫生与养老服务充分有效衔接才能更好地发挥医养结合的优势，可从以下两方面进行。

一、医养结合服务衔接管理

（1）医养结合机构内医务人员、医疗护理员、养老护理员、管理人员及相关协助人员共同构成相互联动的工作机制。

（2）在入住老年人日常巡查方面，医务人员定期查房，及时掌握入住老年人的健康状况。医疗护理员、养老护理员等每日对服务老年人巡查，准确掌握服务对象的具体情况，发现问题及时报告、处理。机构管理人员定期巡查听取意见建议，及时改进管理和服务。

（3）医养结合机构内医疗机构严格执行出入院标准，入住养老床位的老年人在疾病符合入院指征的情况下方可转入医疗床位，其他情况按门诊就诊，不可转入医疗床位。入住医疗床位的老年人，病情符合出院指征立即转回养老床位。

（4）建立老年人危急重症的抢救与转诊制度，制定相关预案，服务人员及时识别病情危重状态，确保急危重患者及时救治和转院。可与上级或签约医疗机构建立转诊绿色通道，遇有需要急救情况及时转至相关医疗机构。

（5）开展健康教育、保健咨询、疾病预防和慢性病管理，为老年人开展健康体检并建立健康档案。

（6）鼓励医养结合机构开展延伸服务，为周边社区或小型养老机构的老年人提供上门医疗卫生和养老服务，服务内容和要求需符合相关部门管理规定。

二、医养结合信息化衔接管理

（1）建立老年人电子健康档案，根据老年人日常住养和住院医疗两种不同的需求，明确各自的管理路径，建立信息系统，确保“医”“养”互换时信息准确切换并及时更新。建立老年人健康信息管理系统，实现老年人门诊、急诊、住院病历、日常巡查记录、养老服务记录等资料的信息化管理和信息共享、业务协同和综合管理等功能，同时注意保护老年人个人隐私不被泄露。

（2）加强基于电子病历的医院信息平台建设，建立预约诊疗系统、分级诊疗系统、远程医疗系统等互联共享老年人健康信息，实现老年人健康资料的信息化管理。

（3）充分利用信息化手段开展服务质量管理与控制，不断完善相关制度。厘清医养边界，“医”为预防保健、疾病诊治、医疗护理、医疗康复、安宁疗护等，“养”为生活照料、精神慰藉和综合服务。

拓展阅读

《卫生健康委 发展改革委 教育部 财政部 人力资源社会保障部 自然资源部 住房城乡建设部 应急部 市场监管总局 医保局关于进一步推进医养结合发展的指导意见》（国卫老龄发〔2022〕25 号）（节选）

三、优化服务衔接

（五）加强医疗养老资源共享。各地要推动社区医疗卫生、养老服务、扶残助残等公共服务设施统筹布局、资源共享。推进社区卫生服务机构与社区养老服务机构、社区康复站，乡镇卫生院与特困人员供养服务机构（敬老院），村卫生室与农村幸福院、残疾人照护机构统筹规划、毗邻建设，采取多种有效方式，实现资源共享、服务衔接。将养老机构内设的医疗卫生机构纳入医疗联合体管理，与医疗联合体内的牵头医院、康复医院、护理院（中心、站）等建立双向转诊机制，提供一体化、连续性服务，实现医疗、康复、护理、养老服务资源的高效协同。鼓励基层积极探索相关机构养老床位和医疗床位按需规范转换机制。（国家发展改革委、民政部、自然资源部、住房城乡建设部、国家卫生健康委、国家医保局、国家中医药局、中国残联等按职责分工负责）

（六）积极发挥信息化作用。依托全民健康信息平台和“金民工程”，建设全国老龄健康信息管理系统、全国养老服务信息系统，全面掌握老年人健康和养老状况，分级分类开展相关服务。实施智慧健康养老产业发展行动，发展健康管理类、养老监护类、康复辅助器具类、中医数字化智能产品及家庭服务机器人等产品，满足老年人健康和养老需求。（国家卫生健康委、工业和信息化部、民政部、国家中医药局等按职责分工负责）

实操训练

制订养老机构医疗护理康复服务计划

目标：加深对养老机构医疗护理康复服务内容与流程的熟悉，理解医养结合的内涵。

要求：相对独立、安静的教室；纸、笔。

实训事务：

案例一：王爷爷，87岁。为让老人得到更好的照护，老人的女儿将其从一家普通养老机构转入医养结合机构。入住评估：老人有重度认知功能障碍，长期卧床，四肢挛缩，留置鼻饲管道，有高血压、糖尿病、阿尔茨海默病患病史，长期服用相关药物，骶尾部有一不可分期压疮。入住期间，老人多次因肺部感染抢救，但老人家属不愿转院。

案例二：王爷爷，82岁，与老伴同住，对身体健康重视，保健意识强，生活能自理，胃癌晚期（保密治疗，老人不知晓真实病情），患高血压，长期服用降压药。家属认同安宁疗护理念，已引导老人签署预立医疗照护计划书。老人在签署时表示希望能在医院离世，以免其他老人知晓后难过和害怕。

实训说明：

1. 时间安排（见表6-1）

表 6－1　时间安排

活动内容	预计时间
活动介绍	5 分钟
分组并准备展示内容	1 天
按要求开展活动	10 分钟
小组总结并分享	25 分钟

2. 规则

第一步：各小组选择上面任意一个案例，分组进行分析讨论，形成医疗护理康复服务计划书。

第二步：扮演召开家庭会议，与家属及老人讨论并确定医疗护理康复服务计划。一人扮演养老机构的工作人员，一人扮演王爷爷，一人扮演王爷爷的女儿。

第三步：在班里分组分享。

分组名单与扮演的角色

医疗护理康复服务计划	
短期目标：	长期目标：
服务计划：（时间、执行人、执行要求等）	

主要的感受或体会：

建议与意见要点：

参考文献

[1] 国家发展改革委社会发展司，民政部社会福利和慈善事业促进司，全国老龄版政策研究部. 走进养老服务业发展新时代：养老服务业发展典型案例汇编［M］. 北京：社会科学文献出版社，2018.
[2] 许虹，李冬梅. 养老机构管理［M］. 杭州：浙江大学出版社，2015.
[3] 关于印发医养结合机构服务指南（试行）的通知［EB/OL］.（2020-01-01）［2022-12-22］. https://www.gov.cn/zhengce/zhengceku/2020-01/01/content_5465777.htm.

项目七
养老机构精神支持服务

教学目标

1. 了解老人心理需求与问题。
2. 了解老年心理关怀。
3. 了解老年精神支持服务活动的组织。

工作任务

案例

小张是老年服务管理专业的毕业生，有幸进入一家养老机构，上班后主要负责老年人群的精神支持服务工作。在意识里，他不想给老年人这个群体妄加标签，他认为，无论何种状态下，老年人都有权利，也有能力去过一种属于自己的快乐的生活。因此，对照老年人在养老院的生活，如何为他们提供心理支持与情感慰藉，增强他们的适应力与幸福感成为困扰他的问题。其实，小张想做好他的工作可以从下面任务着手。

任务一　认知老年人的心理需求与问题

精神支持服务是在老年人需要的基础上为老年人提供恰当的关怀与帮助，增强老年人在养老机构的适应力与幸福感。由此可知，了解老年人相关需求是开展精神支持服务的前提。相比心理需求，生理需求受年龄、性别、文化等因素的影响较容易识别。而心理需求相对较难识别，因此照护人员通过换位思考，体会与了解老年人的心理需求，识别老年人心理问题对精神支持服务的开展非常重要。

工作步骤

任务一工作步骤如图 7－1 所示。

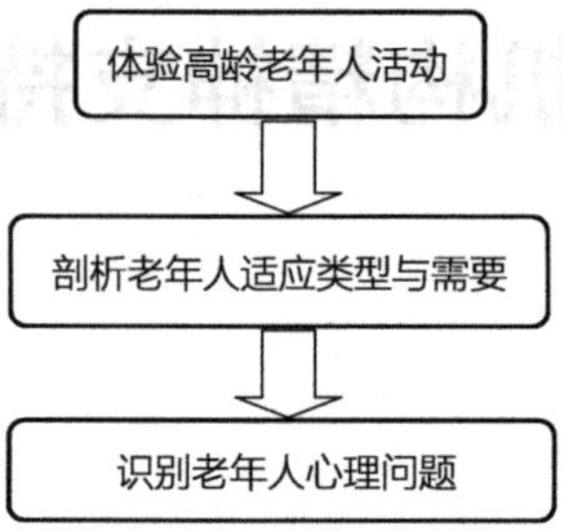

图 7－1　任务一工作步骤

第一步　体验高龄老年人活动

任务情境

高龄老人体验服说明

生理变化是心理变化的物质基础。伴随个体发生衰老变化的时间历程，老年期的生理变化对个体的感知觉、记忆力、注意力、情绪、创造力等心理功能可以产生影响。为增强老年人服务意识，请以小组为单位，一位同学扮演高龄者，其余学生作为协助者，扮演高龄者的学生进行活动，并请体验者填写体验记录单。

表 7－1　高龄老人体验记录单

项目		完成动作	生理感受	心理感受
操作前准备		高龄体验服准备		
		取出衣服口袋的手机、钥匙等坚硬、尖锐物件		
操作过程	穿体验服	佩戴特制的护肘、护膝、沙袋和橡胶手套		
		使用辅助工具：耳塞、眼镜、拐杖		
	完成规定动作	伸展动作：抬臂、抬腿（前后左右各个方向）		
		屈体动作：坐下、深蹲、起立		
		平衡动作：行走、上下楼梯、跳跃、跑步		
	完成日常生活动作	取书、翻动书页、阅读		
		接听电话、敲击电脑键盘		
		给后背挠痒、取梳子梳头		
		从桌子上取杯子，倒水、喝水，把杯子放回桌子		
		从钱包里取钱		

（续）

项目		完成动作	生理感受	心理感受
操作过程	完成自选动作（同学自行设计）			
小组间竞赛	第一轮	每组选一位同学戴上涂有白胶的眼镜看报纸，并限时1分30秒读完一则新闻。在限定时间内完成且正确无误者被“点赞”。每组有3次求助机会，即由其他同学协助读报纸，每次以一句为限		
	第二轮	每组选一位同学戴上粗布手套，在指定的地点收拾物品，计时1分钟。在限定时间内完成且正确无误者可被“点赞”（物品：曲别针、一元硬币、吸管等）		
	第三轮	自行设计活动		
操作后		脱去体验服，整理服装，回归原位		

任务描述

1. 完成高龄老年人体验活动后，对比自己本身年龄状态完成上述任务，制作一份青年人生理感受与心理感受记录单。

2. 对比两份记录单，谈谈老年人生理感受与心理感受的变化与特点。

第二步 剖析老年人适应类型与需要

案例分析

入住在一家养老机构的张爷爷，今年78岁，身体状况一般，老伴去世，靠退休金生活，有自理能力。他的儿子常年在外地工作，只有过年时回来探望他。张爷爷进入养老院经常独自一人在房间里，与其他老年人接触较少，集体活动参与得也较少，睡眠不足，日渐消瘦，情绪有时不稳定，甚至有时会对死亡产生恐惧。

分析张爷爷对养老机构的适应情况，以及消极情绪与状态背后的心理需要是什么。

知识链接

随着年龄的增长，彻底离开工作岗位后，大部分老年人闲暇时间越来越多，对身体关注越来越多，对死亡和病痛感知越来越近。当养老机构成为部分老人的选择时，老人的心理状态与精神面貌成为养老机构服务亟须关注的重要内容。

一、老年人适应类型

个性心理特征是个性解构中比较稳定的成分，表明个人典型的心理特点和行为方式，主要包括一个人的能力、气质和性格等方面的特征，是个性差异的主要方面。鉴于此，一般老年人对养老机构的适应状况表现为三种心理类型。

一是积极适应型。一些老年人由于身体机能相对稳定、性格外向，具有丰富的社会交往经验与主动调整心态的能力，进入养老院能主动适应生活，积极参加活动，找到自我精神寄托与乐趣。

二是基本适应型。一些老年人进入养老院基本适应养老院生活，心态比较稳定，但不太喜欢参与养老院的集体活动，社交生活圈较狭窄，他们更多关注身体的健康与闲暇生活。

三是消极适应型。部分老年人身体与精神状态较差，对自己的过去或现状缺乏正确的认识与评价，与周围人的关系不太协调，环境适应能力差，内心空虚，对养老机构生活感到失望与迷茫。

二、老年人心理需要

根据马斯洛的需要层次理论，老年人的安全需要主要表现为对生活保障与安宁的要求。他们尽管生活在养老机构，但普遍对养老保障、患病就医、社会治安以及合法权益等问题表现出极大关注。此外，老年人希望从机构中获得更多精神上的关怀。

（一）爱的需要

中国的传统观念是养儿防老，所以大多数老年人倾向于家庭养老，但由于养老机构拥有相对专业的生活与疾病照护条件等，一些老年人选择入住养老院。但养老院中相对缺乏天然的亲情，这对渴望亲情与爱的需要的大多数老年人来说是一项挑战。一些老年人特别是被动住进养老机构的老年人比较消极，认为自己被家庭或子女遗弃，不被需要，因而倍感寂寞。一些老年人由于在养老机构与家属见面和交流的时间受限，对家人产生思念情绪，孤独感加重。一些老年人入住养老机构后，以身体不舒服为由，反复要子女过来探望。一些老年人在机构养老与居家养老之间不断徘徊，即使入住机构，也不愿意接受在养老机构度过余生的事实。这恰恰是老年人心理上对爱的需要的表现。

（二）归属的需要

大部分老年人进入养老机构，离开原有的熟人养老机构，进入相对陌生的机构环境，有强烈群体归属感的需要。他们对人际交往和被认同等心理需求的渴望越来越高。他们渴望融入团体、参与相关活动，但是伴随脑力功能的退化，智力水平、记忆力等的减退，他们又不愿意接受新鲜事物，融入集体活动又有压力，建立新的朋友圈又需要时间，渴望获得的归属需要不但从未减退，甚至还会增强。

（三）自尊的需要

尽管社会角色与社会地位有所改变，老年人进入养老机构依然有强烈的被尊重的需求，他们渴望生活具有一定的自主权，希望价值能够被承认，尊严被维护，人格被尊重，在能力允许范围内，过自主、自立的养老生活。但是，一些老年人伴随年龄增大，由于身体不适、体质差、患有多种慢性病等原因，敏感性增强，对照护人员的表情和语言变化敏感多疑，对自身存在的价值产生怀疑，尤其是一些长期瘫痪或重病卧病不起的老年人会因为自理能力丧失、自尊心较强而产生固执自卑心理。

第三步　识别老年人的心理问题

无论是自愿还是非自愿进入养老机构，老年人都是离开了原来熟悉的生活环境和人际环境，生活环境、生活方式和自我角色等都发生了相应的变化，“精神”上会出现“迁移性”应激变化表征，主要表现为“焦虑、抑郁、恐惧、孤独、退缩”等。如果不能很好地处理这些问题，老年人就会对在养老机构中的生活产生一定的障碍，进而影响其晚年生活、身心健康和生命。因此，养老机构服务人员识别老年人心理问题，对照老年人心理健康标准，开展心理慰藉服务成为机构养老品质提升的关键。

老年人心理健康十标准

一、心理问题程度的区分

本项目中，养老机构老人相关心理问题是在心理正常这个区域内讨论的。心理正常分为心理健康和心理不健康两种状态。根据刺激的性质、反应持续时间、反应强烈和反应是否泛化，心理不健康可分为一般心理问题、严重心理问题和神经症心理问题等。具体区分见表7－2。

表 7-2　一般心理问题和严重心理问题区分

项目	一般心理问题	严重心理问题
刺激性质	因现实生活、工作压力、处事失误等产生内心冲突，并体验到不良情绪（如厌烦、后悔、懊丧、自责等）	受到较为强烈、威胁较大的现实刺激，产生心理障碍，体验着不同的痛苦情绪（如悔恨、失落、恼怒、悲哀等）
持续时间	不良情绪不间断持续满一个月或间断持续两个月不能自行化解	不良情绪间断或不间断地持续 2 个月以上，半年以下
反应强度	不良情绪反应在理智控制下，始终保持行为不失常态，基本维持正常生活、学习、社会交往，但效率有所下降	遭受的刺激强度越大，反应就越强烈。多数情况下，会短暂失去理性控制；随着时间延长，痛苦可逐渐减弱，单纯地依靠“自然发展”或“非专业性的干预”难以解脱。对生活、工作和社会交往有一定程度的影响
反应是否泛化	不良情绪仅被最初事件激发；与最初事件类似、相关联的事件，不会引起此类不良情绪。无泛化	不仅最初刺激能够引起不良情绪，与最初刺激相类似、相关联的刺激，也可以引起此类痛苦，即反应对象被泛化

二、老年心理健康状况评估

（一）评估实施

老年心理健康状况评估的方法有观察法、访谈法、个案法以及问卷测量法。相关评估员为老年人开展评估时首先要做好测验前的准备工作，具体包括事先通知受测老年人，使老年人有一定的准备；备好老花镜、铅笔等测验材料，其中评估题的数量不宜过多，测验内容为老年人所熟悉且可以理解的，以封闭式问题为主；熟悉测验指导语，使老年人感到自然轻松；熟悉测验具体程序；选择熟悉的环境。

随后，有条理地开展评估。评估员目光稳定，平视受访者，保持脸部表情轻松和微笑状，提前向老人解释评估目的，并告知对老年人的材料严格保密，在老年人不疲倦或感觉尚好的时候，耐心地按照评估指导语开展测验。

（二）老年人常见心理问题识别

老年人常见心理问题主要表现在情绪的抑郁与焦虑方面。

老年抑郁量表

1. 抑郁

老年人由于耳聋、眼花，对外界的信息很难正确、迅速地接收，对事务的关注面趋于狭窄，对新鲜事物接受趋于困难。受此影响，一些老年人慢慢对外界信息刺激不闻不问，加之步入养老机构后与旧交逐渐疏远，旧关系瓦解，新关系尚未建立。这种情况使得老年人减少了对社会的认识，削弱了个人的力量，并且限制了老年人的社会活动范围，使老年人周围世界变得越来越狭小，他们对身体的担心越来越重，开始产生消沉、悲观感，寡言少语，生活抑郁，整日闷闷不乐。尤其是一些长期瘫痪或重病卧病不起的老人会因为生活自理能力丧失而失去生存愿望，甚至产生厌世情绪。鉴于此，评估人员可以采用抑郁量表为老年人进行焦虑情绪测评。

2. 焦虑

老年焦虑问卷

部分老年人随着年龄、生活的变化，在经济方面不再是家庭收入的支柱。他们的生活必须依赖退休金与社会救济金或者社会福利、家庭赠予等。在生理方面，老年人的身体功能逐渐衰退，精力逐渐下滑，不再被允许做必要的活动。他们对健康关注愈发增强，对身体状况愈发焦虑。在人际方面，一些老年人进入养老机构这个相对陌生的环境，失去了他熟悉的生活圈里具有重要意义的一些人。伴随着年龄的增加，老年人的身心机能、大脑功能明显退化，自理能力减弱，对自身存在的价值产生怀疑，在养老机构中的失落感油然而生，这些促使老年人焦虑等心理状态不断加深。鉴于此，评估人员可以采用老年抑郁量表为老年人进行焦虑情绪测评。

（三）特殊老年群体心理问题识别

养老机构中的老年人，从结构来看，有结构完整家庭中的老人、空巢老人、随迁老人、失独老人；从年龄来看，有“年轻老年人（60～74岁）”“老年人（75～89岁）”与“长寿老年人（90岁及以上）”；从自理程度来看，有自理老年人、介助老年人、介护老年人。不同的老年人在养老机构存在着不同的心理问题。同一老年人在养老机构不同环境下的精神反应也会不同。总体来说，照护人员在日常生活中，根据老年人的容貌、着装、言语、表情、动作、姿态及与旁人的互动等，特别是结合老年人的相关支持系统，从群体共性与老年人个性特征等方面综合了解相关老年人容易出现的心理问题。

1. 失独老年人心理问题

养老机构入住的老年人中有一部分老年人因为失去唯一的子女而成为失独老年人，子女的逝去会使老年人的平衡因子缺失而进入危机状态，为老年人带来精神健康风险。他们会长期沉溺于孤独、绝望等负面情绪中无法自拔，面临着情绪危机、认知危机、社会排斥危机和社会断裂危机。在养老机构中，他们是需要特别关注的容易产生心理问题的群体。

2. 随迁老年人心理问题

“随迁老年人”是新时代应关注的特殊老年群体，这类人群主要是随着子女工作变动而跟随子女流动的老年人，这些老年人很大一部分也要进入当地养老机构中养老，但这类人群由于特殊的背景很难融入异地生活，“隔离、孤单飘零”感会十分强烈。

3. 失能老年人心理问题

对于入住养老机构的失能老人，“被抛弃感”较为强烈，其日常生活行为完全依赖他人照护，“累赘”感、“悲观厌世”的消极情绪比其他老年人表现得更为突出，他们更容易产生抑郁情绪。

任务二　开展老年人心理关怀

老龄化趋势给老年人社会服务体系的发展带来了一系列挑战，特别是在老年心理关爱领域。从顺应时代发展新变化、满足老年人新需求、构建和谐社会角度提高对老年心理关怀工作的重要性认识，丰富对老年人的精神服务，是机构养老照护人员应担负的责任与使命。

工作步骤

任务二工作步骤如图 7－2 所示。

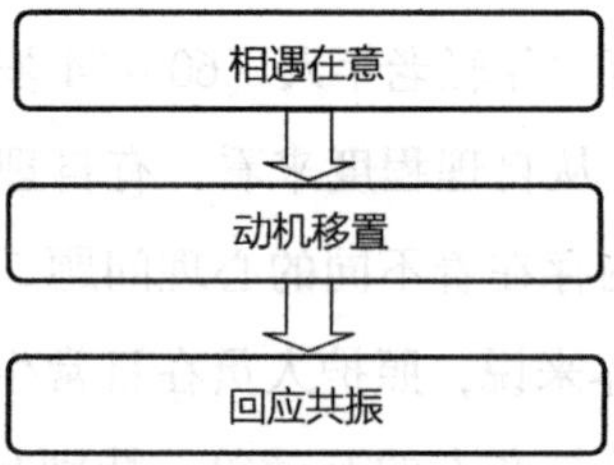

图 7－2　任务二工作步骤

第一步　相遇在意

活动内容

思考人与人之间的关怀产生的前提条件，并阅读下列案例，感受张爷爷与在场工作人员的情感体验。

案例

9 月 12 日，机构工作人员带着蛋糕、礼物来到了张爷爷的房间。张爷爷瘫痪已久，正睡在床上。看到工作人员来到床前，递来了生日蛋糕，尽管不能言语，张爷爷略显苍白的脸上泛起了一丝笑意。临别时刻，工作人员挥手向张爷爷说再见，张爷爷也努力地挥动手臂。此时此刻在场的一名工作人员说道：“情暖暮年，温馨相伴，用心感受，我们会发现老年人们的简单、纯粹，他们的一言一行在岁月的历练下，愈发透露出朴实无华的美丽，感动着我们，也让我们去思考。”

思考与讨论

工作人员为瘫痪在床的张爷爷过生日，看到此情此景，他感动着，思考着。张爷爷在思考着什么？

知识链接

一、相遇

“相遇”是精神慰藉的前提条件，唯有双方碰面并产生关联才有后续行为的出场。对于入住养老机构的老人而言，这里的相遇可以指他们与亲人、社工、护工、室友等的相遇，也包括陌生人之间的相遇。

因为家庭中亲子关系是“天然”的相遇，因此亲人到养老机构探望老人，给予老人带来的精神慰藉可以自然而然地进行。但对于养老机构中的社工、护工，他们看到、听说、了解老人处境或者困境，有指向地对他们提供物质与精神的关怀，这才是有意义的“可及性”相遇，这种相遇令精神慰藉的实现成为可能。

“可及性”理解的表层意味是可触及，亦即他是“在场”的。“可及性”的深层含义是愿意让他人接触自己并表现出积极开放的姿态。因为一个不可及的人是无法接收关怀的，所以只有“可及性”的“相遇”，才能使情感慰藉顺利进行。

需要特别说明的是，服务人员在开展相关精神慰藉服务时，应优先维护老年人利益；尊重老年人的个性与人格，不批判、不强迫他们接受其他价值观；帮助老年人去除环境的压制和无力感，实现自我提升；帮助老年人在事关自身利益的决策中起主导作用；遵守社会工作专业或心理咨询伦理，保护老年人的隐私。

二、在意

“在意”是精神慰藉构建的基本要求。“在意”是指养老机构工作人员需要主动关注老年人，在意老年人的需求、敏锐察觉老年人的需求”然后传递给老年人“我”可以帮助你、我愿意帮助你等信息，精神慰藉的根本特征还在于老年人要对“我”的行为有所反应。具体来说：

首先，在意是一种意识流动的指向。养老机构工作人员可以定期为老年人提供心理关怀服务，如电话问候、上门慰问、为老人读报、陪老人聊天等。切记工作人员在与老人交流的过程中，需要集中注意力，以目光聚集、语言沟通、肢体接触等体现对老人的在意，引起老人的回应。总之，一个和善的眼神、一句温暖的问候语，都会给对方传递信息——我在意你。

其次，在意是敏感地察觉对方的需求。机构服务人员若不了解老年人是无法真正靠近老年人的，也就无从谈起在意。机构服务人员了解老年人的性格、能力，最主要的是当下的困境、当下的需求，这是“知其然”的了解，即处于当下境况的状态，更要了解老年人处于此状况的原因，即“知其所以然”，这样才能真正了解老年人，才能进入老年人的内心世界。“知其所以然”探求往往要通过不同寻常的方式来进行，简单、直接地了解往往很难奏效，因为相对比较陌生，老年人有些事可能明白地告知，而有些事是需要依靠服务人员评估、分析与判断才能完成的。譬如针对入住老人对养老机构的环境适应问题，服务人员在第一时间帮助他们认识和熟悉机构的居室设置、活动场所设置、医疗场所设置、膳食场所设置；了解组织架构、人员配备、服务反馈方式；帮助他们协调机构内的人际关系，处理好与同住老年人的关系，与邻里进行良好的沟通。在具备条件的养老机构，为老年人提供适应不同身体状况的分区照顾，为提供照顾的其他专业人员，提升语言、肢体动作等沟通技巧，减轻心理压力。这些都是以对方需求为前提的在意。

第二步　动机移置

活动内容

分析并思考下列案例带给你的启示是什么。

案例

入住养老机构的王奶奶最近有些不舒服，老邻居过来探访，带了一些剥好的榴梿给王奶奶。老邻居反复对王奶奶强调，榴梿的营养丰富，而且比苹果贵很多。但是王奶奶不能接受榴梿，因为她对榴梿过敏，而且也不喜欢榴梿强烈的味道。

思考与讨论

此时邻居的关怀是否顺利传导至王奶奶处？关怀传递的通道如何才能顺畅打开呢？

知识链接

一、“动机移置”的效能

“动机移置”是对精神慰藉动机能量交互流动过程的描述。精神慰藉只有在意是不够的。在意是机构服务工作人员对老年人做出的意识上的反应，这种反应只是单方面的，服务工作人员要把自己对老年人关怀的意图传递过去，且要引起老年人的回应，中间需要一个能够保障这种动机意识交互传导实现的方式，或者称为保障关怀顺利实现的“通道”装置。因此，精神慰藉动机移置机制实质上就是打通服务工作人员与老年人之间的“间性”，使“距离”缩短，标志是在老年人身上看到独特的人类情感的反应。

二、“动机移置”的机制

“动机移置”是精神慰藉构建的机制。所谓机制是指一个工作系统的组织或组织要素之间相互作用的过程和方式，是保障行为活动完成的内在要求。具体来说，首先它是服务工作人员对老年人的困境产生共情，产生主动去减轻其苦恼的动机；然后根据老人的情况，调整好行动策略，传导出自己真实的意图，关键点是要准确理解“老年人”的所思所感，与“老年人”保持“同频”，“老年人”才能真正接收服务工作人员的关怀意图。情感在关怀双方之间顺畅地流淌与互动，同时反映出关怀关系开始搭建。譬如工作人员在陪伴老年人聊天的同时，主动了解老年人的基本需求或困惑，链接资源为其完成“微心愿”，即提供量身定制的“圆梦服务”。在这个过程中，老人感受到自己被关怀与被关注。在养老机构，“动机移置”的机制实现主要依靠与老年人建立信任关系，为他们提供社会工作服务。

（一）社会工作服务流程

流程主要包括接案、预估、制订服务计划、介入、评估、结案和转介。

1. 接案

与老年人或家属、护理人员面谈，初步判断老年人的问题，建立专业关系，做好接案会谈记录。

2. 预估

收集老年人的资料，分析和界定老年人的问题与需要，确定介入的策略。

3. 制订服务计划

与老年人或家属、护理人员一起制定具体的服务目标、服务阶段和服务方法，可采取的服务方法包括个案工作和小组工作。

4. 介入

社会工作者根据服务计划，运用个案工作或者小组工作的方法为老年人提供服务。

5. 评估

服务结束后，对接受服务的老年人或家属、护理人员以问卷或访谈的形式，系统地评价社会工作服务的介入效果与目标达成情况。

6. 结案

对整个介入过程进行回顾和总结，帮助老年人巩固已经取得的成果，解除工作关系，做好记录并存档。

7. 转介

接案、介入和评估流程均涉及转介。接案时，社会工作者对老年人的问题进行界定，对不属于职责范围的老年人应转介至其他专业人员或者机构。在介入过程中，若老年人出现新的需求或问题而社会工作者无法满足或解决，则应将其转介至其他专业人员或者机构。

经评估，对于还需要其他服务的老年人，应将其转介至其他专业人员或者机构。

转介前，社会工作者应在征询老年人意见并解释原因后，由老年人自主决定是否进行转介；转介时，社会工作者应向老年人提供其他专业人员或者机构的信息供老年人选择，并协助其联系其他专业人员或者机构。转介后，应不定期回访老年人，询问转介的效果。

（二）服务提供方法

1. 个案工作

个案工作是专业工作人员运用陪伴、尊重、理解和共情等，引导老人说出内心压抑已久的话，帮助其宣泄情绪，使老人感受到自我价值与存在感，树立生活信心。具体操作流程可以扫描二维码文本进行了解。

个案工作操作流程

2. 小组工作

小组工作可用于环境适应、休闲娱乐、老年教育、精神慰藉、社区参与、社会资源链接方面的内容，具体操作流程可以扫描二维码，阅读文本进行了解。针对老年人的心理特点，设计小组活动，帮助老年人之间建立信任关系，拉近老年人之间的心理距离，使他们在生活中能够互帮互助、相互陪伴。比如，一是为老年人过生日。工作人员可以为养老机构当月过生日的老年人举

小组工作操作流程

办集体生日会，为老年人们表演文艺节目，给老年人们送上自制生日贺卡、鲜花，给老年人们准备生日蛋糕和长寿面，让老年人们感受到机构的温暖。二是为老年人表演节目。定期链接文艺表演队资源为老年人表演唱歌、跳舞、小品等节目，给老年人带去欢声笑语。三是举办老年人人生故事分享会。在故事分享会中，引导老年人一起回忆往昔，一起倾听、倾诉，在此过程中，促进同伴彼此安慰，互相鼓励，减轻老年人的孤独感和无用感。

第三步　回应

活动内容

阅读案例材料，分析案例带给你的启示是什么。

案例

入住在养老机构的尹爷爷对院里的生活比较适应，院里注重通过社工开展兴趣爱好小组、老年志愿小组，让尹爷爷寻找到自我价值。同时，周到的照料服务增强了尹爷爷的幸福感。尹爷爷为表达感谢，特别写了一首诗——《谢社工》。

谢　社　工

半岛草树多奇艳，步行健走观美景。

社工服务真有序，起居出行多照应。

老人遇有心结态，细心疏导理当先。

养老子女心安定，党的政策显初心。

思考与讨论

面对在养老机构得到的照护，尹爷爷用什么方式进行回应？他的这种回应能为自己和他人带来什么体验？

____

____

知识链接

一、回应

“回应”是精神慰藉关系建立的标志。这种相互性更多的是指“老年人”对服务工作人员做出的反应，表示服务工作人员的努力被接受了。老年人在意识上认识到或承认了精神慰藉，“信任”服务工作人员，以回应形式反馈给服务工作人员，并且使服务工作人员能够捕捉到和体察到。回应是对服务工作人员动机意识的回应，在实质上是老年人需求被供给和满足的体现，其重要价值意义在于通过老人的回应，服务工作者才能认知和评价自己的行为及其效果。

在对回应的认识上，还要关注一点，就是回应能力问题。“愿不愿意回应，能不能恰当回应”等，这些情况都会影响服务工作人员对关怀行为的判断，影响关怀行为的持续。例如，对不善言辞的内敛的老人、失智症老人等意识不能自主者，服务工作人员对他们的关怀回应要更多注意到情境、个体差异，给出客观评价，而不能套用普遍规律。可见，老人回应能力也是关系建立过程中要关注的重要内容。

二、共振

“共振”是精神慰藉关系构建要实现的目标，即精神慰藉要追求的一种结果。“共振”在物理学上是指“物体之间的一种谐调关系，其中一个物体的振动引起另一物体的共振”。对于精神慰藉关系构建的分析来说，“共振”是指精神慰藉过程中服务工作人员与老人双方能够形成同感，情感在双方相互连接的“通道”里流动，相互承认并接受，从而在行动上达成一致。对于服务工作人员来说，就是不仅把关怀动机传递出去，还要善于捕捉老人的回应，对回应做出反应，检视自己的行为可能带来的结果，根据结果决定继续保持或修正自己的行为，以便更好地帮助老年人。

任务三　组织老年人精神支持服务活动

精神关怀具有抽象性、复杂性，养老机构需要在对老年人精神慰藉服务需求分析的基础上依托精神支持服务活动，为老年人构建怡然自得与丰富多彩的老年生活，从而来践行养老院的人文关怀，让养老院成为老人恋恋不舍的家园。

工作步骤

任务三工作步骤如图7－3所示。

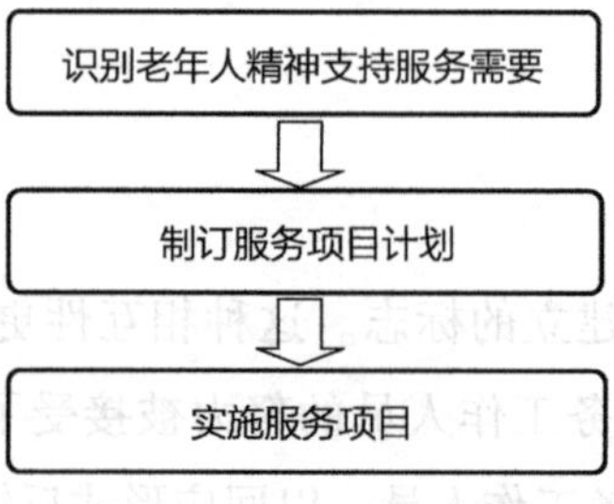

图7－3　任务三工作步骤

第一步 识别老年人精神支持服务需要

能力训练

根据《养老机构社会工作服务规范》，养老机构宜根据收养老年人数量、岗位设置等情况配备专、兼职社会工作者；配备的专、兼职社会工作者应先接受培训，合格后再上岗，他们掌握老年社会工作的相关知识，具备独立开展个案工作和小组工作的能力，了解社会学、心理学、老年学、医学等方面的基本知识。

请利用互联网或者养老机构走访，调查当前养老机构开展精神老年人服务的部门以及相关成员情况，并梳理他们的相关职责。

表7-3 养老机构精神慰藉服务组织调查表

养老机构	岗位名称	专职社工人数	兼职社工人数	是否培训上岗	岗位职责

知识链接

精神支持服务的主要目的在于为老年人提供相应的服务，促进服务对象在短期或长期内实现改变和发展。因此，了解老年人的需要并识别老年人精神状态的问题，是开展老年人精神支持服务的重要一步。

一、提出问题

提出问题可以通过以下途径：一是依据生态系统理论，从老人的家庭支持系统、同伴关系等方面找寻老年人可能出现的共同问题。二是来自照护经验。照护工作人员长时间与老年人打交道，其对老年人遇到的突出问题的观察、热点问题的关注，以及调查访谈过程中问题的发现，可以作为挖掘老年人精神支持服务需要的重要来源。

1. 观察法

观察法即工作人员运用自己的感觉器官或借助一定的观察工具，对老年人精神支持服务的需要进行直接感知的方法，具体可以分为参与观察和非参与观察。参与观察是指工作人员参与老年人的各项活动，作为局内人，同老年人打成一片，去试图理解观察对象的想法与状态。非参与观察是指工作人员不参与老年人的活动，完全以局外人或者旁观者的身份出现。有意识地采用观察法与日常生活中留心观察的区别是观察法是对某一位老年人或老年群体的系统了解。

问卷的基本格式

2. 问卷调查法

问卷调查法是最常用的需求调研方法，是运用统一设计的问卷依靠邮寄、询问、电话或网络等方式向老年人或老年人家属了解情况或征求意见的方法。

调查问卷可分为自填式问卷和代填式问卷。问卷一般由卷首语、填答说明、问题和回答方式、编码和其他资料 5 个部分组成。问卷中的问题可以是开放式的，也可以是封闭式的。问题和答案在设计的时候还需要考虑调查对象对问卷的理解和接受情况。

3. 访谈法

访谈法是访问者通过口头交谈等方式直接向老年人或家属了解老年人的情况和问题。访谈法可以分为结构式访问和无结构访问，或者半结构式访谈。访谈前要对访谈的主要目标和所要了解的内容有一个明确的认识，并对老人或家属各方面情况特征进行一定的了解，访谈时开场白要简明扼要、意图明确。访谈过程应循序渐进，访谈人员要专心倾听、认真记录，或在受访者同意的情况下录音，并给予适当的回应和反馈。

二、界定与分析问题

在观察、调查中发现，老年人需要精神支持或精神状态呈现相关问题后，工作人员还要对相应问题进行界定与分析。首先，摸清问题的辐射人群，搞清问题是属于群体的共性问题还是个性问题；其次，摸清问题的表现形式和影响程度，以及老人能接受的服务；最后，探索问题产生的原因、后果以及可能的解决方案等。其中“问题树”工具可以作为分析老人问题的重要方法（如图 7－4 所示）。

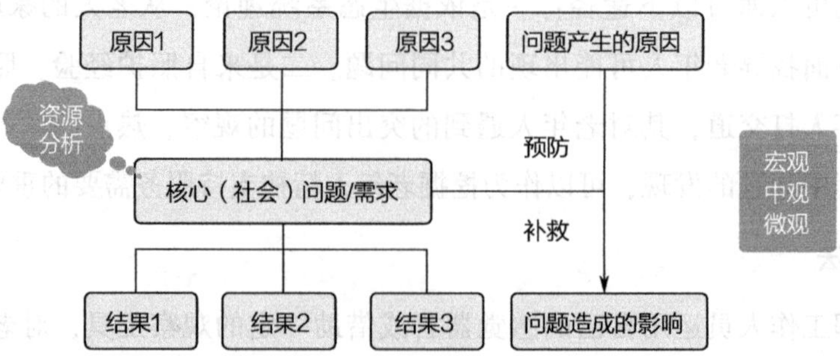

图 7－4　问题树分析

一是从问题视角出发，一方面分析造成老年人问题/需求的原因，从长远角度谋划可能采取的预防性措施；另一方面明确问题/需求带来的影响，借助家庭与社会资源采取补救性措施。二是从宏观、中观和微观视角出发，分别从社会结构变迁、组织群体特征、个人和家庭角度分析结果并提供相应的预防性或补救性措施。

第二步　制订服务项目计划

活动内容

案例

马婆婆性情温和、善良，与周爷爷结婚50年不曾吵闹，家庭生活中遇到事情，周爷爷总是乐呵呵地面对、处理，夫妻关系甚好。来到养老机构，虽说周爷爷身患多种重病，但只要不发作，就像一个健康人。每次吃饭、散步、外出，周爷爷总会牵着马婆婆的手，两人形影不离，成为大家口中“少来夫妻，老来伴”的模范夫妻。周爷爷病发入住某医院重症监护室，每天由子女照护。马婆婆要是一天不接到子女电话告知周爷爷的康复情况，就会寝食难安，常以泪洗面。周爷爷去世以后，马婆婆参加了周爷爷的整个葬礼，但马婆婆一直不愿意接受周爷爷去世的现实。而马婆婆的两个儿子、一个女儿都有自己的家庭、工作，虽说对马婆婆照顾有加，但终究不能每日陪在身边。住在养老机构的马婆婆整日闷闷不乐。

思考与讨论

阅读案例，设想你作为照护人员，应怎样向马婆婆提供精神支持服务，帮助她进行情绪疏导。

知识链接

一、制定目标

对问题进行基本分析后需要明确服务目标。服务目标是具体的工作期望，能够在相应时间内完成活动所要达到的效果，它是可以量化和有时间性的。如针对马婆婆的情绪问题，工作人员应设定服务总体目标，即协助马婆婆面对周爷爷去世的现实，满怀信心地面对当下的生活。具体目标如下：首先是帮助马婆婆面对现实，冷静、勇敢、平和地看待死亡；其次是引导马婆婆认识到新室友入住的好处，接受新室友入住；最后是引导马婆婆走出房间，与人交流，参加活动，消除寂寞孤独感。

二、确定范围

范围的界定需要有服务受益人、服务提供者和重要的利益相关人共同参与。如为养老机构失独老人与空巢老人开展精神支持服务项目，其范围就界定为养老机构的失独老人与空巢老人。为丧偶老人马婆婆开展精神支持服务，其服务对象就是马婆婆。

三、明确任务

根据范围对项目进行分解，将其划分为不同任务，尽量细分到个体工作部分的范围说明。进行任务分解时需要注意的是：识别所有必要的工作以完成目标，并完善目标；确定必要的工作；明确责任，任务落实到人，推动详细的计划编制和文档。

以马婆婆案例为例，针对她的情况可以明确由专业社工或者心理咨询师开展相关精神支持服务。需要进行的第一个阶段是建立专业关系，即通过认真倾听马婆婆与周爷爷的往事，运用同理、情绪疏导的方法获得马婆婆的信任与肯定。

第二个阶段是压力释放。工作人员陪同马婆婆回忆周爷爷发病入院后马婆婆的心路历程，促使马婆婆在宣泄的过程中逐渐意识到关于周爷爷的去世自己能做的都做了。

第三个阶段是面对现实。通过进一步陪伴，如陪伴看电视、聊天，一起回忆过去、展望未来，或在院内散步，分享周爷爷在养老院的视频，帮助马婆婆接受周爷爷去世的现实。

第四个阶段是积极面对生活。工作人员要鼓励马婆婆积极参加社工组织的活动，包括书画活动、智能手机学习活动等，促使其重新融入养老院生活中。

第五阶段是结案并继续跟进。工作人员不定期到房间看望马婆婆，了解其生活现状，跟进其取得的成果保持。

四、安排进度

进度的安排就是将每个任务定好截止时间，用这种循序渐进的方式实现服务目标。在这一步中，可以找准一个点进行前推与后推，从而安排好所有任务。比如关于马婆婆的案例，该项目的任务分解为建立事业关系、压力释放、面对现实、积极面对生活、结案并继续跟进5个子项目。计划用6个月时间完成对马婆婆负性情绪的干预，可以计划每项子任务完成的具体时间段，帮助项目顺利完成（见表7-4）。

表 7－4　项目事件计划

任务	时间安排：2022 年 1—6 月				
建立专业关系	□ 1 月 1 日— 1 月 15 日				
压力释放		□ 1 月 18 日— 2 月 18 日			
面对现实			□ 2 月 24 日— 3 月 15 日		
积极面对生活				□ 3 月 17 日— 5 月 20 日 小组活动 5 次	
结案并继续跟进					□ 5 月 20 日— 6 月 10 日

第三步　实施服务项目

能力训练

某养老院为丰富老人精神生活，每周都会为老人制定一份主题活动公示表（见表 7－5）。

表 7－5　一周主题活动公示表

活动日期	星期	活动时间	主题活动	活动地点
9 月 26 日	星期一	上午 9:30	健康讲座	影视院
9 月 27 日	星期二	上午 9:30	老年大学 音乐班	影视院
9 月 28 日	星期三	上午 9:30	益智训练	阳光大厅
9 月 29 日	星期四	上午 9:30	老年大学 朗读班	影视院
9 月 30 日	星期五	上午 9:30	重阳节 “健步行”活动	养老机构内
10 月 1 日	星期六	上午 9:30	电影《老师来了》 赏析	影视院
10 月 2 日	星期日	上午 9:30	电影《勇士连》 赏析	影视院

请分析养老院为老人规划的一周主题活动的合理之处，以及可以改善的地方。

知识链接

一、老年服务项目类型

（一）老年人健身锻炼活动

1. 组织老年人日常健身活动

组织老年人多人参加柔力球、健身操、门球等体育项目活动，定期集中组织老年人开展健步走活动。在养老机构设立健身活动室，购置安装适合老年人使用的健身器械，吸引老年人前来锻炼身体，提高老年人的身体素质和健康水平。

2. 推广老年人养生保健功法

向老年人推广养生保健功法，如太极拳、八段锦等项目，帮助老年人培元补气、疏通经络、活血生津，改善新陈代谢，增强心肺功能，从而提高老年人的生理机能。

3. 入户健身运动指导

老年人健身的目的是增强体质、延年益寿，但运动中的误区反而会使健身适得其反。可以由专业工作人员入户指导老人锻炼，让老年人掌握正确的健身方式方法。

（二）老年人文化娱乐活动

养老机构低龄老年人参加文艺活动的积极性较高。文艺活动主要是唱歌、跳舞、书法、绘画、观影等。因此，工作人员应根据老人不同生理、心理特点，开展文艺、棋牌、手工、健身、参观游览、节日和特殊纪念等活动。失能、失智老年人由于身体与认知水平有限，工作人员应为他们提供有助于改善、恢复感知觉的文化娱乐活动；为卧床老人提供书报、广播、电视、电子设备等文化娱乐项目。

1. 老年人唱歌、跳舞活动

为老年人设计多样化的文艺活动，比如唱歌、跳舞、听音乐等，培养老年人的艺术爱好。聘请专业指导教师为老年人授课，定期组织老年人在一起排练和培训，通过文艺汇演、比赛等方式，为老年人文艺活动搭建平台。

2. 老年人书法绘画活动

在养老机构组建老年人的国画、书法、诗歌等兴趣小组，并开展培训学习活动。举办养老机构书法展览活动，邀请兴趣小组成员在春节撰写春联，也能为养老机构老年人提供展示才华的平台和机会。

3. 老年人观影活动

在养老机构中定期为老年人放映电影，邀请专业人员为老年人讲解电影。选片以能够唤起老年人青春记忆的老电影为主，同时注意新老结合、穿插播放，使老年人不与社会脱节。

（三）老年人手工活动

在专业人员的指导下，开展适宜老年人参与的手工活动，例如丝网花、贴钻石画、绣十字绣、穿珠等。老年人在学习和练习手工制作的同时，可以锻炼手指的灵活性、预防老年失智症，还能够相互交流、相互帮助，形成友好的互助氛围和学习氛围，从而提升老年人的精神面貌和生活热情。

（四）老年人科技应用学习

很多老年人对互联网和智能手机的认知度较低，缺乏实践应用。有计划、有针对性地组织老年人学习智能手机操作，通过培训讲座、一对一辅导、上门指导和实际演练等多种方式，使老年人可以通过 QQ、微信等软件和远方亲人视频连线，增进联系，并且扩大交友圈子，增进交流，提升老年人的幸福感。

（五）老年人养生保健教育

很多老年人患有各种慢性疾病，健康状况差，迫切需要保健知识和技能。健康讲座与指导可以使老年人能够逐步树立“未病先防，既病防变”的观念。因此，养老机构可依托老年大学、老年学习社、各类学习培训课程、各种学习研讨，围绕老年人听力健康、帕金森病预防、急救自救指导、肠道健康、阿尔茨海默病防治、养生保健、高血压防治、白内障防治、糖尿病防治等为老年人开展健康教育，促进老年人学习交流，充分发挥老年人的潜能，提高个人能力。

二、老年服务项目实施注意事项

项目计划编制完成后，为确保项目实施按照基准计划精准实施，最终达到相应目标。养老机构在服务项目实施过程中应注意以下要求。

（一）服务场所与设施设备

服务场所宜以暖色调为主；宜设计相对固定的活动场所；应保持通风，清洁卫生，无异味，光线明亮，无噪声，物品摆放整齐；服务场所地面应防滑、防水，墙壁边角处应做钝化处理；服务场所的家具应选用硬面的沙发、稳固不易碰倒的座椅及不易碰碎的物品，确保活动空间足够老年人通过，避免绊倒或碰撞；开展个案工作的场所宜布置为相对私密、舒适的环境，避免被干扰和打断；开展小组工作的场所，可根据小组设计的内容配备座椅、坐垫、小组道具等相关设备。

（二）安全管理

服务过程中工作人员应时刻关注老年人的身体状况，在出现突发病情时立即中止服务并联系医护人员；服务场所的安全通道应保持畅通，遇突发灾难时社会工作者应立即协助安全人员组织老年人从安全通道疏散到安全地带，并立即上报主管领导。

（三）档案管理

养老机构应建立服务（社会工作）档案，包括基本服务记录档案、服务管理记录档案、志愿者服务记录档案。基本服务记录档案主要包括老年人的基本信息表、社会工作服务记录表和其他工作表格。服务管理记录档案主要包括考核情况、服务质量目标完成情况和服务计划调整情况。志愿者服务记录档案主要包括志愿者的基本信息表、志愿服务记录表格和其他志愿工作表格。

（四）质量评估

养老机构应建立老年服务项目质量的检查机制，制定服务质量的检查方案和要求。养老机构的负责人对服务现场定期进行检查或抽查，定期向老年人进行服务满意度调查，对发现的问题提出整改措施，并持续检查。

拓展阅读

老龄心理服务工作用语

1. 对老年服务对象：“我可以扶您吗？”

老年心理服务并不是为了满足自己的爱心而提供服务，老年服务工作者所提供的必须是服务对象能够接受的，是他们需要的。在服务过程中，工作者经常会主动帮老年人们端茶递水、搀扶等，但是每个人都有自己的内心世界，有些人并不太愿意得到这些帮助，他们希望展现自己的能力，希望能做力所能及的事情。所以，在提供帮助之前，要询问并遵循老年人的意见：“我可以扶吗？”“需要我帮您倒水吗？”。

2. 对老年服务对象：“请让我和您一起慢慢来，可以吗？”

老年人接纳来自陌生人的关爱是需要时间的，即使他们很配合地和老年工作者聊天，会主动提供一些工作者需要的信息，但是这些可能都是配合工作者完成任务的一些表面现象。真正与老年人建立良好的信任关系，需要时刻反思自己在与老年人的接触过程中是否真的做到了真诚接纳。一开始就要求建立完完全全的接纳，对老年人和工作者自身来讲，都会有压力。因此，老年服务工作者一定要放慢脚步，保证每一步都走稳。

3. 对老年服务对象："如果愿意的话，您不开心的事情可以和我说说，我很愿意帮您减少一些烦恼。您看好吗？"

有些老人对心理服务有些排斥。心理咨询师要善于观察和倾听，通过观察肢体行为判断老年人是否隐藏心事；通过倾听老年人的讲述，发现其语言背后深层的东西，注重隐藏在问题背后的深层关系，才能够治标且治本。仅仅盯着问题看，永远都会有解决不完的问题。在对老年来访者进行言语关注的同时，要配合适当的身体语言，能够让对方有被尊重与被关心的感觉，从而打开心扉。很少有直接拒绝主动向他致以友善的听众。

4. 对老年服务对象："我用现在这样的音量和您讲话，您能听清吗？"

老年人由于听力下降，会出现撞聋（弱听），在与人沟通方面会有障碍。但是和老年人讲话并不一定要"大呼小叫"。将语速放慢一点，看着对方的表情和反应去判断对方的需要，有耐心地和他们讲话，老年人是能够听明白的。对老年人大呼小叫是一种不礼貌的行为。此外，不要让老年人抬起头或远距离跟你说话，那样老年人会觉得你高高在上、难以亲近，要尽可能保持和老年人等高的位置，老年人才会觉得你重视他。

5. 对老年服务对象："您的精神头真好！""您最近恢复得不错！""您状态越来越好了！"

工作人员在与老年人沟通的过程中，不妨尽可能地给老年人以赞美。诚挚的赞美会对老年人产生积极的暗示，激发内心的潜能，还能有效地鼓励其维持和增加社会交往活动，具有想象不到的"正性能量"。

6. 对老年服务对象："最近您的身体状况怎么样？"

一些刚刚加入老年精神服务工作的工作者，不知道如何与老年人展开对话，以致影响到后面的相关信息的采集。若以关注老年人的身体状况为由进行问候式的对话，可能会帮助你建立一个很好的谈话氛围。在此基础上，若能够运用所拥有的知识或信息，为老年人提供一些正确、恰当的养生保健指导，老年人也会更愿意与你分享一些内心的故事。因此，工作之余要注意积累各个学科的知识。

实操训练

情景模拟

如果你是小黄，在养老机构工作中了解到王婆婆情绪状态不佳，她性格较为内向，语言表达能力一般，且骨质疏松，腿部缺乏力量，行走常常借助辅助器具。此外，王婆婆生活单调，基本无兴趣爱好，平时主要的生活内容就是吃饭、睡觉，同时因性格原因与其他老年人鲜有交流。而王婆婆口中所说的“我没有文化”也成了她与其他老年人进行交流的心理障碍，让她在与别人交流时自卑、胆怯。

训练目标：提升对老年人心理需要的感知能力，强化对心理关怀或精神支持服务过程的掌握。

训练要求：以小组为单位，为王婆婆制定一份心理关怀方案，再通过情景剧方式演绎方案实施过程。

实训说明：

王婆婆心理关怀方案：

情景剧角色与分工：

方案实施评估与体会：

参 考 文 献

[1] 王婷. 老年心理慰藉实务［M］. 北京：中国人民大学出版社，2014.

[2] 尤吾兵. 老年人口“精神赡养”的支持系统构建研究：基于关怀伦理视角［M］. 北京：光明日报出版社，2022.

[3] 北京市民政局. 社区志愿服务项目化运作与管理：社会治理创新实践［M］. 北京：中国社会出版社，2015.

项目八
养老机构质量管理

教学目标

1. 认识养老服务标准化的顶层设计。
2. 实施养老机构标准化过程管理。
3. 监管养老机构服务质量。

工作任务

案例

上海市于2021年8月启动的养老机构服务质量日常监测工作已全部完成，并向社会公布结果。这轮监测覆盖全市所有475家正常执业的养老机构，平均得分81.9分，比2021年度的77.9分提高了4分。统计数字显示，全市养老机构服务质量稳步提升，总体处于“良好”水平。此次共有96家机构新获评“优秀”，加上2020年度监测评为优秀的122家机构，全市共有218家机构为“优秀”，占比36.5%。同时，上海市民政部门也为每家养老机构拟制了一份有针对性的报告，列出问题清单，指导养老机构进行整改。如果你是此次要求整改的养老机构负责人，你准备从哪些方面入手提升机构的服务质量?

任务一　认识养老服务标准化的顶层设计

活动内容

从2022年开始，国家强化养老服务综合监管，陆续开展《养老机构服务安全基本规范》强制性国家标准达标抽检，对照《养老机构等级划分与评定》实施养老机构等级评定，健全完善养老服务质量标准与评价体系。积极推进养老机构“双随机、一公开”监管，建立覆盖养老机构监管常态化的机制。集中整治养老服务领域诈骗问题，让老年人的切身利益得到有效保障，促进养老事业和养老产业协同发展。

请思考：《养老机构服务安全基本规范》（以下简称《基本规范》）与《养老机构等级划分与评定》作为国家标准，它们之间有什么联系与区别?

工作步骤

任务一工作步骤如图 8－1 所示。

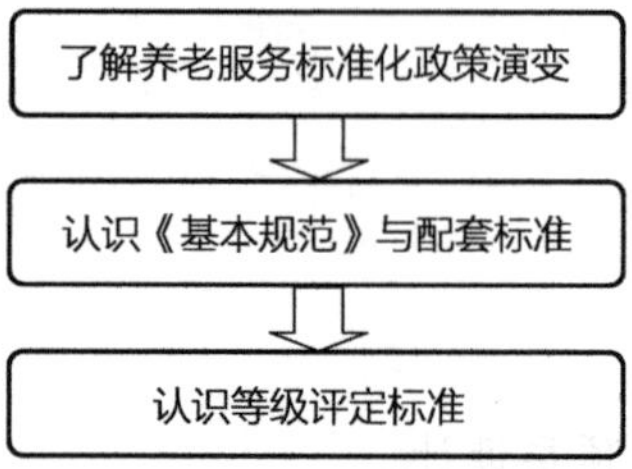

图 8－1　任务一工作步骤

第一步　了解养老服务标准化政策演变

活动内容

中国共产党第二十次全国代表大会报告从“增进民生福祉，提高人民生活品质”的角度阐述了养老事业和养老产业的发展方向，即“实施积极应对人口老龄化国家战略，发展养老事业和养老产业，优化孤寡老人服务，推动实现全体老年人享有基本养老服务”。通过发展养老事业和养老产业，构建多样化的“为老服务”体系和普惠型养老服务，可满足不同年龄、不同区域、不同品质市场需求的老年人的“为老服务”，进而让老年人共享改革发展成果，实现颐养天年。

思考与讨论

阅读文字材料，查询近十年来民政部等部门针对养老机构质量管理颁布的相关文件并填写在下方表格，并谈谈国家层面围绕“为老服务”体系的政策布局。

表 8－1　养老机构质量管理相关文件整理表

时间	文件名	发布单位	内容关键词	“为老服务”体系布局感悟

知识链接

一、初始阶段：推动养老服务机构数量增长

随着福利社会化政策的实施和发展，各类养老服务机构如雨后春笋般迅速发展起来，然而养老服务机构质量管理中的一些问题日益呈现出来，如缺乏统筹规划和体系建设；缺乏连续性；服务项目较少，服务内容较为单一；社会养老队伍人员管理不规范；养老服务机构管理机制不健全；布局不合理，区域之间、城乡之间发展不平衡；服务队伍流动率大，专业化程度不高；缺乏统一的行业管理规范；服务规范、行业自律和市场监管有待加强等。因此，针对初期养老服务机构数量增长和质量良莠不齐的现状，相关政策在鼓励发展养老服务事业的同时，如何对其服务质量进行管理也成为亟须关注的问题。

二、进展阶段：推进养老服务机构标准化建设

迈入新时代，我国养老事业迎来了前所未有的高速发展时期。党的十八大以来，我国深刻把握新发展阶段，全面完整贯彻新发展理念，积极构建融入新发展格局，以法治建设为引领，完善养老服务政策顶层设计，构建养老服务政策“四梁八柱”。

在此背景下，养老服务机构标准化建设受到党中央、国务院高度重视，一系列政策措施出台，将养老服务机构质量建设推上了新的发展阶段。

2011 年 12 月，国务院办公厅发布了《社会养老服务体系建设规划（2011—2015 年）》，规划中明确提到将养老服务标准作为社会养老服务体系的重要组成部分，提出“丰富服务内容，健全服务标准”“大力推动养老服务业标准化”。

2013 年 9 月，国务院《关于加快养老服务业发展的若干意见》发布，第一次从国务院层面部署推进养老服务业发展。其中明确指出“行业标准科学规范”的目标和“健全市场规范和行业标准，确保养老服务和产品质量”的任务。养老服务机构标准化建设工作正日益受到广泛关注和重视。

2013 年 12 月，民政部发布《养老服务业标准化建设规划（2013—2017 年）》，计划用 5 年时间基本建立覆盖全面、重点突出、结构合理的养老服务业标准体系，促进养老服务和管理水平可持续提升，为养老服务业科学发展和社会养老服务体系建设提供技术支撑。该规划明确提出，“形成养老服务业标准化建设工作机制；制定推进养老服务业标准化建设的目标、任务和实施步骤并有效推进；初步形成规范运转的养老服务业标准化建设的工作格局；标准研制、实施和监管整体水平实现跨越式提升；标准

化试点示范项目和专业人才队伍建设等工作有力开展”。

2014 年 1 月，民政部等多部门联合印发了《关于加强养老服务标准化工作的指导意见》。该文件明确了加强养老服务标准化工作的重要意义、总体要求、主要任务、保障措施四部分内容。其中的主要任务包括“加快健全养老服务标准体系；加强养老服务标准化研究；抓好养老服务标准的贯彻实施；推进养老服务领域管理标准化；健全规范养老服务市场秩序”。这一文件的出台，推动了全国各地养老服务机构标准化建设工作进程，而养老服务机构的标准化建设有效地推进了养老服务机构质量提升。

2016 年 12 月，习近平总书记在中央财经领导小组第 14 次会议上发表重要讲话，要求提高养老院服务质量，加快建立全国统一的服务质量标准和评价体系。

总体来看，伴随相关政策的出台，全国各地养老服务机构标准化建设工作进程加快，养老服务机构质量建设得到了一定的保证。然而，由于政策的非强制性和养老服务机构的特殊性，在国家层面，通过制定相关标准引领养老机构服务的规范发展成为解决养老机构质量的紧迫问题。

三、提升阶段：开展养老服务标准化专项行动

为贯彻落实习近平总书记重要指示精神和党中央、国务院关于高质量发展的重大决策部署，民政部和国家标准委等部门自 2017 年起联合启动为期 4 年的养老院服务质量建设专项行动，将制定养老服务基础性、支撑性、框架性标准纳入行动计划，大力提升养老服务标准化、规范化水平。把研究制定等级评定标准列入专项行动重要工作。2017 年以来，专项行动以 115 项养老机构服务质量指标为主要内容，开展了全国大检查、大整治工作，进一步摸清了全国养老机构服务质量的家底。在此背景下，2018 年 12 月 28 日，民政部组织编写并报请国家标准委发布了国家标准——《养老机构等级划分与评定》（GB/T 37276—2018，下称《等级评定》）。《等级评定》规定了养老机构的等级划分与标志、基本要求与条件、评定原则方法等内容，是养老机构等级划分的首个国家标准，标志着全国养老机构服务质量迈入标准化管理的新时代。

需要说明的是，《等级评定》是推荐性标准。为确保养老服务发展，民政部又于 2019 年 12 月发布了强制性国家标准——《养老机构服务安全基本规范》。一刚一柔的两项标准形成了新时期养老服务高质量发展的新机制。《养老机构服务安全基本规范》于 2022 年 1 月正式生效，这意味着全国所有入住养老机构的老年人将受到这个强制性国家标准的保护，而所有的养老机构将受到约束。该国标与配套的 11 项行业标准，使得养老机构在其管理和服务上能够有参考、有标杆，促进养老服务业规范发展。下一步民政部将继续认真贯彻落实《国家标准化发展纲要》及相关配套政策，进一步完善养老服务

标准体系；进一步做好养老机构服务安全强制性国家标准实施宣贯和监督检查；会同有关部门组织实施好养老服务标准化试点，形成一批效果好、可复制的经验和做法；多层次开展养老服务标准化培训，提升标准化从业人员业务水平，完善养老服务标准化体系。

第二步　认识《养老机构服务安全基本规范》与配套标准

标准是管理好养老服务行业的生命线，通过标准化起到规范养老行业、整合资源、稳定养老服务质量的作用。《养老机构服务安全基本规范》作为国家强制性标准，对“为老服务”质量和老年人的满意度提高有积极影响。

活动内容

根据国务院关于制定养老机构服务安全强制性国家标准的要求，民政部全面梳理了养老院服务质量建设专项行动遇到的问题和服务安全隐患的检查整治情况，总结分析了当前养老机构中老年人容易受到人身伤害、迫切需要统一规范的主要情形，组织大批一线管理服务人员、养老服务专家、标准化专家论证研究，广泛听取行业内外，特别是老年人及其家属的意见建议，编制了《养老机构服务安全基本规范》国家强制性标准，经国家市场监管总局、国家标准委批准发布。从2022年开始，各地民政部门要不断深化对养老服务标准化工作重要性、紧迫性的认识，建立健全标准化工作机制，畅通沟通渠道，凝聚共识，形成合力，着力推动养老服务领域标准化工作高质量发展，让老年人在养老服务中安心、放心、舒心。

思考与讨论

《养老机构服务安全基本规范》国家标准的出台对我国养老机构的服务发展会产生什么样的影响？

《养老机构服务安全基本规范》

知识链接

2019年12月，国家市场监督管理总局、国家标准化管理委员会发布了我国养老服务领域的第一个强制性国家标准——《养老机构服务安全基本规范》。该标准已于2022年1月1日起正式实施。

一、养老机构服务质量基本规范

2022年1月1日正式实施的《养老机构服务安全基本规范》（以下简称《基本规

范》）是养老服务业的第一个强制性国家标准，也是第一个服务业强制性国家标准。该标准列出了出入院服务、生活照料服务、膳食服务、清洁卫生服务、洗涤服务、医疗护理服务、文化娱乐服务、心理/精神支持服务、安宁服务共九大项管理要求，划出了养老机构服务的安全“红线”，养老机构必须遵照执行。

《基本规范》的出台有着重要的意义：一是保障养老机构中老年人的生活安全。通过出台强制性标准，作为养老服务质量重要判定依据，规定了养老机构服务安全的基本要求、安全风险评估、服务防护、保障老年人基本权益的有利依据与推动养老机构减少风险、良性运行的必要支撑。二是推动养老机构服务标准化。中共中央、国务院印发的《国家标准化发展纲要》把“开展养老服务标准化专项行动”明确为需要重点推动落实的 5 项专项行动之一。进一步完善养老服务标准体系是对完善养老服务标准体系的有效践行。三是促进养老服务行业高质量发展。标准化是推动养老服务行业构建评价体系的基础，是推动行业良性竞争、择优发展，最终实现高质量发展的重要依托。四是推进服务标准精细化和国际化。《基本规范》中关于老年人监控内容管理等内容，以及一系列生活照料内容的规范标准，实际上推动了我国养老服务从粗放型管理向精细化管理过渡。

二、《养老机构服务安全基本规范》的配套标准

为做好《养老机构服务安全基本规范》贯彻实施工作，民政部在总结提升全国养老院服务质量建设专项行动经验的基础上，围绕《养老机构服务安全基本规范》所提出的基本要求和防噎食、防食品药品误食、防压疮、防烫伤、防坠床、防跌倒、防他伤和自伤、防走失、防文娱活动意外等“九防”要求，研究制定了一系列配套行业标准，推动完善养老服务标准化体系。

这些标准主要包括：2019 年 12 月发布的《养老服务常用图形符号及标志》《养老机构预防压疮服务规范》《养老机构生活照料服务规范》，以及 2021 年 12 月发布的《养老机构老年人跌倒预防基本规范》《养老机构膳食服务基本规范》《养老机构洗涤服务规范》《养老机构服务礼仪规范》《养老机构岗位设置及人员配备规范》《养老机构接待服务基本规范》《养老机构老年人营养状况评价和监测服务规范》《养老机构康复辅助器具基本配置》8 项行业标准。具体来说：

《养老机构老年人跌倒预防基本规范》

《养老机构老年人跌倒预防基本规范》依据原卫生部发布的《老年人跌倒干预技术指南》，借鉴国内外老年人跌倒预防控制方法和经验，从养老机构预防老年人跌倒角度，要求养老机构评估环境风险和跌倒风险，采取环境设施预防、防跌倒教育、老年

人用药观察、功能锻炼等措施预防和减少老年人在养老机构中跌倒。标准中还提供了两个表格，一个是“老年人跌倒风险评估表”，一个是“老年人平衡能力测试表”，用于辅助养老机构开展相关评估。跌倒是老年人常见的健康威胁，这个标准将有助于养老机构加强老年人跌倒预防的管理，降低老年人跌倒率，提高老年人的生活质量。

《养老机构膳食服务基本规范》规定了养老机构膳食服务的基本要求、环境与设施设备要求、安全与应急要求、服务内容要求、评价与改进等内容。该基本规范对养老机构内的膳食服务主要有三方面要求：一是安全，无论是膳食环境、食材食料选购、膳食处理制作、膳食服务等方面都强调安全；二是适老，要符合老年人的生理特点、身体状况、疾病需求等；三是品质，要做到营养均衡、健康可口、符合个性化需求。俗话说：“民以食为天。”让老年人吃好是养老机构服务的基本功，也是其重要工作，这个标准将改善养老机构的膳食安全和营养水平，促进养老机构膳食服务质量持续改进。

《养老机构膳食服务基本规范》

《养老机构洗涤服务规范》对养老机构开展洗涤服务的基本养老、洗涤服务空间要求、服务流程等方面进行了规范，其他为养老机构提供纺织品洗涤和消毒的服务机构也可参照执行。该基本规范一方面对养老机构洗涤的一般织物进行了规范，另一方面对养老机构内被污染或疑似感染性织物的洗涤提出了特别要求。老年人的衣物洗涤工作非常频繁也非常重要，事关老年人身体健康和养老机构公共卫生、院内感染控制。该基本规范的出台有助于在养老机构管理中建立起安全、科学、合理的洗涤标准体系，进一步有效保障了入住老年人的身体健康。

《养老机构洗涤服务规范》

《养老机构老年人营养状况评价和监测服务规范》主要规定了养老机构中老年人营养状况评价与监测的相关指标、评价方法、评价结果判定、评价结果处理、评价与监测的服务要求等内容。该规范同时提供了“老年人营养状况评价与监测表”“饮食习惯及营养风险因素评价表”。营养支持和改善直接影响老年人失能失智的减缓和自理能力的维持。老年人群营养状况监测和评价也是推进落实国民营养计划的重要举措，对健康老龄化的意义重大。

《养老机构老年人营养状况评价和监测服务规范》

《养老机构岗位设置及人员配备规范》规定了养老机构岗位设置及人员配备的基本要求，其中对服务自理、部分自理、完全不能自理老年人的专职养老护理员比例提出了下限值，也就是不得低于相应比例。这一规范为养老机构构建服务人才梯队体系，开展人才培养，以及整合人力资源提供了参考依据。

《养老机构岗位设置及人员配备规范》

《养老机构接待服务基本规范》

《养老机构接待服务基本规范》规定了接待服务的基本要求、场所和设施设备要求、接待人员业务要求、接待服务方式内容、接待服务流程等。做好接待服务是保持养老机构与外界联系的基本工作，有利于提高养老机构服务质量，保障入住老年人人身安全，保障家属和社会的知情权，降低接待服务过程风险。

《养老机构服务礼仪规范》

《养老机构服务礼仪规范》规定了服务人员礼仪的基本要求、主要岗位人员服务礼仪等方面内容。尊老敬老是养老服务的基本道德要求，也是养老机构最显著的文化特征。规范养老服务中的服务礼仪，有助于全面贯彻尊老敬老理念要求，树立良好的服务意识，展现良好的服务形象，培养良好的养老服务文化，有效提高老年人及其家属的用户满意度。

《养老机构康复辅助器具基本配置》

《养老机构康复辅助器具基本配置》规定了养老机构内个人使用和公用的康复辅助器具的基本配置要求，并附录了相应的基本配置清单作为参考。老年人由于年龄或自理能力等因素，需要借助相应的康复辅助器具。该标准有助于养老机构在服务中指导老年人使用相应器具，并提高养老机构的无障碍和适老化水平，让失能老年人得到更好的照顾，改善生活品质。

这些配套标准是由地方民政部门或行业协会牵头，在总结梳理行业发展经验与广泛征求各方意见的基础上完成的，旨在为养老机构标准化、规范化、规模化发展提供支撑，促进服务信息向服务对象的有效传递与服务质量和效益的有效提升。

三、《养老机构服务安全基本规范》与配套标准的关系

《养老机构服务安全基本规范》国家标准侧重于服务安全的基本规范，内容属于底线的服务安全要求，是我国养老服务标准体系中的一个重要层级，是全国统一标准。该标准具有法律层面的意义，一经颁布，必须贯彻执行，对造成恶劣后果和重大损失的养老机构和个人要承担相应法律责任。

《养老机构老年人跌倒预防基本规范》等 11 项配套行业标准是对《养老机构服务安全基本规范》的再落实与再细化。成熟的配套标准有利于推进《养老机构服务质量基本规范》的贯彻实施。二者是一种互为依托、优势互补的关系。《养老机构老年人跌倒预防基本规范》等 11 项行业标准出台后，服务标准更明确，更能保障老年人的权益，全方位织密筑牢养老服务安全底线。

第三步　认识《养老机构等级划分与评定》标准

活动内容

为激励湖北省养老机构争当典型示范，树立行业标杆，不断提高标准化、专业化服务管理水平，2022 年 5 月，湖北省民政厅印发《关于开展 2022 年度三级至五级养老机构等级评定工作的通知》，启动国家标准三级至五级养老机构等级评定工作。此次也是湖北省第三次开展国家标准养老机构等级评定工作。

此次评定对象为在湖北省范围内依法办理登记并在民政部门备案，或原养老机构许可证在有效期限内，持续运营一年以上并符合《养老机构等级划分与评定》（GB/T 37276—2018）申请等级评定基本要求与条件，并建立基层党组织的养老机构。按照养老机构自愿申报、民政部门资格审核、第三方评估机构综合评估、评定委员会审核公示、省民政厅最终确认评定结果的评定程序进行。

思考与讨论

请利用互联网查找地方省市是如何推进国家标准《养老机构等级划分与评定》的相关工作的。

知识链接

为推进养老机构服务质量建设，2018 年 12 月 28 日，民政部组织编写并报请国家标准委发布了国家标准《养老机构等级划分与评定》（GB/T 37276—2018，以下简称《等级评定》）。《等级评定》规定了养老机构的等级划分与标志、基本要求与条件、评定原则方法等内容，是养老机构等级划分的首个国家标准，标志着全国养老机构服务质量迈入标准化管理的新时代。

《养老机构等级划分与评定》国家标准

一、《等级评定》的内容

《等级评定》共 118 条，除范围、规范性引用文件、术语和定义外，共对养老机构等级划分与评定提出了 102 条具体要求，主要包括：等级划分与标志。标准将养老机构的评定分为 5 个等级，等级标志由五角星图案构成，等级越高，表示综合能力越强。

《等级评定》规定了养老机构申请等级评定所应满足的基本要求以及对应等级的基本条件。这些基本要求和基本条件主要来自相关法律法规规定和开展养老服务应具备的基本安全要求，以及不同等级养老机构应具备的基础性要求，为养老机构等级评定申请设定了“起跑线”。

二、等级评定

《等级评定》对等级评定管理过程中的评定原则、评定方法、评定人员做出了要求，以保证评定工作的科学、有效。养老机构自愿提出参与评定的申请。等级评定总分为1 000分，包括环境、设施设备、运营管理、服务等5个方面评定内容。

规范性附录“养老机构等级评定内容与分值”作为评定方法的补充条款，阐释了养老机构等级评定的主要内容，包括环境、设施设备、运营管理、服务4个分项及其次分项。环境的评价内容从交通便捷度、周边服务设施、公共信息图形标志、无障碍设计、室内温度、室内光照质量、室内噪声水平共7个方面提出要求。设施设备的评价内容从居室、卫生间及洗浴空间、就餐空间、洗涤空间、接待空间、活动场所、储物间、医疗卫生用房、停车区域、电梯或升降移动装置及坡道、评估空间、康复空间、社工工作室/心理咨询空间共13个方面提出要求。运营管理的评价内容从行政办公管理、人力资源管理、服务管理、财务管理、安全管理、后勤管理、评价与改进共7个方面提出要求。服务的评价内容从出入院服务、生活照料服务、膳食服务、清洁卫生服务、洗涤服务、医疗护理服务、文化娱乐服务、心理/精神支持服务、安宁服务、委托服务、康复服务、教育服务、居家上门服务共13个方面提出要求。同时，该部分也对各次分项的打分区间做出了说明。

三、《等级评定》发布的意义

《等级评定》作为推荐性标准，虽然不具有强制性国家标准的效力，但是它对推动全国养老机构开展标准化、规范化建设，促进养老机构服务质量上水平有积极的意义。

第一，填补了养老机构等级划分与评定国家标准空白。鉴于全国养老服务评价标准不统一、服务质量建设缺乏指引等问题，通过客观、公正、透明的评价，有利于引导养老机构提供优质服务，减少养老服务的信息不对称现象，方便人们选择满意的养老机构，有利于更好地保护老年人的合法权益，增强老年人的幸福感和获得感。

第二，明确了全国养老机构发展的等级线、阶梯线。由于服务主体、所在地区、规模大小、兴办时间等方面的差异，不同养老机构的管理服务水平存在较大差别，服务质量参差不齐。《等级评定》结合我国养老机构发展实际，在保证机构基本服务质量的基础上，鼓励机构实现高质量、多元化发展。

第三，探索创新了“后许可时代”的养老机构监管手段。《等级评定》的制定综合考虑了我国养老机构发展不平衡的现状，以及养老机构的长远发展。同时，《等级评定》的出台是贯彻落实党中央、国务院高质量发展战略和提高养老院服务质量重要部署的具体举措，是推动落实养老服务“放管服”改革，完善养老服务综合监管制度的现实需要。《等级评定》的发布与实施，将成为今后全国养老机构等级管理的“定盘星”。

任务二 实施养老机构标准化过程管理

养老机构的标准化建设是在其内部进行的标准化工作，主要是通过设置并执行各种软硬件的标准、规范，运用标准化的相关理论，固定机构里面的硬件设备和软件管理以及工作环节和程序，做到无论哪一个环节、哪一项业务都是有标准、有依据的。这样，就有效保证了工作效率和质量，从而使养老机构越来越规范，不断地完善，实现可持续发展的最终目标。

工作任务

案例

长期以来，我国的养老机构服务安全问题突出，但相关行业准入标准和检查监督措施并无法律规范可依，违规建立、监督不严和处罚不力等现象普遍存在，这使得我国养老机构水平参差不齐，老年人安全事故频发。在养老机构工作了5年的小李现在专门负责养老机构的标准化管理工作，他需要怎么做才能促进养老机构该项任务的完善呢？

工作步骤

任务二工作步骤如图8－2所示。

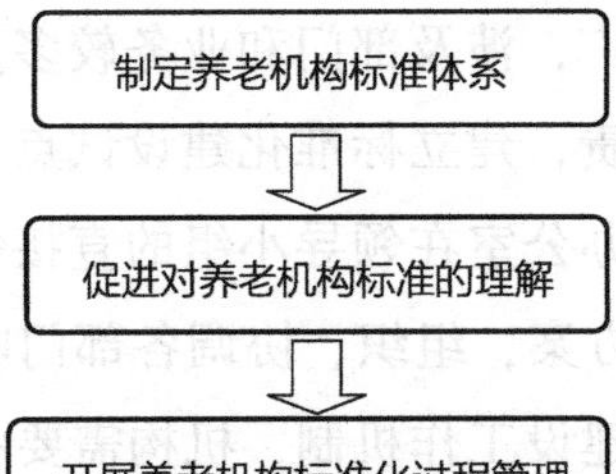

图8－2 任务二工作步骤

第一步 制定养老机构标准体系

我国各地的养老机构数量众多，安全风险问题层出不穷。不同地方的养老机构或同一地方的不同养老机构应因地制宜，在基础设施建设、日常生活照料和人员配备等方面细化管理内容，科学制定养老机构标准体系，全方位织密筑牢养老服务安全底线。

活动内容

2022 年 4 月，某养老机构 3 号楼的老人在意见箱投递批评意见，指出 3 号楼 3 楼公共区域的电视机坏了，数日无人维修。社工科工作人员在上午检查完所有意见箱后，将老人投稿意见转交给总务科机修人员，并了解到总务科机修人员已经接收到此类投诉；机修组在接到报修要求之后，已经检查过了，但是无法维修，在第一时间已经联系院外专业人士来院修理，但因工作安排，未能及时修理，也没有及时向老人解释。机械维修人员表示今后会及时向老人解释，并告知老人已和院外专业人士取得联系，隔天过来维修。隔天下午，社工科工作人员在向老人的电话访问中了解到电视已经维修好了。

思考与讨论

请根据该案例画出投诉意见处理流程图，并思考是否有必要制定养老机构投诉意见处理标准。

养老机构服务标准体系建设指南

知识链接

在机构的共同使命目标引领下，将机构养老服务对象作为关注焦点，分析机构中的现实状况，形成人员、设施设备、环境、物资、方法/规程等一系列服务标准，并予以充分宣贯培训，在机构内部充分达成共识。

一、成立标准化管理机构并确定工作机制

养老机构的标准化覆盖面广，涉及部门和业务较多。为此机构可通过梳理院行政管理组织架构，明确各部门职责，建立标准化建设试点领导小组，成立标准化管理机构如标准化办公室。院标准化办公室在领导小组的直接领导下，负责组织制定并落实标准化工作规划和计划、实施方案，组织、协调各部门收集标准信息和需求。为形成互相配合、协同推进的标准化建设工作机制，机构需要将标准化建设工作纳入机构发展规划重大任务中；聘请行业或高校标准化研究院专家作为机构标准化工作顾问，对机构内标准化工作进行培训和督导，确保标准质量，确保过程符合要求；搭建机构内标准化信息服务平台，为工作人员在标准查询、标准建设的过程中提供标准化信息资源。

二、在体制框架的基础上搭建标准化体系

标准体系是标准化建设工作的基础，为确保机构的服务高质量和管理高效能，制

定科学合理的标准体系对开展标准化建设工作十分重要。

在标准化体系搭建上，首先，机构应坚持以国家标准为准绳。养老机构在国家标准《养老机构等级划分与评定》《养老机构服务安全基本规范》与配套标准要求指导下，根据养老服务业特点和实际需要，结合内部的资源、惯用操作方法等制定标准，为服务执行人员操作做指引和规范。

其次，机构在体系搭建时要做好横纵向的衔接。在内部要注意标准体系搭建不是各部门标准的简单加减堆叠，要避免机构的“部门化”和现有标准的“碎片化”的矛盾，从而整合服务资源、衔接机构业务，实现政策协同。在外部要跳出系统、跳出机构，站在更高的角度检视体系的合理性和完整性。要借鉴其他地区的有益经验和成功做法，对照自己的标准体系调整检查。

再次，机构集思广益完善标准。机构按照业务模块开展标准制修订工作，将一线工作经验提炼总结，形成标准初稿，开展部门讨论和集中评审，构建符合自身实际的服务通用基础标准体系、服务保障标准体系、服务提供标准体系，不断完善标准的制订与修订。

三、动态调整标准化体系

养老机构标准体系是运用系统管理的原理和方法，通过识别养老机构发展中相互关联、相互作用的标准化要素，将这些要素进行整合衔接搭建的一个有机的整体。随着标准化程度的加深，各项规范肯定越来越细、越来越严格，可能也会随着改进衍生出一些新的工作程序，甚至调整新的组织架构。那么，与之对应的标准体系也是需要不断动态调整的。所以，应根据实际情况，针对急需解决的问题进行分析，通过调整，重新设计更加合理、科学的标准体系。要把握布局合理、领域完整、逻辑明确、功能完善，适度超前、具有可操作性这几个重点，不断检视体系的合理性和完整性。

第二步 促进对养老机构标准的理解

活动内容

某养老院开展了全院“安全服务标准竞赛”。竞赛基于理论与实际相结合的基本原则，主要考核理论知识和实际操作两个方面。各部门以上述两种形式分别展开考核。本次安全知识竞赛涉及院内所有科室、所有人员。护士组的考查涉及理论知识考察以及口鼻腔吸痰操作；社工科的安全生产竞赛是以模拟电话咨询的模式展开，考核社工科业务人员的业务知识、咨询能力和礼仪素养；医疗康复科则是对所有的医生进行理论知识的竞赛；总务科机修人员的参赛形式为保温车的电路排查；办公室人员则是进行了技能考核，包括内容讲解、态度礼仪以及突发事件的应变等方面，由办公室工作人员自行设定路线进行半小时的规定讲解。而养老护理人员以口试形式，考查基本护理知识以及实操的噎食急救和穿脱衣两个项目。护理员们按抽签顺序依次比赛。每组比赛结束后，各部门领导就考核过程中的不足方面予以点评，同时对操作过程中规范的步骤进行表扬。

任务模拟

阅读案例，分配角色，用情景表演方式模拟案例“安全服务标准竞赛”的过程，体会不同参赛组的考核项目，体验参赛队员的情绪，并谈谈这种竞赛是否有利于工作人员对相关服务标准的理解。

知识链接

促使每一位员工能够清楚地理解自己的工作标准和要求，自觉按照标准要求开展工作，在过程中自律、自控，主动改进，成为执行过程的标准执行员、质量控制员是养老机构标准化工作的重要目标。为促进员工理解标准，机构可以从以下几方面入手。

一、加强培训教育

机构可以采用“请进来”“走出去”和多级培训等方式强化工作人员标准化意识和理论水平，也可以培养一批知道什么是标准化、懂标准、会运用标准、会用标准指导工作的专业人才，让所有从事养老工作的人员在多方位、全方面的沉浸式学习中，清楚地认识到标准化建设的重要性和必要性，增强落实标准的自觉性，促使机构员工熟悉其岗位所要求的工作标准和流程，知晓当前任务完成后，下一步该做什么，这段时间该做什么、不该做什么。

培训内容做到分级分类培训与综合培训相结合，具体来说：一是针对管理部门，机构可以组织学习部分业务线口涉及的业务标准，熟悉相应的业务流程以及每个流程的质量要点；二是针对一线服务部门特别是医护工作者，可制定培训课程安排表，对他们进行全面的医护方面的标准培训，学习能够满足服务对象的各种类型需要的医护程序和要点；三是跨部门、跨专业学习，针对涉及多个部门沟通协作的工作，机构可组织相关人员进行专项培训。

二、推进检查与评比

机构可将标准体系编印成册下发到各个部门，通过部门标准化专员制订自查计划逐一自查、标准化管理机构以每月抽查和全院每周行政查房等形式，检查各部门标准落实情况，对标准落实较好的部门进行激励，同时实现实施记录可追溯、实施问题可改善的机制。还可以对照标准开展各项业务技能大赛与员工考评等，强化员工对标准的理解。服务质量相关竞赛活动要把养老机构标准化建设工作作为日常活动。管理者自身要高度重视服务质量的规范作用，同时要让员工深刻地认识到在日常工作中以规范的操作方式进行服务的必要性，树立规范操作的高压警戒线。在服务质量活动内容方面，检查项目可以以难度相当的项目作为考核点，这样可以在每一次服务质量活动中尽可能多地获取工作人员的普遍薄弱项，可以据此展开专项培养活动，促进工作人员的操作技能的提升。

第三步　开展养老机构标准化过程管理

活动内容

案例

某养老院开展标准化过程管理。对老人服务管理而言，老人选定房间确认入住后，财务处收取定金，市场部通知各个部口准备新老人入住事宜。老人入院当天，医疗部对老人的身体状况进行评估，依据评估结果，结合老人的需求确定老人的生活护理等级。在老人入院后首个星期内，医疗部和护理部分别对老人进行康复评估、微型营养评定、问诊、压疮易患者风险评估，进而确定老人的康复治疗需求、营养餐配置需求、医疗服务需求、压疮护理需求、入住适应需求。结合这些评估结果和老人的服务需求，形成老人在院每天的服务清单和医护人员每天的工作清单。老人在院期间可以对院方提供的服务进行评价，对质检部服务人员所提供的服务进行监控以提高老人的服务满意度。

思考与讨论

请画出该养老机构的老人服务管理流程图，并思考各环节中影响质量管理的关键点是什么。

知识链接

一、依托质量管理关键点开展标准化管理

养老机构整个业务链包括老年人服务管理和支撑老年人服务管理的日常运营管理两部分。其中《养老机构服务安全基本规范》中列出的出入院服务、生活照料服务、膳食服务、清洁卫生服务、洗涤服务、医疗护理服务、文化娱乐服务、心理/精神支持服务、安宁服务九大板块属于老人服务管理部分，而客户管理、居住管理、物资管理、费用管理等属于机构日常运营管理部分。

每项业务板块，养老机构应结合制定的标准体系，从输入源、输入方、活动方、输出方、接收方设置每项服务的质量管理关键点（见表8－2），从而便于对养老机构业务板块中的关键流程要素进行分解和分析，评估服务是否符合标准。如果服务不符合标准，应及时采取补救措施，以促使养老机构提供高质量的服务。

表8－2　服务质量管理关键点

服务质量监督类型	服务质量监督者	服务质量管理关键点
需清洗物件	养老护理员	老人换洗衣服、床单等物件清洗干净，挂烫整齐，无异物、异味
老年人食用产品	护士长	①养老护理员将老年人自备食品贴好标签（老年人姓名、床位号、食品保质期等）放置冰箱或储物柜；及时清理已过期的食品；②及时为老年人去骨、剪菜等，防止老年人用餐出现噎食、异物卡喉等现象
老年人生活照料	护士长	①在身体相对健康的老年人护理过程中要做到“三短六洁”；②对于卧床老年人，在“三短六洁”的基础上，要做到“四无”
老年人摔倒、走失	所有工作人员	各养老护理员要看护好老人，谨防老人摔倒、走失等意外
电梯、电视等电器设备检查维修	总务科科长	发现者报备，电工等人接到报备后及时维修和定期维护。对暂无更换备件大型设备予以记录，及时向老年人做出说明，记录维修成果
配药员根据医生指示准确配药	送药护士	送药护士检查核对配药人员的药物放置是否正确等

除此之外，养老机构还要科学量化服务过程细节标准，做到量化有依据，量化易实施，量化易考评，让细节标准贯彻到养老服务链上的不同环节，通过细节标准的精细化、精准化提高养老服务质量。如每次卫生间各设施用消毒剂喷洒次数，牙刷杯、毛巾清洗顺序等；明确规定老年人个人卫生洗脸水温测量、用量刻度、从面颊到耳根

到脖子等清洗顺序，口鼻腔清洁过程中双唇、牙缝、咬合面、上颌、鼻腔等部位的棉签使用根数以及棉签使用手法；对老年人单次饮水、点心、水果等进行时间和用量的记录；对于老年人用药，进行处方药开具医师签字、配药员签字、护士核药签字、护理员帮扶用药签字，依靠多重签字流程保障老年人用药安全。在老年人用餐方面，重新核定剪菜规模，细化到同种不同类型；大份小份饭菜的具体克数、米饭软硬程度、保温应达效果等每一项涉及老年人的服务流程都要进行具体量化（见表8－3）。

表8－3 量化服务完成记录表

日期	空气			物体表面					地面		坐便椅	两盆两巾	口杯	办公用品等	清洁用具	冰箱	文体活动用具	完成签名
	每天开窗通风两次		空气消毒机每天一次	门、窗把手	台面桌椅	扶手	水龙头	床架衣柜	居室	公共区域								
	上午	下午		250毫克/升有效氯擦拭，每天1次					250毫克/升有效氯擦拭，每天1次	500毫克/升有效氯擦拭，每天1次	500毫克/升有效氯擦拭，每天1次	250毫克/升有效氯擦拭，每天1次	250毫克/升有效氯擦拭，每天1次	75%酒精擦拭，每天1次	500毫克/升有效氯擦拭，每天1次	250毫克/升有效氯擦拭，每天1次	250毫克/升有效氯擦拭，每天1次	

二、立足“以人为本”实施标准化管理

养老机构在标准化管理过程中需始终秉承“以人为本”的理念，即以老年人为本，一切以老年人的需求为出发点。机构的硬件设施要根据老人的生活习惯、身体状况而设计，软件管理要更突出人性化。

第一，在服务人员管理方面，员工是为老人服务的主体，员工的工作水平直接影响老年人对服务质量的感知度。因此，应重视养老机构中服务人员的标准化管理。制定严格的实操技能考核评分表，对服务人员每天的工作标准化程度和完成度进行打分，同时加强服务人员的专业知识学习，可定期安排经验丰富的护理人员进行讲解授课，结合授课内容进行每月一次的成果考核，评分结果、考试成绩直接与工资挂钩，以此来带动服务人员主动学习的积极性，提升其专业能力、服务水平，确保服务人员有足够的能力胜任所在岗位，以便为老年人提供更好的服务。

第二，在医疗服务管理方面，养老机构应完善医疗服务应急预案与工作流程，落实健康检查、治疗、护理、康复一条线服务，设计科学的就诊、出诊管理流程。同时，机构应当按需评定老年人的身心状况、日常生活能力和社会功能，制定并实施相关服务标准；通过配套的医疗服务、专业的照护服务为半自理、完全不能自理的老年人开展专业化、个性化的医护服务，为需要康复的老年人开展全面的康复训练；还应分别按照医疗、护理与预防保健的管理标准对服务内容进行精细化管理，条件有限的机构可以通过与医疗机构合作，在医院开通养老医疗绿色通道，满足老年人个性化的医护需求。

第三，在护理服务管理方面，采用分级护理、责任制护理并存的管理形式。对于护理服务需求较高、经济条件较好的老年人，实行“一对一”专人护理，安排养老护理员全权负责该老年人的全部生活照料与护理；对于服务需求较低、经济条件一般的老年人，实行责任制护理，将老年人与护理人员分成若干小组，任务到人，责任包干。护理人员在工作时间内全权负责该组老年人的照料和护理。老年人对服务于自己的护理人员进行评分，对服务工作不满意的可以直接要求更换护理人员。养老护理工作是养老机构工作的重心。护理员工作的效果直接关系到入住老年人的生活质量和老年人对服务的满意度。因此，要做好护理人员的工作岗位、责任的划分，做到在其职、承其责，保证每个护理人员严格执行工作任务，提高整体护理服务质量。

任务三　监管养老机构服务质量

工作任务

案例

某养老院为提升服务质量，对外积极参与标准化试点建设，定期邀请由第三方开展的质量管理体系审核认证；对内依据评价结果，确定改进关键业务的优先次序，通过因果分析和趋势分析，找出主要影响因素，提出解决对策，组织落实整改措施。同时，接受入住老人家属的监督：既可以直接向办公室、社工部门工作人员反映，也可以通过拨打受理投诉电话进行线上监管，还可以在院内设立的投诉箱进行留言。但是机构负责人认为目前机构的服务监管碎片化，想通过有体系、有规划的监管措施提升机构服务质量。

工作步骤

任务三工作步骤如图 8－3 所示。

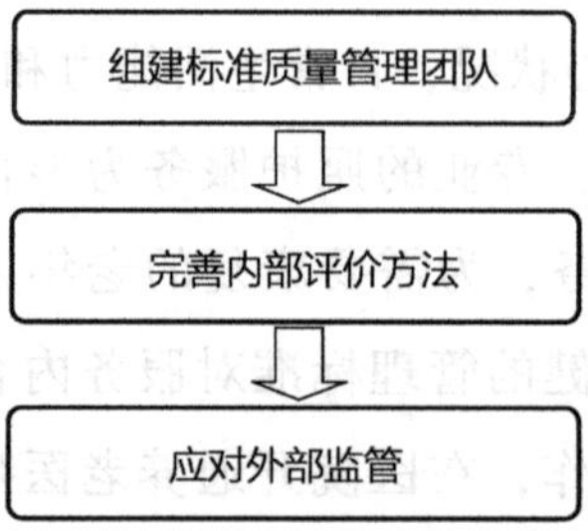

图 8－3　任务三工作步骤

第一步 组建标准质量管理团队

活动内容

请利用互联网或者养老机构走访、电话咨询等方式，调查 2 ~ 3 家养老机构的标准质量管理相关团队。

表 8 – 4 养老机构标准质量管理相关团队调查表

养老机构名称	是否有团队	团队成员构成	团队职能

知识链接

一、跨部门组建标准质量管理团队

要实现标准质量管理必须组建跨部门的标准质量管理团队。标准质量管理团队的成员涉及养老机构内为老服务各个部分。团队成员可包括老人代表、护士代表、主任医生、后厨人员、营养师、清洁领班、日常维护机修组组长、社工科负责人、办公室主任、配餐人员、日常衣物换洗人员等。

标准质量管理团队要本着“全心全意为老年人提供高质量的服务”的宗旨，对机构内所有为老服务设施涉及老年人生活的方方面面进行反馈。听取老年人代表的意见，对老年人代表的意见进行全院性质的调查，逐步满足老年人的需求。

二、明确标准质量管理团队职责

为提高老年人的满意度、促进员工之间的联系，不断提升养老机构服务质量，标准质量管理团队需要明确职责，具体包括以下内容。

一是通过组内会议的召开，不断完善养老机构内的各项服务制度和规范，制定各个阶段的预期质量目标、了解服务反馈落实情况，经常组织标准质量管理服务相关知识宣讲，以及各项操作规范变化的学习。

二是建立工作质量记录档案管理制度和责任纠察制度，将工作人员各自的工作完成情况和验收情况收录进档案袋，妥善保管。

三是联合部室开展系统督查，且安排相关工作人员暗察，对督察情况进行记录。

四是逐步量化考核标准，严格规范各项工作的验收比标准。

五是对上一阶段的工作进行总结、找出不足。安排优秀规范操作人员操作示范和亲临指导，对每一步操作规范进行细化分析，增强工作人员的理解。

三、规范监督检查内容

机构内部对标准实施与质量管理的监督检查是标准质量管理团队的重要职责。该项任务需由标准质量管理团队统筹开展，其目的是希望形成检查评价机制，提炼出机构内部的评价方法。具体监督检查应包括以下内容。

一是岗位检查。各类岗位人员按岗位职责执行相关标准情况的日常监督检查，由所属部门负责人负责，定期由标准化工作小组、相关职能部室进行检查。

二是拓展与优化服务项目检查。新拓展和优化改进的服务项目、技术或管理改造项目、引进的标准化项目实施情况的监督检查由标准化工作办公室协同相关职能部门进行。

三是照护服务项目检查。一线服务质量管理、操作规范等相关标准实施的监督检查定期由医务部、护理部负责组织，由标准化工作办公室等负责督查。

四是标准化文件检查。在服务、技术、安全、质量、经营和管理等方面的标准化相关文件、记录的编制、填写，由对口的职能部门专兼职标准化人员负责标准化审查。

第二步　完善内部评价方法

活动内容

某养老院非常重视整理工作，并制定了整理工作评价标准，其中就物品摆放要求工作人员将老年人当季的衣服摆放在床头柜中，将老年人第二天要穿的衣服事先准备好，以方便老年人次日穿衣。对于老年人的日常用品（脸盆、牙刷杯、水杯等），消毒之后需及时复位。要将部分卧床老年人的尿不湿摆放在床头附近，以方便取用，保障服务过程的有序性。

思考与讨论

养老院的评价标准对内部质量管理的作用有哪些？

知识链接

一、完善评价标准的研制

依据标准化体系，根据不同类型的服务对象和他们不同阶段的服务需求，分类制定服务评价指标。建立服务评价体系过程中还要注意以下问题：首先，明确评价是手段，不是最终目的。建立评价体系其实就是为了改进养老服务质量，通过评价反馈的方式找出养老服务的不足之处，才能不断完善，把养老服务做得更好。评价只是手段，是根据，而不是标准化建设的最后一环。其次，要注意评价体系有无实操意义。评价指标的研制应充分考虑服务对象的特点，还要结合具体工作开展实际。在此，要考虑服务对象类型和服务需求。评价指标的设定要抓住质量要点，针对不同类型服务设定不同指标权重，使评价结果量化可比。

二、引入智能信息化手段

在信息时代，智能化是获取数据和信息的重要方式，因此标准化管理必须借助这一手段。养老机构要充分利用互联网、物联网等信息技术，融合多种智能化系统，把智能信息化手段引入标准化的监控与评价当中。比如，养老机构设置出入院管理系统、点菜系统、财务管理系统、老年人综合信息管理系统、档案管理系统、绩效考核系统等既要考虑到机构本身的管理需求，又可以将这些与标准化建设结合起来，用活数据，以信息分析结果反馈推动标准化的不断完善。

三、科学使用评价标准

评价标准的使用重点关注两个方面：一是现行服务标准执行落实情况；二是执行结果与既定目标的吻合情况。执行结果与既定目标的吻合情况往往会通过指标数据体现出来，为此养老机构需要设置一些对服务情况的监测方法和监测指标，比如服务质量满意率、不良报告情况、重度不良报告比例、跌倒率、压疮发生率等。三是评估结果对管理决策的影响。养老机构中涉及服务流程的变更和服务质量指标的变化往往伴随着人、财、物的投入变化。此机构应对投入和预期收效做出评估并进行取舍决策，比如服务过程中要添置某些设施设备或进行某些环境的改造，在预期上可以提高老年服务人群的满意度或减少人力成本、稳定服务质量，就需要有相关数据的评估或预测论证，以帮助管理者做决策，使质量提升工作在预设的计划中稳步推进。老年服务人群满意度调查见表 8－5。

表 8-5 老年服务人群满意度调查

一级指标	二级指标	具体指标赋值
基本信息	性别 年龄	1 = 男，2 = 女 1 = 60 ~ 69 岁，2 = 70 ~ 79 岁，3 = 80 ~ 89 岁，4 = 90 ~ 99 岁，5 = 100 岁及以上
护理服务工作满意度（a）	a_1 = 您对护理员的服务态度、沟通能力是否满意	1 = 不满意，2 = 一般，3 = 满意，4 = 很满意
	a_2 = 您对护理员的技能操作是否满意	1 = 不满意，2 = 一般，3 = 满意，4 = 很满意
	a_3 = 您对护士的服务态度、沟通能力是否满意	1 = 不满意，2 = 一般，3 = 满意，4 = 很满意
	a_4 = 您对护士的护理技能操作是否满意	1 = 不满意，2 = 一般，3 = 满意，4 = 很满意
	a_5 = 当您呼叫时，您对护理员的及时到来是否满意	1 = 不满意，2 = 一般，3 = 满意，4 = 很满意
	a_6 = 您对洗衣房的工作是否满意	1 = 不满意，2 = 一般，3 = 满意，4 = 很满意
医疗康复科工作服务质量（b）	b_1 = 您对医生的服务态度、沟通能力是否满意	1 = 不满意，2 = 一般，3 = 满意，4 = 很满意
	b_2 = 您对药房工作人员的服务态度、工作能力是否满意	1 = 不满意，2 = 一般，3 = 满意，4 = 很满意
	b_3 = 您对医疗康复科医保卡的管理是否满意	1 = 不满意，2 = 一般，3 = 满意，4 = 很满意
	b_4 = 当您呼叫医生时，您对医生的及时到来是否满意	1 = 不满意，2 = 一般，3 = 满意，4 = 很满意
	b_5 = 您对医生的治疗是否满意	1 = 不满意，2 = 一般，3 = 满意，4 = 很满意
总务科工作服务质量满意度（c）	c_1 = 您对食堂供应的菜肴质量和花式品种是否满意	1 = 不满意，2 = 一般，3 = 满意，4 = 很满意
	c_2 = 您对设备设施维修的及时度和完好率是否满意	1 = 不满意，2 = 一般，3 = 满意，4 = 很满意
	c_3 = 您对门卫、机修、保洁服务是否满意	1 = 不满意，2 = 一般，3 = 满意，4 = 很满意
	c_4 = 您对我院的室外环境是否满意	1 = 不满意，2 = 一般，3 = 满意，4 = 很满意
社工科工作服务质量满意度（d）	d_1 = 您对社工科工作人员的服务态度、沟通能力是否满意	1 = 个满意，2 = 一股，3 = 满意，4 = 很满意
	d_2 = 您对收费程序和项目是否满意	1 = 不满意，2 = 一般，3 = 满意，4 = 很满意
	d_3 = 您对院里的文娱、学习等活动是否满意	1 = 不满意，2 = 一般，3 = 满意，4 = 很满意
办公室工作服务质量满意度（e）	e_1 = 您对办公室人员的服务态度、沟通能力是否满意	1 = 不满意，2 = 一般，3 = 满意，4 = 很满意
	e_2 = 您对院内的文化宣传工作是否满意	1 = 不满意，2 = 一般，3 = 满意，4 = 很满意
	总体满意度	1 = 不满意，2 = 一般，3 = 满意，4 = 很满意

第三步 应对外部监管

活动内容

2022 年某省民政厅会同相关部门印发养老机构“双随机、一公开”监管实施方案，构建综合监管体系。持续增加养老服务标准供给，成立省养老服务标准化委员会，推广实施《养老机构服务质量基本规范》《养老机构服务安全基本规范》等国家标准，发布《养老服务行业信用评价体系》《养老机构照护等级划分》等地方标准，促进标准体系加快构建和标准化工作机制日益完善。

思考与讨论

请评价该省民政厅对养老机构的监管会给相关养老院带来什么影响。

知识链接

为提高养老机构的综合能力，近年来，国家层面从监管制度、质量行动、行政检查等方面推进养老机构服务质量持续提升。养老机构为主动积极应对相关机构的外部监管，了解当前政府机构对养老机构服务监管的方式很有必要。

一、建立养老服务综合监管制度

相关政府部门制定“履职照单免责、失职照单问责”的责任清单，制定加强养老服务综合监管的相关政策文件，建立各司其职、各尽其责的跨部门协同监管机制，完善事中、事后监管制度。健全“双随机、一公开”工作机制，加大对违规行为的查处惩戒力度，坚持最严谨的标准、最严格的监管、最严厉的处罚、最严肃的问责。市场监管部门要将企业登记基本信息共享至省级共享平台或省级部门间数据接口；民政部门要及时下载养老机构相关信息，加强指导和事中、事后监管。

二、持续开展养老机构服务质量建设专项行动

政府部门继续加大力度推动质量隐患整治工作，对照问题清单逐一挂号销账，确保养老院全部整治过关。加快明确养老机构安全等标准和规范，制定确保养老机构基本服务质量安全的强制性国家标准，推行全国统一的养老服务等级评定与认证制度。健全养老机构食品安全监管机制。扩大养老服务综合责任保险覆盖范围，鼓励居家社区养老服务机构投保雇主责任险和养老责任险。

三、规范养老机构行政检查

为持续深化养老服务领域“放管服”改革，减轻养老服务市场主体负担，进一步改善养老服务运营环境，助力养老服务高质量发展，2022年11月，民政部专门印发《养老机构行政检查办法》，以加强和规范养老机构行政检查工作。

民政部关于印发《养老机构行政检查办法》的

该办法聚焦行政检查源头、过程、结果三个关键环节，重点细化了检查类型，明确了检查各环节要求，强化了对检查行为的监督管理等。根据该办法规定，行政检查包括日常检查、专项检查和个案检查三类。日常检查是常态化检查。专项检查是对普遍性突出性问题的检查。个案检查是根据问题线索有针对性地检查。该办法明确日常检查原则上应当通过双随机抽查的方式进行，专项检查可以根据实际采取双随机抽查或者全覆盖检查的方式。发现养老机构涉嫌违法违规问题线索后，民政部门应当立即实施个案检查。对于需要立案查处的问题，民政部门要按照行政处罚程序规定进行调查处理。

《养老机构行政检查文书样式》

养老机构在这种政策环境下实现了倒逼发展，有效促进了养老机构加强内部标准管理，及时优化整改，完善机构规章制度、服务标准、工作流程、监督机制等，促进了养老机构服务质量持续改善。

实操训练

老年服务人群对养老机构的满意度调查

目标：提升对养老机构的满意度及对养老机构内部标准质量管理决策影响的认识，掌握实施满意度调查所需要的相关沟通技能。

要求：对养老机构入住老年人开展线上或线下调查。

实训事务：

情景一：依托线上或线下手段对老年人开展养老机构满意度调查。

情景二：分析老年人对养老机构的满意度情况，调整管理策略。

实训说明：

调查过程说明

调研结果分析
管理策略调试

参 考 文 献

[1] 国家市场监督管理总局，中国国家标准化管理委员会. 养老机构服务安全基本规范（GB 38600—2019）[S]. 北京：中国标准出版社，2020.

[2] 国家市场监督管理总局，中国国家标准化管理委员会. 养老机构等级划分与评定 [S]. 北京：中国标准出版社，2019.

[3] 吴颖睿. 基于 TQM 视角下的养老机构服务质量研究：以上海市松江社会福利院为例 [J]. 上海：上海工程技术，2021.

[4] 董少龙. 夯实养老机构等级划分基准线 着力提升养老机构服务质量：解读国家标准《养老机构等级划分与评定》[J]. 社会福利，2019 (3).

项目九
养老机构环境构建

教学目标

1. 了解老年人的心理活动。
2. 了解不同类型老年人对环境营造的需求。
3. 了解养老环境构建原则。
4. 了解养老环境场地、设施及植物的具体构建方法。

工作任务

案例

养老公寓离城区近，交通便捷，四周自然环境优越。其为合作养老院模式，这种模式下，合作方可以共同出资建设养老机构，也可以通过租赁或销售的方式获得收入。养老公寓医护配比健全，医疗服务到位，可满足各种身体状态的老人的居住和护理需求。

机构认为老年人的生理机能、心理感知力都比青壮年差，对环境的认知和适应能力较差，因此需要外部环境对促进健康的行为活动提供更大的支持，具体包括：友好的场地辨识性、无障碍通行环境、便利的休憩设施、丰富的绿化环境、周边便捷的交通组织、舒适的人行步道等。该机构为独立建筑群，地理位置较好（紧临城市），闹中取静；外部空间面积较大，有层次，但原有道路较复杂，且存在一定的损坏；有原有大树，但植被种类配置单一。希望通过机构环境的构建塑造健康的绿植景观、符合老人心理的各类空间、便捷的步行系统、亲子交流空间、康复花园空间等。

任务一　认识老年人的心理活动特点

老年群体生活体验影响着社会的整体氛围。老年人是景观的重要使用者，因而对他们心理活动的分析就显得越来越重要。了解老年人的心理特点，需要从老年人的角度去思考，设身处地地去考虑他们的想法与需求。

工作步骤

任务一的工作步骤如图 9－1 所示。

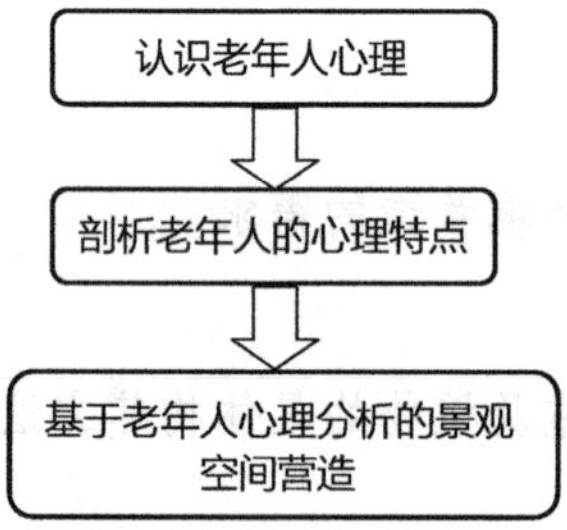

图 9－1　任务一工作步骤

第一步　认识老年人心理

活动步骤

阅读案例实验，分析案例中介绍的同一养老机构的两组老年群体的心理变化对你有什么启示。

案例

这是一个关于老年人主观控制力、责任履行满足感及自我实现感的实验。实验通过对比同一个养老机构的两组老年人，证实了在老年人心理中个人控制感的重要性。两组老年人均得到了同等的照顾，仅是告知的条件内容不同。

第一组老年人是这样被告知的：

1. 他们的房间安排完善，无须老年人关心房间布置的任何问题。

2. 他们会被赠予统一安排发放的礼品，每个人都会得到礼物，无须操心礼物的选择。

3. 养老中心会在每周四或周五播放电影，机构会提前通知他们准时观看。

4. 机构的护理人员全权负责本组老年人的日常维护工作，他们不需要操心房间卫生和房间整理。

5. 老年人们每个人将获得一盆自己的植物，由护理人员每天浇水、负责栽培养护植物。

第二组老年人是这样被告知的：

1. 老年人们可以决定自己房间的家具布置，自己负责房间的布局及家具、物品的摆放。

2. 他们可以自行挑选礼物，准备礼物，并选择赠予的对象及时间。

3. 养老中心每周有一天会播放电影，老年人们可以自由选择一天进行观看。

4. 老年人要参与负责居住区域的日常维护：包括居住房间的日常卫生及物品整理等。

5. 每个人都可以获得自己的一盆植物，但需要老年人每天自行照料，浇水施肥养护自己的植物。

思考与讨论

案例实验中的两组老年人，哪一组老年人的养老生活质量会更高，心情会更加愉悦呢？

____

____

第二步　剖析老年人心理特点

活动内容

分析案例实验中两组老年人的不同状态，体现了养老机构居住老年人的哪些心理特点。

知识链接

老年人的心理需求

三周后，以上实验的结果是，一组的多数人的自我评价或他人评价为比原来更加虚弱。二组93%的老年人表现出健康情况有所改善，且更有活力、更快乐。结果表明，通过适当的方式增强老年人对环境的责任感，增强其对生活的控制感和选择权，会提高其生活质量，其生活态度会更积极乐观。

老龄化问题产生的原因复杂多样，但总体上分为生理和心理两个方面。生理上的老化包括正常老化以及疾病所带来的损耗。而积极健康的心理状态能抑制、化解消极因素，提高老年群体的生活质量和生命质量。

影响老年人心理的因素主要包括个人品质、个人信仰、社会认可度、退休问题等，涵盖社会、文化、社区生活、住宅、家庭等对老年人心理产生的影响。

老年人的现状可以表现在以下3个方面。

一、个人

老年人身体机能明显退化，部分身体功能的丧失导致生活处处受限；对生活失去控制力；进入养老生活后个人需求无法得到满足；对快速发展的技术产品以及现代生活不适应，惧怕科技产品。

二、家庭

一些老年人丧偶，孤身养老；一些老年人子女不在身边或无子女养老，缺少陪伴；一些老年人家庭关系不和谐。

三、社会

老年人适应能力较差，因长时间不接触社会而无法融入社会；一些老年人朋友、同事的离世对他们的触动较大；一些老年人认为自己对社会无价值，于是就放弃了自我。

由此可见，老年人群体在心理方面可能存在以下心理障碍：自卑心理、无价值感、无望感、孤独感以及无助感。

第三步　基于老年人心理分析的景观空间营造

活动内容

根据老年人的心理状态，分析机构养老环境设计中老年人的心理需求，营造满足老年人心理需求的特色空间。

知识链接

在机构养老中，老年人在一个新环境中失去了对环境的控制，无形中会对老年人心理造成一定的压力。从这一点出发，优化机构养老环境构建，可以从选择权和责任感两个角度进行解读。

一、选择权

从老年人心理分析入手，选择权可以让老年人在特定的环境里提高个人认可度，加强自我肯定。这具体可以通过景观的创新设计来实现，要考虑景观场地的灵活性和环境的多功能性两个方面。

（1）景观场地的灵活性，如场地设施的可移动性、可组装性等，增加老年人对设施的选择范围。

（2）环境的多功能性，即空间设计没有固定功能，为老年人提供更多选择。场地的功能可以根据老年人的不同需求而变化。老年人在每周的不同日子、每天的不同时间段，在同一场地进行不同的活动。老龄群体可以在时间和空间双维度上合理安排和选择参与社交活动。

二、责任感

增加老龄群体与景观互动的密切互动，在使老年人产生强烈的责任感的同时，增加老年人的景观参与次数。体现责任感的具体方法如下。

（1）增设蔬菜种植区，把蔬菜瓜果等可食用绿植添加到景观设置中，为老年人提供更多参与性活动，增强责任感。

（2）设置绿植展示区，增加老年人与景观的互动次数，将自养植物摆到同一公共区域，以供大家参观交流，以此增强老年人的责任感和参与度。

（3）开设亲子活动区，老年人可以带儿童共同参与植物的种植与展示，在体现责任感的同时，既增进祖孙关系，也以可调节老年人心理状态。

知识拓展

在养老机构环境设计中，还有哪些空间设计是符合老年人心理特点的，这些环境设计有些什么特点？

一、共享空间

多数老年人退休后的生活内容都比较单调，普遍希望与人交流，参与集体活动。老年人的相互交流和集体活动不但可以帮助他们享受慢节奏的养老生活，还可以减少孤独感和可能产生的低落情绪。在养老机构中，老年人有较多的机会与同龄人交流。共享空间为老年人的相互交流提供了便利。

二、可自行布置的空间

在养老机构外部环境中创造可供老年人自行布置的自由空间，通过可移动设施的设计增强老年人内心对环境的可控感。

三、古典风格园林空间

有心理学研究表明，人类对孤独和寂寞的恐惧是一种正常、合理的生理现象，对群体的诉求和向往是归属感的体现。人们渴望融入一个或多个群体中，进而在这个过程中感受到心灵上的慰藉与温暖，增强心理安全感，并减弱心理上的孤独、寂寞感带来的不良情绪影响。

增强老年人对养老机构景观的归属感，可以从具有地域特色的风土人情方面进行借鉴，加入展现古典园林风格的元素和传统文化符号等，在保留便利的同时使空间更具特色，以便于老年人记忆辨别。复古使老年人的内心更具归属感和安全感。

四、怀旧型空间

可增加老年人年轻时或孩童时的环境复原区，通过环境设计材料的变化、怀旧景观小品的设置，开设怀旧空间，增强老年人与景观的互动性，提高景观空间的利用率。

五、伴侣空间

为老年人提供伴侣空间，即在服务设施中加入更多双人座椅或营造半私密空间，以提高老年人的情感生活完整度。

思考与讨论

在养老机构建设中，还可以有哪些符合老年人心理选择感与责任感实现的景观空间？

任务二　确定不同类型老年人对环境构建的需求

我们国家养老环境的营造跟我国特有的历史文化背景有很大的关系。养老环境营造具有其独特的特点。机构养老在我国属于一个比较新的概念，如今也逐渐被越来越多的老年人所接纳。特别是自我认可度高、经济条件较好的老年人更容易接受这种新的养老方式。机构养老也正在被越来越多的家庭所接受。

机构养老涉及健康老年人、自理期老年人、介助期老年人和介护期老年人所在的特定环境构建。老年人们的身体健康情况都不一样。下面基于老年人的身体状况及是否需要陪护的情况，对四种不同类型的老年人需求进行调查分析，找准养老机构环境构建的方向。

工作步骤

任务二工作步骤如图 9－2 所示。

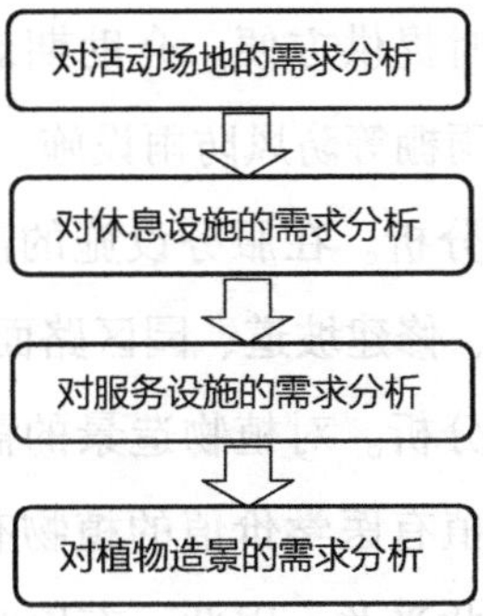

图 9－2　任务二工作步骤

活动内容

根据城市公园老年人分布情况，结合城市公园地理位置、城市基础设施分布情况、游憩设施、服务设施、植物造景等进行调研。

调研分析

根据与老年人面对面访谈的情况，结合老年人填表的情况和对老年人在园区内活动时的身体状况的观察，分析老年人对环境营造的需求。

来园的老年人一半属于健康期老年人，他们健康状况良好，生活完全自理，在园区内主要参与器材和场地健身类活动，多以娱乐健身为目的活动。21% 的来园老年人为自理期老年人，他们的适应能力较弱，动作缓慢，在园区内可以自由活动，对各种类型的活动均能参与，但由于身体条件限制，对健身器材和活动安全性有较高要求。介助及介护期老年人，均是生活上无法自理、需要依靠外界力量对其进行辅助的老年人，其在日常的生活中需要借助拐杖及辅助器材的帮助。介护期老年人通常需要有专门的看护，否则生活中会出现各种困难。这些老年人在园内多以静态方式进行活动。由于身体状况的不同，四类老年人对园区内场地及设施的需求存在差异。

通过调查，分析不同类型老年人对环境建构的需求。

第一步：对活动场地的需求调查。健康期、自理期及介护期老年人在活动场地方面，都比较重视配套设施的增加，希望有更多的场地配套设施。可见，在场地面积、场地地面防滑、场地数量上，我国现阶段的景观设计是能够满足老人们的需求的。与此同时，介助期老年人希望增加更多的灯光设施，在灯光设计上增加了需求。

第二步：对休息设施的需求分析。健康期及自理期老年人更多地希望能够增加座椅数量，以期为他们散步、行走时提供方便。介助期老年人更多地看重座椅朝向。介护期老年人希望在座椅周围添加雨棚等防风防雨设施。

第三步：对服务设施的需求分析。在服务设施的需求上，四种类型的老年人要求有所不同，分别对台地增加扶手、修建坡道、园区路面防滑等有所要求。

第四步：对植物造景的需求分析。对植物造景的需求包括丰富植物种类等视觉方面的要求，但大部分老年人对种植有医学价值的植物有特别的关注。这也许是基于我国中医传统，老年人们很多都因此受益。因此，有医学价值的植物景观营造应该值得关注。

任务三　了解养老环境构建原则

活动内容

请分析：在公园调查中，体现了养老机构环境构建中需要注意的哪些特征与原则？

知识链接

养老机构环境构建原则

基于以上关于各类型老年人对适老化景观需求的分析，我们认为在设计和改造之初需要考虑以下原则。

一是空间多样化原则：将老年人从自身的单一群体中剥离出来，和其他年龄层人群进行交流融合，形成更多共同活动空间，打破不同年龄层人群活动的间隔，形成共享空间，以促进交流，满足老年人社交需求，使景观空间与资源利用最大化。

二是适老设计细节化原则（无障碍设计）：满足健康期老年人园内活动的安全性；为自理期老年人选择安全系数较高的健身器材；关注介助期老年人座椅舒适度及无障碍设计；营造介护期老年人需要的社会空间和自我空间；构建合理的景观视线范围、迎合老年人需求的景观尺度设计，设置合理的适老化设施类型及数量和适老化植物造景。

三是参与性原则：通过参与性景观设计与改造，迎合老年人们的责任感，体现老年人的选择权，让老年人有乐观自信的满足感。结合活动空间的尺度进行合理分区，应用静态空间与动态空间相组合的方式兼顾健康期、自理期老年人以及介助期、介护期老年人的活动空间需求。

四是安全性原则：以安全性为指导，为不同身体状况的老年人提供适宜的活动环境，减少老年人对陌生环境的恐慌感，通过强化空间的辨识度增强老年人的归属感。景观设计及改造要充分考虑安全性。

知识拓展

设计规范

由中华人民共和国住房和城乡建设部发行的《建筑与市政工程无障碍通用规范》，总结了我国不同地区近年来无障碍建设的实践经验，研究分析了无障碍建设的现状和发展，参考了有关国际标准和国外先进技术，在广泛征求全国有关单位意见的基础上，反复讨论、修改和完善，对无障碍设计的术语、设计要求、广场、道路、绿地、居住建筑及历史文物保护建筑保护等无障碍建设和改造进行了详述。为建设无障碍环境，提高社会生活质量，确保有需求的人安全、方便地使用各种设施，相关部门制定了详尽的规范。

《老年人照料设施建筑设计标准》提出为适应我国老年人照料设施建设发展的需要，提高老年人照料设施建筑设计质量，符合安全、健康、卫生、使用、经济、环保等基础要求，制定标准，用于新建、改建和扩建的设计总床位数和老年人总数不少于20床的老年人照料设施建筑设计。老年人照料设施建筑设计应符合老年人生理、心理特点，保护老年人隐私和尊严，保证老年人基本生活质量，适应运营模式，保证照料服务有效开展。该标准对术语、基本规定、基地与总平面、建筑设计、专门要求、建筑设备等方面进行了阐述与规定。

任务四　确立养老机构环境构建的具体实施方法

通过充分的调查与研究和现阶段的景观设计特点分析后，下面谈一谈适老化景观营造的具体实施。

工作步骤

任务四工作步骤如图9－3所示。

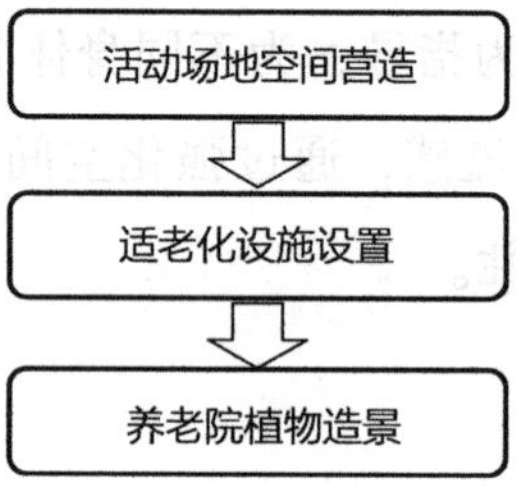

图9－3　任务四工作步骤

第一步　活动场地空间营造

设计内容

怎样的场地空间更适合养老机构老年人进行各类活动？设计中需考虑到老年人的心理特征和不同类型老年人的需求。

知识链接

养老机构活动场地的设计需要考虑不同类型老年人的心理及生理需求、安全需求及尊重需求等。空间设计要满足老年人正常交流、活动、休闲娱乐活动、散步活动、适当锻炼等需求。

可从空间活动的不同状态、交往空间的安排、空间辨识度的引入、微气候空间创造等方面入手。

一、动态与静态空间的划分及结合方式

（一）动态空间

动态空间主要满足运动需求，包括太极拳、体育锻炼、健身操、舞蹈等。这类空

间可用硬景（景观墙、种植池、水景、坐凳、构架、小品等）或植被进行划分，并注重地面防滑材料的应用。与此同时，应考虑空间防风挡雨、遮阴等情况。动态活动空间可以是开敞式面积较大的集体活动空间，可以是开敞或半开敞式中型体量空间，也可以是有植物或顶部设计（廊架、构架、拉模结构等）的覆盖式空间。

（二）静态空间

静态空间多数为独立小空间，可作为独处、聊天、晒太阳、赏景、静养等功能的私密或半私密空间。它既应该满足私密空间的独立性，用硬景、植物等垂直景观要素或覆盖要素和周围环境相区别，又应该满足与周围其他空间相连通的要求，在保证可达性、安全性的同时，实现与外界的可选择性的交流。

在设计中，动态空间与静态空间的设计应该符合各自特点，在满足各自空间设计需求的同时，用不同的设计手法——硬景、建筑、小品、植物等的组合体现空间的独立、围合、贯通、导向、可选择性及强指引性。

二、交往气泡空间

在20世纪60年代，心理学家R. 萨默（R. Sommer）提出了个人空间理论。萨默认为，在自然人的周围存在着一个“神秘的心理气泡”，即一种心理安全空间。人被这种气泡空间包围着，同时，空间也会随着人的移动而移动，而人在这个空间内时，会从心理上觉得心安和舒适。一旦这个气泡空间被外力影响，空间内的人就会在一定程度上觉得慌乱焦躁，这个“气泡空间”就是个人空间，即心理上所需的最小空间范畴。设计中可以通过空间布局引导老年人的亲密关系和社交行为，以合适的尺度最大限度地保障老年人的交往气泡空间不被破坏，同时增加老年人之间互相交流的想法。

下面我们将根据老年人对交往气泡空间的需求进行合理的分配设计。老年人的交往空间类型很多，这些空间可为共享型空间，包括健身器材、球类运动场地、跳舞场地、景观观赏场地、棋牌活动区等多种类型共享空间。我们大致把它们分为几种类型，包括器材健身共享空间、运动场地共享空间、休闲文娱共享空间。

每一种空间类型的功能设计都不是单一的，而是形成像气泡一样的各种类型的场地，各种气泡之间有所区别又相互联系。

（一）器材健身共享空间

器材健身场地设计中应考虑到心理气泡空间理论，不仅包括老年健身器材场地老年人活动的气泡空间不受影响，还应考虑到介护期和介助期老人对活动与交流的可参与性。比如，介护期或介助期老年人虽腿脚不便，但可以保持与健身场地老年人的视觉联系，在某些场地可以选择与正在健身的老年人进行交流、聊天。

在养老机构环境适老化设计中甚至可以包括儿童活动器材空间。儿童建设器材的引入对老年人活动会产生积极的心理影响，便于机构老年人与来看望的小孩之间的沟通，增强趣味性。(图9-4)

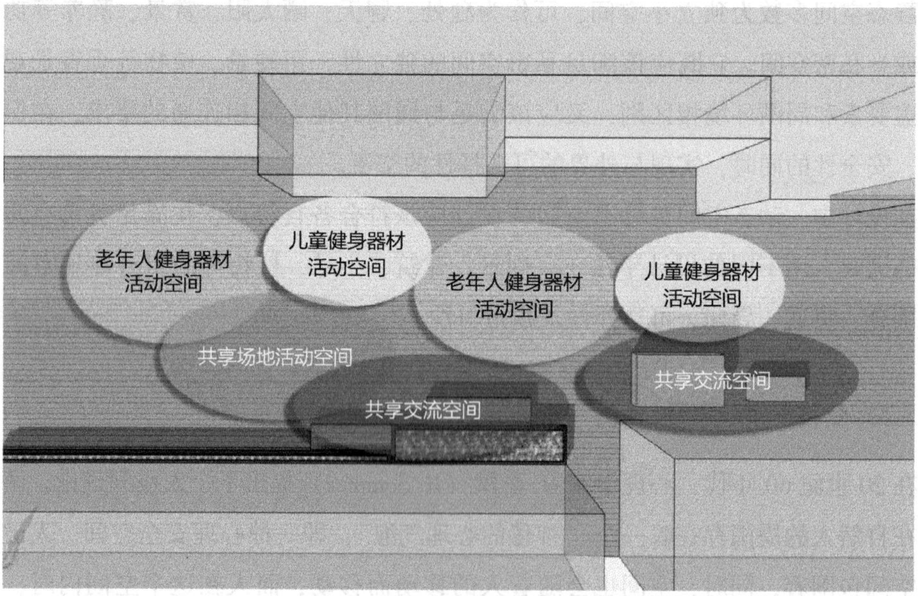

图9-4　健身器材气泡空间平面示意

(二) 运动场地共享空间

这类空间是在调查中机构老年人使用频率最高的空间类型。这里说到的运动场地多为集体活动场地，包括球类活动空间、太极拳、健身操、打陀螺、踢毽子、练剑等活动空间。空间体量较大、较开敞，可为开敞空间或半开敞空间。考虑到老年人活动的安全性，部分场地也可以有局部覆盖性空间的设计，即设计树阵广场或设置廊架，栽种植物进行顶层覆盖，满足老年人活动中遮阴、避雨、挡风的需求。

大面积的开敞空间能够满足喜欢球类活动的健康期老人和自理期老人的健身锻炼需求，介助期和介护期老年人即使无法参加活动，也可以在周围的局部设计空间内观看活动，或为正在比赛的老年人加油鼓劲儿，满足交流的需求，构成多元化的互动空间。(图9-5)

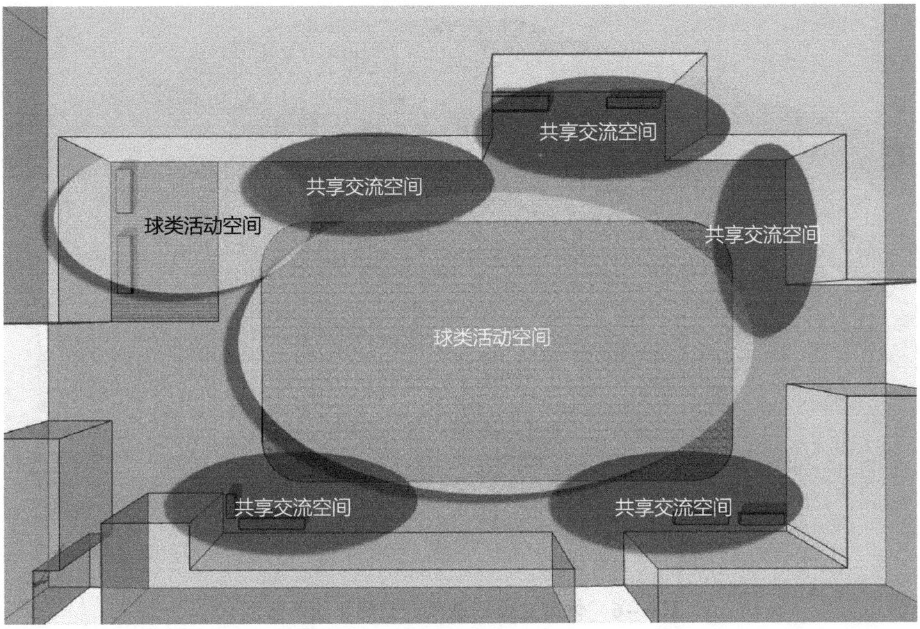

图9－5　运动场地空间平面示意

（三）休闲文娱共享空间

休闲文娱共享空间包括的活动种类众多，虽使用频率不如前两项，但如果加强其合理性布局，可增强老年人对参加活动的兴趣，增强老年人的心理满足感。各类型区域需要根据活动的具体内容进行合理设计，做好人流指引，方便到达，做到设施齐备、互不干扰。具体空间类型、设计特点及使用频率在某城市公园的调查中显示如下。

表9－1　空间类型

空间类型	设计特点	使用频率
聊天休息空间	选取道路流线丰富的区域为聊天休息区，满足老人交流的需求	38%
棋牌娱乐空间	独立的区域，不受打扰，周边可配置部分香薰植物以缓解紧张情绪	52%
唱歌、乐器表演空间	区域设计为半开敞型空间，既要保证空间的独立性，又要有与周围空间的联系感。在避免噪声污染的同时，吸引周边人群注意，满足表演者的成就感	10%

设计中，可参考养老机构老年人对各类空间的使用情况，有所侧重地进行选择设置。

休闲文娱共享空间在空间形态上也应是动静结合的，既有动态活动，又有静态活动空间，如园艺操作空间、植物栽培空间、园艺展示空间、亲情互动空间等。

在园区内场地中央还应设置安全警报装置，方便从场地各处迅速到达警报装置处。

休闲文娱场地气泡空间平面示意图见图9－6。

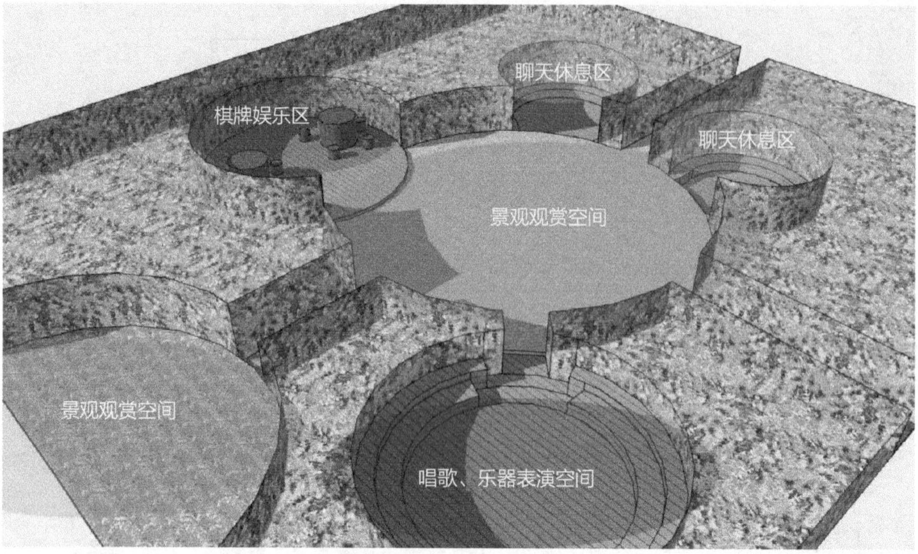

图9-6　休闲文娱场地气泡空间平面示意图

三、空间辨识度设计

空间辨识度设计需考虑结构与材料、色彩等因素对老年人产生的影响，通过空间明暗、色彩、结构的特色化设计增强空间辨识性。

空间辨识度设计的受众人群，主要为记忆障碍型老年人以及年龄较大的老年人。随着生理机能的衰退，老年人记忆力的减退在所难免，伴随其产生的还会有安全感的缺失和孤独感的增强。

（一）可辨识标识的引入

设计中最直接的呈现方式可通过引导标识、指路系统实现。如用橘黄色标识提醒，给人以视觉刺激，实现导向指引的作用。与此同时，引导标识可与建筑、景观相结合进行设计，对建筑、景观起装饰或修饰的作用，让引导标识不那么突兀，在视觉效果上与周围环境设计融为一体，以此来减少老年人的自卑心理，获得更多的尊重感体验。

图9-7　伦敦 Here East 革新引导标识和指路系统设计

（二）以时代背景为主题的空间辨识度设计

随着生理机能的衰退、时代的变迁，很多老年人都会产生对逝去时光的怀念，并通过回忆的过程获得心理满足感、归属感。在空间设计中，可以年老者年轻时期的时代背景为主题，将那个时代的元素融入空间设计中，提高老年人对空间的敏感度，以此来增强他们对空间的辨识感。如回忆年轻时的独有光景，融入传统文化符号、素材，包括传统习俗表示或回忆中的标识、传统空间组成形式、文化元素图案等。如新中国成立前后、新中国成立初期的建筑风格、景观；地方特色景观元素等。

创建古典园林元素与现代工艺相融合的空间元素，保留现代简介设计的便利感，增加古典园林的意境塑造。

以时代为背景、极具辨识度的特色空间见图 9 – 8。

图 9 – 8　以时代为背景、极具辨识度的特色空间

四、小环境营造

舒适的小环境可增强老年人活动和交往的欲望，带来安全感和交往需求。宜人的小环境具体是指小环境的温度、颜色、明度和声音强弱的不同程度对老年人心理的影响，包括风环境、光环境、声环境及对温度的要求。设计时应考虑材料对光的影响，尽可能使用自然材料，比如木材、石材、自然式水景等，避免使用金属等反光材料。

（一）风环境的营造

春风叫和风，性情温和，带着清新的味道。北方春风偏暖，但风速较大，给人以温暖干燥的印象。

夏风叫熏风，热情奔放，夹杂着阵阵炎热的暑气。夏季风保持通风，让风能够吹进来，让老人感觉凉爽。进行景观设计时，可选择低矮的植物进行空间围合。

秋风叫金风，凉爽细腻，给人以一种孤独和哀伤的感觉。秋季早晚温差较大，可确保特定时间段的风环境营造。

冬风叫朔风，冷酷寒冷，让人感觉皮肤干燥。可以在西北侧设置高大乔木，并且保证一定的密度，这样可以使冬季的西北风得到有效的阻挡。

（二）光环境的塑造

光环境主要是指通过适当自然光线的摄取，有效促进个体心理及生理健康，这包括通过光纤的照射产生宜人的环境温度；摄取紫外线对空气进行净化与杀菌；吸取阳光促进钙的吸收等。

恰当的光环境塑造可以通过阳光的照耀，让人产生美好的感受，也可以结合景观设计进行康复性景观的塑造。设计中应尽量使用自然材料，还原材质本身的特质，避免使用金属和反光材料对老年人产生刺激，引发安全问题。

（三）声环境的调节

不同类型的老人对环境的安静或喧闹程度的需求各异，在设计中应将安静区域和喧闹区域分割开来，两类空间相互冲突，理应互不干扰。其中，为减少环境的噪声，可通过以下方式：拉高场地高差以阻挡噪声；设置景墙、水体以阻隔噪声；铺设吸声材料以吸收部分噪声；栽种吸声效果较好的植物以减弱噪声，主要是利用树木冠幅较大、枝叶密集、叶片肥厚、叶面粗糙、树皮粗糙的乔木或乔灌草的搭配来进行。

能力训练

在如图9－9所示的方案中，要想通过景观和建筑的合理布局实现有效的适老化环境营造，打造场地气候微循环，可以从以下几方面入手。

（1）利用建筑和高大树木，阻挡冬季寒风。

（2）栽植灌木丛，使阳光可以照入场地，保障场地日照。

（3）在设置树池、阻挡冬季寒风的同时，不阻挡使用人群的视线。

（4）灌木丛和高大树木设计，在冬季起了背风的作用，在夏季为人们遮阴。

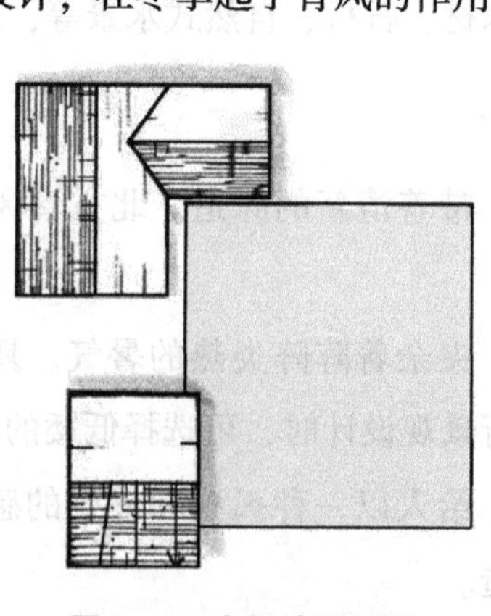

图9－9 小场地平面图

第二步　适老化设施设置

从马斯洛需求层次理论的分级我们可以清楚地认识到，当前的养老机构适老化设计，首先考虑的是人类的生理需求，即设计中要把老年人的实际生理需求放在重要位置，设计方案要符合老年人的生理尺度和行为习惯。同时，设计还应该结合人性化心理，将景观适老化做得更加巧妙和隐晦，从而给予老年人更多的尊重和价值体现。

设计内容

适老化设施建设可从以下几方面入手，设计符合老年人生理和心理需求的设施景观：休憩设施适老化、便捷设施适老化、无障碍设施适老化。

知识链接

一、休憩设施适老化

休憩设施适老化设计要点见表9－2。

表9－2　休憩设施适老化设计要点

设施类型	适老化设计要点	
桌椅	座椅平面形态	健身场地边，布置S形或凹形座椅，可以容纳更多老人，与此同时，满足老年人在活动场地周边观看活动或聊天的需求
		单独的大型乔木周围，设置围绕式座椅
		休闲文娱场地，可增加L形座椅
		小型休闲场地，可布置L形座椅和环形座椅，和周边植物一起形成相对封闭、安静的空间，促进交流。
	座椅尺度	从老年人人体工程学出发，适用于老年人的休憩设施座椅的座高应该控制在350～450毫米，椅背高度在350～600毫米，凳宽度在400毫米左右。为保证老年人使用的便利性和安全性，应加护栏和扶手
	座椅模式	座椅模式为遮光、挡雨、遮风座椅和普通座椅，最大程度上满足老年人的静态需求
	座椅数量	座椅之间的间距要小于正常的景观设计标准，需根据老年人的身体条件，增加座椅的数量。经调查发现，年长的独立型老年人每行进200米需4～5分钟，步行10分钟左右接近疲劳极限，因而需根据不同类型老年人的行走速度考虑座椅的服务半径

（续）

设施类型	适老化设计要点	
桌椅	桌子	四人用桌子：高度应在650~700毫米，桌面宽度一般在700~800毫米左右，且应尽可能考虑到老年人的身体问题，尽量避免使用过于坚硬的石材，并做好倒圆角设计。
水体景观设施	根据人体工程学，当水体边缘高度设计为700~900毫米时，可以同时满足直立行走老年人和坐在轮椅上的老年人对水体的观赏需求，同时在水体形式设计上，可以设计成由高差变化的跌水，在设计细节上尽可能地追求隐晦化，如水体边缘栏杆设计用低矮的塑石或景观石代替，同时需要注意到防滑设计	
健身器械	器材的尺寸和颜色要符合老年人的身体机能，为其营造舒适的锻炼环境	

二、便捷设施适老化

便捷设施适老化设计要点见图9－3。

表9－3　便捷化设施适老化设计要点

设施类型	适老化设计要点
扶手设计	所有室外场地、景观通道、坡道、栈道和长廊设计不同高度的扶手，配合老年人及坐轮椅老年人的需求。设计中不只是扶手高度的区分，应通过老年人心理分析，通过扶手倾斜度或特殊形状的设计等方式来满足不同人群需求
棚架、挡风墙	通过前面对老年人的问卷调查，可以看出不同类型老年人对遮风、避雨及可乘凉的棚架有要求，特别是介护期老年人均要求配置雨棚、挡风墙等
置物架	活动场地周边及休息设施旁需要设置置物架，以放置物品和衣物
标识指示	设置全园景观导览图，重要地点的标识、指示应在道路节点及场地附近、运动场地、卫生间、服务中心等地设置，以便随时给予老年人提示，让老年人不会因为迷路而出现慌乱，引发紧张情绪
宣传栏	设置宣传栏以粘贴机构活动通知并进行成果展示，丰富老年人的精神生活，让老年人获得成就感、满足感和关注感

三、无障碍设施适老化

无障碍设施适老化设计要点见表9－4。

表 9－4　无障碍设施适老化设计要点

设施类型	适老化设计要点
游览主园路	无障碍游览主园路的设置应与无障碍出入口相连，独立形成环路，不走回头路，在条件受限时，也可以通过无障碍游览支园路形成环路。根据《城市绿地设计规范》（GB 50420—2007），主路纵坡宜小于 8%，考虑到轮椅长距离推行的情况，无障碍游览主园路的坡度定为 5%，既能满足一部分乘轮椅者在无人帮助的条件下独立通行，也可以使其他老年人通行更舒适和安全。山地城市纵坡可适当调高到 8% 以内
支路和小路	无障碍游览支路和小路应能够引导游人到达局部景点。无障碍游览支路应能与无障碍游览主园路连接，形成环路；不能形成环路时，尽端应设置轮椅回转空间，以便于轮椅掉头。通行轮椅的小路的宽度不小于 1.2 米
休息平台	当园路的坡度大于 8% 时，考虑到园林景观的需求，建议每隔 10～20 米设置一处休息平台，以供行动不便的人短暂停留、休息
安全护栏	乘轮椅者的视线水平高度一般为 1.10 米，为防止乘轮椅者沿湖观景时跌落水中，安全护栏不应低于 900 毫米
地面铺装	不平整和松动的地面会给轮椅的通行带来困难，积水地面和软硬相间的铺装给拄拐杖者的通行带来危险，因此无障碍游览园路的路面应平整、防滑、不松动
树池设计	广场树池应高出广场地面，可防止轮椅掉进树坑；如果树池与广场地面相平，加上与地面相平的箅子也可以防止轮椅的行进受到影响
园桥	无障碍游览路线上的园桥在无障碍园路、广场相衔接的地方时，桥面的坡度、通行宽度以及桥面做法，应考虑到行动不便的人群的安全需要，桥面两侧应设栏杆
低位服务设施	低位服务设施可以使乘轮椅人士或身材较矮的老年人方便地接触和使用各种服务设施。除了要求它的上表面距地面有一定的高度以外，还要求它的下方有足够的空间，以便于轮椅接近。它的前方应留有轮椅能够回转的空间
照明设施	在选取照明设施时，为防止强光造成的明暗光线变化太大，可在路灯上增加过滤光线的灯罩，将直射的光线转变成柔和的漫射光和反射光。夜晚园内照明不全覆盖时，路缘石、台阶坡道或者活动场地入口处应增加提示光源，以避免因看不清道路而摔倒。园内道路两侧的路灯选取一高一低的形式进行布置，利用高杆灯减少暗角，利用较低的庭院灯减弱眩光。为避免道路两侧路灯产生溢散光的光源，建议选择遮光型灯具或通过设置遮光板、遮光格栅等避免溢散光干扰过往行人视线
信息无障碍智能公用设施	这是指任何人在任何情况下都能平等、方便、无障碍地获取信息或使用通常的沟通手段利用信息。比如，为视觉障碍者服务的设施包括盲道、盲文标识、语音提示导盲系统（听力补偿系统）、盲人图书角等，为视觉障碍者服务的设备包括便携导盲定位系统、无障碍网站和终端设备、读屏软件、助视器、信息家居设备等。为视觉障碍者服务的设施应与背景形成鲜明的色彩对比。为听觉障碍者服务的设施包括电子显示屏、同步传声助听设备、提示报警灯（音响频闪显示灯）等。为听觉障碍者服务的设备包括视频手语、助听设备、可视电话等

第三步 养老院植物造景

设计内容

在养老院植物造景植物选择上，应首选当地适生树种和适应性较强、少病虫害的植被，忌用有飞絮、污染、有毒、有刺等的植物；其次，应注重植物层次搭配，在以乔木为骨架的基础上，进行乔、灌、草三个层次植物的合理配置，形成一定面积的立体种植空间；设计中应充分利用基地绿地，以及其他可利用的空间进行扩大化、有效化、绿化，提高立体绿化覆盖率。

知识链接

一、分区景观植物配置

（一）休闲活动区

休闲活动区场地植物的种类选择，应考虑到老年人身心健康，避免带刺激性气味的植物；近人处避免藤蔓性植物，防止绊倒；在日照充沛的地方，设置遮阴乔树；空间设计合理，可满足老年人视线可延伸的要求；可适当加入富有美好寓意的植物，增强文化氛围；可增加色彩丰富、香味宜人的植物，便于外部环境感知。

休闲区可设置部分私密空间，种植乔木和灌木进行围合，与外部空间有所区分；在活动区周边可配置鲜艳的开花灌木，塑造活跃的空间气氛。

（二）道路景观周边

步行道路旁种植叶片较小的植物或常青植物，防止行人踩到潮湿的落叶而滑倒。常绿的乔灌木有松柏、云杉和黄杨类的植物。另外，为保证老年人的户外出行不受天气等客观因素的影响，在步道空间内设置风雨连廊之类的庇护性构筑物。

（三）运动场地及健身器材区域

根据使用群体和场地的布局需求，近人处栽植草本植物，避免硬质、带刺枝干；植物位置需考虑风向引导，根据风力分析，冬天避免西北风直吹，夏天保证东南风流通；同时，也要考虑人的感知觉方面，宜用彩叶植物、开花植物和花香清淡怡人的植物。旁边的局部休息区域设置遮阴乔木，用植物围合，与外部运动空间部分连接，成半开敞状态，具有一定的私密性，周边设置观赏植物，创造相对安静的、让人放松的空间。

（四）亲子活动区域

亲子活动区通常采用绿篱植物进行空间围合，以确保亲子活动的安全性。根据遮阴纳凉的需求，在场地周边设置大乔木。在缓坡区域可设计植物认知科普场地。在 rd 斜坡区域可以采用自然式植物造景，堆建草坡，形成开阔的空间。这种设计手法可以有效地利用斜坡地形，营造出一种自然、生态的氛围。整个亲子空间可通过不同类型的空间设置增进亲子交流。

二、绿篱植物无障碍化设计

绿篱设计在保证围合作用的前提下，既给人以安全感，又不会遮挡视线。在允许的情况下，可以做成三层，在垂直高度和水平纵深上做出层次感，激发兴趣，加强互动和交流。划分出一个个小空间，植物应设计得当，增加绿化层次（见图 9－10）。

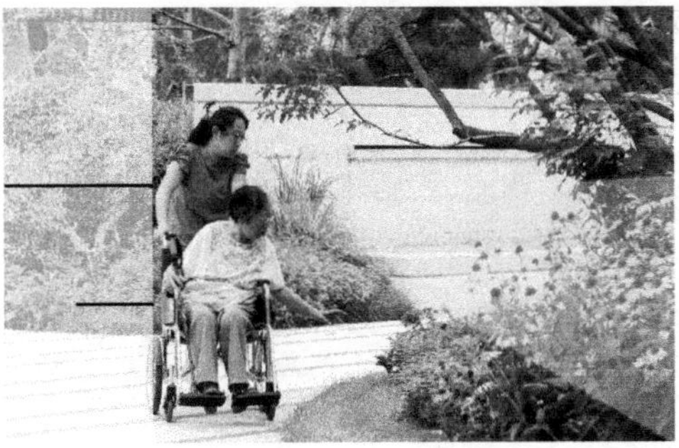

图 9－10 绿篱高度设置

三、园艺疗法，药用植物景观应用

据调查发现，老年人大多比较注重植物的药理性，可以选择有药用价值的植物进行配置（见表 9－5）。大部分植物都能够散发出一些有益健康的气味，比如有些植物能够散发出令人心情愉快的香味，这种香味不同于化学制造的香味，对人体有很好的作用。还有一些植物可以入药，这种植物所散发出来的气味也能够有效地调节人体的机能，比如改善人的肺功能，甚至具有防过敏的功效。还有一些植物能够散发出果香气味，这种气味能够在顷刻间给人的情绪带来积极的刺激。部分植物还能够散发出具有挥发性的气体，这种气体具有活血的作用，有利于帮助缓解脑血管疾病；还有一些植物具有抑菌效果等。

表 9－5 外疗型植物

外疗型植物类别	植物名称
有益气味类	桂花、茉莉、风信子、蜡梅
缓解疲劳类	薄荷、薰衣草、一抹香、白兰花、丁香花
可入药类	鼠曲草、牛膝、虎杖、槲蕨、鸡眼草、狗尾草
防敏型	宽叶棕竹、非洲菊、垂榕、洋甘菊、金盏花
抑菌类	芦荟、艾叶、苦菜、罗汉松、忍冬

参考文献

[1] 中华人民共和国住房和城乡建设部. 建筑与市政工程无障碍通用规范：GB 55019—2021 [S]. 北京：中国建筑工业出版社，2022.

[2] 中华人民共和国住房和城乡建设部. 中华人民共和国行业标准：老年人照料设施建筑设计标准：JGJ450—2018 [S]. 北京：中国建筑工业出版社，2018.

[3] 刘哲辰. 基于马斯洛需求层次下的适老化景观设计研究 [D/OL]. 沈阳：鲁迅美术学院，2021.

[4] 孙嘉林. 对适老化景观设计的探索：基于社会心理学控制力实验的思考 [J]. 现代园艺，2021，44 (16)：78 -79.

Project 1
Overview of nursing home management

Instructional objectives

1. Understand the connotation of nursing home management.
2. Understand the concept of modern nursing home management.
3. Understand the new trends of nursing home management.
4. Understand the policies and regulations related to the construction of elderly care service system and the nursing home management.

Work Tasks

Case

Xiao Zhang is a junior student majoring in elderly service and management. In response to the call of society and influenced by his parents' entrepreneurial experience, he has planted a seed of entrepreneurship in heart since his childhood. He determined to contribute to his hometown and the society when he grew up. As he is about to graduate, supported by self-employment preferential policies for graduates issued by local government, Xiao Zhang investigated the business market, and learned about the vigorous support for aging development and nursing service system constructed by the government. He strives for building a nursing home which is of high quality development and affordable for ordinary elder people, combined with his own professional knowledge. In order to achieve this goal, Xiao Zhang drew up a project construction plan, and the plan is to implement the goal step by step. However, Xiao Zhang has no relevant management experience, so how to manage the nursing home has become a big problem. That's why Xiao Zhang felt very distressed. In order to let Xiao Zhang quickly understand the main content of the service and management of nursing home, the following tasks should be completed.

Task 1 Master the connotation of nursing home management

Management is a systematic, scientific, artistic, and practical discipline. Nursing home refers to the institutions that provide comprehensive services such as centralized residence and care services for the elderly. Understanding the connotation of management and mastering the basic framework are the keys to the smooth operation and sustainable development of nursing home.

Work steps

Work steps of Task 1 are shown in Figure 1-1.

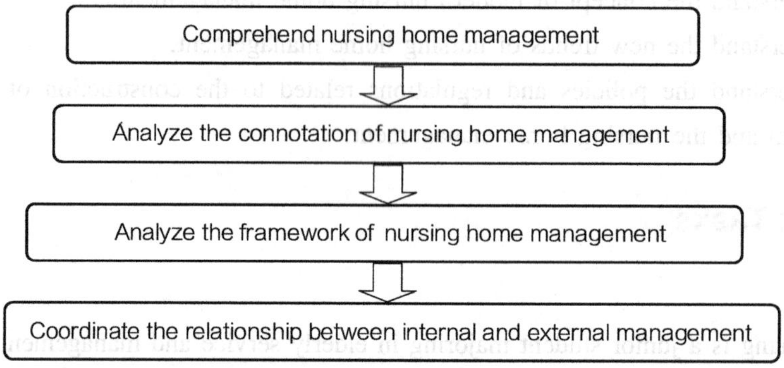

Figure 1-1 Work step diagram of Task 1

| Step 1 | Comprehend nursing home management

Activity content

Read the case materials, analyze the reasons for the success or failure of the nursing home management, and conclude the enlightenment.

Case

Dean Li's "Growth"

A fee-paying nursing home was unable to operate well because of a failed capital chain and was sold to a fund business. The operation transfer of the nursing home led to the wavering of the employees, and the lack of leaders' management ability led to the dimission of many employees. "If the company close down, we cannot get our pay. " "It's bad luck if you don't quit soon." "If he quits, I will quit either." The unfounded rumors spread and employees became more upset. The intention of departure has infected one after another. Unable to prevent the employee from resigning, Dean Li had to hire part-time employees without a careful interview.

"To enrich the staff team, the dean hired people who couldn't do nursing work at all. The work site is already short of staff, but these new employees are impossible to work with them. At this time, if the dean does not deal with his management, it is difficult to retain the nursing home." Nurse Wary said angrily.

When the fund business company understood the situation, they asked Dean Li about the specific case. Dean Li was very helpless, he did not know what else to do. Dean Li used to be a excellent employee of the company. Since joining the company eight years ago, he has been working as a nursing employee for many years, and was transferred to the business department. He became the dean last year. But he was helpless, saying, "By last month, five regular employees have resigned, and three have applied this month. I have been working hard, I don't know what to do. To tell you the truth, I want to resign, too. In order to solve this problem, the fund business company sent professional managers to put forward solutions to Dean Li.

After training and guidance, Dean Li held staff meetings every day to clearly explain to the employees about the details of the acquisition, the future business policy and the consideration of the leaders. He also listened to the employees and explained the misunderstanding of the employees. He also told employees, "Improving customer satisfaction is the biggest goal and priority of the new company," and called for "how to do this, I hope we can think and discuss together." Quality of service will have a huge impact on customer satisfaction. Before finding satisfactory employees, Dean Li continued to step up his recruitment effort. Regarding the shortage of manpower during this period, after negotiating with the head office, Dean Li decided to slightly increase some funds and asked the human resources company to send some experienced employees.

At first, the employees were surprised by Dean Li's change and growth, but gradually they felt that this was a place to work contentedly. After 3 months, the loss of employees finally stopped. Dean Li insisted on meeting with the employees every day, and the new employees finally joined in. The nursing home are gradually returning to their old glory days.

Thinking and discussion

In the face of the crisis of nursing home, what is the "growth" of Dean Li?

| Step 2 | Analyze the connotation of nursing home management

Activity content

The analysis of the case "Dean Li's(Growth)" reflects the connotation and characteristics of nursing home management.

Knowledge link

Connotation of Nursing Home Management

Management refers to the process in which an organization (manager) effectively uses manpower resources, material resources, financial resources and other resources in order to achieve certain organizational goals. The management of nursing home mainly consists of external and internal managements. The external management of nursing home mainly refers to the government's, or industrial management of nursing home, which mostly manages the construction, service and operation of nursing home from the macro level, that is, from the level of policies and regulations. This management is mostly for guidance and supervision. The internal management of nursing home is the specific affairs management from the micro level, according to the needs of the elderly, under national policies and regulations. They complement each other and are indispensable. The common goal is to standardize the service and operation of nursing home, meet the needs of the elderly, and promote the development of service. The content and scope of the management of nursing home include the government and related industries on the implementation of the policies, regulations, rules and standards of nursing home, to the care and management of all aspects of the daily life of the elderly. In summary, it can be divided into the external management and the internal management of nursing home.

In terms of management objectives, the management of nursing home mainly focuses on the pursuit of social benefits and takes the economic benefits into account. Elderly care service industry is an important part of the social welfare undertakings of the elderly, and also the window of socialist spiritual civilization, reflecting the concern and care of the government for the elderly. Therefore, the highest goal of the management of nursing home is to continuously improve the housing conditions, the service quality, and social benefits, satisfy the elderly, reassure the children, and share the worries of the government and society. Based on this, nursing home should adhere to the following principles.

First, the principle of "people-oriented". In software and hardware facilities planning and design, is should give full consideration to the process of the elderly physical mentality change, understand the elderly's psychology and expectation, provide considerate personalized service. On the management of the staff, focus on their living difficulties, safeguard the legitimate rights and interests, stimulate the working enthusiasm.

Second, the principle of safety first. Nursing industry is a high-risk industry, and it faces the frail elderly group. In the management of nursing home, safety management is the priority, which should be strengthened from system and consciousness, to eliminate the unsafe factors in the bud. At the same time, it should adhere to the management according to law, and strictly abide by the provisions and guidance of the relevant standards issued by government departments and industries.

Third, the principle of service quality first. Quality is the lifeline of an enterprise development. The quality management of nursing home is the criterion and basis to achieve the goal.

Expanding reading

Research Report on "Implementing the National Strategy of Actively Addressing the Aging Population and Promoting the High-quality Development of Undertakings for the Elderly" by the Standing Committee of the National People's Congress

Population aging is the basic national condition of China. General Secretary Xi Jinping has stressed that effectively responding to China's aging population bears on the overall development of the country and the well-being of hundreds of millions of people. The Standing Committee of the National Peoples Congress proposed the research report on "Implementing the National Strategy of Actively Addressing the Aging Population and Promoting the High-quality Development of Undertakings for the Elderly", which is an important measure to implement the decisions and arrangements of the Central Party Committee, supervise and promote the welfare of the elderly.

Research has found that China's population aging situation is severe. In 1999, the proportion of the elderly population aged 60 and above in China exceeded 10%, and China began to enter an aging society. By 2021, China's elderly population aged 60 and above reached 267 million, accounting for 18.9% of the total population, in the mild aging stage. During the 14th Five-Year Plan period, it will account for more than 20%, entering a moderately aging society.

China's aging population has the distinctive characteristics of large scale, rapid development and imbalance.

Large scale. China is the only country in the world with an elderly population of more than 200 million people. Around 2050, the elderly population aged 60 and above is expected to reach a peak of 487 million, accounting for 34.8% of the country's total population, 2/5 of the elderly population in Asia and 1/4 of the global elderly population.

Rapid development. From 1962 to 1976, it was the second birth peak after the founding of PRC, which will lead to a rapid increase in the elderly population from 2022 to 2036. It is expected that in 2025, the elderly population aged 60 and above will exceed 300 million, and 400 million in 2033, entering the stage of severe aging around 2035.

Unbalance. First, there is a large difference between urban and rural areas. The proportion of the elderly aged 60 and above, 65 and above in the total rural population is 23. 81% and 17. 72% respectively, which is 7. 99 percentage points and 6. 61 percentage points higher than that of urban areas respectively. There are great regional differences. According to the seventh national census, the elderly population in 10 provinces, autonomous regions and municipalities is more than 20% , while Liaoning is the highest at 25. 72% ; 7 provinces, autonomous regions and municipalities is less than 15% , while Tibet is the lowest at 8. 52% .

From the "14th Five-Year Plan" period of moderate aging, to the severe aging around 2035, and then to the peak of population aging around 2050, this process is basically synchronized with the "two stages" of the new journey of comprehensively building a modern socialist country, and puts forward higher requirement for the development of the overall and strategic cause. The research report put forward opinions or suggestions on the historic achievement in the cause of the aged in the new era, the main problems existing in the current work on the aged, and the suggestions on actively responding to the aging of the population.

| Step 3 | Analyze the framework of nursing home management

Activity content

Suppose you were Xiao Zhang, take the entrepreneurial project of nursing home as the situational simulation, and think about what aspects should be conducted the management of nursing home.

Knowledge link

Internal and External management of nursing home

1 External management of nursing home

The management of nursing home implemented by social forces such as the government and related industries is called external management. According to the *Measures for the Administration of Nursing Home* (Order No. 66 of the Ministry of Civil Affairs of the

People's Republic of China), the civil affairs departments of the people's governments at or above the county level are responsible for the guidance, supervision and management of nursing home, and other relevant departments shall supervise the institutions according to their respective responsibilities. Institutions for the aged shall carry out service activities in accordance with the laws, regulations and mandatory standards on construction, fire control, food safety, medical and health care, and special equipment. Institutions for the aged and their staff shall protect the personal rights and interests of the elderly and their legitimate property rights in accordance with the law. On the premise of meeting the needs of the extremely poor people, the nursing home invested by the government should give priority to the service needs of the elderly with economic difficulties, such as the lonely elderly, the disabled elderly, etc. Nursing home invested by the government may be operated and managed by social forces by means of entrusted management and leasing operation. Civil affairs departments shall, together with relevant departments, take measures to encourage and support enterprises, institutions, social organizations or individuals to establish and run nursing home, and encourage natural persons, legal persons or other organizations to provide donations and voluntary services for nursing home according to laws. Joining the elderly care service industry organization, strengthening self-discipline and integrity construction, and promoting the standardized and orderly development of nursing home are encouraged.

2 Internal management of nursing home

Scientific management is the basis of realizing service and respecting for the elderly. The managers of nursing home must clarify what to manage, how to manage, and what goals and requirements should be achieved. The internal management of nursing home has different management types according to different classification standards. According to the classification of production service, the management of nursing home mainly includes the management of people, finance and material resources(see Figure 1-2).

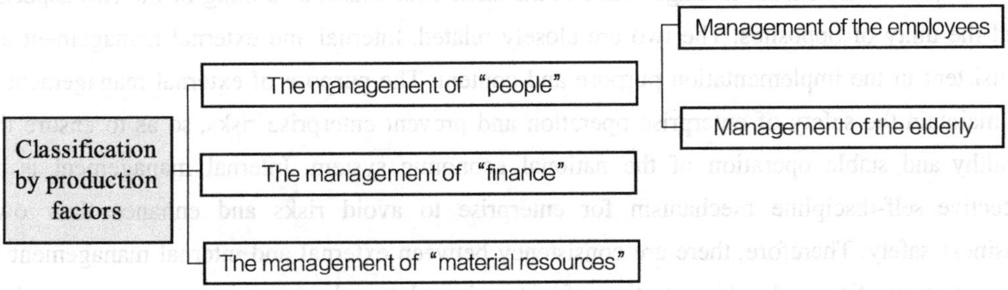

Figure 1-2 Classification by production factors of internal management of nursing home

The management of "people" in nursing home includes the management of the employees and the management of the elderly. The goal of employee management is to mobilize the enthusiasm of employees, enhance the sense of responsibility, and improve the quality of service. The management of the elderly specifically includes the check-in and discharge management, life care and nursing management, medical service management, spiritual life and check-in safety management, etc.

The management of "finance" mainly refers to the financial and fund management of nursing home, including financial planning, financial system, fund allocation, capital turnover, cost accounting and financial supervision, etc.

The management of "material resources" includes the construction, transformation and maintenance of hardware facilities in the organization, the procurement, usage, maintenance and storage of equipment and articles, and the management of property, etc.

In addition, according to the types of business system classification, internal management can be divided into administrative management, business management and logistics service management. According to the service objects, it includes the management of the self-care elderly and non-self-care elderly, the management of the healthy elderly and the sick or dying elderly, and the management of the state recipients and the social elderly.

| Step 4 | Coordinate the relationship between internal and external management

Activity content

After learning the former three steps, Xiao Zhang has initially understood the connotation of management, but Xiao Zhang believes that as long as the internal management is well managed, the external management does not need to worry about. Is that right? Talk about what you think.

Knowledge link

Relationship Between Internal and External Management

Internal and external management has the same root cause, as a thing of the two aspects, and the unity of opposites. The two are closely related. Internal and external management are consistent in the implementation purpose and content. The purpose of external management is to maintain the safety of enterprise operation and prevent enterprise risks, so as to ensure the healthy and stable operation of the national economic system. Internal management is an effective self-discipline mechanism for enterprise to avoid risks and enhance their own business safety. Therefore, there are consistency between external and internal management in the risk prevention and safe operation of enterprises. Internal management construction is a kind of the supervision content of the external management, and internal management can be regarded as the embodiment of external management.

However, external managements are regulated by different levels of regulatory authorities, while internal management is the self-discipline behavior of the enterprise. The specific management objectives and content are also different between them. As the regulatory activity, external management considers the development of the whole industry and the stability of the whole social economy, while internal management considers the enterprise itself, namely the self-control of micro enterprise behavior, which is different from the macro characteristics of external regulation.

Therefore, in the management of nursing home, we should pay attention to the organic combination of internal and external managements, strengthen internal and external information communication, not only to "immerse" to do a good job in internal management, but also to "raise head" to see the external management and coordinate the relationship between them.

Task 2 Establish modern concepts of nursing home management

In the face of the complicated management content of nursing home, it is crucial to establish the management concept of nursing home in the increasingly fierce market competition. Under the background of aging society, the management concepts of modern nursing home attaches more importance "paying equal attention to material and spiritual supports", and "combination of housing nursing and rehabilitation, and paying equal attention to health care and health conditioning".

Work steps

Working steps of Task 2 are shown in Figure 1-3.

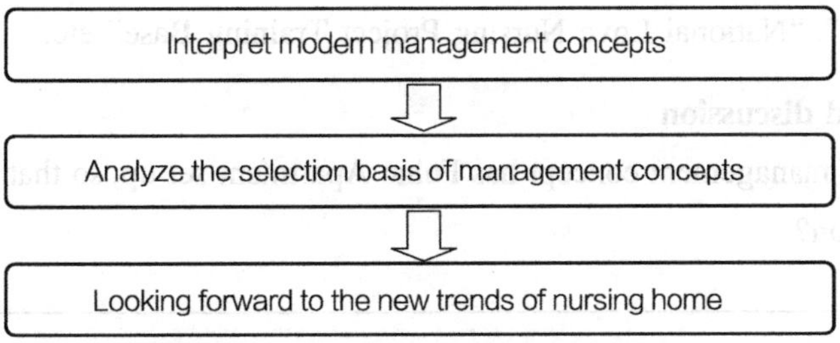

Figure 1-3 Work step diagram of Task 2

| Step 1 | Interpret modern management concepts

Activity content

Read the case materials and analyze what kind of management concepts that the nursing home in the case illustrate.

Case

Fuhai Apartment for the Elderly in Shangrao, Jiangxi

Fuhai Apartment for the Elderly, situated in Xinzhou District, Shangrao City, Jiangxi Province was founded on March 28, 2008. It is the first large-scale private office and professional nursing home in Jiangxi Province. The apartment covers an area of 14 acres, with a construction area of 30, 000 square meters and 500 living beds. It is a happy paradise that interprets the true meaning of "caring for the old like our own parents" and is full of "happiness" and "filial piety" culture.

The apartment has set the goal of "allaying the worries for the country, solving the difficulties for the society, offering filial piety for sons and daughters, realizing dreams of the elderly", carried forward the traditional Chinese "blessing" and "filial piety" culture, established the service concept of "everything for the elderly", and shaped the Fuhai Apartments spirit of "innovation, filial piety, harmony". The apartment keeps "running an apartment to the satisfactory of the elderly, their sons, and daughters, and the society" as the starting point and destination, and implements "five aspects of nursing", namely, ecological nursing, cultural nursing, family nursing, scientific nursing, happy nursing. Fuhai Apartment implements the working principle of "five first", namely, social benefits first, integrity management first, elderly safety first, learning and innovation first, and sharing first.

Fuhai Apartment has realized the work goals of "ecological environment, humanized facilities, family service, cultural diversification, standardized management, group operation, normal care, standardized quality, intelligent information, and affordable charging". In January 2017, Fuhai Apartment was awarded "National Civil Administration Standardization Demonstration Unit". In December 2017, Fuhai Apartment was awarded "National Nursing Home Service Standardization Unit", and identified as "National Love Care Project Construction Base", "National Love Nursing Project Training Base" etc.

Thinking and discussion

What kind of management concept has Fuhai Apartment set up, so that it has gained a lot of honors reputation?

____

____

Knowledge link

The Connotation of Modern Management Concepts

1 Digital management

Digital management refers to the management activities and methods that realize the functions of research, development, planning, organization, coordination, production, service and innovation, with the technological support from computers, network and other statistical technologies. As the simple knowledge for human beings to learn, accept and master the number can objectively and fairly reflect the nature and law of things. The management of modern nursing home must rely on the calculation, statistics, analysis and processing of data, keep the most objective records of the management process, and carry out scientific analysis and decision-making.

2 Institutionalized management

Institutionalized management refers to the management according to specific, recognized, contractual and feasible rules. At the same time, this system is also an integration of responsibility, power and benefit. The external institutionalized system includes rules and regulations issued by the government and industry, such as *the Nursing Home Management Method*. The inner institutionalized system includes the systems, standards and rules constructed according to the actual situation of the institution itself, such as learning and meeting system, financial management system, health care system, canteen management system, safety and emergency system, elderly hospital management system, etc. The procedures are operated and implemented through the clear system guidance. Everyone is equal before the system, and the system should be simple and easy to operate.

3 Quality management

Quality management refers to all activities that determine quality policies, objectives and responsibilities. Nursing home achieves the purposes through quality planning, control, assurance and improvement in the quality system. Quality management should strengthen the quality inspection mechanism, grasp the key factors affecting product quality, and set up quality management points or quality control points. With the deepening of the aging, the elderly and their families' consumption become increasingly matures, and modern nursing home management gradually has transformed into competitive selection, thus to improve the quality of core services and management, such as constructing service team consists of nurses, nutritionists, doctors, social workers, homework therapists, psychological consultants and other professional workers, and to provide professional and integrated services for the elderly.

4 Standardized management

Standardization management is to take the principle of standardization as the guidance, and set the content of work into standard. Standardization should be established throughout the whole process of management, to enhance the overall efficiency of the system as its purpose, and to improve the quality of work and work efficiency as its fundamental purpose. The implementation of management with standards can fundamentally solve the problems of "who to do, how to do, and what to do", ensure that the standards can solve the key and difficult problems in nursing home management, and realize process management and quality control. The nursing home management can be divided into three kinds of standards: technical standards, management standards and working standards. For example, in December 2021, the Ministry of Civil Affairs issued eight service industry standards for nursing home, providing management samples and guidelines for fall prevention and dietary services for the elderly in nursing homes.

| Step 2 | Analyze the selection basis of the management concepts

Activity content

(1) Find nursing homes that operate in accordance with the above four management concepts in real life.

(2) Analyze the reasons why nursing home choose the concepts of digital management, institutionalized management, quality management and standardized management.

Case

Belgium Nursing Home: Thinking of Elderly in all Respects

The enclosed overpass always impresses visitors to Jean Van Public Nursing Home in Brussels, Belgium. The elderly with dementia can also walk through the overpass and enjoy the sunlight safely. And this is just one of the meticulous cares for the elderly, and 180 elderly residents here are not easy to get lost. It is not important for them to remember the floor, for there is separate color on each floor to remind them where they are, and there are photos of residents on the door of each room.

The average age of the elderly here is 80, with 60% over 80, who live in 120 single rooms and 30 double rooms. All rooms and aisles have wall handrails to help them move. The windows of the rooms are low for them to look at the exterior as they are confined to wheelchairs. There are nurse stations on each floor and emergency pagers in each room.

The elderly here are taken care of by 130 staff, including 10 managers, 62 nurses and caregivers, 49 workers in restaurants, laundry, haircuts and chores, and two members dedicated in organizing cultural activities for the elderly. There are 10 medical teachers in charge of the psychological, neurological, physical and other health care of the elderly. In Belgium, physiotherapists, rehabilitation therapists, psychologists and other professional doctors and the corresponding medical equipment are the standard conditions of the elderly care home. The staff of the nursing home shall hold the corresponding post certificate and have received professional training. The curriculum includes law, psychology, social medicine, philosophy, methodology, and theology.

The daily management, finance, food safety, fire protection and other affairs in Jean Van Nursing Home are subject to the administrative department in charge.

Belgium has a very strict supervision of nursing home. The police investigates the accommodation of the elderly twice a year, and the fire and electrical safety is checked three times a year. The operator attends the paid training twice a year and must pass the examination to obtain the certificate. The training content involves law, finance, safety and human resource management.

Thinking and discussion

What kind of management concept does Belgium nursing home reflect?

| Step 3 | Looking Forward to the New Trends of Nursing Home

Activity content

With the development of new technologies such as cloud computing, Internet-of-things (IoT), big data, artificial intelligence, mobile Internet and so on, what new trends will appear in the management of nursing home in the future?

Knowledge link

New Trends in the Management of Nursing Home

1 Telemanagement

With the explosive development of the mobile Internet industry and the global promotion of the cross-border integration of mobile Internet, cloud computing, big data, Internet of things and other industries, "Internet + Nursing" will become one of the business segments of nursing home in the future. In addition to nursing home, community nursing, home nursing have also become people's choice. "Internet + Nursing" provides the convenience and possibility of remote management for community and home-based elderly care. People who choose community care and home-based care can participate in institutional cultural activities and conduct health management consultation through the remote management of nursing home.

2 Personalized management

Personalized management means that nursing service institutions pay attention to people, to the release of their personality and meet their personality needs. Based on the service object of the elderly, different physical health status and psychological status of each elderly person, especially for special groups such as dementia, or ones on their deathbed, the refined care plan of "one person, one policy" is more needed. Personalized management refers to the establishment of a new relationship from serving groups to serving individuals, the establishment of personal database and information files of service objects, and the establishment of personalized service plans according to the needs of service objects to cater to individual demands.

3 Brand management

Brand management is a process in which nursing home makes customers form a recognition of corporate brand and products through brand symbols. Through showing the corporate image, popularity and good reputation to the service objects, so that the service objects form an understanding of the enterprise products or services. Brand management is based on tangible products such as attractive names, comfortable, clean and high-end venue facilities, and other intangible high-quality care services.

Capacity development

Collect cases that reflect the management concepts of nursing home, and write the case analysis reports.

Task 3 Understand the relevant policies and regulations of nursing home management

Institutionalized management has become one of the management concepts of modern nursing home. Institutionalized management is of great significance to accelerate the formation of an efficient, standardized and fair competition nursing service market, guide and encourage nursing service institutions to operate in integrity. Policies and regulations have become the basis for the external management of nursing home.

Work steps

Work steps of Task 3 are shown in Figure 1-4.

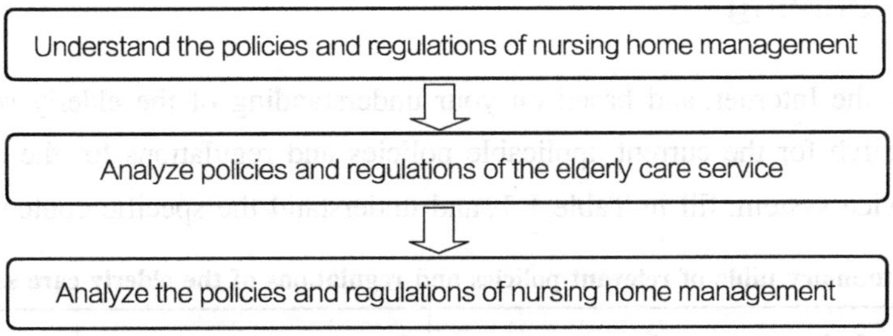

Figure 1-4 Work steps diagram of Task 3

| Step 1 | Understand the policies and regulations of nursing home management

Activity content

Analyze and think about the implications of the following case.

Case

The Ministry of Civil Affairs Issued the 2020 Edition of *Measures for the Administration of Nursing Home*

On September 17, 2020, the Ministry of Civil Affairs issued the 2020 edition of *Measures for Administration of Nursing Home* (herein after referred to as the *Measures*), with 7 chapters and 49 articles, adding 17 new articles to the 2013 edition, and revised 29 articles.

According to the *Measures*, nursing home refers to institutions that register in accordance with the law and provides daily centralized accommodation and care services for the elderly, with more than 10 beds, including for-profit nursing home and non-profit nursing home.

The *Measures* increased the content of the basic requirements about nursing home activities, clarifies that nursing home should be in accordance with the construction, fire control, food safety, health care, special equipment requirements and other laws and regulations and mandatory national standards for service, to further compact responsibility.

The *Measures* also increased rules for government-invested nursing home, clarify multiple management models like entrusted management, leasing management etc. The *Measures* strengthened the security guarantee responsibility of government-invested nursing home, and increased its service guarantee for elderly personnel with economic or other special difficulties.

There are rules about record management, the admission evaluation system, the prevention and treatment of infectious diseases in the *Measures*, and nursing homes is encouraged to carry out extended services, such as the operation of community nursing service facilities and providing door-to-door elderly care services.

| Step 2 | Analyze policies and regulations of the elderly care service

Ability training

Please use the Internet, and based on your understanding of the elderly service work in local region, search for the current applicable policies and regulations for the construction of the elderly service system, fill in Table 1-1, and understand the specific content.

Table 1-1 Summary table of relevant policies and regulations of the elderly care service system

Policies and regulations	Issue time	Document issuing agency	main contents

Knowledge link

From a macro perspective, the policies and regulations related to the construction of the elderly care service system include the following aspects.

In 2005, the Ministry of Civil Affairs issued the *Opinions on Supporting Social Forces to Establish Social Welfare Institutions*, encouraging and supporting enterprises, public institutions, social organizations and individuals and other social forces to invest in nursing home. In the same year, the Ministry of Civil Affairs launched a demonstration activity of socialized elderly care services, promoting the welfare services for the elderly.

In 2006, the General Office of the State Council transmitted the *Notice of Opinions on Accelerating the Development of the Elderly Service Industry* issued by the Office of the National Aging Commission, National Development and Reform Commission and other departments, reaffirming the significance of accelerating the development of elderly care services. It put forward that the development of the elderly care service industry should follow the principles of policy guidance, government support, social establishment and market promotion, gradually establish and improve a service system "based on home care, supported by community service, and supplemented by institutional care". The document clearly pointed out that we should vigorously develop social nursing service institutions, requested the local people's governments at various levels and the departments concerned to take active measures. We should vigorously support the development of various social old-age care service institutions, guide and support social forces to build apartments, nursing homes suitable for the elderly to live, study, entertain and exercise. The document also encouraged laid-off and unemployed people to set up family nursing homes, to provide elderly care services, and create the good nursing environment and conditions for the elderly.

In 2008, ten national ministries and commissions issued the *Opinions on Comprehensively Promoting the Work of Home-based Elderly Care Services*, which gradually formed the basic ideas and direction of the socialization of elderly care services with Chinese characteristics, "based on home care, supported by community service, and supplemented by institutional care".

The Law on Protection of the Rights and Interests of the Elderly was revised at the seventh session of the third National People's Congress Standing Committee on December 29, 2018. The law is to protect the legitimate rights and interests of the elderly, develop undertakings for the elderly, and promote the whole nation to respect, support and help the elderly. The law mainly includes general provisions, family support and maintenance, social security, social service, social preferential treatment, livable environment, participation in social development, legal responsibility and other aspects, and puts forward higher requirements for the construction of social nursing service system.

In November 2019, the CPC Central Committee and the State Council issued the *National Medium-and Long-term Plan for Actively Responding to Population Aging* (herein after referred to as the *Plan*). The *Plan* focused on the near future to 2022, the medium term to 2035, and the long term outlook to 2050. It is a strategic, comprehensive and guiding document for China to actively respond to the aging of the population in the middle of the 21st century. The *plan* has made clear about the strategic objectives of an ageing population, and deployed from five aspects to deal with the specific task: the first is to strengthen the social wealth stock of population aging; the second is to improve effective labor supply under the background of population aging, the third is to build high quality service and product supply system; the fourth is to strengthen the technological innovation ability faced with population aging; and the fifth is to build a social environment of nursing, filial piety, and respect.

In June 2021, *Actively Respond to the Population Aging Project and the Implementation Plan for Childcare Construction in the* 14*th Five-Year Plan* was issued to strengthen the construction of nursing service infrastructure and facilities, further promote the construction of facilities standardization, improve the ability of undertake security, increase the universality service supply, and enhance the level of nursing services.

In November 2021, *Opinions on Strengthening Works for the Elderly on the New Era* was issued by the central committee of the Communist Party of China and the State Council. It focused on works for the elderly, on the problems that distress the elderly, on how to meet the needs of the elderly and solve the problems of an aging population, on the deployment to promote the development of aging living quality. Furthermore, it also focused on improving the nursing service system, improving the elderly health support system, promoting the elderly social participation, building elderly friendly society, and actively cultivating silver economy.

In December 2021, the State Council issued *National Aging Development and Nursing Service System Planning in the 14th Five-Year Plan*, and put forward the development goals: to establish national basic framework of actively coping with the ageing population strategic system, to achieve effective coordination and high quality development of aging industry, and to speed up the sound construction of harmonious home community institutions, medical health, the combination of nursing service system and health support system, to initially form a pattern through the whole society of actively dealing with aging population problems, and to significantly increase the feeling of happiness, security of the elderly. Specifically, it mainly focuses on the expanding supply of elderly care services, the better health support system for the elderly, the innovative and integrated development of multiple forms of services for the elderly, the continuous enhancement of the ability to guarantee factors, and the better social environment for the elderly.

| Step 3 | Analyze the policies and regulations of nursing home management

Ability training

Please use the Internet, based on your understanding of the management of nursing home in local regions, search for the current applicable policies and regulations on the management of nursing home, fill in Table 1-2, and understand the specific content.

Table 1-2 Summary table of the policies and regulations related to the management of nursing home

Policies and regulations	Issue time	Document issuing agency	main contents

Knowledge link

From a micro perspective, the policies and regulations related to the management of nursing home have the following aspects.

In 2013, *Measures for the Administration of Nursing Home* were promulgated and implemented, and in September 2020, the newly revised *Measures for the Administration of*

Nursing Home (hereinafter referred to as the *Measures*) was officially released and implemented on November 1 of that year. The management measures clarified the norms of the operation of nursing home from the aspects of general provisions, record management, service standards, operation management, supervision and inspection, and legal responsibility. The *Measures* made it clear that nursing home should provide services in accordance with the provisions of laws and regulations on construction, fire protection, food safety, medical and health care, special equipment and other mandatory national standards, so as to further consolidate responsibilities and avoid the breakdown of the safety bottom line caused by the cancellation of permits. At the same time, the *Measures* urge the government to invest in the establishment of nursing home to ensure the responsibility, increasing the requirements to protect the extremely poor people, economically difficult families etc.

In 2021, the Ministry of Civil Affairs, the Ministry of Housing and Urban-Rural Development and the State Administration for Market Regulation jointly issued *Guiding Opinions on Promoting the Supervision of "Double Random and One Overt " Supervision of Nursing Home* (hereinafter referred to as the *Guiding Opinions*). "Double Random and One Overt" means to randomly select inspection objects, randomly select law enforcement inspectors, and overtly disclose the inspection and processing results. Clearly, by the end of 2023, Civil Affairs, the Ministry of Housing and Urban-Rural Development and the State Administration should complete the cross-departmental "Double Random and One Overt " sampling process integration of nursing home, to achieve the supervision of full coverage, the standardization and normalization. By the end of the 14th Five-Year Plan, we will promote the full coverage of the supervision of relevant departments in the field of comprehensive supervision of nursing home. Relevant government departments at all levels jointly should implement the normalization of supervision on nursing home. Comprehensive supervision, intelligent supervision and efficiency supervision of elderly care services should also been significantly improved.

On January 1, 2022, the first nursing service mandatory national standard *Nursing Home Basic Safety Service Specification*, and 8 industrial standard formally implemented: *Basic Fall Prevention Specification for Elderly* in *Nursing Home*, *Basic Dietary Service Specification in Nursing Home*, *Washing service specification in Nursing Home*, *Nutrition Condition Evaluation and Monitoring Service Specification for Elderly in Nursing Home*, *Etiquette Service Specification in Nursing Home*, *Post Setting and Staffing Specification in Nursing Home*, *Basic Reception Service Specification in Nursing Home*, *Basic Configuration of Rehabilitation Equipment in Nursing Home*. It marks that China's nursing service standardization work has taken a big step forward. China is forming a pattern in which mandatory and recommended standards are complementary, and the national standards, the industrial standards and the local standards complement each other, providing necessary support for the standardization and standardized development of elderly care services.

Nursing Home Basic Safety Service Specification is the first mandatory national standards of nursing services, also the first service mandatory national standards, providing the basic requirements for security service, security risk assessment, service protection, management requirements, etc.

Expanding reading

Shanghai Has Issued Measures for the Credit Evaluation and Management of Nursing Home

In order to copy with the aging society and improving the quality of nursing service, local government and related departments have issued local policies and regulations, and innovated nursing service management mode. *Shanghai Nursing Service Regulations* require to establish nursing service credit file, establish credit rating system, determine the pension service institutions'credit rating, and apply differentiated regulatory measures. To this end, Shanghai Civil Affairs Bureau issued the *Shanghai Elderly Service Institutions Credit Evaluation Management Measures*. It specifies the content, source, composition and requirements of the credit information of elderly service institutions, and stipulate the credit evaluation of nursing home.

Its application scope is the collection, evaluation, application and related management activities of public credit information of nursing homes. The Civil Affairs Bureau conducts the dynamic evaluation of nursing home. The total score is 100 points. According to different score ranges, the credit rating of the nursing home is set to Level A, Level B, Level C, and Level D. In addition to scoring, the evaluation rules also have a direct judgment level, that is, "one vote against meaning veto", which aims to provide a basis for the subsequent strengthening of the supervision of strictly prohibited behaviors in the industry.

Shanghai took the lead in building the credit management system of nursing home, established the credit classification mechanism of nursing home for the first time, and innovated the credit management mode of nursing home. At the same time, it pays attention to digital application means, relies on big data resources in the field of elderly care service, establishes a unified information platform in the city, develops a scientific and effective credit evaluation model, and conducts intelligent evaluation on the credit situation of nursing home, so as to reduce the data collection burden of basic management and decrease the interference to nursing home.

Knowledge link

In December 2018, the State Administration for Market Regulation and the Standardization Administration of China jointly issued *National Standard for the Classification and Evaluation of Nursing Home* (GB/T 37276—2018). In the evaluation standard, the service quality evaluation becomes the most core plate. The service quality evaluation is also a "touchstone" for the management of nursing home. The specific items of the service quality evaluation are shown in Table 1-3.

Table 1-3 Items of service quality evaluation of nursing home

Evaluation Aspects	Evaluation indicators	Evaluation	Evaluation indicators
Living service	Personal cleaning service Indoor cleaning service Barrier-free elevator service Clothing change service Dining service for the elderly One-to-one care service Haircut service Pedicure service	Security insurance	Special equipment service for the elderly Safety hazard elimination service Emergency evacuation drill Disease emergency treatment service Facilities and equipment maintenance service
		Spiritual consolation	Companion service Reading service Chat service Single fellowship service
Medical service	Daily professional nursing Postoperative and rehabilitation nursing Disease and medication consultation and guidance Health education service Acute disease nursing	Social participation	Group tour visit Elderly university services Corporation activities for elderly Social compulsory labor

Practical training

Write Research Reports

Scenario simulation

If you were Xiao Zhang, after learning the theoretical knowledge of the management of nursing home, in order to deeply understand the difficulties and problems encountered in the current management of nursing home in practice, so as to fully learn the lessons in your own institutional management process, you need to complete a research report.

Training Objective: improve the ability to obtain and transmit information, and enhance the perception and understanding of the elderly care service industry.

Training Requires: take the group as the unit, investigate the existing problems and the solution strategies through the network, telephone and on the spot in various ways, form a written research report, and share it.

Training instructions:

Team members and division of labor

Main research methods (network, telephone, on the spot, etc.) and research areas

Key points of the research report

Research summary and experience

Project 2
Administrative management of nursing homes

Instructional objectives

1. Understand the policies and procedures of filing in nursing home.

2. Understand the principles and contents of formulating the rules and regulations of nursing home.

3. Understand the implementation problems of the rules and regulations of nursing home.

Work tasks

Case

Xiao Zhang in Project 1 has had a preliminary understanding of the service and management of nursing home. A venture capital fund management company is very interested in Xiao Zhang's development plan. After inspecting the nursing service market, they decided to invest in Xiao Zhang's nursing home. Now Xiao Zhang just needs the relevant civil affairs department's approval to open the nursing home. Xiao Zhang has learned that, different from ordinary private units, nursing service institutions need strict registration and record management. Xiao Zhang wants to understand the process of registration and filing management of the nursing home, and at the same time, establish the institutional framework of internal administrative management of the nursing home, so as to run and manage the nursing home as soon as possible. To accomplish this goal, Xiao Zhang Should complete the following tasks.

Task 1 Accomplish the record management process of nursing homes

In order to deepen the reform of "delegating power, regulating and serving" of elderly care services, optimize the business environment for the elderly, broaden market access, extend the industrial chain, improve the construction of the elderly care service system, and further promote the healthy and orderly development of elderly care services, China has cancelled strict sanction access rules on the establishment of nursing home, and changed the process to record system.

Work steps

Work steps of Task 1 are shown in Figure 2-1.

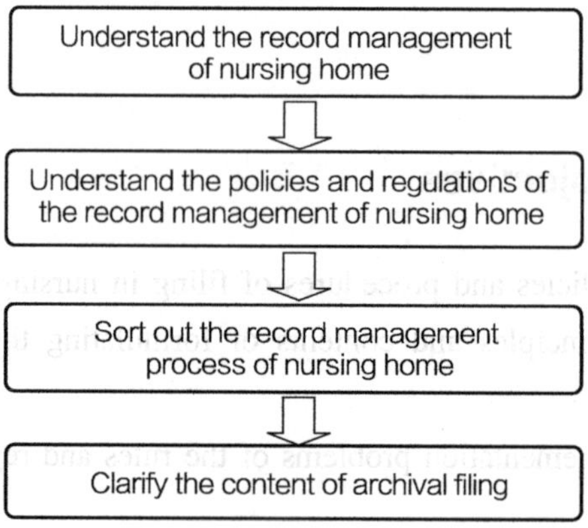

Figure 2-1 Work step diagram of Task 1

| Step 1 | Understand the record management of nursing home

Activity content

Read the case materials, analyze the compensation cases caused by the fire happened in nursing home introduced in the case, and analyze what enlightenment the case brings you.

Case

Compensation Cases Arising from a Nursing Home Fire

In September 2018, a fire occurred in a nursing home operated without a license, which caused an old man died. The Fire Department speculated that they cannot exclude the possibility of the dead commit arson as to his world-weariness thoughts. But the old man's son said that "the fire was completely caused by the illegal operation of the nursing home's operator, " which led to the death of his father.

The family of the deceased said that the deceased suffered from serious sequel of cerebral thrombosis, and the left side of the body was completely unable to move, so he could not take care of himself. The fire was entirely caused by the illegal operation of the nursing home. The unlicensed operation of the nursing home is the key to the case, and the illegal operation of the nursing home should fulfill compensation liability. If the nursing home failed to fulfill the obligation of security, it should be responsible to bear the compensation liability of this case, and it should bear 100% of the civil compensation liability.

The nursing home's operator believed that the accident was a fire caused by the deceased. There was no legal relationship between the deceased and the nursing home operator, so they should not be liable for the death. Whether the operator had obtained the business license of the nursing home had nothing to do with the accident. The operator had fulfilled the obligation of safety guarantee and should not assume any responsibility for this case.

The Court held that the deceased lived in the nursing home, and the nursing home's operator should fulfill the obligation to ensure safety. The death of the deceased hold major responsibility, but the nursing home was not perfect, as its fire facilities did not meet the requirements, which constructed one of the factors of his death. So the nursing home could not exempt the liability, but could reduce the compensation liability. The court affirmed that the nursing home was 20% liable for the compensation.

Thinking and discussion

What does the compensation remind us?

____

____

| Step 2 | Understand the policies and regulations of the record management of nursing home

Activity content

Based on the *Measures for the Administration of Nursing Home* (issued by the Ministry of Civil Affairs, No. 66), compare the "Record Filing Chapter" (consists of five detailed content provisions: the record authority, the record time, filing materials, filing process, change the record, sharing record information etc.) with permission items in former regulations, and explore the reasons for changing the admission management models.

Knowledge link

"Record Filing Chapter" in the *Measures for the Administration of Nursing Home*

Article 9: The establishment of a profit nursing home for the aged shall be registered in the Market Supervision Administrative Department, and the establishment of non-profit shall be registered accordingly.

Service activities can be carried out after registration.

Article 10: Profit nursing home shall submit the filing record to the Civil Affairs

Department of the government at the county level where the service place is located. The record should be done within 10 working days after receiving elderly as residents. Non-profit nursing homes shall submit the record to the registration and administration authorities which are at the same administrative level within Civil Affairs Department of the government. The record should be done within 10 working days after receiving elderly as residents.

Article 11: When handling the archival filing, the nursing home shall submit application materials to the Civil Affairs Department. The materials include applications, certificates, and letters of commitment that meet the requirements of Article 4 of the *Measures for the Administration of Nursing Home*, and shall be responsible for their authenticity.

The application form for archival filing shall include the following content:

(1) Basic information of nursing home, including name, residence, legal representative or main person in charge;

(2) Ownership of the service premises;

(3) The number of beds for the elderly;

(4) Areas of the service facilities;

(5) Contacts.

Civil Affairs Departments should strengthen information construction and gradually achieve online filing.

Article 12: After receiving the record filing materials of the nursing home, the Civil Affairs Department shall issue the Filing Receipt if the materials are complete. If the materials are incomplete, it shall guide the nursing home to supplement the materials.

Article 13: If the registered nursing home changes the name, legal representative or the main person in charge, the ownership of the service place, the number of beds for the elderly and the areas of service facilities, these changes shall be filed with the original civil affairs department in time.

If the nursing home changes the service place within the jurisdiction of the original filing department, it shall go to change filing with the original civil affairs department in time. If a profit nursing home changes its service place to different jurisdiction management departments, it shall timely file the record with the Civil Affairs Department of the government at the county level where the changed service place is located.

Article 14: The civil Affairs Departments shall disclose the record matters, procedures and material lists to the public through the government website, new government affairs media, bulletin boards in the office hall, service windows or other channels.

Civil Affairs Departments should rely on the national integrated online government service platform to promote the interconnection and data sharing between Registration and Administration Departments.

Thinking and discussion

Why has the licensing system changed from permission to record filing?

Expanding reading

Nursing Home Licensing System Changes: Deep Thoughts

Former implementation of the permission mode for the establishment of nursing home is a pre-approval procedure. Through standardized access restrictions, the threshold of investment access is raised, and the efficiency of entering the silver industry is also reduced, which greatly damages the confidence and courage of capital entry. Now we only need to register and record in accordance with the law, no longer need to apply for setting approval, which will bring greater application convenience to the private nursing home, but simplifying the convenience doesnot mean lowering the standards.

Nursing home can carry out service activities after registration, and shall provide true, accurate and complete information to the Civil Affairs Departments, filling in the record form and pledge letter. The Civil Affairs Department shall provide the record receipt, and inform basic operating conditions, the current pension service support policies, measures in the region for nursing home with formal documents. If the registered items of the nursing home change, it shall go through the formal filing record change process in time.

At the same time, simplified procedures do not mean deregulation. "Cancellation of the establishment permit" is to reduce the"entry threshold" of the past, and the future focus is on the "process management" in the daily operation activities of nursing home. The so-called "process management", from the macro level, is about evaluation, management and supervision conducted by various government departments at all levels and the third party entrusted by the government from the outside. From the medium and micro levels, it is the supervision, management and self-discipline of nursing home and staff.

With the cancellation of the establishment permit of nursing home, the government's management concept of nursing home has changed from "strict admission" to "wide admission and strict management", which puts forward higher requirements for strengthening and improving the supervision mechanism during and after the event. The government's macro-control on the health and elderly care service industry would pay more and more attention to the standardization of the operation. After the cancellation of the license for the establishment of nursing home, the comprehensive supervision will be greater, and the purpose is to promote the standardization of the nursing service industry, which is undoubtedly the general trend of the industry.

| Step 3 | Sort out the record management process of nursing home

Activity content

In order to implement the filing work of nursing home, the local governments have issued specific and detailed rules, guidelines or measures in accordance with the policies and regulations of the Ministry of Civil Affairs. Please use the Internet to check out the filing process of the nursing home in your district, and draw a flow chart for the filing.

Knowledge link

Based on the provisions on the filing management of nursing home in the document *Measures for the Administration of Nursing Home*, the detailed procedures for the filing have been issued seperately in different districts.

Although the filing details are slightly different, the basic process is consistent. In June 2021, in order to standardize the registration and filing of nursing home and promote the development of nursing home, Shanghai Civil Affairs Bureau and Shanghai Market Supervision Administration jointly formulated the *Shanghai Administrative Measures for the Registration and Filing of Nursing Home* (*Trial*). The nursing service registration and filing management process was in accordance with the requirements of deepening the reform of delegating powers to lower levels, adhering to the process of simplified optimization, providing convenient and efficient service, achieving policy cohesion, and building fair and orderly nursing service development environment. The trial measures provided specific stipulation for the name, business scope, branch registration, change and cancellation, filing materials, etc. (as shown in figure 2-2).

The process of registration and filing of nursing home in Shanghai represented the basic working idea of registration and filing of nursing home in most regions of the country. The managers of nursing home should fully understand and carefully study the working process of filing, carefully clarify and prepare the contents for filing.

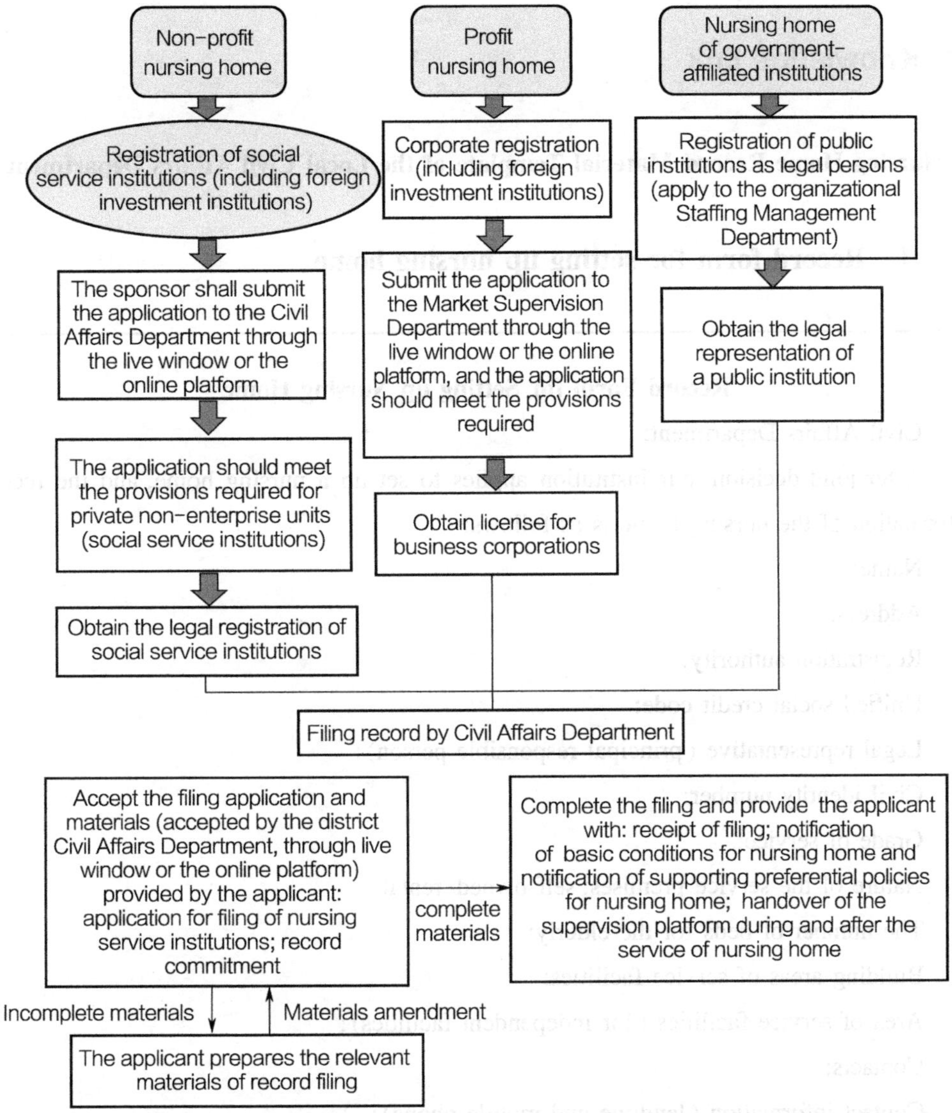

Figure 2-2 Full flow chart of filing record of nursing home in Shanghai

| Step 4 | Clarify the content of archival filing

Activity content

If you were Xiao Zhang, you have clearly understood the filing management policies, regulations and specific procedures for local nursing home, and now you need to prepare the filing materials according to the requirements of the local Civil Affairs Department. Please use the Internet, check the record content template in your region, and try to fill in the record forms.

Knowledge link

Nursing Home Record Material Template of the Local Civil Affairs Department

1 Record form for setting up nursing home

Record Form for Setting up Nursing Home

Civil Affairs Department:

After joint decision, our institution applies to set up a nursing home, and the record information of the nursing home is as follows:

Name:

Address:

Registration authority:

Unified social credit code:

Legal representative (principal responsible person):

Civil identity number:

Grade of service:

Nature of the service premises: self-owned/rental

The number of beds for the elderly:

Building areas of service facilities:

Area of service facilities (for independent facilities):

Contacts:

Contact information (landline and mobile phone):

Please put it on record.

Record institution:

(Seal)

Time(Year-Month-Day)

2 Nursing home record commitment letter

Nursing Home Record Commitment Letter

The unit promises to fill in the report truthfully of ________ , to timely and accurately submit the information of subsequent major event changes in accordance with the requirements of relevant laws and regulations.

We commit to have fully understood the relevant laws, regulations, standards and norms of the management of nursing home, and the promised elderly care services meet the requirements stated in the *Notice of Basic Conditions For Nursing Home*.

Promise to carry out elderly care service in accordance with the principles of honesty, safety standards, people-oriented standards, and not engage in the behaviors of abusing the elderly, improper related transactions, illegal fund-raising, and other behaviors that damage the legitimate rights and interests and the market order of fair competition. Timely rectify and eliminate all kinds of safety risks, and continuously improve the quality of elderly care service.

Promise to actively accept and cooperate with the guidance, supervision and management of the Civil Affairs Department and other relevant departments.

If the promise is not true, or it violates the above-mentioned promise, we shall bear the corresponding legal liability according to law.

Record institution:

(Seal)

Signature of legal representative (principal):

Time(Year-Month-Day)

3 Change record form of nursing home

Change Record Form of Nursing Home

Civil Affairs Department:

The relevant matters of our institution have been changed, and the record information of the change of the nursing home is as follows:

Change items:

Before the change:

After the change:

Please put it on record.

Contacts:

Contact information:

Record institution:

(Seal)

Time(Year-Month-Day)

Task 2 Formulate and implement the rules and regulations of nursing homes

Institutionalized management is one of the modern management concepts of nursing home. Rules and regulations are the grasp and path of the institutionalized management of nursing home. On the basis of following the external management policies and regulations, the construction of internal rules and regulations has become an important basis of internal management.

Work steps

The work steps of Task 2 are shown in Figure 2-3.

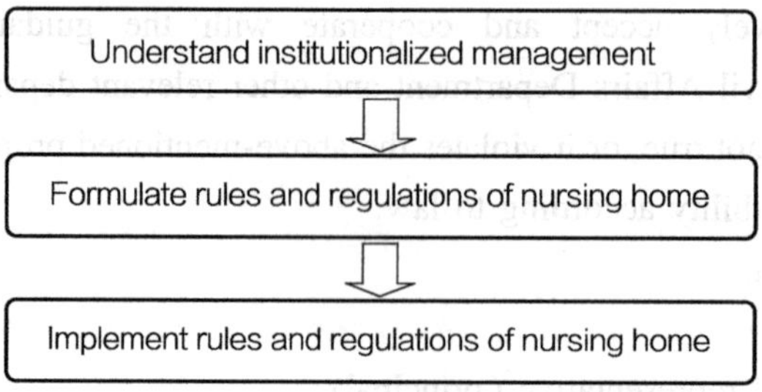

Figure 2-3 Work step diagram of Task 2

| Step 1 | Understand institutionalized management

Activity content

Read the case materials and analyze what *We Don't Need Guidelines* event suggests.

Case

We Don't Need Guidelines in Our Nursing Home

A nursing home has welcomed the passionate dean of "Overseas Returnees", the dean said in the entry training meeting, "Our nursing home does not need to lock the door, so the residents can enter and leave freely 24 hours a day." The dean also said enthusiastically that "100 individuals have 100 ways to serve, so we have no working guidance in the nursing home." Not long after the study, the nurse said very anxiously, "Director Ma, the resident Uncle Li disappeared!" The director replied, "Calm down! First look around the nursing home, and if you can't find him, contact his family. "After search, the nursing home finally found the cognitive impairment resident in the community. The director was relieved and sighed, "Really! The heart disease is coming out. The dean should also think more about us, and change the policy appropriately. "Like Uncle Li, sometimes there will be people sneaking out of the nursing home while the door is not locked, and every time it will cause a great commotion. The nurse said angrily, "The dean was proud that ' we are different from other nursing homes' to attract residents, but we are in trouble. "

The dean has long-term working experience in foreign nursing facilities management department, but he has no working experience as a nursing employee. "The families of the residents were looking forward to it at first, but because of the frequent disappearances, many have recently begun to distrust him. "

With the continuous "escape" of the residents, the dean gradually changed the attitude of "no need for guidelines", and gradually restored the safety management system, nursing work system and duty system, but he revised some of the content. For example, the problem of locking the door is limited to opening the door during the bright day, for strengthening the care for the residents, and explaining the meaning of locking to the families, so as to obtain their understanding and consent in advance. And in case, they prepare in advance to the neighborhood committee and the police station to explain the characteristics of the residents. After the system is perfected, there would he no more missing riots.

Thinking and discussion

In the face of the riots in nursing home, what measures did the dean take?

| Step 2 | Formulate rules and regulations of nursing home

Activity content

Based on the understanding of different businesses of enterprise administrative management, combined with the knowledge of nursing management and service you have learned, what kind of the rules and regulations in nursing home can be formulated to ensure its normal operation?

Knowledge link

Principles and Contents of the Rules and Regulations of Nursing Home

1 Formulated principles

The formulation of the rules and regulations of nursing home should generally adhere to the following principles.

1) The unity of service and standardization

Serving the elderly is the social responsibility of nursing home, and the formulation of rules and regulations of nursing home must adhere to the primary principle of "serving". The social attribute of nursing home determines that it must implement the national policies of the development of social welfare undertakings for the elderly, abide by government laws and industry regulations, and ensure the service for the elderly with the system. Therefore, the formulation of internal rules and regulations of nursing home must be based on relevant policies, laws and decrees, and comply with the basic principles of standardization.

2) The unity of investigation, research and scientific decision-making

Elderly care services are related to social and livelihood projects. The formulation of the rules and regulations of nursing home should make a detailed investigation and research. The investigation is not to investigate vigorously and clearly for every aspect of things without exception, but to emphatically grasp the main aspects of things, especially to focus on the quality of service appeals and disputes. More investigations are needed to focus on the internal and external figure work, from a variety of angles to observe and understand, reveal the nature of things, and scientifically formulate the correct policy.

3) The unity of stability and timeliness

Rules and regulations are the reflection of the objective laws of real work, which must be based on the relevant policies and laws of external management. Policy has strong timeliness, and the permanent effective policy does not exist. People need the process of understanding, familiarity, adaptation, mastering and implementation of any rules and regulations, which should maintain relative stability. If frequent changes occur in even very reasonable rules and regulations, it is difficult to implement, and may even cause management chaos. However, rules and regulations are not static, they should be adjusted with the change of objective conditions. Provisions have proved to be unreasonable and imperfect after practice, which should be revised and improved in accordance with the prescribed procedures.

2 Main types and contents of rules and regulations

Rules and regulations are formulated by the competent department, expressed in written form, and in a certain manner, they are for public handling of the standard general items. Any repetitive or possibly repetitive work involved in the organization can be formed into institutional documents. The content of main types of rules and regulations are shown in Table 2-1.

Table 2-1 Main types of rules and regulations in nursing home

Regulation types	Formulation purpose	Main classification
Department functions	Clarify the division of labor and tasks, responsibilities, and the authority of each department, to avoid shifting responsibilities to each other	Department functions: Administrative department functions → Administrative office, personnel department, finance department, etc. Property department functions Technical department functions → Admission, nursing medical management, etc.
Job responsibilities	Clarify the work tasks and responsibilities that employees in each position should undertake, as well as the relationship between superiors and subordinates, so that each employee knows what should do, what should not do, what standards or requirements should be met, who should be responsible for, and what responsibilities should be assumed	Job responsibilities: Management positions → Dean, secretary, office director, etc. Professional and technical positions → Doctors, nurses, social workers, finance and accounting, etc. Service personnel → Cook, boiler workers, electricians, maintenance workers, etc.
Work regulations	Formulate corresponding work, management, and service specifications based on the actual work needs of nursing home, and clarify specific work objectives, tasks, methods, content, and procedures	Work regulations: Administrative → Personnel management, etc. Professional → Nursing Grade Evaluation, etc. Service → Canteen service, etc. Technical → Service diagnosis, treatment specifications, etc Assessment → annual assessment, etc.

| Step 3 | Implement rules and regulations of nursing home

Activity content

Based on your own understanding of nursing home, what problems do you think you may encounter in the implementation of the rules and regulations? What should you pay attention to?

Knowledge link

The Regulations Implementation Notes in Nursing Home

First, it should adhere to the principle of compulsion and fairness. Rules and regulations are important guarantee to maintain the normal operation and healthy development of the enterprise, and are the "laws" within the enterprise, which must be strictly implemented. If there is anthropic factor of the manager in the implementation, the standard is not consistent, and it is easy to destroy the harmony of enterprise labor relations.

Second, it should adhere to the principle of systematic and procedural. Rules and regulations should be relatively unified. If the inconsistency is found in the implementation process, rules and regulations should be revised in time. Attention should be paid to follow the strict procedures in rules and regulations modification, such as democratic participation, filing, notification, etc. We should pay attention to the interconnection and logical relationship between rules and regulations.

Third, it should adhere to deal with the dialectical relationship between division of labor and cooperation. In the process of implementing the rules and regulations, each administrative department and employee should not only conscientiously fulfill the responsibilities required by the rules and regulations, but also pay attention to mutual cooperation, unity and cooperation, to grasp the operability and feasibility of the rules and regulations.

Knowledge extension

All Kinds of Administrative Rules and Regulations of Nursing Home

1 Conference management regulations

On the basis of abiding by the meeting management principles, conference management regulations of nursing home should formulate pragmatic meeting management methods, arrange and record different meetings through diversified classification and organization procesures, so as to effectively ensure the orderly and efficient completion of administrative work.

The conference management regulation of nursing home is as follows.

In order to standardize the meeting management of the organization, improve the quality and efficiency of the meeting, and effectively track the completion of the work tasks and requirements proposed by the meeting, so as to ensure the effectiveness of the meeting, this regulation is formulated, which is applicable to the conference management of institutions (sub-organizations, business departments, and offices).

Article 1: Meeting form

(1) Different forms of meetings include regular meetings and temporary meetings. Among them, regular meetings mainly include the following forms:

Nursing Home affairs meeting: It will be held at least once a month, presided over by the dean and attended by all the staff. Analyze the criticism and suggestions of the staff on hospital affairs, life, production, management and education in the Nursing Home, summarize and study the work arrangement.

Nursing Home management committee meeting: It will be held based on demand, presided over by the president and attended by members of the hospital management committee. The meeting mainly conveys the superior documents or meeting spirit, solves the problems in production, life and management, checks and evaluate the implementation of position responsibility system, rules and regulations, and studies the important matters in financial expenditure and administrative management.

Assembly of support personnel: The meeting shall be held once a month or a stage, presided over by the president and all staff to attend, mainly convey the superior documents or the spirit of the meeting, commend the advanced personnel, and put forward suggestions for improvement. The meeting shall also publish the financial income and expenditure situation, and summarize the arrangement work.

(2) The presiding department of the temporary meeting shall be held by the leading department, and participants, time and content of the meeting shall inform the relevant participants in the form of notification one working day in advance.

Article 2: Meeting process

The meeting arrangement adheres to the principle of partial obedience to the whole, and the priority order of all kinds of meetings is: regular meetings, temporary administrative/technical meetings, and internal department meetings. Except for the temporary adjustment of the regular meeting, no further notice will be given, and the presiding department will directly inform the participants. The temporary meeting shall be notified according to the principle of "who proposes, who informs", and the participants and the conference service providing department shall be notified within one working day before the meeting.

Meeting notice content:

(1) Meeting time;

(2) Meeting venue;

(3) Meeting presiding department;

(4) Participants;

(5) Theme of the meeting;

(6) Materials to be prepared at the meeting;

(7) Matters needing attention in attending the meeting;

(8) Others.

Article 3: Organization of meetings

The conference organization follows the principle of "who proposes, who organizes". The assistant of the department presiding over the meeting or the designated executor of the department should prepare for the meeting in advance, such as arranging the meeting venue, preparing seats, meeting equipment and other facilities and supplies required for the meeting. Participants should arrive at the meeting place 15 minutes before the meeting, sign in on the "Meeting Sign-in Form", abide by the meeting discipline, and keep meeting records.

Article 4: Meeting records

All kinds of meetings shall be recorded in specially prepared record notebooks. In principle, special personnel shall be assigned to record various meetings. During the meeting, an important meeting shall be recorded with an electric voice recorder, filed by the meeting recorder to the organization within two working days after the end of the meeting. The meeting should be recorded authentically to ensure the originality of the records. The president of the meeting shall sign on the record of each meeting for confirmation. Meeting records are confidential files, and the storage personnel shall not reveal them without authorization.

All meetings shall be prepared to facilitate the inquiry of relevant information, to be prepared for the tracking and implementation of follow-up work. The meeting shall be truthfully recorded, summarized, and classified by items.

The records contain (but not limited to) the following:

(1) The main content and topics of the meeting;

(2) Major matter discussed or decided at the meeting;

(3) Action plans or improvement measures decided by the meeting;

2 Official document management regulation

In the administrative office process of nursing home, the commonly used documents include memo, memorandum sheet, signing petition, report, requests for instructions, notice, notification, letter, etc. Different types of documents are quite different in their uses and corresponding styles. The basic process of document processing refers to the whole process from the receipt or assignment to the document filing.

The document management regulation of a nursing home is as follows:

Document processing refers to the management, filing, and a series of interrelated and orderly work. Document processing should adhere to seeking truth from facts, streamlined, efficient, accurate, timely and safe.

Article 1: Document handling

The procedures for issuing documents include drafting, review, issuing, registration, review, printing, distribution, delivery and other steps.

(1) Requirements for official document drafting.

The document should be in accord with the basic principles, policies, laws, regulations and the instructions of higher authorities, accurately reflect the work intention of the agency, and connect with the current relevant official documents.

The document should comprehensively and accurately reflect the objective actual situations, the proposed policies, and other feasible measures.

The document should be in clear point of view, and the situation should be true. The document should have substantial content, clear order, rigorous structure, accurate expression, and concise text.

Name, place, time, number, and citation should be accurate. The time should be written in specific date pattern. When quoting official documents, the title should be cited first, followed by the document number. The usage of Chinese characters and punctuation marks conforms to the national standard scheme, and the unit of measurement and numbers conform to the relevant national regulations.

The document should come to the point, with concise writing, accurate language, standard words, correct style, correct format, and accurate level of ordinal number.

When drafting official documents, they shall take the initiative to consult and solicit opinions on matters involving the functions and powers of other departments.

The drafting of important official documents shall be presided over and guided by the person in charge of the department, investigation and research should be conducted and full demonstration should be implemented, and solicit opinions from the relevant departments should be collected.

(2) Requirements for official document review.

Any documents made and issued in the name of the organization, must conform to the process of reviewing and signing when being issued by the official leader. After the approval of the leader in charge of the undertaking department, the director of the office shall examine the type and format, and put forward the preliminary opinions on the document.

Key points of reviewing: whether the opinions and content conform to national laws and regulations; whether the content is actual and connected with the content of relevant documents; whether the proposed measures and methods are feasible; whether the matters involving the relevant business departments have approved, negotiated and agreed upon; whether the key words are standardized; whether the writing is accurate; whether the logic is refined; and whether the structure is rigorous; and whether the document is necessary or need joint release.

(3) Document issuance requirements.

Official documents must be issued by the leader of the organization, and once the official documents are issued, they will become finalized edition.

(4) Requirements for double-check, printing, distribution and transmission.

The office should double-check the examination and approval procedures, types, format and content of the official documents. After the double-check, if it is necessary to modify the content involved, it must be reported to the original issuing leadership for review. Printing should be accurate, timely, safe, and confidential, with standard and correct seal use. Distribution and transmission shall be well registered and distributed, according to the scope of distribution and transmission. When transmitting classified documents, the method of classified document transmission shall be strictly implemented. The office should file the documents in time according to the document filing requirements.

Article 2: Handling of receipt documents

The general procedures of receiving and handling documents include signing, registration, planning, distribution, circulation (if approved), undertaking and prompt work.

The office is responsible for the unified receipt, registration, putting forward the proposed opinions, sending to the leadership for approval according to the proposed opinions. Urgent documents shall be sent to the leaders as soon as received, other general documents should be proposed to the leaders within three days. When receiving, important points shall be clarified one by one, and the signing time shall be marked. If any problem is found, the office shall inquire to the issuing authority in time and take corresponding treatment measures. During registration, the documents shall be registered one by one according to the classification requirements of the issuing authorities. The registration content includes the title of the document, secret level, issuing number, issuing authority, the number of copies, date of receiving, serial number of receiving document, etc. The office shall send the documents to relevant departments, rooms and teams according to the review requirements of the organization leaders, and timely remind the relevant departments, rooms and teams to complete the review opinions according to the timeline.

The office should also supervise and inspect the handle of the documents, timely urge for emergency or important documents implementation, regularly urge the general documents, and timely feedback to the bureau leaders.

After the completion of the official document processing, the undertaker shall make a brief indication in the document processing sheet, including the issue date and the text number, the name of the undertaker and the handling result, etc., so as to facilitate the management and examination.

3 Seal management regulation

Seal is a sign of power both internally and externally, which has legality, authority and utility. In order to prevent the loss of economic and credit losses due to the improper management and use of seals, it is necessary to strengthen the seal management and strictly formulate the seal management measures in accordance with the principle of hierarchical management.

The seal management system of a nursing home is as follows:

In order to strengthen the management of various kinds of official seals of the organization, facilitate the engraving, usage and destruction of the official seals, reduce and avoid the losses caused by the lack of management of the official seals, this management regulation is formulated.

Article 1 Seal engraving

The engraving of the company seal shall be submitted to the person in charge of the organization for examination and approval. The individual name seal, administrative seal, financial seal and contract seal shall be unified by the office to the designated Public Security Administrative Department. The shape and specification of the seal shall be executed in accordance with the relevant provisions of the state, and put on record by the Public Security Bureau. Without the approval of the person in charge of the institution, no department or individual can carve a seal without authorization. Violators shall be dealt with in accordance with the company's accountability regulations according to the circumstances, and shall bear all the consequences arising therefrom.

Article 2 Seal usage

The seal of the organization mainly includes the company administrative seal, special business seal (contract seal, financial seal, personnel seal and technology professional seal), special personal name seal for the legal representative. All seals of the company must be used within the prescribed scope and shall not be used beyond the scope.

(1) The scope of use of the administrative chapter is mainly as follows.

①Documents issued by the agency;

②Documents jointly issued by the institution and the relevant units;

③Certificate and relevant materials issued by the institution;

④Financial reports provided by the institution externally;

⑤Articles, regulations and other official documents;

⑥Transfer, appointment, removal and employment of the employees, and relevant documents;

⑦Other documents that must be stamped with an administrative seal.

(2) The scope of special business seal usage is mainly for the specific application scope of all kinds of business.

Article 3 Seal management

The administrative seal and the special seal for contract shall be managed by a special person arranged by the office. The special business seal shall be managed by a special person designated by each department. The personal name seal of the legal representative shall be managed by the special person designated by the financial department.

4 Archive management regulation

The archives of institutions refer to the historical records of various words, charts, audios and videos, which are valuable to the institutions in the management, science and technology activities, and institutional culture formation. The archives management of nursing home shall follow the basic principle of combining unified management and centralized classification, implement classification and grading management for different files. The office is responsible for the collection, arrangement, utilization and management of all kinds of archives. The functional or business departments shall be responsible for the collection, arrangement, utilization and archiving management of the archives of their own departments respectively.

The file management regulation of nursing home is as follows:

Article 1 Archive storage regulation

The archive staff should carry out the necessary processing and sorting of the received archives, classify, number and arrange them, improve the retrieval tools, and gradually make the archive management on the track of standardization and institutionalization.

The archive warehouse should be kept clean and hygienic. It is not allowed to store food or items prone to mildew and damp in the warehouse. Each file box and cabinet must be replaced with insect and mildew prevention drugs once a year. Smoking and fire are strictly prohibited in the warehouse. Flammable, explosive, perishable items and other sundries shall not be brought into the warehouse.

Article 2 Archives security and confidentiality regulation

Comprehensive archive room is a confidential unit. Aarchive staff are responsible for reception of borrowing and archiving personnel, and other staff shall not enter the office.

Archive staff must conscientiously implement the relevant archives receiving, management and borrowing process, and conscientiously perform the registration, signing and cancellation procedures.

Archive staff must strictly implement the confidentiality policies and regulations of the state, maintain the security of all kinds of files, and shall not disclose the contents involved in the files as conversation materials to others, nor extract the content of the files without permission.

Archives staff must strictly comply with the relevant destruction regulations. The documents, materials and archives that need to be destroyed in the archives room must be identified, submitted to the leadership for approval and sent to the designated paper factory for destruction.

Article 3 Archive reference, borrowing and utilization regulation

All departments should borrow files and other documents within the scope of business of the department. The archive staff should guide them to handle the borrowing registration procedures and provide timely usage.

When departments apply to use confidential archives due to work needs, the archival personnel should guide the applicants to go through the examination and approval procedures, and then provide the usage. The applicants should not consult documents unrelated to the work.

When people from other institutions apply for reference, archival personnel should check the valid proof of materials, and prepare archives for use after the audit.

Archive staff should remind and guide the user to fill in the "Archive Reference Registration Form" carefully, and urge users to return in time. When the archives are borrowed for more than two weeks and cannot be returned, the users must deal with the renewal procedures.

5 Property management regulation

Providing property services in nursing home refer to providing personal property management, bedroom cleaning services (as shown in figure 2-4). The property service management of modern nursing home pays attention to the innovation in the nursing concept, and service mode, introduces modern service industry into the traditional elderly nursing industry, and forms the dual service mode of "property service + elderly care service".

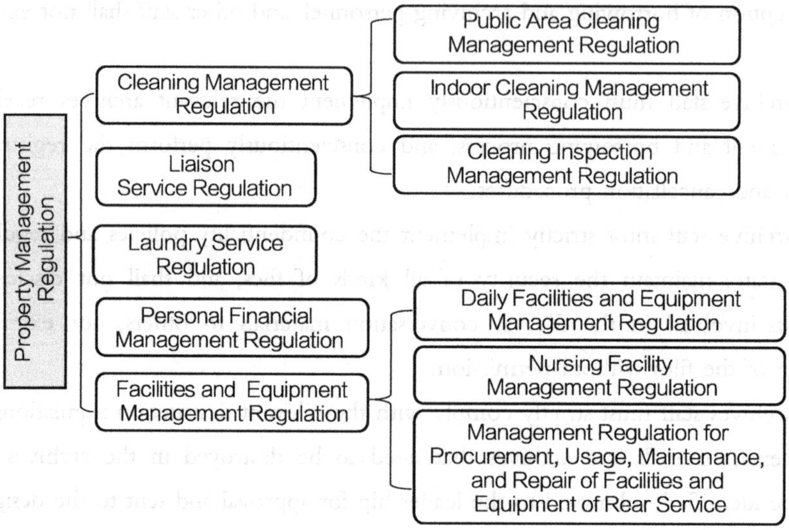

Figure 2-4 Property management regulation of nursing home

Practical training

Scenario simulation

If you were Xiao Zhang, and finish the admission filing your classmate Xiao Li is the employee of the pension department. Xiao Zhang needs to record the "Sunset Red Nursing Home" according to the local filing policy and process. Please play the role and complete the filing process.

Training objectives: in practice, be familiar with the filing process of nursing home, and enhance the perception and understanding of the filing materials.

Training requirements: two people in a group, each group members respectively choose "Xiao Zhang" or "Xiao Li" as two roles, through the network, telephone, on spot and other diversified ways, understand the filing process of the local nursing home. "Xiao Zhang" needs to prepare the filing materials, while "Xiao Li" is responsible for the review and evaluation to complete the filing process. After completion, swap roles according to the above rules.

Training instructions:

Record process of local nursing home

Record of the preparation process of record materials

Audit process record of filing materials

Project 3
Operations management of nursing homes

Instructional objectives

1. Understand the framework and composition of post management in nursing home.
2. Understand the recruitment process, salary and treatment system of nursing home.
3. Understand the whole-process management mode of financial budget, financial control and analysis of nursing home.

Work tasks

Case

Through the study of Project 1 and Project 2, Xiao Zhang has gained a preliminary understanding of the filing work and administrative management of the service and management of nursing home. With the financial support of the venture capital fund management company, he has completed the filing record work in accordance with the regulations of the local Civil Affairs Department. Xiao Zhang is ready to "roll up his sleeves and work hard". Although Xiao Zhang has a certain understanding of the elderly care service industry, he knows nothing about human resource and financial management. He is in urgent need of "charging" and hiring corresponding talents to assist in the management work. To accomplish this goal, he should complete the following tasks.

Task 1 Master the way of human resource management in nursing homes

Human resource management is the overall of the mechanisms, systems, processes, technologies and methods of the effective development, and rational utilization, scientific management of human resources in the organization according to the development needs of organizations and individuals.

Work steps

The work steps of Task 1 is shown in Figure 3-1.

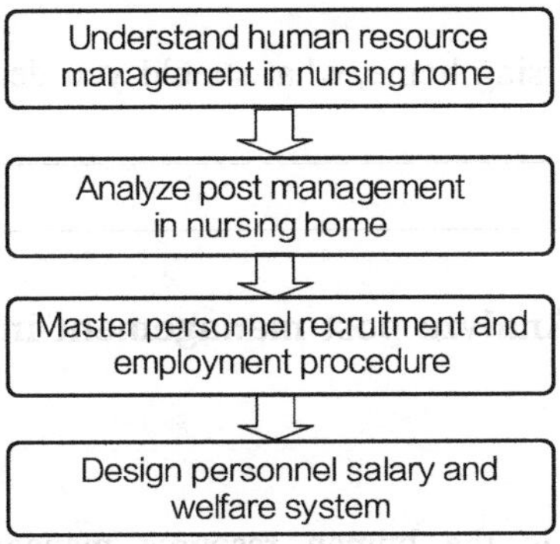

Figure 3-1 Work step diagram of Task 1

| Step 1 | Understand human resource management in nursing home

Activity content

Read the case materials, analyze the problems in the human resource management of nursing home introduced, and conclude the enlightenment.

Case

"Bully" the "New Hand"

A young nurse in a nursing home asked the nursing director, "Why old nursing staff always cannot do the work of bath nursing? It's so unfair! " The young nurse old complained, "Bath nursing, or nursing incapable residents, are certainly the work of young employees, older employees only pick easy work with the excuses of lumbago or exhaustion. But the young employees also have lumbago, and we are also be tired. " In this nursing home, the nursing director decides the work of the nursing staff each day, but the director of nursing assigns the troublesome tasks to the younger staff. The young nurse said angrily, "Everyone's salary is the same, so it's not convincing. "

The director of nursing clarified, "There are many old employees said that the situation of the residents has deteriorated year by year, the heavy nursing work has increased, we have been working very hard. " If the experienced employees leave their jobs, the director of nursing would be very difficult to keep the nursing service going. "I also feel sorry to the young employees, but I can't help it, " said the director of nursing.

To make matters worse, some of the older employees have pretended not have heard the caller, waiting for the younger nurses to deal with nursing items. Although the older employees are experienced and they are good at solving complex problems and can deal with problems flexibly, the complaints from young nurses come out repeatedly due to heavy work and equal salary.

Thinking and discussion

Facing the problem of nursing home, what should you deal with it?

| Step 2 | Analyze post management in nursing home

Activity content

What are the problems in the human resource management of nursing institutions reflected in the case?

Knowledge link

Post Management of nursing home

The post setting of nursing home is based on the organizational structure of the institution and function orientation. The purpose of the division of departments of nursing home is to determine the allocation of tasks and the attribution of responsibilities in the organization, in order to achieve a reasonable division of labor, clarify responsibilities, and effectively achieve the organizational goals. The organizational structure of nursing home is shown in Figure 3-2.

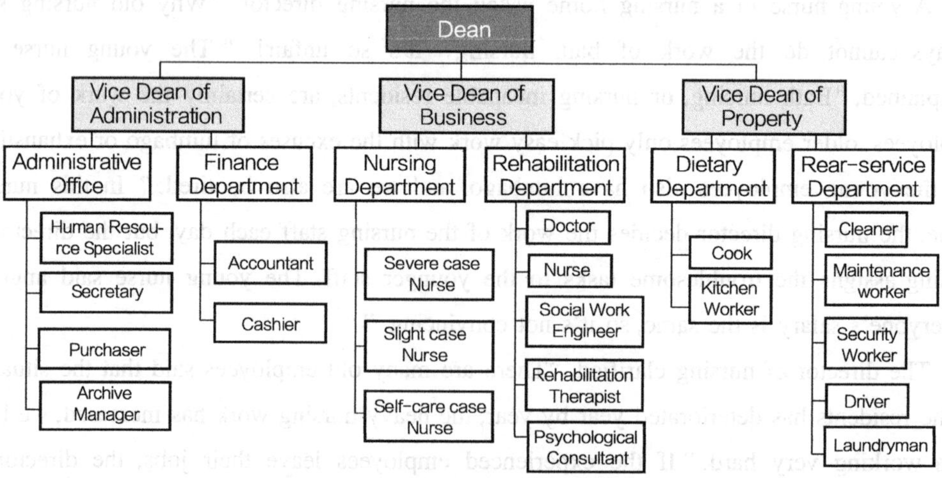

Figure 3-2 The organizational structure of nursing home

The post refers to the organization position of a person who undertakes a series of job responsibilities. It is the basic component unit of the organization, and the post is corresponding to the person one by one, such as "Wang Xue, the leader of the nursing group". Post analysis, which can also be called position analysis, or work analysis, means that through the collection and analysis of relevant data to determine the organization of the positioning, goals, work content, responsibilities and authority, personnel requirements and other basic elements. Specifically, job analysis is to provide kinds of information related to management activities, which can be summarized as "6W":

Who: Who will do this job?

What: What is the specific work content of this post?

When: When should arrange the work?

Where: Where should arrange the work?

Why: Why should the work be done?

For whom: The work is done "for whom"?

Through the post analysis, we can mainly solve the following problems.

(1) What does a specific position do?

This problem is related to the specific work on the post, including the name of the post, the responsibility of the post, the requirements of the post, the position in the organization, the assessment standards and other content.

(2) What kind of person is the most suitable person for this position?

This issue is related to the qualifications of the person engaged in the position, including professionalism, age, necessary knowledge and ability, necessary certificates, work experience and psychological requirements, etc.

Expanding reading

Job Description

Through the collection, analysis and synthesis of information, we can form the final formation of the post analysis results — Job description. Job description, also known as "work description", is concluded according to the job data obtained by the job analysis, the job position, working conditions and responsibility description. Its purpose is to confirm the job responsibilities under the restrictions of certain conditions, and explain the scope and content of the work. Scientific and reasonable job description is not only conducive to the nursing home to clarify the responsibilities of each department and each post, but also conducive to the employees to clearly know what they need to do and what they should do, to effectively solve the problems of overlapping tasks, buck-passing and unclear responsibilities. Furthermore, it can also facilitate the recruitment and training of human resources departments.

Taking the post of Director of the rehabilitation department as an example, the job description can analyze in-depth what the post needs to do and should do from the perspectives of conditions, purposes, the scope of responsibilities and assessment criteria (see Table 3-1).

Table 3-1 Job description of the director of the rehabilitation

Enterprise	Sunset Red Nursing Home	Post	Director of Rehabilitation	Date of Department Discription	Department October 5, 2021
Department	Rehabilitation Department	Person in charge	Huang Li	Signature of Person in charge	
		Direct Supervisor	Vice Dean of Business	Signature of Direct Supervisor	
		Direct Subordinate	Wang Xue	Indirect Subordinate	Sun Hong
Post Number	B-124	Job Description Number	456123	Date of Ratify	On December 20, 2021
Post Summary					
Job Requirements	Necessary Knowledge	Degree/Expertise	1. Bachelor degree or above, medical-related majors; 2. Have medical professional knowledge and administrative management knowledge		
		Other Technical Requirements	Qualification certificate of chief physician is preferred		
	Working Experience		Over 5 years		
	Business Scope		Be familiar with the medical rehabilitation process		
	Ability and Quality Requirements		1. Quick and clear thinking; 2. Enthusiastic, active and responsible		
Post Purpose			Be responsible for the medical rehabilitation of elderly residents		
Communication Relationship	Internal Communication		Doctor, Nurse, Social Work Engineer, Rehabilitation Therapist, Psychological Consultant		
	External Communication		Family Members of the Elderly Residents, Rehabilitation Professionals from other institutions		

Scope of Work Duty	Criteria of Assessment
1. Carry out work under the leadership of the vice dean in charge, responsible for the business management of medical treatment rehabilitation, social work, etc.	The work implementation rate has reached 100%
2. Responsible for regulation draft, organize the implementation, timely summary, report on time of the agency's work plans, take the initiative to coordinate with rehabilitation works	Plan completion rate has reached ________%
3. Regularly supervise professional and technical personnel to strictly implement the rules and regulations and technical operation routine, check the implementation of various medical rehabilitation measures.	Error accident is lower than ________ times
4. Master the ideological trends of the staff of the organization, adopt different management methods to mobilize employees' enthusiasm and carry out department work	Employee work activity rate has reached ________%
5. Understand the health status of the elderly, and take measures to provide good rehabilitation service for the elderly, and lead the medical staff to provide high-quality rehabilitation for seriously ill elderly	Work completion rate has reached ________%
6. Be responsible for organizing the business study of the department, urging employees to consciously observe labor discipline, and responsible for the assessment of department personnel and proposing suggestions on rewards and punishments	Business learning times are reached more than ________ times
7. Be responsible for the custody of the fixed assets of the department, and do a good job in safety protection	Fixed assets loss rate is zero, the number of safety accident occurrences is lower than ________ times

| Step 3 | Master personnel recruitment and employment procedure

Activity content

Suppose you were Xiao Zhang, take the entrepreneurial project of nursing home construction as the scenario simulation, from the perspective of "6W", think about the recruitment of suitable personnel for different positions, and analyze what recruitment conditions and recruitment process need to set.

Knowledge link

Recruitment Process of nursing home

(1) Usually at the end of each year, according to the situation and functions of departments, the Human Resources Department draws up human resources recruitment plan, and submitted to the leadership for approval. After the approval, the organization prepares to recruit new employees.

(2) The Human Resources Department shall notify the relevant employing department according to the approved human resources plan and the Employing Department shall conduct an interview and written test for the new recruited staff and submit a written opinion to the Human Resources Department for record. The Human Resources Department is responsible for reviewing the personnel files and qualifications of the newly recruited employees and arranging the physical examination, and selecting the best candidates to ensure that the basic comprehensive quality of the newly recruited employees can meet the requirements of the employing department.

(3) The newly recruited employees should meet the requirements of educational background and professional technology of the corresponding positions. The fresh college and technical secondary school graduates should sign a service period agreement with the nursing home.

(4) The human resources department is responsible for the pre-job training and education of the rules, regulations and disciplines to the newly recruited employees, and the Employment Department is responsible for the education of job responsibilities and business skills before the work of the newly recruited employees.

(5) If the term of the labor contract of a new employee is more than three months but less than one year, the trial period shall not exceed one month. If the term of the labor contract is more than one year but less than three years, the trial period shall not exceed two months. If the labor contract is with a fixed period or no fixed term, the trial period shall not exceed six months.

(6) In accordance with the relevant provisions of the labor policies of the province, region and city, the employers and the employees are voluntarily to sign the contract through equal negotiation and abide by the terms listed in the contract. The specific terms of employment shall refer to the employment contract of the provinces(regions or cities) where they are located.

Step 4 | Design personnel salary and welfare system

Activity content

After the first three steps of learning, Xiao Zhang has initially understood the basic content of the post setting and personnel recruitment, Xiao Zhang believes that only by giving the right salary and welfare, can we really recruit the talents we need, and then we can really retain the right personnel in need. Is this idea right? Talk about your opinion.

Knowledge link

Payment System Design

Payment is the general name of the remuneration, usually including salary, bonus, allowance, labor dividends, welfare, etc. The narrow meaning of payment mainly refers to the currency and can be converted into money, while the broad meaning of payment refers to a variety of non-monetary form of satisfaction and the narrow salary system.

To some extent, payment is the reward of the organization's contribution to its employees, including their attitude, behavior and performance. In a broad sense, payment not only includes external returns such as capital, bonus and vacation, but also includes internal returns such as participation in decision-making and greater responsibility (as shown in Figure 3-3).

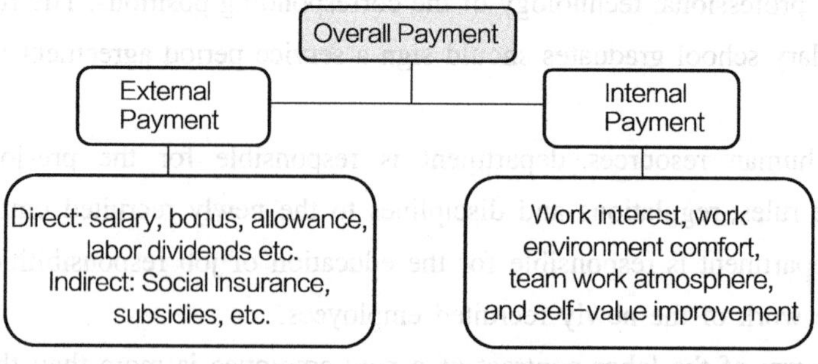

Figure 3-3 Generalized definition of comprehensive payment

The payment system is a subsystem of enterprise human resource management. It is a process of determining, distributing and adjusting the payment standard, distribution level, factor structure and methods of various contents of employee economic payments (as shown in Figure 3-4). The design of payment system needs to follow the principles of internal fairness, external competitiveness, incentive, legitimacy and flexibility.

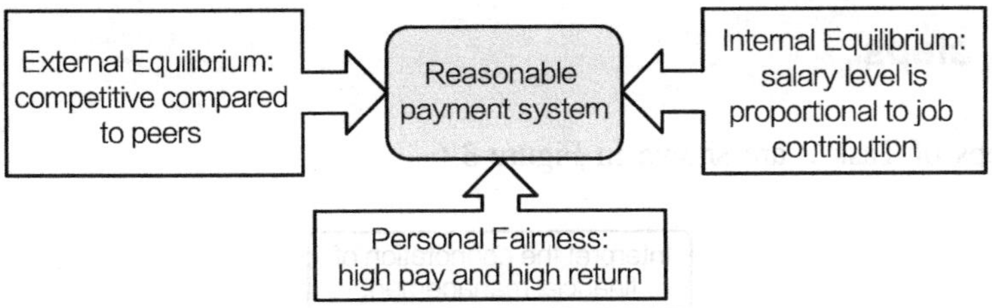

Figure 3-4 Reasonable payment system diagram

Common employee payment is divided into annual and monthly payment system, and also can be divided into fixed and floating payment, in which fixed payment includes basic salary, assets, allowances, and benefits, according to different situations. Floating payment includes long-term incentives such as bonus and stock options, as well as some non-monetary external compensation and internal compensation. The composition of the compensation system is shown in Figure 3-5.

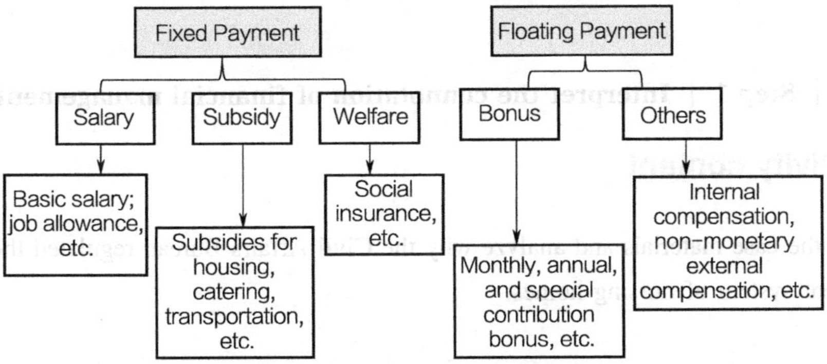

Figure 3-5 Payment system construction diagram

Task 2 Master the way of financial management in nursing homes

The finance of nursing home refers to the various financial activities formed in the process of providing nursing services and the various financial relationships formed therefrom. Financial management is a variety of management methods and means used for this financial activity and financial relationship. That is, the financial management of nursing home is an economic management activity in which nursing home correctly organize financial activities and deal with financial relations according to the relevant financial laws and regulations and the principles of financial management. The financial management of nursing home is a series of economic management work, such as scientific prediction, decision-making, planning, control, coordination, accounting, analysis and assessment, in the process of handling financial activities, with the goal of achieving good economic benefits.

Work steps

work steps of Task 2 are shown in Figure 3-6.

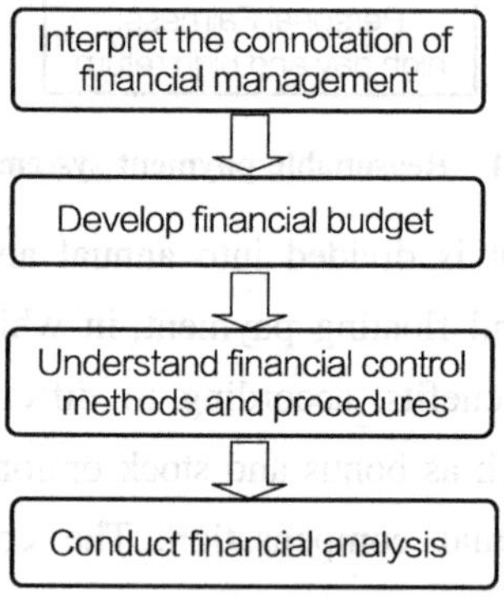

Figure 3-6 Work step diagram of Task 2

| Step 1 | Interpret the connotation of financial management

Activity content

Read the case materials and analyze why the Civil Affairs Bureau regulated the financial management system of nursing homes.

Case

Congjiang County Civil Affairs Bureau Solves the Problem of Financial Management

Recently, the Civil Affairs Bureau in Congjiang County of Guizhou Province explored and launched "money in nursing home managed by Civil Affairs Bureau" mechanism, standardized the accounting behavior of accounting, cracked financial management problems, created a prefecture for financial management in nursing home.

The mechanism clearly stipulates strict financial management, standardizes financial behavior; strictly keeps autonomy rights of nursing home, standardize management behavior; strictly enforces approval procedures, standardizes the reporting process; strictly regulates special account management; standardizes service scope; and standardizes the management of funds. After the implementation of the mechanism, the financial department maintains the rights and responsibilities of the nursing home (welfare home), that is, the capital ownership, fund use and approval right remain unchanged, and the responsibility of asset management, creditor's rights and debt management responsibility, financial income and expenditure balance responsibility and accounting subject responsibility remain unchanged.

"In the past, accounting bills were not standardized. Now there are many procedures, but bills are very standard and safe." Wu Guowen, president of the Nursing Home of Qingyun Town, Congjiang County, said that the mechanism has put an end to the extravagance and waste caused by chaotic and irregular financial management in the past.

"In the past, each nursing home account was not the same. "Pan Chengjiang, director of the office of Congjiang County Civil Affairs Bureau, said that the implementation of the mechanism began in 2017, which not only facilitated the unified use of funds management, but also made the full use of national assets to ensure that the bottom line reaches natural poverty alleviation.

At present, the county has been put the mechanism into use in 15 nursing home, to put nursing service institutions' finance to the public account. The implementation of the mechanism not only opens finance source, reduces expenditure, increases income and expenditure, but also effectively avoids black box operation of the account, so as to curb corruption at the source.

Knowledge link

Characteristics, Objectives and Process of Financial Management of Nursing Home

Nursing home represents the nature of social welfare and marketization, which determines their own characteristics in financial management. To some extent, the financial activities of nursing home reflect the national financial policy. Financial management can timely and comprehensively reflect the nursing home operation status, and penetrate into services, supply, consumption and so on, each process with different people, goods, and various elements. In addition, in the process of nursing home management, whether the decision is appropriate or reasonable, the service satisfaction can also be reflected in the financial indicators.

The goal of financial management of nursing home is the starting point and destination of institutional financial practice and financial decision-making, as well as the behavior orientation of institutional financial management. The primary goal of the financial management of nursing home is to ensure the standard, safe and benign operation of the financial and capital operation of nursing home, and then to assist in cost accounting, economic operation analysis and asset management, so as to improve the utilization efficiency of funds and assets.

The financial management process of nursing home refers to the working steps and general aspects of the financial management. Generally speaking, financial management mainly includes the following processes.

1 Financial budget

Financial budget is a general term of a series of budgets that specifically reflect the expected financial position and operating results of the institution within a certain period of time in the future, as well as value indicators such as cash income and expenditure, including cash budget, estimated income statement and estimated balance sheet. The preparation of financial budget is an important part of the financial management of nursing home. The financial budget must obey the requirements of the decision-making objectives of the organization, and make the decision-making objectives specific, systematic and quantified.

2 Financial control

The financial control of nursing home refers to the daily calculation and audit of the income, expenditure, occupation and consumption of funds on the basis of the plan and various indicators, so that they can run according to the predetermined target and improve the economic benefits.

Implementing financial control is an effective measure to implement the planned tasks and ensure the realization of the plan. In order to achieve the financial management task and the financial goals, the Financial Department of nursing home must strengthen daily financial control work. Based on the financial system, it should set financial planning as the goal, and the standard of financial quota. Combined with the economic responsibility system, the Financial Department should clarify relevant personnel responsibilities and relationships, and make specific work process of the financial control.

3 Financial analysis

Based on the accounting data, account book records and other relevant data of nursing home, the financial analysis of nursing home is to do income, payments and cash flow comparison, analysis and research for a certain period of unit financial situation. Furthermore, it often refers to corresponding index comparison, summing up experience, making a correct evaluation method, so as to help evaluate agency business performance, predict the future financial situation, business activities and cash flow.

| Step 2 | Develop financial budget

Activity content

Use the Internet to check the financial budget data of nursing home over the years, and talk about why institutions make financial budget every year.

Knowledge link

The Role, Principles and Process of the Financial Budget in Nursing Home

The financial budget of nursing home is the basis of financial control and the standard of assessment. Its role is mainly summarized in the following aspects. First is to make the goal specific, systematic and quantification. The financial budget can comprehensively coordinate and plan the economic relations and functions of various departments and levels within the nursing home, to make it uniformly subject to the requirements of the overall objectives of the future business. At the same time, financial budget can also make the decision-making goals specific, systematic and quantitative. The budget can clearly stipulate the respective responsibilities and corresponding goals of the relevant production and operation personnel of nursing home. Second, as the basis for control and early warning, in the implementation process of the financial budget, all levels and departments compare the implementation with the budget on a regular (monthly or quarterly) basis, timely discover the deviation and analyze the reasons, and take the necessary measures, to ensure the smooth completion of the overall goal. Third, it contributes to the smooth realization of the financial goals, and control of operating cost. The financial budget preparation of the nursing home should follow the following principles. It strengthens the investigation before the budget preparation and fully obtain the relevant data; the budget preparation should be comprehensive and complete; it cooperates and controls the cost in the budget process; the budget preparation should be scientific and reasonable, and too high or too low budget indicators are not conducive to the guidance and control of budget management method. At the same time, the uncertain factors in the process of business activities require the budget indicators to have certain flexibility, so as to effectively ensure the realization of the business goals of nursing home.

The budgeting of nursing home generally follows the process as shown in Figure 3-7.

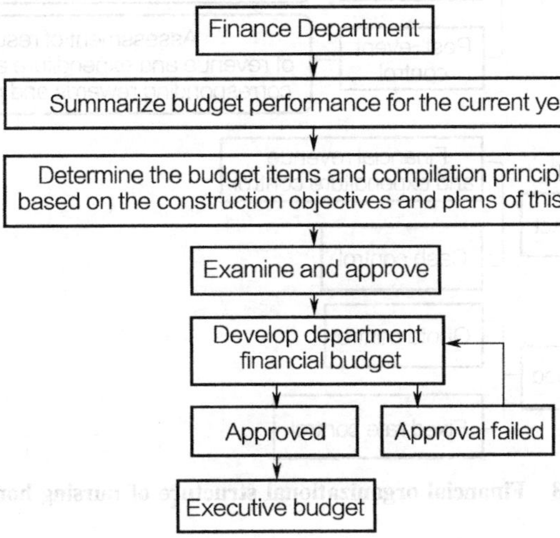

Figure 3-7 Flow chart of budget compilation of nursing home

| Step 3 | Understand financial control methods and procedures

Activity content

According to the annual construction task, Xiao Zhang formulated the financial budget together with the Financial Department, but Xiao Zhang thinks that in the financial implementation process, there is no need to comply with the restrictions of the budget, is his idea right? why?

Knowledge link

Classification and Method of Financial Control in Nursing Home

Financial control is an important part of the economic control system. Financial control must be done with clear purpose, in accordance with certain financial management standards. In this process, it should pay attention to the specific analysis of specific problems, to ensure the realization of financial budget indicators.

The financial control of nursing home is mainly classified according to time, object and methods(As shown is Figure 3-8). There are various methods of financial control in nursing home, and different methods should be dealt with according to the changes in the objective environments. The common financial control methods of nursing home mainly include the following five types.

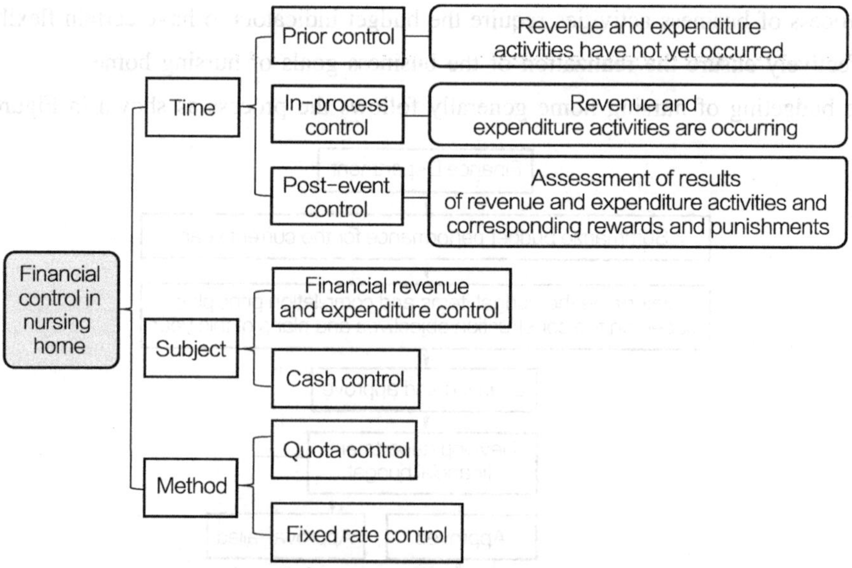

Figure 3-8 Financial organizational structure of nursing home

1 Organizational structure control method

Nursing home should set up a organizational structure in the process of control target. Reasonable organizational structure control is an important condition for ensuring that economic operations are carried out in accordance with the established policies of the organization, improving operational efficiency, protecting assets, and enhancing the accessibility of accounting data. According to the requirements of financial control, in the process of determining and improving the financial organizational structure of elderly care institutions, the requirement of separating incompatible positions should be clarified, that is, one person cannot concurrently hold different positions in the financial activities of the same department. For example, the person with the authority to approve procurement cannot directly engage in procurement business, the person engaged in procurement business cannot engage in product storage business.

2 Authorization approval control method

The authorization and approval control of nursing home can specify the scope of responsibility and business processing authority of employees at all levels of the institution. Members must obtain approval or authorization to implement decisions or perform business. It is strictly prohibited to handle matters beyond their authority. The method is to specify the authorization matters and the limit for the use of funds through the authorization notice. To perform authorization approval control, the first rule is to clarify authorization links within the institution and specify the authorizers of each link. Secondly, the authorization level should match the administrative level of the authorizers. Thirdly, the authorizers should be a competent persons, and there is no authorization should be granted to incompetent persons. Fourth, personnel at all levels should act in strict accordance with their authorities, giving full trust to their actions within the scope of authorization, and the actions beyond authority shall not be recognized. Fifth, no matter what authorization method is adopted, there should be documentation.

3 Budget control method

The budget control method is a method of implementing control based on the financial budget prepared in advance. The Budget Management Department of nursing home should strengthen communication with budget implementing units, use financial information and other relevant materials to monitor budget implementation, timely report to decision-making bodies and budget implementing units in appropriate ways, feedback on budget implementation progress, implementation differences, and promote the realization of comprehensive budget objectives for nursing home.

4 Measures control method

1) Policy and institutional control method

It mainly refers to the financial control of nursing home based on the relevant national policies and combined with the characteristics of the institutions themselves. The financial management personnel of nursing home should comprehend the relevant system in time, take the system as the standard, and strictly control it.

2) Document record control method

Documentation method plays an important role in the financial control of nursing home. In order to ensure the validity of documentation, reliability control should be carried out. Accounting files are important historical materials and evidences formed in economics activities to record and reflect economic business, so the management of accounting files should be strengthened. The daily management of accounting files should be under the responsibility of the financial department supervisor. The accounting department should be responsible for sorting out, filing, and registering the accounting files.

5 Responsibility control method

The post responsibility regulation is the organizational guarantee for the financial control of the nursing home. Only by carrying out the post responsibility regulation, can it ensure that all departments control their economic activities and capital operation accordingly. In order to ensure the implementation of the responsibility regulation, each employee should have clear accounting objectives. The responsibility and authority of each department or even individual should be clarified, and the responsibility should be strengthened to personnel, so that each department and employee can clarify their working authority to facilitate verification.

| Step 4 | Conduct financial analysis

Activity content

According to the financial budget, Xiao Zhang controlled the budget in the process of financial implementation. He wants to understand the overall financial income and expenditure of nursing home in the near future, so as to think and prepare for the next step of expansion. What aspects should he analyze? What kind of analytical methods should be used?

Knowledge link

Financial Analysis Content of Nursing Home

Financial analysis is a process of judgment, aiming at evaluating the current or past financial situation and operating results of the enterprise. Its main purpose is to make the best forecast of the future situation and operating performance of the enterprise. Financial analysis is one of the important means of the management of nursing home, which is important for improving the operating efficiency and achievements of institutions and promoting the scientific decision-making.

Through financial analysis, the problems and deficiencies in the operation and management of nursing home can be found in time, and effective measures can be taken to solve them, so as to make full use of the limited resources to continuously improve the management level.

The content of financial analysis of nursing home mainly includes four aspects: solvency analysis, operation capacity analysis, profitability analysis and development capacity analysis.

1 Solvency Analysis of nursing home

The solvency of nursing home refers to the capacity to pay its debts on schedule. Solvency analysis is an important part of institutional financial analysis, including short-term solvency analysis and long-term solvency analysis. Short-term debt is an important source for nursing home to make up for the lack of working capitals in daily business activities. Financial analysis helps to judge the operating capacity of short-term funds and working capital turnover. Through the analysis of long-term solvency, it can not only judge operating conditions, but also prompt institutions to improve the capacity of financing funds.

2 Operation capacity analysis of nursing home

The operating capacity of nursing home mainly refers to the efficiency and benefit of the operating assets, that is, the turnover rate or turnover speed of assets. If the use of institutional assets is high and the circulation is fast, the institution can invest more income and reduce the occupation and backlog of funds. Through the analysis of operation capacity, the efficiency of asset operation of nursing home can be evaluated and the problems existing in asset operation can be found. Operation capacity analysis is also the basis and supplement of profitability analysis and solvency analysis.

3 Profitability analysis of nursing home

The profitability of nursing home refers to the capacity of institutions to make profits.

Profitability analysis is mainly to analyze the reward rate indicators of the institution by combining assets, liabilities, operating results, owners' rights and interests, to judge the profitability of the institution from different perspectives. The size of profit is directly related to the interests of all relevant stakeholders in the organization, so profitability analysis is an important part of financial analysis.

4 Development capacity analysis of nursing home

The development ability of nursing home is also known as the growth of institutions, which is the development potential formed by the continuous expansion and accumulation of institutions through their own business activities. A healthy development of an institution depends on a variety of factors, including external business environment, institutional environment, human resources, distribution system, etc.

Knowledge extension

Financial Analysis Method of Nursing Home

The commonly used methods of financial analysis in nursing home mainly include comparative analysis method, ratio analysis method and factor analysis method. The comparative analysis method is highlighted here.

Comparative analysis method is an analysis method that compares the statement data with the financial data of the previous year, or consecutive years, or with the relevant data of other institutions, or compares some indicators of a certain statement with the total indicators, to analyze and measure the operating results and financial status of nursing home. Comparative analysis method is the most basic method in financial analysis. Through comparative analysis, the problems of the data or indicators can be found, and the advantages and disadvantages in the business activities of nursing home are revealed. In practice, the following forms are usually adopted.

1 Horizontal comparative analysis

Multiple two phases of nursing home compared and analyzed in the financial statements, and the percentage of the amount of various kinds in the statements and the amount of the previous year are calculated and compared. Its advantage is that it can make managers learn the changes of a financial statement year by year and learn the operating conditions of nursing home.

2 Trend comparative analysis

It can select a certain year as the base period, calculate the trend percentage of each project to the same project in the base period, so as to understand the changes of each project in each year, and can judge the change law and trend of the financial situation and operating results of nursing home.

Comparative analysis is applicable only for quantitative contrasts of homogeneous indicators. Therefore, attention should be paid to the comparability between the indicators when applying this method. If it is a comparison between different nursing homes, it must also pay attention to the consistency of industry classification and financial scale.

Practical training

Post a Job Notice

Scenario simulation

If you were Xiao Zhang, the Sunset Red Nursing Home is ready for you, you need 2 financial management specialists, 5 nursing staff and 1 rehabilitation therapist, please post a job notice.

Training objectives: be familiar with the basic requirements and publishing process of recruitment notices for staff in nursing institutions in practice.

Training requirements: take the group as the unit, through various ways, understand the content of the recruitment writing of local nursing home and the basic workflow of the release, and complete the recruitment writing of Sunset Red Nursing Home.

Training instructions:

Job notice

Project 4
Admission service management of nursing homes

Instructional objectives

1. Reception of the elderly to be accommodated.
2. Carry out moving-in assessment.
3. Go through formal admission procedures.

Work tasks

Case

Mr. and Mrs. Wu are an old couple who live in the suburbs of the city with their son. Both of them are retired middle school teachers, who used to teach in a rural area. They have lived with their son for more than half a year. Now they are afraid they might be a burden of their son and they just want their son to devote himself to his work, so they choose to live in an elderly nursing home. They hear there are two elderly nursing homes nearby. One day they came to one of them. The staff received them warmly, introduced the hardware and services of the nursing home, as well as the current preferential policies. They also introduced the security and safety of medical care and nursing, as well as some special projects. The old couple eventually decided to choose this elderly nursing home after full comparison. They need to complete the moving-in assessment with the assistance of the staff and go through the admission procedures before moving in.

Task 1 Receive counseling of the elderly to be accommodated

Activity content

According to the *Basic Specification for Reception Services of Elderly Nursing Home*, the elderly nursing home should specify the department or post responsible for reception services. Elderly nursing home should assess the physical and mental conditions of new clients, and do a good job in health and epidemic prevention, such as temperature measurement and hand disinfection. Elderly nursing home should specify the reception time and visiting routes to avoid affecting the life and rest of the elderly and the work of the nursing home. During reception activities, new comers should be informed of precautions and the privacy of the elderly should be protected. The quality of the reception services of the nursing home can be known through the Internet or personal visit on the spot.

Table 4-1 Questionnaire on reception services of elderly nursing home

Nursing home	Reception department	The number of the staff in the reception department	Relevant post responsibilities of the reception department	Physical and mental conditions of the visitors evaluated	Prescribed reception time	Prescribed tour route	The way to inform the visitors of the precautions

Work steps

The work steps of Task 1 are shown in Figure 4-1.

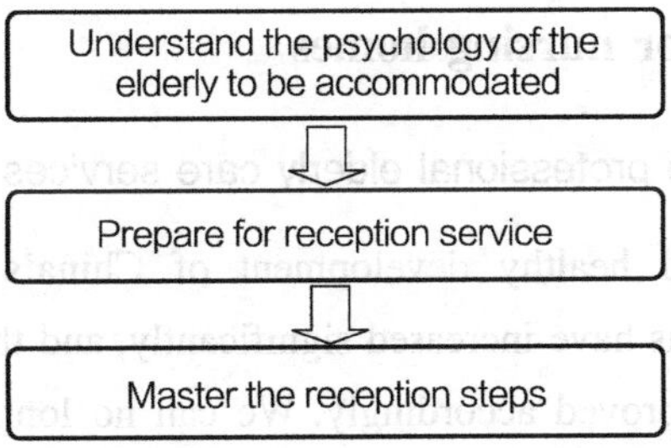

Figure 4-1 Work step diagram for Task 1

| Step 1 | Understand the psychology of the elderly to be accommodated

With the increasingly prominent professional division of labor, more and more elderly people are inclined to choose nursing homes to provide for the aged, but it is a major decision for them to really choose a nursing home to provide for the aged. Although various nursing homes have demonstrated their advantages with their expertise and characteristics, most of the elderly or their guardians experience complex emotions, such as joy and anxiety in the process of choosing a nursing home.

Activity content

Reading the following case, understanding Ms. Liu's "expectation" and "confusion" about the elderly nursing home.

Case

Ms. Liu's "Expectation" and "Confusion"

Ms. Liu and her son and daughter-in-law have lived together for many years, and they get along very well. Ms. Liu helped take care of her grandchildren all along, who now have grown up. Two years ago, Ms. Liu unfortunately suffered a stroke. Because her husband had died early, she has been looked after for the past two years mainly by her son, her daughter-in-law and a home health aide hired by them. Ms. Liu feels very sorry, thinking that she has brought a lot of trouble to her son and her daughter-in-law. A neighbor suggested that Ms. Liu should consider going to a nursing home, where her daily life can be taken care of, with other elderly people accompanying and chatting with her. Ms. Liu hesitated about the advice: She wants to try a new environment, but is somewhat worried at the same time.

Thinking and discussion:

Why is Ms. Liu worried about going to a nursing home?

____

____

Knowledge link

1 Expectations for nursing homes

1) Nursing homes have professional elderly care services

With the sustained and healthy development of China's economy and society, the disposable incomes of citizens have increased significantly, and the material living standard of the elderly has also been improved accordingly. We can no longer hold the fixed traditional idea of raising children to provide against old age, nor can we define a happy elderly life as having no worries about food and clothing. Some elderly people prefer living in nursing homes because they are more professional in medical care, psychological intervention, health management, and so on. At the same time, rich cultural activities are provided there to meet the physical and psychological needs of the elderly.

In view of this, the elderly mostly have a preference for nursing homes that have a safe social and natural environment. They also favor nursing homes that are close to hospitals or in which the medical institutions are introduced. They hope that there are cultural and entertainment facilities in nursing homes meeting their spiritual needs, so that they can learn something new and enjoy themselves in their old age.

2) Nursing homes can harmonize the parent-child relationship and help make friends

The elderly and their children are close in ties of kinship, but there are, more or less, some contradictions and frictions between them because of different ideas and living habits, if they stay together too long. If the elderly live in a nursing home, proper distance will make them more concerned about each other. Children can also come to the nursing home to visit their parents from time to time, which will make both parents and children feel closer to each other. Parents living the nursing home can also allow their children to feel care free without having to worry about them. In addition, the elderly can easily make friends in nursing homes, since they are more or less of the same age and have so much in common, which can effectively help them get rid of loneliness.

3) Nursing homes are safe

With the accelerated pace of social life, people are becoming busier on working. Some work far from their parents, or even work abroad. It's hard for them to accompany their elderly parents at home. Personal safety and physical and psychological health of the elderly have become a big problem. In such circumstances, some elderly people think that it is much safer to choose to stay in a nursing home. After all, nursing homes generally have staff on duty 24 hours a day, as well as a certain number of emergency vehicles. At the same time, some doctors with relevant medical work experience will be allocated. The safety of the elderly is relatively guaranteed.

2 Some elderly worries about nursing homes

1) Sense of uncertainty and strangeness

The elderly tend to be afraid that the unknown situation is out of control when they just come to the nursing home. The living environment and lifestyle have to be changed. Their old friends and partners are far away and new friends are yet to be made. New living habits need to be formed, and everything new here needs to be understood and learned about. They are not sure whether the staff can take good care of them, whether they can get along well with others, and whether their ability to take care of themselves will decline. So they just don't know how they will do then. All this kind of uncertainty about the physical and social environment makes them have some anxiety about the new environment.

2) Helplessness of passive choice

Some elderly people choose to live in an elderly nursing home, because they have no other choice. They just do so to get rid of trouble for their children. Some choose to do so because they think that they have become aburden of their children. They can feel they are not liked at home. They feel they have been rejected so they may have a certain degree of resentment towards other family members. Therefore, they may have some negative emotions, such as loneliness and inferiority when coming to nursing homes to consult.

3) Personal gains and losses

Although elderly nursing homes are currently becoming more and more professional and humanized, the selection of elderly care homes is still a complex process for the elderly. More often than not, the choice of coming to a nursing home is made under time and emotional pressure rather than having planned ahead of time. For example, some elderly people decide to move to an elderly nursing home because an emergency accident has just happened, such as a fall. Whether to move to an elderly nursing home is an important decision for them. They will concern about their own financial situation, the location of the elderly nursing home, medical conditions, the price and so on. Therefore, no matter what choice they make about choosing an elderly nursing home, they more often than not will have some worries about personal gains and losses, constantly hesitating between different elderly care homes, or between living in an elderly center and home-based elderly care.

| Step 2 | Prepare for reception service

Activity content

1. Take 4 photos from different angles of the reception service area of the elderly nursing home on the spot or search the Internet for the photos.

2. Analyze related information, functional layout, various items and facilities, and environment building of the reception place.

Knowledge link

The reception services mainly include a series of activities such as consultation and reply, showing the visitors around the elderly nursing home. Consultation can be made through telephone, Internet, or on-site visit and so on. Visitors include not only individuals or organizations who come to consult, visit their loved ones, inspect and research, or offer voluntary services, but also include the spouses or guardians of the elderly and the relevant third party individuals or organizations who provide financial guarantees for the elderly or entrusted agents.

1 Platform preparation

There are two kinds of platforms offering reception services: online and off-line consultation. The online consultation platform sets up special consultation columns through relevant websites, WeChat or other media platforms. Internet information exchange channels must be opened, and special personnel to take charge of network reception services must be assigned. Reception activities, such as business negotiation and family visits, can also be carried out through communication means such as the consultation and complaint service telephone, or video telephone, etc.

The off-line consultation platform is often installed in the reception service place of the elderly nursing home. It is the main place where the elderly and their agents first contact and negotiate with the nursing home, and also the window to feel the humanistic environment of the whole nursing home.

For this reason, a reception service area that matches the size of the elderly nursing home is expected to be set up, and its location should be easy to find with eye-catching signs. At the same time, the certificate and license of the company, service items and the price list, telephone information of consultation, complaint and supervision, working time of receiving the visits, the visit instructions (including precautions and taboos), and the names, job responsibilities, employee's ID numbers, health certificate and other information of the reception service personnel should be clearly indicated in the eye-catching position of the site.

In terms of facilities and equipment, the reception service area should be equipped with necessary seats, sofas, wheelchairs, as well as the storage areas for goods. In public areas, high-definition video monitoring equipment should be equipped with eye-catching signs.

2 Personnel preparation

The reception staff of elderly nursing homes should be trained and pass relevant examinations before taking up their posts. At the same time, the reception staff should be regularly trained and assessed in service reception etiquette, interpersonal communication, crisis management, health and safety, emergency medical assistance, information technology and so on to ensure that they have the following professional qualities. Firstly, they should have strong communication ability and risk identification ability, professional knowledge of elderly care services, and be familiar with the service process, emergency handling process and measures. Secondly, they are able to use mandarin or dialects to provide services according to the actual situation of the visitors. They must be polite and enthusiastic to the visitors with clear language, and the forbidden language should be avoided.

In terms of image, the service reception staff should not only wear uniforms and work cards, but also dress neatly during work. They are expected to look energetic, elegant and dignified and behave properly. At the same time, they are supposed to keep the face clean and tidy with good oral hygiene, their hair being clean and appropriately long.

3 Material preparation

The service receptionist should prepare the materials that maybe used in the process of consultation, such as visitor registration form, telephone consultation registration form, demand record form of the elderly to be accommodated, application registration form, and pre-admission family visit forms. The names of the visitors, their telephone numbers, arrival time, departure time, reasons for the visit, etc. can be involved in the visitor consultation registration form. The telephone consultation registration form records information such as the names of the caller, call time, telephone numbers, reasons for calling, demands and suggestions. The demand record form of the elderly to be accommodated records the names of the elderly, specific demands, demand feedback, etc.

4 Preparation for emergency measures

Elderly nursing homes should make emergency plans for emergencies in the process of reception services, and define emergency measures for public health events, fires, public security events, personal accidents, natural disasters, facilities and equipment failures, major activity accidents, etc. Specifically, in the emergency training, at least one reception service emergency training or drill must be conducted every three months with complete records. When the visitor's mood fluctuates greatly in the reception communication, the receptionists should immediately stop the original topic, divert their attention, and calm their mood. The person to receive visitors needs to be changed if necessary. In the reception service, in case of physical collisions, quarrels and other situations due to language conflicts, the two parties should be separated immediately and handled appropriately, and the police is called if necessary.

Expanding reading

Commonly Used Words of Reception Staff

Hello! I am..., welcome you!

How can I call you?

This is the brief introduction of our nursing home. Please have a look first.

Our facilities are equipped with...Could I show you?

This is our single room with...This is our double room.

We have also introduced several new service products, and now what you see is...

What are your needs for nursing services? Our levels of care is divided into... and the cost is about...

Would it be convenient if I show you around our nursing home now?

Are you satisfied with the room type and facilities you saw? Please let us know if you think there is anything we need to improve.

Here is the contract and the list required for admission. Please take a good look. If you have anything you are not quite sure about, please feel free to contact me.

Thank you for your visit! You are welcome anytime! Wish you a pleasant trip back home!

| Step 3 | Master the process of reception service

Activity content

Please conduct a survey of the reception service process with the relevant staff of the elderly nursing home through the Internet or telephone, and complete the following table.

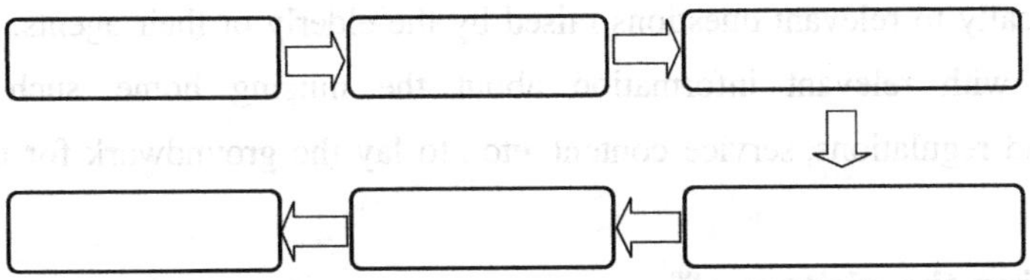

Figure 4-2 The improved chart of service and reception service process in the nursing home

Knowledge link

1 Making appointments and understanding the needs of the elderly

In order to give the elderly a sense of being valued and respected, the service and reception personnel should be required to arrive early and wait outside the door according to the appointment time. The personnel should be expected to register relevant information about the visitors in a timely manner, address the elderly and their agents directly and properly, offer service with a smile and listen attentively as much as possible, provide an environment for the elderly to speak freely, and understand the reasons why the elderly choose an elderly nursing home and their needs.

2 Introducing nursing homes

The service reception personnel should objectively introduce the basic conditions, service natures, functional positioning, functional area distribution, facilities and equipment, service methods and items, service levels, charging standards, moving-in requirements, and moving-in procedures. For elderly nursing homes that integrate medical care with nursing care, it is necessary to introduce the medical care service model and content to the elderly and their family in detail. During the communication, the service and reception personnel should carefully, patiently and accurately answer the questions that the elderly care about. The personnel should inform in advance of the moving-in procedures, preparations, and precautions. For more complex or cumbersome issues, it is necessary to take into account the psychological and spiritual state of the elderly. It can be carried out by stating key points first, and then proceeding to provide other corresponding information.

3 Accompanied tour

The service and reception personnel shall reasonably arrange the route to visit elderly nursing homes based on their early understanding of the age and physical condition of the elderly with their needs and concerns, and provide wheelchair and other services for those with mobility difficulties. During the visit, the service and reception personnel are required to respond realistically to relevant questions raised by the elderly or their agents, and proactively provide guests with relevant information about the nursing home, such as moving-in requirements and regulations, service content, etc., to lay the groundwork for the next step.

4 Seeing the visitors off

When the elderly and their family are preparing to leave, the service and reception personnel should promptly remind them to take their belongings with them, ask the visitors if they have a familiar return route, and provide reasonable suggestions based on the situation. The visitors are expected to be escorted to the entrance of the elderly nursing home, greeting with a smile, waving goodbye, and watching out of sight before leaving.

5 Keeping record and file

Elderly care homes should establish and maintain necessary text and video records of reception and service activities. After the visitors leave the elderly nursing home, the service reception personnel should conduct follow-up or return visits, collect relevant information, and improve relevant information about the name, telephone number, visit time, departure time, reasons for visit, demands and suggestions in the registration form of visitor consultation, which can serve as an important basis for the evaluation of the quality of the reception service.

6 Evaluation of service quality and improvement

Elderly nursing homes can collect opinions and suggestions through suggestion boxes, the visitor's book, telephones, and Internet, and promptly handle complaints regarding reception services. The reception service of the nursing home should be regarded as one of the necessary content of daily inspection, regular inspection, special inspection, etc. At the same time, elderly care homes should conduct a reception service satisfaction assessment at least once a year. Self-assessment is expected to be conducted at least once every six months. Deficiencies are expected to be detected in time and the improvement measures are expected to be developed and implemented.

Expanding reading

The Content and Requirements of Reception Service

8. The content and requirements of reception service

8.1 Consultation and reception of the elderly or related third parties

8.1.1 It is necessary to understand the content of the consultation and needs of visiting elderly people or related third parties.

8.1.2 The wishes of visitors should be respected. The main issues they are concerned with must be clearly responded. It is forbidden to unreasonably interrupt reception services.

8.1.3 Visiting routes and projects should be reasonably arranged based on the age, physical condition, and needs of the visitors.

8.2 Visitor reception

8.2.1 Visitors should be informed of the relevant regulations of the elderly care home. Special groups such as minors, the disabled, and the elderly should be accompanied by guardians when visiting.

8.2.2 For non-relative visits, the consent of the elderly or relevant third parties must be obtained and the visitor must be accompanied by reception personnel.

8.2.3 Items carried by visitors to the elderly should be registered and managed.

8.2.4 For those who exceed the visit time, the reception personnel should promptly remind them and inform them of relevant regulations.

8.2.5 Pay attention to the state of communication and psychological status of both the visitor and the elderly being visited, and terminate the visit in a timely manner if necessary.

8.3 Group visitors reception

8.3.1 After receiving a letter or notice from a group of visitors, the elderly nursing home should communicate with the the group and confirm the following relevant information before organizing relevant reception activities:

a) Name and nature of the company;

b) Number and structure of the visitors;

c) Content of visit, study, research, and inspection;

d) Arrival time, stay time, departure time, etc.

8.3.2 Formulate a reception plan based on the actual situation, arrange reception personnel, prepare relevant materials, and carry out the reception in an orderly manner according to the plan. The number of group visitors should be limited. The number of group visitors entering an elderly care home at one time should not exceed 50, and the number of group visitors should not exceed 2 batches per day.

8. 3. 3 For group visitors who come for random inspections or have not made an appointment but have already arrived, the situation should be verified and handled as appropriate.

8. 3. 4 The elderly should be informed of information related to reception services in advance. The personnel in charge of reception are expected to actively communicate with the elderly so as to obtain their understanding and cooperation.

Task 2 Carry out moving-in assessments for the elderly

Standards and normative moving-in assessments for the elderly are an important reflection of professional services provided by elderly nursing homes. Through scientific moving-in assessments, elderly nursing service homes can help select the best care plan and provide personalized services based on the different situations of the elderly. The assessments can be beneficial for standardized management and risk prevention. They can also help avoid disputes over fees and help the elderly to better underst and themselves, promote their rehabilitationand self-care ability.

Work steps

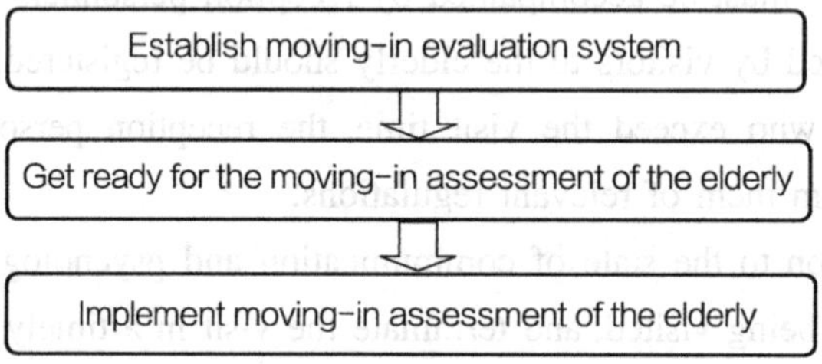

Figure 4-3 Work steps diagram of Task 1

| Step 1 | Establish moving-in evaluation system

Activity content

The Management Measures for Elderly Nursing Homes clearly states that based on the information about the physical status of the elderly fully informed by themselves or by their family in advance, elderly care homes should establish a moving-in assessment system.

Case

Moving-in Evaluation System of an Elderly Nursing Home

(1) When the elderly are admitted to nursing homes, after obtaining their consent, a comprehensive assessment should be conducted on their physical and mental status, and economic and living conditions, including their health history, self-care ability, and functional activities, etc. Special attention should also be paid to the risk of accidents such as pressure sores, falls, and suicide in elderly people so as to scientifically determine the type of service for the elderly.

(2) The assessment can be conducted in stages or by different assessors. A comprehensive assessment should be completed within 14 days, and a health record should be established.

(3) Routine assessments should be conducted at least once a year, mainly reviewing and summarizing the health problems faced by the elderly. When significant changes or critical conditions appear in the physical conditions of the elderly, an immediate assessment should be carried out, while measures and next steps for care should be taken. These assessment records should be included in the health archives of the elderly, which should be kept for at least 15 years. They are the basis for the elderly to go through procedures of admission, referral, and discharge. They are also the basis for the nursing home to formulate care plans, and implement risk control.

(4) The admission health assessment service is completed by the director, doctors, and nursing supervisors.

(5) The assessment content includes the health status, health history, mental condition, functional assessment, self-care ability, social function, decision-making ability, risk assessment, and health records of the elderly, by using professional terminology in medicine and nursing in elderly care service industry.

(6) Specific information.

①Basic information includes personal basic information such as the name, resident ID number, gender, date of birth, education level, family members, and marital status, and the social information such as economic sources, living conditions, and primary caregivers.

②Health history includes current and past medical history, family history of diseases, history of trauma, history of medication allergies, and current treatment and care plans, as well as information on dietary requirements, nutrition, and skin health issues that need special attention.

③Mental conditions include information on cognition, emotion, and willful behavior, as well as information on psychological and behavioral issues that require special attention, such as suicide and injury to others. Psychiatric assessment scales can be selectively used.

④Functional activities include information on communication abilities such as speech, vision, and hearing, as well as information on daily functional activities such as eating and personal hygiene. The use of assistive devices such as glasses, hearing aids, and canes should be noted.

⑤Social function includes information on the degree of participation in social activities and self-perception, as well as information on social support and evaluation. Psychiatric assessment scales should be selectively used.

Thinking and discussion

Please analyze the significance of establishing an admission evaluation system. What does the admission evaluation system include? Is there anything else that needs improvement?

____

____

| Step 2 | Get ready for the moving-in assessment of the elderly

Activity content

Please investigate the health assessment forms used by 2 to 3 elderly care homes in conducting moving-in assessments by using Internet, visits to elderly care homes, or telephone, to compare similarities and differences(Table 4-2).

Table 4-2 Investigation on the health assessment form for elderly admission to elderly nursing homes

Name of nursing homes	Type of health evaluation form	Name of health evaluation form	Content of health evaluation form	Differences	Similarities

Knowledge link

1 Clarify the qualifications of evaluators

Elderly care homes should be certified or entrusted by the Civil Affairs Department with the assessment qualification, and the assessors should have medical or nursing education background, or obtain the qualification certificate of social workers, or obtain the qualification certificate of senior elderly care nurses, or obtain the qualification certification of assessors after special training. The work of evaluators mainly includes providing systematic evaluation of the health status and classification of health levels for elderly residents in elderly nursing homes.

2 Build an evaluation environment

The assessment environment should be quiet, tidy, and brightly lit, with fresh air and appropriate temperature. At least 3 chairs, 1 consultation table, and 4 to 5 steps are available for evaluation purposes. The width of the steps can't be less than 0. 30 m, and the height of the steps should be 0. 13 to 0. 15 meters, the effective width of the step should not be less than 0. 9 meters.

3 Prepare the health assessment form

There are four primary indicators for evaluating the health status of the elderly, including activities of daily life, mental state, perception and communication, and social participation. Activities of daily life have 11 secondary indicators, including eating, bathing, making up, dressing and undressing, bowel control, urination control, toileting, walking between bed and chair, walking on level ground, going up and down stairs, and sitting up independently. Mental states 3 secondary indicators, including cognitive function, aggressive behavior, and depressive symptoms. Perception and communication have 6 secondary indicators, including consciousness level, vision, hearing, communication, sense of hunger and fullness, and pain. Social participation has six secondary indicators: life ability, work ability, time/space orientation, character orientation, social interaction ability, and sports ability (Table 4-3 to Table 4-7).

Table 4-3 Assessment form of daily living activities of the elderly

Inquire with the elderly or their agent, observe his/her true situation, and mark "√" in each column for the items that best reflect their best functional state. Calculate the total scores, and then grade him/her based on the corresponding scores to draw an evaluation conclusion.

B. 1. 1 Eating: the process of taking food from a container to the mouth with tableware, chewing, and swallowing	□ points	10 points: be able to eat independently (eat up prepared food within reasonable time)
		5 points: need some help (such as help to control tableware)
		0 point, need great help or be totally dependent on others, or leave food in the nutrition tube
B. 1. 2 Bath	□ points	5 points: be able to complete the bath independently after the bath water is prepared
		0 point: need help in the bath process
B. 1. 3 Washing up and combing: washing face, brushing teeth, combing hair and so on	□ points	5 points: be able to complete washing up and combing independently
		0 point: need help

(Continued)

B. 1. 4 Dressing: dressing and undressing closes, zipping and so on	□ points	10 points: be able to complete the dress process independently
		5 points: need partial help (be able to put on and take off clothes by themselves, but need help to arrange clothes, button, or lace and zip up),
		0 point: need great help or total dependence on others
B. 1. 5 Control of bowel motions	□ points	10 points: controllable bowel motions
		5 points: occasional loss of control (< 1 time per week) or need remind or prompt by others
		0 point: total loss of control
B. 1. 6 Control of urination	□ points	10 points: controllable urination
		5 points: occasional loss of control of urination or need someone else to prompt
		0 point: complete loss of control or use a catheter
B. 1. 7 Toilet: including going to the toilet, unbuttoning, wiping, buttoning and flushing	□ points	10 points: be able to complete the whole process independently
		5 points: need some help (need help of someone else to go to the toilet, flush or arrange clothes)
		0 point: need a great deal of help or totally dependent on others
B. 1. 8 Movement between bed and chair	□ points	15 points: be able to complete the whole process independently
		10 points: need some help (need someone to hold or us a cane)
		5 points: need a great deal of help (depend heavily on the help and support of others)
		0 point: totally depend on someone else
B. 1. 9 Walk on flat ground	□ points	15 points: be able to walk 45 meters on flat ground independently
		10 points: need some help (need someone else help to some extent or use crutches, walking aids and other kinds of aid due to physical disability, poor balance, weakness, or vision problems)
		5 points: need a great deal of help (depend on the help of someone else to walk to a large extent, or move on their own sitting in a wheelchair due to physical disability, poor balance, weakness, or vision problems)
		0 point: completely depend on someone else
B. 1. 10 Go upstairs or downstairs	□ points	10 minutes: be able to go up and down the stairs independently (go up and down 10-15 steps at one time)
		5 minutes: need some help (need someone to hold the handrail of stairs or use crutches, etc.)
		0 point: need a great deal of help or be totally dependent on others

Table 4-4 Mental status assessment table for the elderly

B. 2. 1 Cognitive function	Tests	"I will say three things. Repeat them, and try to remember. Then I'll ask you to repeat them again later". They are apples, watches, and the national flag.
		Clock drawing test, "Please draw a circular clock here and mark 10: 45 on the clock. "
		Recall the words, "Now, please tell me the three things I asked you to remember. " The answer: ______. ______. ______(not necessarily in order)
	□ points	0 point: correct clock drawing (be able to draw a complete circle, the positions of the pointers are accurate), and be able to recall 2 to 3 words
		1 point: wrong clock drawing (the clock he/she drew is not complete, or the pointer position is not accurate), or only recall 0 to 1 word
		2 points: he/she has been diagnosed as cognitive impairment, such as Alzheimer's disease
B. 2. 2 Acts of aggression	□ points	0 point: no physical aggression (such as hitting/kicking/pushing/biting/grabbing/throwing things) or verbal aggression (such as swearing, verbal threats, and screaming)
		1 point: physical aggression several times a month, or verbal aggression several times a week
		2 points: physical aggression several times a week, or verbal aggression on a daily basis
B. 2. 3 Depressive symptoms	□ points	0 point: no such symptoms
		1 point: be down in spirits and inactive, talk little and seldom freshen up
		2 points: There exist suicidal thoughts or suicidal behavior
B. 2. 4 Total score of mental state	□ points	The sum of the above 3 items
B. 2 Score of mental state	□ Level	0 level, perfect ability: total score is 0 point 1 level, mild impairment: total score is 1 point 2 level, moderate impairment: total score is 2 to 3 points 3 level, severe impairment: total score is 4 to 6 points

Table 4-5 Assessment of perception and communication in the elderly

B. 3. 1 Level of consciousness	□ points	0 point: be conscious, and alert to the surrounding environment
		1 point: be lethargic, manifested as excessive prolongation of sleep state; be able to wake up when he/she is called or pushed, and be able to carry out normal conversation or command; continue to sleep after stimulation stops
		2 points: be lethargic, and even common external stimulation can not wake him/her up; be able to have a short period of consciousness when given a strong stimulus; be able to answer some questions briefly after waking up; get into sleep state again once the stimulus weakens
		3 points: be usually in a coma; be able to avoid pain or show painful expression when there is a stimulation of pain in light coma; there is no response to stimulation in deep coma (in case of coma, the elderly being evaluated is directly assessed as severe disability, with the following items canceled)
B. 3. 2 Vision: the assessment is conducted with the elderly in his/her presbyopic or near-sighted glasses if he/she usually wears them	□ points	0 point: be able to read books and newspapers
		1 point: be able to read titles or headlines in books or newspapers but can't read common words on them
		2 points: with some vision can identify objects, but can't read the newspaper headlines
		3 points: Be difficult in recognizing objects; can follow the movement of the object; can only see light, color and shape of objects
		4 points: no vision; can not follow the movement of the object
B. 3. 3 Hearing: the assessment is expected to be conducted with the elderly evaluated wearing the hearing aid if he/she wears hearing-aid	□ points	0 point: be able to conduct normal conversation; be able to hear television, telephone, and doorbell
		1 point: can not hear clearly when speaking softly or at a distance exceeding 2 meters
		2 points: be difficult in communication; be able to hear in a quiet environment or being spoken in a loud voice
		3 points: be able to partly hear even when being spoken slowly or in a loud voice
		4 points: complete loss of hearing
B. 3. 4 Communication: including non-verbal communication	□points	0 point: be able to communicate normally with others
		1 point: be able to express their own needs and understand others, but need relatively long time or help
		2 points: be difficult in expressing his/her need; need to repeat frequently or simplify his/her oral expression
		3 points: can not express their needs or understand others
B. 3. 5 Feelings of hunger and satiety	□ points	0 point: distinct feeling of hunger and satiety
		1 point: occasional loss of feeling of hunger and satiety
		2 points: complete loss of feeling of hunger and satiety
B. 3. 6 Pain perception	□ points	0 point: normal pain perception
		1 point: be difficult in feeling pain (no feeling of needle or toothpick pricks on the top of the foot)
		2 points: be incapable to feel pain (no feeling of needle or toothpick pricks on ear lobe)

(Continued)

B. 3 Grading of perception and communication	□ level	0 level, perfect competence: be conscious, with a score of 0 point or 1 point for vision and hearing, 0 point for communication, 0 point for feeling of hunger and satiety and pain 1 level, mild impairment: be conscious, but either vision or hearing rated as 2 points 2 level, moderate impairment: be conscious, but either vision or hearing rated points as 3, or communication is rated as 2 points, or feeling of hunger and satiety or pain perception rated as 1 points, or be lethargic, or vision or hearing rated as below 3 points, or communication rated as below 2 points 3 level, severe impairment: be conscious or lethargic, but either visual or hearing is rated as 4 points, or communication rated as 3 points, or feeling of hunger and satiety or pain perception rated as 2 points; or usually be in a coma

Table 4-6 Social participation assessment of the elderly

B. 4. 1 Living ability	□ points	0 point: besides self-care (e. g. eating, washing up, dressing, and bowel motions and urination), he/she can also do some housework (e. g. cooking and doing the laundry) or manage family affairs
		1 point: besides self-care, he/she can also do some housework, but can't do it quite well. He/she can also arrange some family affairs, but can't arrange them quite well
		2 points: can take care of himself/herself and do some housework only with the help of others, but can't do quite well
		3 points: be able to basically take care of himself/herself (e. g. eating and bowel movements and urination) and freshen up under supervision
		4 points: needs the help of someone else to take care of himself/herself (such as eating, bowel movements and urination)
B. 4. 2 Work ability	□ points	0 point: be able to continue to do his/her previously skilled mental or physical work
		1 point: be less skilled in doing the mental or physical work that he/she used to do so skillfully
		2 points: be obviously less skilled in doing the mental or physical work that he/she used to do so skillfully, with part of the skills forgotten to do the work
		3 points: there are only some fragments of the memory of the work that he/she used to do so skillfully is retained, with skills all forgotten
		4 points: all of his/her previous knowledge or skills have gone
B. 4. 3 Time/Space orientation	□ points	0 point: with clear concept of time (year, month, day, and hour), can go out alone, and quickly master the direction of the new environment
		1 point: his/her cognition ability to time is declining; can tell the current year and month exactly, but sometimes makes mistakes about the date; can go to the nearby street alone; knows the name and location of the current residence, but do not know the route back home
		2 points: the concept of time is poor; can't tell the current year, month or date; knows the first half or second half of the year; can only go somewhere near home alone; only knows the name of the current residence, but can't tell location
		3 points: with poor cognition ability about the concept of time, can't tell the current year, month or date; can understand morning or afternoon; can only be around the neighbors, not knowing the name or location of the current residence
		4 points: no concept of time; can not go out alone

(Continued)

B. 4. 4 Cognition ability in interpersonal relationship	□ points	0 point: can know the people around him/her and the meaning of grandchildren, uncles, aunts, nephews and nieces; can tell the approximate ages and identity of strangers; can address people properly using appropriate appellation
		1 point: can only know close relatives in the family; can not tell the approximate ages of strangers; can't address strangers properly
		2 points: can address family members properly; can address family members but doesn't know the relationship or seniority
		3 points: can only know the relatives he/she often lives together with; can address his/her children or grandchildren properly; can distinguish between acquaintances and strangers
		4 points: can only know his/her guardian; can not identify acquaintances or strangers
B. 4. 5 Social communication ability	□ points	0 point: be able to actively get involved in society; has certain adaptability to social environment; be able to get along with others properly
		1 point: be able to adapt to simple environment and active in contacting people; has light mental impairment, but can not find it when meeting for the first time; can not understand metaphors
		2 points: be in isolation from society, and only contact people passively; can't take the initiative to deal with people; can talk with people using a lot of improper words; be easy to be deceived
		3 points: be reluctant to communicate with people; can't express himself/herself clearly; facial expression is not proper
		4 points: rarely contact people
B. 4. 6 Athletic ability	□ points	0 point: can take outdoor aerobic exercise (like jogging) independently
		1 point: can take outdoor stretching exercise (e. g. tai chi and body-building exercises) independently
		2 points: can exercise through walking indoors (he/she can walk with the help of a sugarcane or crutches)
		3 points: can take arm exercise sitting in the armchair (such as fitness ball, finger exercises)
		4 points: can not carry out any exercise
B. 4. 7 Total scores of social participation	□ points	The sum of the scores of the above-mentioned six items
B. 4 Grading of social participation	□ level	0 level, perfect ability: the total score 0-3 points 1 level, slightly damaged: the total score 4-9 points 2 level, moderately damaged: the total score 10-16 points 3 level, severely damaged: the total score 17-24 points

Table 4-7 Health assessment report for the elderly

<table>
<tr><td rowspan="2">C. 1 Grading of Class 1 indicators</td><td>C. 1. 1 Activities of daily life: □ level</td><td>C. 1. 2 Mental status: □ level</td></tr>
<tr><td>C. 1. 3 Perception and communication:
□ level</td><td>C. 1. 4 Social participation:
□ level</td></tr>
<tr><td>C. 2 Primary levels of ability of the elderly</td><td colspan="2">0 level: Perfect ability
1 level: Mild disability
2 level: Moderate disability
3 level: Severe disability □</td></tr>
<tr><td>C. 3 Level changing clauses</td><td colspan="2">1. The level of the elderly person with cognitive impairment/dementia is raised one level higher
2. The level of the elderly person with two or more falls, chokes, suicides occurring, or getting missing twice or more in the past 30 days is raised one level higher than the original
3. The elderly person in unconscious state is directly assessed as severe disability
4. If the initial level is determined as 3 (severe disability), the level is no longer raised, without considering the effect that the instructions of the above 1 to 3 have on the final grading □</td></tr>
<tr><td>C. 4 The final level of health of the elderly</td><td colspan="2">0 level: Perfect ability
1 level: Mild disability
2 level: Moderate disability
3 level: Severe disability □</td></tr>
<tr><td colspan="3">The assessor's signature ______ Date ______Month ______Year
Information provider's signature______ Date ______Month ______Year</td></tr>
<tr><td colspan="3">Note: Standard for primary grading of elderly people's ability.
0 level: Perfect ability
The levels of activities of daily life, mental status, and perception and communication are all 0, and the level of social participation is 0 or 1.
1 level: Mild disability
The level of activities of daily life is 0, but the level of either mental status or perception and communication is 1 or above, or the level of social participation is 2 or above;
or the level of activities of daily life is 1, and at least the level of any one of the three items of mental status, perception and communication and social participation is 0 or 1.
2 level: Moderate disability
The level of activities of daily life is 1, and the levels of mental status, perception and communication and social participation are all 2, or one of the three is 3;
or the level of activities of daily life is 2, and the levels of one or two items of mental status, perception and communication, and social participation are 1 or 2.
3 level: Severe disability
The level of activities of daily life is 3;
or the levels of activities of daily life, mental status, perception and communication and social participation are all 2;
or the level of activities of daily life is 2, and any one of the three items of mental status, perception and communication and social participation is 3</td></tr>
</table>

| Step 3 | Implement moving-in assessment of the elderly

Activity content

Read case materials and complete the corresponding scenario simulation and discussion.

Case

An elderly person plans to apply for admission. You were a caregiver at this elderly care home and need to arrange an moving-in assessment to determine his level of ability.

Presentation and discussion

Please simulate and present the scenario based on case study. The implementation of the evaluation process should be reflected in the presentation of content. After the simulation presentation, each member is required to take turns expressing their opinions, analyzing and discussing the matters that should be noted in the evaluation, and forming a unified opinion.

Knowledge link

1 Analyze medical examination reports

Before moving in, the elderly should provide a medical examination report issued by a second class or above medical institution in the past two months according to the requirements of the elderly nursing home. The content should generally include chest X-ray, liver function, bone density, blood sugar, blood routine, and other testing items that the elderly nursing home believes should be provided.

The physical examination report is crucial for assessing the ability of elderly people, as it is an important basis for quickly assessing the basic physical condition of elderly residents and determining their nursing needs.

2 Preliminary evaluation of ability level

In order for the elderly to receive targeted nursing services during the trial period, elderly nursing homes first need to conduct a preliminary assessment of the health status of newly admitted elderly people. The assessment of the health status of the elderly serves as a fundamental assessment and only provides health grading. The initial evaluation items include basic information of the elderly, daily life activities, mental state, perception and communication, social participation ability, etc. The evaluator's initial evaluation mainly obtains objective information related to the evaluation objects through their own senses, perceptions, etc. Elderly nursing homes obtain subjective information related to the evaluation objects through formal and informal conversations with the evaluation object and agent. It should be pointed out that data records should be clear and concise, reflect facts, and avoid using ambiguous words. The preliminary evaluation results serve as the basis for determining the level of care for the elderly (with good ability, mild disability, moderate disability, to make sure the severe disability), to make sure the obtaining service items and accommodation areas corresponding to the level of care(Table 4-8 to Table 4-9).

Table 4-8 Health status evaluation indicators for the elderly

Indicator for level 1	Indicator for level 2
Activities of daily life	Eating, bathing, freshening up, dressing, control of bowel motions and urination, going to the toilet, moving between bed and chair, walking on the flat ground, going upstairs and downstairs
Mental status	Cognitive function, aggressive behaviors, and depressive symptoms
Perception and communication	Levels of consciousness, vision, hearing, and communication
Social participation	Living ability, work ability, time/space orientation, cognition of interpersonal relationship, and social ability

Table 4-9 Grading of health status of the elderly

Levels of health	Names of levels	Standard for levels
0	Perfect ability	The levels of activities of daily living, mental status, perception and communication are all 0, and the level of social participation is 0 or 1
1	Mild disability	The level of activities of daily life is 0, but the level of either mental state or perception and communication is 1 or above, or the level of social participation is 2 or above; Or the level of activities of daily life is 1, and the level of any one of the three items of mental status, perception and communication and social participation is 0 or 1
2	Moderate disability	The level of activities of daily life is 1, but the levels of mental status, perception and communication and social participation are all 2, or one in the above three items is 3; Or the level of daily life is 2, and the levels of one or two of the three items of mental status, perception and communication and social participation are 1 or 2
3	Severe disability	The level of activities of daily life is 3; Or the levels of activities of daily life, mental status, perception and communication and social participation are all 2; Or the level of activities of daily life is 2, and the levels of at least one of the three items of mental status, perception and communication, and social participation are 3
Note 1: The elderly person in coma is to be directly assessed as severe disability. If he/she becomes conscious, re-evaluation is required. Note 2: In case of any of the following conditions, the grading of an elderly person's health status is to be raised by one level: a. diagnosed as cognitive impairment/dementia; b. diagnosed as mental illness; c. 2 or more accidents (such as falling, choking, suicide, getting lost) occurred in the past 30 days		

3 Complete system assessment

Some elderly nursing homes will allow the elderly who have passed the initial assessment to start trying to live and complete the system assessment during the trial period.

1) Try to live

Elderly nursing homes usually assess health status of the elderly based on the medical examination report provided by them, determine the level of care and the trial period, and present the *Accident Risk Notification*. This is a bidirectional adaptation period. The cost during the trial period is consistent with the official check-in, and the elderly nursing home needs to bear the corresponding responsibilities that the elderly should bear during the trial period. It should be noted that as the first time an elderly person enters a nursing home, they should first prepare for his/her resettlement. Staff should ensure that the room is kept clean before the elderly person enters the nursing home, prepare relevant living supplies and utensils, and check the condition of the room facilities. Then reception, guidance, and escort work should be done well to ensure the smooth check-in of the elderly. At the same time, the staff are to introduce the living environment, basic facilities, and rules and regulations of the elderly nursing home to the elderly and his/her family or accompanying personnel, so that the elderly can quickly familiarize themselves with the environment and jointly abide by the rules and regulations of the elderly care home. Again, a physical examination will follow. Well-equipped elderly care homes should conduct routine medical examinations for the newly admitted elderly, especially those with acute or chronic diseases, and functional impairments. The content of physical examination includes inquiring about medical history, physical examination, necessary tests and other special examinations. Elderly nursing homes that are relatively poorly equipped may not undergo admission physical examinations, but they should carefully read the materials of physical examinations conducted before coming to the nursing home to understand their health status and guide nursing work.

2) System assessment

During the trial period, assessors of the elderly nursing home should conduct a comprehensive and systematic assessment for the newly admitted elderly during the daily care process, with the content of the assessment(Table 4-10), including not only their daily living ability, mental and cognitive ability, perception and communication ability, and social participation ability, but also the risk of pressure ulcers, falls, getting lost, swallowing function, and bowel movements(Table 4-10).

Table 4-10 Elderly health system assessment

Levels		Assessment
Grading for first-level indicators	Ability to deal with daily life	□Normal □Mild □Moderate □Severe
	Cognitive ability	□Normal □Mild □Moderate □Severe
	Communication and vision	□Normal □Mild □Moderate □Severe
	Pressure sore risk	□Normal □Mild □Moderate □Severe
	Fall risk	□Low risk □Moderate risk □High risk
	Assessment for risk of getting lost	□At risk
Special indicators	Assessment for bowel motions and urination	□Bladder function training needed □Habituation training needed □ Incontinence
	Swallowing function	□Normal □Swallowing function declining
Primary levels of ability	Levels	0 level: Normal 1 level: Mild disability 2 level: Moderate disability 3 level: Severe disability

The medical staff, rehabilitation specialists, psychologists, dietitian and social workers in the assessment team observed the elderly and asked questions in the assessment form related to their respective professional fields.

For example, the dietitian will evaluate the nutrition safety of the elderly according to the nutrition risk screening form. Medical staff will conduct risk assessments on the safety of elderly people's daily life activities, mental state, perception and communication, and social participation, including choking, food and drug ingestion, pressure ulcers, scalds, falls, injuries, getting lost, and unexpected recreational activities. Assessment of the overall health status of the elderly will provide a basis for admission, discharge, formulation of elderly care plans and risk controlling. It should be noted that the evaluator's use of the evaluation results only serves as an explanation of the existing health status of the elderly, but it does not represent future conditions or a diagnosis of the disease. Therefore, the health assessment of the elderly should be dynamic, and the moving-in assessment, routine assessment, and real-time assessment information of the elderly should be included in the personal health record management of elderly nursing homes and properly stored.

Generally speaking, the elderly in trial period should be regarded as a key group for nursing and observation. Some elderly nursing homes have established a seven-day follow-up nursing system, observing and recording the life of elderly people in trial period, such as their psychology, health status and the care offered to them, in a timely manner.

Task 3 Handling formal admission procedures

In order to meet the needs of the elderly in their later years and effectively protect their legitimate rights and interests, in accordance with national standards and documents such as the newly revised *Law on the Protection of the Rights and Interests of the Elderly*, *Management Measures for Elderly Nursing Homes*, and *Basic Standards for Service Safety of Elderly Nursing Homes*, elderly nursing homes should handle relevant formal admission procedures for the elderly and their families, ensuring the rights and obligations of both parties.

Work steps

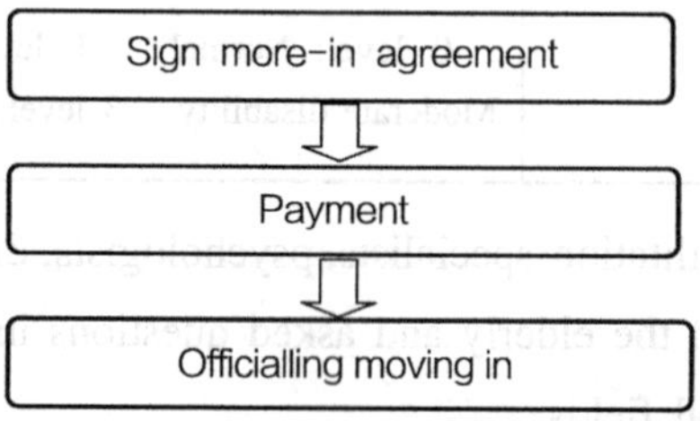

Figure 4-4 Work step of diagram Task 3

| Step 1 | Sign move-in agreement

Activity content

Case

A physical examination before an elderly person moves in the nursing home revealed that he was sometimes confused and sometimes conscious. The nursing home believed that the elderly person should receive first-level care, but his family did not agree. Later, the elderly person was admitted to the nursing home according to second-level care standard. The elderly person often clamored to call their children over the phone. One day at 7 pm one night, the elderly person had already gone to bed. After the nursing staff checked the room, they left to proceed with the handover process. Around 7: 10 pm, the elderly person got out of bed and fell down in the absence of the nursing staff, causing serious fractures. His family members believed that the nursing home had not fulfilled its responsibilities and should take responsibility. The nursing home believed that they had negotiated with the elderly person and his family to raise the level of care, but the family did not agree. Therefore, as a client receiving secondary-level care, the nursing home was not responsible for falls caused by the elderly person walking on his own. After negotiation, the nursing home compensated the elderly person some of the expense.

Thinking and discussion

Please imagine what the elderly nursing home should do when signing an agreement with the elderly person and his/her family members to avoid unnecessary conflicts and disputes in response to the elderly person and his/her family members' accidental injury caused by actively reducing the level of care.

Knowledge link

Upon the expiration of the trial period, the elderly nursing home is to evaluate activities and ability of the elderly people in daily life, as well as the services offered by the nursing home during the trial period, the nursing home issue the "Trial Period Evaluation Form" and determines the nursing level. After the agreement of the three parties, the elderly nursing home shall sign a check-in service agreement with the elderly and the family, clarifying the rights and obligations of both parties.

1 Service agreement content

The service agreement generally includes the following terms.

(1) The name, address, legal representative or main person in charge, and contact information of the elderly care home;

(2) The name, address, identification documents, and contact information of the elderly or their agents and emergency contacts;

(3) Care level, service content and methods;

(4) Charging standards and payment methods;

(5) Service period and location;

(6) Conditions for agreement change, dismission, and termination;

(7) Placement methods for elderly people during suspension or termination of services;

(8) Liability for breach of contract and dispute resolution methods;

(9) Other content agreed upon by the parties through consultation.

2 Changes of service levels in the agreement

Before signing the agreement, the staff of the elderly nursing home should provide detailed information on the service level and content, requirements, and fee standards to the elderly and their families. Different levels of care have different service content, requirements, and charging standards. The determination of nursing level is a very serious and scientific task, which must be determined by the head of the ward or nursing area in conjunction with the medical staff of the nursing home. As adjusting the level of care in elderly care homes, they should make adjustments based on the annual physical examination of the elderly or changes in their health status, taking into account factors such as the ability of the elderly to take care of themselves and their ages. They should also make timely records and sign supplementary agreements with the elderly and their families.

3 Change of contact information in the agreement

When there is a change in the contact information between the caregivers and the elderly, they should notify the other party in a timely manner, so as to strengthen communication and jointly implement assistance in case of illness, accidents, or life-threatening situations for the elderly. The elderly are a special fragile group, and taking care of them is a high-risk task. Clarifying the responsibilities and obligations of the three parties can help to ensure the quality of life of the elderly and avoid the operational risks of nursing homes.

| Step 2 | Payment

Activity content

Please investigate the charging standards, relevant discounts, and payment methods of 2 to 3 elderly nursing homes using the Internet, visits to elderly nursing homes, telephone consultations, etc., compare similarities and differences, and report and display them in PPT (Table 4-1).

Table 4-11 Questionnaire on charge standards of nursing homes

Name of nursing home	Charging standards	Related discounts	Payment ways

Knowledge link

Once the nursing home approves and signs the check-in agreement, and the elderly receives the check-in notice, the elderly or the family should pay the check-in and related fees to the finance department of the elderly nursing home according to the terms and fee standards in the agreement. Most elderly nursing homes require the elderly to pay a certain amount of deposit or medical guarantee (backup) deposit before check-in, as well as relevant check-in fees before the elderly officially check-in. It should be noted that when receiving accommodation fees for the elderly, elderly nursing homes should handle the following issues properly.

1 Standards for check-in fees

Nursing homes should collect relevant fees based on some standards and systems, and the fees for bedding, nursing, meals, medical services, and other fees should be collected strictly in accordance with the fee standards and fee management systems.

2 Pay vouchers offered by nursing homes

Whether it is the first or subsequent charge, the financial personnel of the elderly care home should issue vouchers to the elderly or their families, and if necessary, it should print a detailed fee list. When the elderly have doubts about the fees, the staff should warmly receive inquiries, patiently explain each item without refuse. If there is negligence in work, incorrect or repeated charges, mistakes should be corrected in a timely manner, and the staff should apologize to the elderly or their families in person.

3 Paying in a timely manner

For elderly nursing homes that have established an information management system, the financial personnel should promptly record the accommodation and service fees of the elderly into the information management system so that the elderly or their families can check some information online. If a certain elderly person fails to pay fees on time, a fee reminder notice should be issued to the department or residential area where the elderly person belongs to urge the elderly or his/her family to pay fees in a timely manner.

| Step 3 | Officially move in

Activity content

Please refer to the following flow chart (Figure 4-5) for the entry and discharge of elderly nursing homes, and describe the process before official check-in in language, as well as the factors affecting check-in satisfaction.

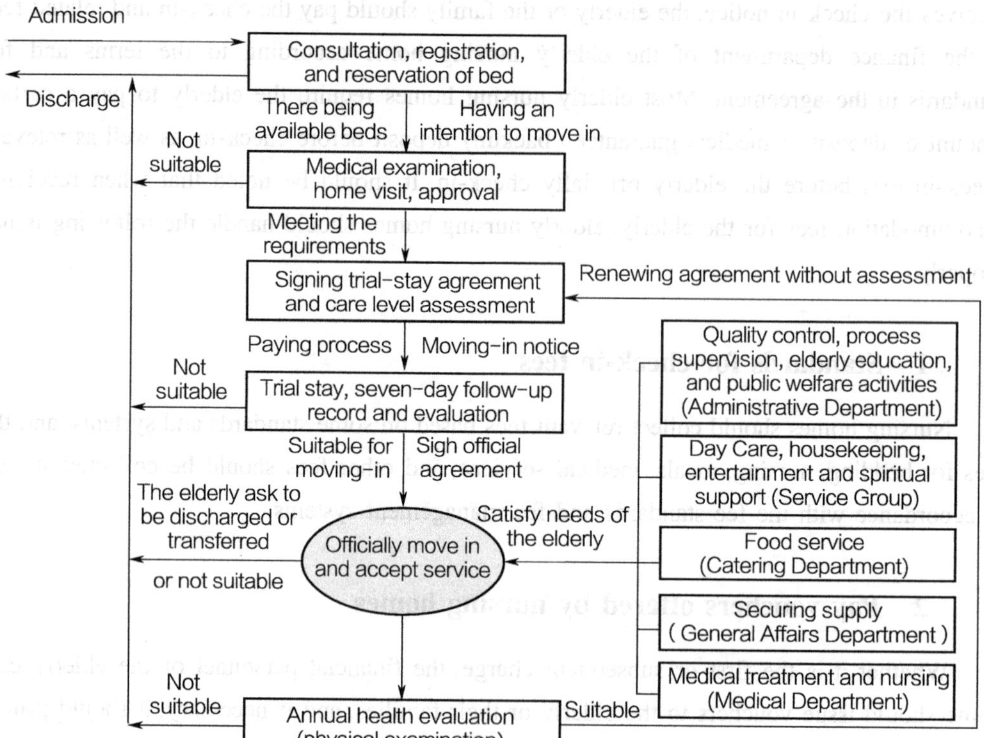

Figure 4-5 Elderly nursing home admission and discharge flow chart

Knowledge link

If there is a change in physical and mental status of the elderly during their stay in the nursing home, it is necessary to change the levels of care. The elderly are expected to be reevaluated. The level of care should be readjusted with the consent of the elderly or their families.

If an elderly person falls ill, the elderly nursing home should immediately notify his/her truster or guardian. If the truster or guardian cannot be reached, in accordance with humanitarian principles, elderly nursing homes have the right and responsibility to handle the matter immediately and seek medical attention.

If something unexpected happens to the elderly and they need to be sent to hospital for treatment immediately. In case the truster or guardian cannot arrive timely, nursing homes should help the elderly people register, help them receive medical treatment, and help go through admission procedures.

If the body or property of the elderly are hurt or damaged due to improper safety measures or poor management services in the elderly nursing home, the elderly nursing home shall bear the responsibility based on the fact. If the elderly person has also fault, the responsibility is to be jointly borne by both the care home and the elderly.

Elderly people can move in or out freely. When an elderly person dies of illness or requests to leave or transfer to another nursing home due to some reasons, relevant procedures for leaving the nursing home should be completed. The fees should be settled, and the elderly person's belongings should be retrieved. The personnel of nursing homes in charge of the residential or sick area are to issue him/her a pass before he/she leaves.

Practical training

Sign the Moving-in Contract

Objective: to enhance understanding of the processes and specific tasks required for elderly residents to move into the nursing home, and to master communication skills related to signing the moving-in contract.

Requirement: a quiet room, some pens and paper.

Practical training:

Scenario 1: Grandma Zhang's daughter and Grandma Zhang go to the nursing home together to check in.

Scenario 2: Grandma Zhang's daughter signs a moving-in contract with the personnel of the nursing home.

Practical training instructions:

(1) The schedule (Table 4-12).

Table 4-12 The schedule

Content of activities	Estimated time
Introduction of activities	5 minutes
Grouping and getting ready to display content	1 day
Carrying out activities as required	10 minutes
Summing up and sharing in groups	25 minutes

(2) Rules.

Step 1: Each natural group chooses one of the above scenarios to perform and present the situation. Each group is divided into two subgroups (Subgroup A and Subgroup B). A member of Subgroup A is chosen to play the role of a staff member of a nursing home. Two members of Subgroup B are chosen, with one of them playing the role of a 65-year-old Grandma Zhang and the other playing the role of Grandma's daughter.

Step 2: After the presentation, each member is asked to express their views. And then they conduct analysis and discussion, and finally form the group opinions.

Step 3: Share in class.

Group list and roles played:

Key points for scenario design (time, place, environment, atmosphere, requirement, etc.):

Reflection or revelation:

Suggestion:

Project 5
Self-care management of nursing homes

Instructional objectives

1. Understand the physiological characteristics of the elderly.

2. Simply assess the self-care ability of the elderly.

3. Master how to assist the elderly to bathe, take medicine, go out for activities, have meals, clean the room(clean the bed; wipe table, TV cabinet, window and door dust; mop the floor; wash the clothes changed, etc.)

Case

Mr. Wang, 65 years old, held an administrative position for many years before he retired and worked conscientiously of good and he became style. After retirement, he lives with his partner, and his children are very busy at work, so they seldom have time to visit the two old couple. Mr. Wang's living arrangement after retirement is to accompany to help his partner to buy food, cook and do housework every day. After a long time, he felt very bored, and had nothing to do all day. There was nothing big to do, and he became very lost, often sighing and sullen. When his wife asked him what was on his mind, he shook his head and didn't say anything. She urged him to go out for a walk, but he didn't want to go out for exercise. He said he feels old, could not walk and do. His body is not as good as before, and he doesn't eat and sleep well.

Please analyze and discuss what physical and psychological needs the elderly person has, and write down the relevant problems and the reasons based on all the current performance of the elderly person.

Task 1 Understand the physiological characteristics of the elderly

The degeneration of the body function of the elderly is the most important phenomenon, which is the progressive and declining chang in form and function with the growth of age.

The aging process of the elderly can be divided into two forms: physiological aging and pathological aging. Physiological aging is a degenerative change occurring with the growth of the body during the process of aging. Pathological aging is abnormal aging caused by some biological, psychological, social and environmental factors on the basis of aging. The aging process is an inevitable natural law for people, which brings a lot of discomfort, troubles and difficulties to the elderly, and needs more attention and care.

The physiological characteristics of the elderly include: aging decline of body and mind, changes in physiological function, decreased sensory organ function, changes in the nervous system, and changes in thinking and imagination.

1 Aging decline of body and mind

After entering old age, all kinds of physiological functions gradually enter the stage of decline, which will follow the series of changes of psychological mechanisms. Slow metabolism and loss of collagen cause aging changes in facial morphology. Due to the slowing down of body metabolism and excess accumulation of nutrients, the phenomena and changes such as overweight and loose body shape appear. As a result, some elderly people may not accept their aging image and body condition temporarily, which even hurt the self-esteem of the elderly. The elderly will become slow, inaccurate, uncoordinated in action, poor stability, easy to fall. In terms of operational skills, they also show a slow, small range of movement and other behavioral characteristics, resulting in the range of activities of the elderly to become narrow. The way of activity is more conservative and single, and the elderly go out to participate in social activities with less enthusiasm.

2 Changes in physiological function

With the elderly's physical declining, the resistance is also decreased, and the incidence of acute and chronic diseases has increased. Psychological changes caused by the occurrence of diseases must also be concerned and paid attention to. Strong and lasting negative emotions will affect the normal physiological function of each system of body. If the impact lasts too long, the physiological dysfunction will be further aggravated, leading to pathological changes and physical and mental diseases, and forming a vicious cycle. The common disease, incurable disease, cancer, mental illness, psychological emotions have a close relationship to the above three cases. Serious mental health problems can impair the memory and ability to work and live for the elderly, and serious cases may lead to mental decline and dementia. Changes in sexual function, declines in sexual function in old age due to the depletion of sex hormones, and changes in the shape of the sexual organs mean that the sexual desire and sexual satisfaction of the elderly is different from that of the young and prime.

3 Decreased sensory organ function

Along with aging, sensorial perception declines in the elderly. The structure and function of various sensory systems are degraded in the elderly. The vision, hearing, pain, temperature, and taste will appear a certain degree of functional decline, in terms of visual adaptability and visual acuity, resulting in reduced vision, and appearance of "presbyopia". In the aspect of hearing, the ability to distinguish and recognize sounds is reduced, leading to hearing loss, hearing hard, mishearing phenomenon, elderly sensitivity, paranoia and other psychological factors. In the sense of smell and taste sensitivity decreased, the flexibility and sensitivity of action are poor. Coordination ability is low, slow Reaction is slow. Action is awkward. The life of the elderly and social activities affect their social communication, so that the elderly unconsciously avoid to participate in the activities to adapt to the surrounding environment. They are lack of thought and emotion communication with the surrounding and the outside world, and prone to feelings of loneliness and melancholy. It is easy to cause the elderly to feel inadequate in doing things, appearing passive obedience, dependence, hesitation, flinching and other phenomena. If they have the long-term dependence on others, there would lead to emotional instability in the elderly and self-feel degradation.

4 Changes in the nervous system

The nervous system of the elderly undergoes corresponding aging changes. The weight of the brain decreases. The cerebral blood vessels become less elastic. The blood flow becomes slower, and the blood supply to the brain is inadequate. The slowing down of brain waves, the prolongation of the response latency of evoked potentials in the cerebral cortex, the slowing down of the conduction of nerve impulse information, the weakening of the synthesis, and metabolism of transmitters in the central nervous system lead to reducing sensory ability, consciousness, reaction, attention, speed and accuracy of brain response in the elderly to become sleep disorders.

5 Changes in thinking and imagination

The intelligence and memory of the old people tend to decline gradually. Their memory shows that recent things are easy to forget but far memory is good. Stenographic memory is difficult but understanding memory, logical memory and other characteristics, memory decline speed is very fast, and there often appears different degrees of "forgetfulness" phenomenon. Due to the limitation and solidification of thinking concepts, the elderly are not easy to accept new things, afraid of learning new knowledge, and less likely to develop new interests. At the same time, the language expression ability of the elderly also declines, with slow speech, repetitive wordy, and the concentration and thinking ability may become slower.

Task 2 Simply assess the self-care ability of the elderly

1 Concept of self-care

Self-care refers to the voluntary behavior that an individual can undertake independently according to his/her own ability to continuously maintain his/her life, health and comfort, such as clothing, food, housing and transportation, disease prevention, self-care, self-medication, and self-treatment. Self-care ability refers to the elderly's ability to complete basic life activities and use daily life service facilities. Orem believes that self-care activities are purposeful actions taken by individuals to meet their own needs. Under normal circumstances, people have the ability to meet their own needs, that is, people have self-care ability. Self-care needs include general self-care needs, developmental needs and needs in times of ill health. When an individual's self-care needs exceed his own self-care capacity, a caregiver is needed to provide assistance. However, individuals with self-care defects need certain nursing help, that is, there is a clear range of nursing work. Orem also believes that an individual is in a state of equilibrium when his/her self-care capacity can meet his/her therapeutic self-care needs. When an individual's self-care ability is unable to meet his/her therapeutic self-care needs, the balance is broken, that is, the self-care deficit occurs. And the self-care deficit is the need for nursing help. The theory of nursing system proposes to take corresponding nursing measures to make up for the insufficiency of self-care of patients and meet their therapeutic self-care needs. For example, self-care care can effectively improve the motor and balance function of stroke patients, which is conducive to the improvement of ADL and quality of life for the elderly.

2 Self care standards of the elderly

When nursing procedures are performed in accordance with self-care, the assessment phase should consider why the patient needs care, i. e., the assessment of the patient's therapeutic self-care needs and self-care capacity. The diagnostic stage is to establish the extent of the patient's self-care deficit, whether qualitative or quantitative, existing or underlying health problems. In the planning stage, nursing plans and specific measures are developed to fully compensate, partially compensate and support the education system according to the degree of patients' therapeutic needs. Evaluation is to judge the degree of patients' self-care improvement to evaluate the effectiveness of nursing. Introducing the theory of self-care nursing model into the nursing procedure can enrich the content of nursing activities and provide more nursing services to patients.

1) Life-style assessment of the elderly

(1) Purpose and significance.

Understand whether there are behavioral risk factors affecting health and causing diseases in the elderly, and provide basis for life-style guidance.

(2) Assessment method.

①Ask during the physical examination;

②Use a questionnaire to ask;

③Ask during routine diagnosis and follow-up;

④Carry out health education work in the inquiry.

2) Self-care ability assessment of the elderly

(1) Purpose and significance.

Understand the self-care ability of the elderly, provide relevant information for targeted health management, and basis for the elderly living care and support, which is helpful to carry out targeted health management, and improve the health level and quality of life of the elderly.

(2) Evaluation tool.

Assessment form of self-care ability of the elderly.

(3) Health status assessment of the elderly

Ways to access health information for the elderly include consultation, physical examination, auxiliary examination and self-care ability assessment of the elderly, and health records. Judging the degree of self-care ability of the elderly according to the total score of the self-care ability assessment form, can be divided into: self-care, 0 to 3 points; mild dependence, 4 to 8 points; moderate dependence, 9 to 18 points; completely incapacitated, 19 points.

Thinking and discussion

(1) What kinds of healthy management life-style are discussed for the elderly?

(2) What are the objectives and methods of assessing the self-care ability and health status of the elderly?

3 Assessment implementation

1) Establishment of assessment room

Assessment room is a special place set up by medical institutions and departments certified or entrusted by civil affairs authorities to provide health assessment services. The evaluation environment should be quiet, warm temperature with fresh air and bright light.

2) Dispatch of assessors

Each assessment should be conducted by at least 2 assessors at the same time. The assessors shall be the professional service personnel who have been trained by the administrative department of the medical care and the elderly care industry, and obtained the appraisal qualification of the relevant institutions, and they can engage in the work of health assessment services.

3) Assessment facilities and equipment

Facilities and instruments for physical examination, including diagnostic tables and chairs, thermometers, stethoscopes, sphygmomanometers, flashlights, disposable tongue oppressors, scales, other physical examination and medical equipment.

Daily activity ability check facilities, equipment and appliances include tableware (chopsticks, spoons, dishes, etc.), round, flat glass beads, one side handrail three level stair platform, mock bank document. If conditions permit, washing machine and other daily living equipment and facilities can be selected.

Psychometric tools include the simple intelligence state screening questionnaire, barthel index measurement table, questionnaire on the ability of older persons to choose health services, Other psychometric tools such as the wechsler intelligence scale available to those who can.

4) Assessment methods

The assessor fills in the *Basic Information Form for the Assessment of the Ability of the Elderly* by asking the assessed person (the sick old person should be in the terminal period of medical treatment) or the caregiver. The assessor will evaluate each item in accordance with the *Basic Information Form of the Ability of the Elderly*. After the evaluation, the data will be input into the unified information system of the city. The system will score the data automatically. The competency level of the older person, confirmed and signed by two assessors, and the signature of the information provider. The assessment of the ability of the elderly should be dynamic. The initial assessment should be made before receiving pension services. After receiving pension services, if there is no special change, a regular assessment should be made every 6 months. When changes in abilities occur due to special circumstances, they should be evaluated in time. Information on changes in abilities of the elderly should be provided by social organizations providing services or other informed personnel.

5) Assessment indicators

The evaluation indicators include first-level indicators and second-level indicators. There are four first-level indicators, including daily living activities, cognitive ability, emotional behavior, visual and auditory. There were 15 second-level indicators, including 6 activities of daily living, 4 cognitive abilities, 3 emotional behaviors, and 2 visual and auditory indexes.

Table 5-1 lists the scoring criteria for each indicator.

Table 5-1 Ability assessment indicators of the elderly

First-level indicators	Second-level indicators
Daily living activities	Eating, bathing, grooming, dressing, stool control, urination control, toilet, bed chair transfer flat walking, up and down stairs
Congnitive abilit	Cognitive function, aggressive behavior, depressive symptoms
Emotional behavior	Level of consciousness, vision, hearing, communication
Visual and auditory	Life ability, work ability, time/space orientation, people orientation, social interaction ability

6) Assessment content

(1) Basic information.

Basic personal information such as name, resident ID number, gender, date of birth, education level and marital status should be included, as well as social information like financial sources, living conditions and primary caregivers.

(2) Health history.

It includes the elderly's current and past medical history, family history of diseases, history of trauma, history of drug allergies, current treatment and care programs, information on dietary requirements, nutrition, skin and other health problems that need to note, as well as major life events and important factors affecting the elderly's health status.

(3) Mental condition.

It refers to the appearance, behavior, emotional state, cognitive function and other aspects of the elderly in the assessment, including cognitive, emotional and volitional behavior information, suicide, injury, other psychological and behavioral problems that need special attention information, which can be selected to use the mental health rating scale.

(4) Physical function assessment.

It includes an assessment of the elderly's ability to complete functional activities such as sensory organs which motor systems and personal hygiene, which should indicate the use of assistive devices such as glasses, hearing aids and crutches.

(5) Social function.

It refers to the status of the elderly's connection and communication with the surrounding people and environment, including information such as the degree of participation in social activities and their own feelings, and information such as social support and social evaluation, which can be used selectively with the *Mental Health Rating Scale*.

(6) Special assessment.

It should be made for health problems that require special attention, such as bed sores, fall accidents, and lightness of life.

7) Assessment results

The ability level of the elderly is determined based on the results of the health assessment of the elderly. The ability level of the elderly is assessed according to their ability assessment score, which is determined by adding up the scores of 15 secondary indicators.

8) Application of assessment results

The capability assessment of the elderly is an assessment of the self-care appearance for the elderly, which is used to determine the grade of the elderly care service. When the grade is made from medical treatment, nursing, rehabilitation and other professional fields, it is appropriate to invite relevant professionals to conduct further specialist assessment. To predict and evaluate the health status of the elderly, their own functions, diseases and other current conditions that may cause complications or accidental injury risks in the elderly, the archives of health assessment results of the elderly shall be established, and the formatted records of health and disease-related problems, previous diagnosis and treatment data and physical examination records shall be put on record.

9) Notes for assessment

The behavior of the assessor must be standardized, abide by professional ethics, and ensure that the assessment data are true, effective and reliable. They dress properly and wear their own identification card. They are kind and use polite language. Before the assessment, they should first identify themselves, explain the purpose and procedure of the assessment to the elderly and their guarantor, and obtain the consent of the elderly. The assessment should be in language that the older person can understand and should be available to explain and clarify questions. Upon completion of the assessment, the elderly persons and their families should be informed of the results of the assessment and state that the results will be used as a basis for the development of care plan. They record the result after the evaluation and sign for responsibility. Different assessors shall sign separately for the assessment of the same old person in stages.

Task 3 Assist the elderly with self-care methods

Work tasks

Case

Uncle Wang, 73 years old, 173 cm, 63 kg, elementary school mathematics teacher, secondary school education, a retirement salary of 8, 000 yuan/month. He has some financial savings, and his daughter's economic conditions are average, who can give a small amount of support. He has hobbies such as reading and listening to opera, likes a light diet with cheerful personality. His family members are a daughter, a granddaughter, and two nephews, all in the local area. He was diagnosed with diabetes 10 years ago, now living with his daughter. He has been taking diabetes-related medication for a long time. He had not been taking his medication on time for some time recently and often needed to be reminded to take his medication. His appetite was not strong and he felt pessimistic that he was old and useless and was a bit of a drag on his daughter. His daughter hired an in-home caregiver to take care of her at home. The in-home caregiver assisted the elderly with meals for reasons such as difficulty in eating and countermeasures, with oral medication, and after completing the in-home service, further improved the continuous care plan according to the situation of Uncle Wang.

Thinking and discussion

Please identify the main care problems of the elderly, develop a feasible care plan, explain the basis of the measures and communicate with the elderly, their families and other relevant professionals to ensure the effectiveness and continuity of care work, taking into account intuitiveness, functionality, professionalism, suitability, and work procedures when formulating care plans.

1 Assist the elderly to clean

Assist the elderly to make their beds and keep their rooms clean and tidy. Assist the elderly to clean the room once a day. Cleaning the overall health of the room includes cleaning the bed, simply sweeping the bedside table, tea table, TV cabinet window door and other dust, cleaning and mopping the floor, cleaning the clothes and sheets taken off, etc. Assist the elderly to clean the toilet. Assist the elderly to wash the toilet, dump the garbage, clean the surface, keep the floor table clean and tidy. Keep the room clean and tidy, and ensure that the indoor environment is free from flies, rats, cockroaches, bedbugs, etc. Keep the indoor air fresh and odor free. At the same time, clean the old people's rooms and refrigerators regularly to check whether the food is rotten, whether the drugs are expired.

Remind the old people to deal with it in time.

The operation process of assisting the elderly to clean their beds is listed as follows.

1) Preparatory work

(1) Item: bed brush, brush set, goods cart.

(2) Environment: make sure that the elderly in the room are not eating, not undergoing treatment, and other daily care.

(3) Staff: wash hands, wear a mask, and dress neatly.

2) Operation procedure

The operation procedure for helping the elderly to make and clean beds is shown in Figure 5-1.

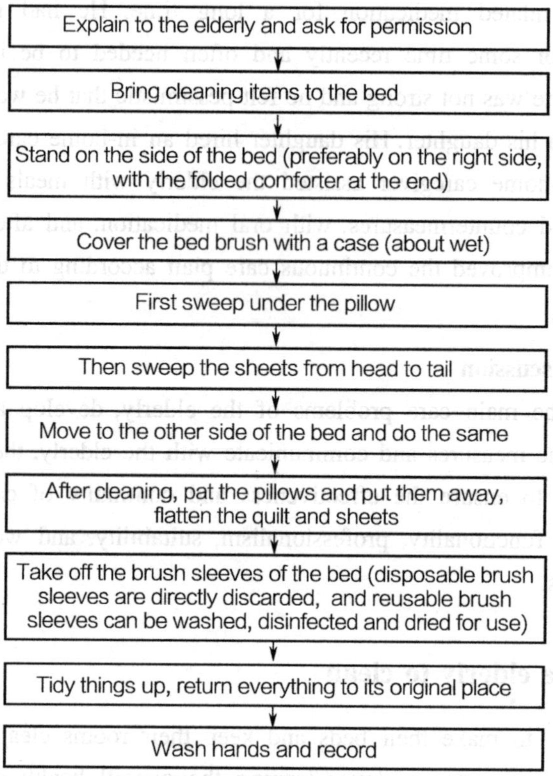

Figure 5-1 Operation procedure for helping the elderly to make and clean beds

3) Notes

(1) In the room, if the elderly are having meals or receiving treatment, stop the bed sweeping.

(2) In the operation, the action should be light and steady, and avoid flying slag.

(3) Bedding, clothes, etc., need to be washed regularly, airing. Clothes such as pajamas

need to be changed once a week in spring and winter, and more often in summer. Bed covers, sheets, pillow towels and other bedding needs to be changed once every half month (whenever necessary).

2 Assist the elderly with medication

1) Medication assistance

Most elderly people have basic chronic diseases and sequelae due to aging, injury, accidents and other reasons, and most of them have a long-term history of taking drugs or take drugs for temporary acute diseases. Elderly people need to be assisted with medication. In the process of assisting the drug administration, it is necessary to have a full understanding of the drug and pay more attention to the reaction of the elderly after taking drugs.

(1) Classification of medication.

Medication can be divided into internal drugs, external drugs, injection drugs and new preparations. Internal drugs: the purpose of clinical administration is to treat and prevent diseases, relieve symptoms, enhance physical fitness, assist diagnosis and maintain normal physiological functions of the body. Internal dosage forms include tablet, pill, powder, capsule, solution, mixture and so on. External drugs refer to the local direct contact with the body surface and the therapeutic effect of drugs. External drugs can be used according to the needs of the disease with different dosage forms and different methods of administration. External drugs include ointment, liniment, dispensing, lotion, drops, powder, suppositories, smears, etc. Injection drugs are injected into the body to prevent and treat diseases with aseptic liquids, including aqueous solutions, suspension oils, crystals and powders. New preparations include sticking pads, insulin pumps, and implanting slow-dissolving tablets.

(2) Assist the elderly in receiving medication.

A medicine cabinet is set up for all relevant medications taken by the elderly, and a certain number of commonly used medications are put into the cabinet with the help of a person in charge of keeping them, and the expired medication may be cleaned up in a timely manner and replenished as needed. The drugs that are highly toxic and narcotics should be replenished with a doctor's prescription. Drugs with high toxic side effects are stored separately and in a safe place. Patients should generally take, accurately check and dispense daily oral medications according to medical prescriptions and assist the elderly in taking them.

(3) Assist the elderly in keeping medication.

The medicine cabinet should be kept in a ventilated, dry, well-lit place away from direct sunlight. The medicine cabinet should be kept clean and tidy by the nursing staff. All kinds of drugs shall be classified into internal, external, injection and highly toxic drugs, and shall be placed in the order of their validity period. Highly toxic drugs, with large toxic and side effects and anesthetics should be kept under lock and lock. Nursing staff should be responsible for keeping them, and record the amount of access and access with a special book. At the same time, shift handover should be done well. The quality of drugs should be checked regularly. If the drugs are turbidity, precipitation, discoloration, deliquation, degeneration, odor, etc., or if the drugs have expired and cannot be used, they should be cleaned up in time. According to the performance of the drug properly stored, volatile, easy to damp, weather drugs should be packed in sealed bottles and closed tightly. Drugs that are susceptible to oxidation and light deterioration should be packed in dark sealed bottles or in cartons covered with black paper and kept in a cool place. Inflammable and explosive drugs should be stored separately and sealed in a cool place, away from open flames to prevent accidents. Drugs that are easily destroyed by heat should be refrigerated at 2 to 10℃ or in a cool and dry place as required. Special drugs for individual use should be marked with information such as medication time, dosage and shelf life, and stored separately.

(4) Assist the elderly in taking medication

Assisting the elderly to take medicines safely and correctly according to medical advice, It should reduce symptoms, treat diseases, assist in diagnosis and prevention of diseases.

Preparation before operation: assessment and interpretation communication: assessment of the elderly's illness, state of consciousness, swallowing ability, whether there is oral disease, treatment status and knowledge about the drug to explain the purpose and precautions of oral medicine to the patient.

Nurse preparation: dress neatly, cut nails, wash hands, wear a mask.

Item preparation: according to the doctor's order, prepare medicine, medicine book, small medicine card, drinking pipe, kettle (containing warm boiled water), medicine cup, medicine spoon, measuring cup and other articles: according to the doctor's order, prepare medicine, medicine book, small medicine card, drinking pipe, kettle (containing warm boiled water), medicine cup, medicine spoon, measuring cup and so on.

Environment preparation: good room temperature, adequate light, quiet environment.

Development and implementation of drug taking process: deliver drugs to the elderly, communicate with the elderly before taking drugs according to the doctor's advice, assist the elderly to take drugs, accompany and assist the development and implementation of the whole drug taking process.

2) Assist the elderly to observe after medication

After medication, it should pay attention to observe the administration procedures and time of various administration methods, as well as abnormal reaction caused by dizziness, allergy and other toxic and side effects, timely detection of abnormal vital signs, timely medical treatment, timely rescue measures, and understand the storage method of medicine and related health education knowledge.

3) Tips for assisting the elderly in taking medications

It should strictly follow the doctor's advice to carry out verification system and aseptic technical operation. Drugs that need to be swallowed are usually taken with 40 to 60℃ warm boiling water, not with tea or beverage. They guide patients to use drugs rationally according to drug properties to enhance efficacy and reduce adverse reactions. Patients should be informed of the addition or withdrawal of certain medications. They observe the toxic side effects between drugs and the contraindications after medication.

3 Assist the elderly with personal hygiene

It should urge and guide the elderly who take care of themselves to do a good job in the morning and evening personal washing, shaving, haircut, manicure, etc., to maintain personal hygiene. It should assist and urge the self-caring elderly to take a bath, change clothes frequently, wash clothes, quilt cover, etc., clean up the clothes after bathing or changing, collect and clean the clothes, air them and put them in a place where the elderly can easily find and take them. It should assist self-caring elderly people to bathe once a week in spring and autumn, twice a week in summer, once a week or every half a month in winter.

The working procedures for assisting the elderly in bathing, dressing and washing their hair are as follows.

1) Bath operation procedure

(1) Preparatory work.

Items: a clean, dry bath towel, a medium towel, body wash or soap, clean clothes, non-slip slippers.

Environment: clean the bathroom, close the doors and Windows, and adjust the indoor temperature to 22 to 26℃.

Staff: further confirm with the elderly people in the bath, and understand their bathing habits, bathing time, waterproof apron, non-slip shoes, and no long nails.

(2) Operation procedure.

Figure 5-2 shows the process of helping the elderly bathe and change clothes.

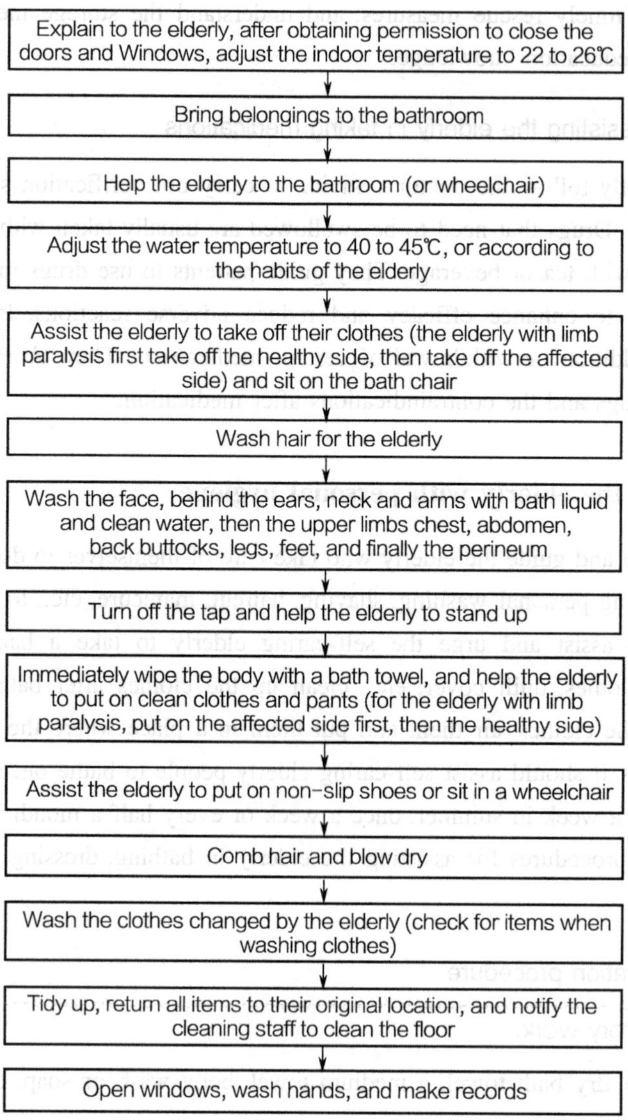

Figure 5-2 The process of helping the elderly bathe and change clothes

(3) Notes.

①In the bathroom for the elderly, anti-slip MATS and safety handrails should be placed to prevent slipping and falling.

②The water temperature should not be overheated. According to the feelings of the elderly, it should be adjusted to the temperature that the elderly can tolerate, so as to avoid dizziness and discomfort. As adjusting the water temperature, cold water should be put first, then hot water.

③Bath time should not be too long (generally 20 to 30 minutes are appropriate), and it should always pay attention to the bath and ask the elderly reaction. If there is discomfort, it should immediately stop bathing.

④Bathing for the elderly should be gentle and fast, and pay attention to keep warm.

2) Individual seat hair washing operation process

(1) Preparatory work.

Items: comb, shampoo, towel (2 pieces), cotton balls (2 pieces), hot water (40 ~ 45℃ is appropriate), hair dryer, chair, etc.

Environment: close doors and Windows to avoid draught.

Staff: dress neatly without long nails.

(2) Operation procedure.

Figure 5-3 shows the process of assisting the elderly to sit alone and wash hair.

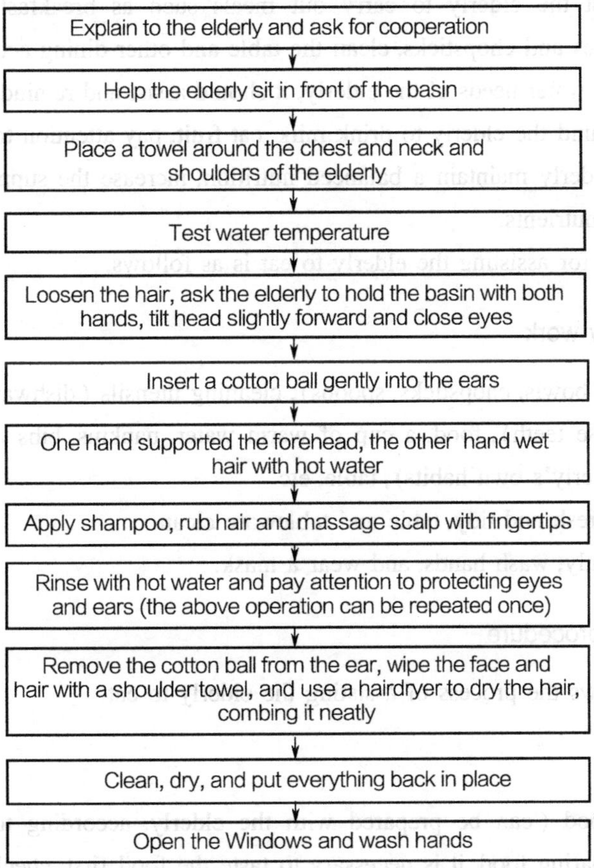

Figure 5-3 The process of assisting the elderly to sit alone and wash hair

(3) Notes.

①In the process of washing, it should always pay attention to observe the reaction of the elderly and ask the elderly feel, if uncomfortable, immediately stop bathing. They can ask whether the strength of rubbing is appropriate, whether the water temperature is appropriate, whether the position is comfortable, in order to adjust the operation method according to the requirements of the elderly.

②It should pay attention to the adjustment of water temperature and room temperature, to be suitable for the elderly's own requirements: wash hair, dry hair in time to prevent cold.

③During operation, it should prevent water from entering eyes and ears and causing discomfort, and clean up with dry towels, cotton swabs and cotton balls in time. If the clothes get wet, change them in time.

④When washing hair, the action is light for reducing the elderly uncomfortable feeling, or fatigue caused by washing time too long.

4 Assist the elderly with meals

It should assist the elderly to carry out meals such as breakfast, lunch and dinner nutrition, place dishes and chopsticks, clean the table and other dining activities. To supervise and ensure drinking water needs of the elderly, it should assist and remind the elderly to drink water, urge and remind the elderly to drink milk, eat fruit, pay attention to the intake of daily nutrients. Let the elderly maintain a balanced nutrition, increase the supplement of calcium, vitamins and other nutrients.

The procedure for assisting the elderly to eat is as follows.

1) Preparatory work

Items: cutlery (bowls, chopsticks, spoons), cleaning utensils (dishwashing liquid, towel, mouthwash cup, false teeth), food, a cup of warm water, napkins, bibs or napkins (applied according to the elderly's own habits), table, etc.

Environment: fresh and tidy, table and tableware clean.

Staff: dress neatly, wash hands, and wear a mask.

2) Operation procedure

Figure 5-4 shows the process of assisting the elderly to eat.

3) Notes

(1) Prepare food (can be prepared with the elderly, according to the needs of the elderly). When preparing food, it is necessary to taste the food first, check the quality of the food, and judge whether the fish bones in the food need to be removed according to the dental condition of the elderly. Do not choose round, slippery, sticky food for the elderly, such as glutinous rice, glutinous rice balls, jelly, etc., to prevent choking. The temperature of food and water should be appropriate to prevent excessive hot food temperature, causing burns on the mucosa of the mouth and esophagus.

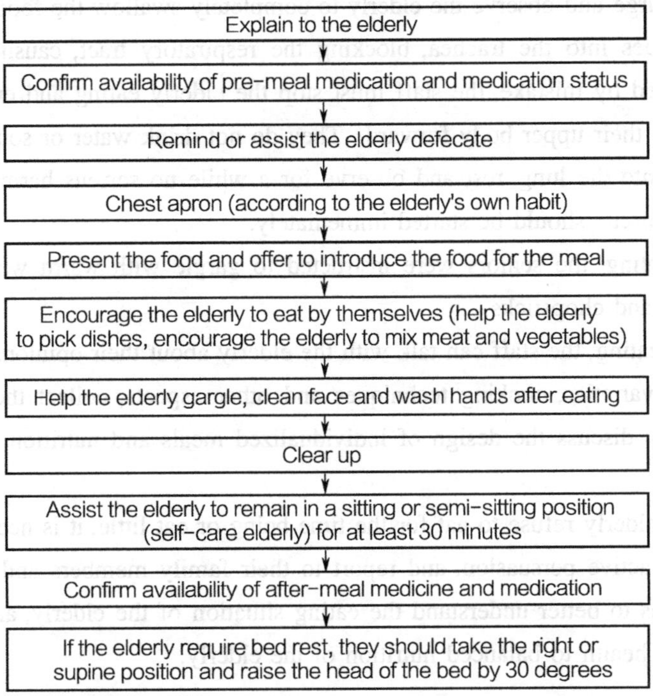

Figure 5-4 The process of assisting the elderly to eat

(2) The elderly should eat in the correct posture, and do sitting stable. Their feet follow the ground, with body leaning forward, about a fist distance between the body and the table. When swallowing, their head should not be tilted back to prevent accidental inhalation.

(3) The elderly must eat while awake. The elderly with visual impairment should be informed of the name of the food before eating, and be helped to eat.

(4) It should chose appropriate cutlery according to the elderly's situation. When eating, the elderly should first drink a little warm water (moisten the mouth), and then eat other foods, so as to avoid choking.

(5) The eating speed should not be too fast or too slow, and the amount of food should not be too much or too little each time. They should chew thoroughly and swallow slowly, and then eat the next bite after swallowing. It is appropriate to eat for 30 to 60 minutes each time, depending on the condition of the elderly.

(6) When eating, the elderly should be reminded to pay attention to the use of spoon under the lower lip into the mouth, the spoon on the central tongue, along the upper lip up to draw out the spoon, to prevent the elderly from choking cough.

(7) During eating, the elderly should be reminded to wipe the food residue around the mouth with tissue or clean wet towel at any time to avoid food spillover and affect eating. It should keep desk clean during eating and throw used paper towels into the trash to save paper.

(8) During the eating process, the staff should not talk and laugh with the elderly, reduce

to walk around, urge and observe the elderly to completely swallow the food in the mouth, to avoid food residues into the trachea, blocking the respiratory tract, causing suffocation. If coughing is caused by mistake, the staff must stop the elderly eating and encourage them to cough by leaning their upper body forward. They do not drink water or soup at this time, so as not to choke into the lung, rest and observe for a while no serious harm before eating. If choking occurs, rescue should be started immediately.

(9) After eating, the seniors were instructed to gargle with warm water, clean up the table, and dishes and chopsticks.

(10) After eating, the staff can talk with the elderly about their opinions and suggestions on food quality, varieties, cooking techniques and other aspects, collect their personal taste habits, and jointly discuss the design of individualized meals and nutrition matching for the elderly.

(11) If the elderly refuse to eat for the time being or eat little, it is necessary to ask the reason, carry out active persuasion, and report to their family members and relevant nursing staff in time, so as to better understand the eating situation of the elderly, and let the elderly eat, to ensure the health to balanced nutrition of the elderly.

5 Help the elderly sleep

Assisting the elderly to sleep includes two aspects: siestas and night sleep.

The first one is to help remind the elderly to take a nap, who have the habit of taking a nap to go to bed, assist them to put on and take off clothes, get up and down, set the alarm according to the characteristics of the biological clock of the elderly, or implement the wake-up service. Night sleep assistance, according to the activity of the elderly during the day, their own sleeping habits and physical health, should timely arrange and organize bedtime activities at night, and assist the elderly to take bedtime drugs, or sleep drugs to help them sleep. When it is time to sleep at night, the staff remind and assist the elderly to go to bed. According to the sleeping habits of the elderly, the staff prepare for the night sleep washing in advance, help to put on and take off clothes, get up and down, set the alarm according to the characteristics of the biological clock of the elderly, or implement the wake-up service. After entering the state of sleep, the staff turn off the headlights in the room and prepare to turn on the night light according to the habits of the elderly.

The sleep care procedure is as follows.

1) Preparation before falling asleep

(1) Item preparation.

Three basins (washbasin, foot basin, and perineum basin), three towels (wash face, wash feet, wash perineum), mouthwash supplies (mouthwash cup, toothpaste, toothbrush), hot water, hot water bag (spare in winter), toilet, etc.

(2) Environmental preparation.

Quiet, warm, relatively concealed, and preferably slightly dim in light.

(3) Staff preparation.

Dress neatly, pay attention to etiquette, wash and warm hands, listen to the elderly sleeping habits and requirements.

(4) Preparation for the elderly.

Be calm and ready to sleep.

2) Operation process of sleep care

(1) Sleep environment care preparation.

Communicate and explain with the elderly before going to bed. After obtaining consent, open the window for ventilation for about 20 minutes, and put away the indoor articles reasonably. Close the doors and windows, adjust the room temperature (keep the room temperature at 24 to 26℃), and close the curtains. According to the old people's own habits, open the toilet lamp or floor lamp. Turn off the headlights, TV, or radio in the room.

(2) Make up the bed unit.

Open the quilt, spread the bed, according to the season and the elderly warm and cold habits for its increase or decrease cover. In winter, the hot water bag can be placed in the bed and taken out before the elderly fall asleep. Pat the pillow loose, adjust the height of the pillow according to the habits of the elderly. The pager is next to the pillow. Slippers are placed on the bedside. The toilet can be placed according to the old people's own habits and related conditions.

(3) Assist in personal hygiene before bedtime.

Assist the elderly gargle, brush teeth. Turn on the hot water and adjust the water temperature. Untie the old man's collar and cuffs. Assist the elderly to wash their face and hands. Change the foot basin filled with hot water, wash the feet (winter can be hot water feet). Assist defecation if necessary (according to the elderly's own physical condition). Replace the perineum basin, wash the perineum, buttocks to complete the perineum cleaning and hygiene.

(4) Assist the elderly to go to bed.

Assist the elderly to undress or change pajamas, go to bed, take the supine or lateral position, and cover the cover, according to the elderly habit to turn off the light to sleep.

3) Sleep care considerations

Patrol at any time to observe the elderly's sleep status and whether there are any changes in the underlying condition at night, try to make the assistance movements gentle and gentle, and reduce fatigue and emotional fluctuations in the elderly. Actively ask the elderly if they have any discomfort during the process of helping them fall asleep, and if they have any special bedtime habits and hobbies. According to the physical condition of the elderly, placing a sponge pad or pillow on the uncomfortable part of the body can help them turn over and get up. If an elderly person needs to take pre-sleep medication or sleep-aid medication, they should be instructed, urged, reminded, and assisted in taking it in advance. Confirming that the elderly person has taken it before going to bed, they should be reminded to drink water and defecate before going to bed. The elderly people should avoid falls caused by getting up and exercising after taking sleep medication.

6 Assist and accompany the elderly to go out walking

Due to the prevalence of chronic underlying diseases among the elderly, it is better to send a person to accompany them to go out to prevent accidents, such as falling, fainting, fracture, getting lost, relapse of old diseases, acute illness, accidental injury and other accidents. Assisting and accompanying the elderly to go out can observe the condition of the elderly at any time to ensure the safety of the elderly.

The process of assisting the elderly to go out and use crutches for walking training is as follows.

1) Accompany and assist the elderly to prepare for walking

(1) Item preparation: single crutch or crutch with stool

(2) Preparation for the elderly: loose clothes for easy travel, shoes with non-slip bottoms; exercise limbs, especially the lower limbs, and get ready to stand and walk.

(3) Environmental preparation: the surrounding environment is clean and flat, free of obstacles, and not slippery.

2) Operation procedure

Figure 5-5 shows the walking training process of helping the elderly to go out and use crutches.

3) Notes

(1) Walk slowly, carefully, and safely with the elderly. If using a crutch, remember to move the crutch first to adjust the center of gravity before moving feet.

(2) Crutches should not be used where the road is uneven. Because the elderly tend to get tired easily, it is better to use a wheelchair when moving for a long distance.

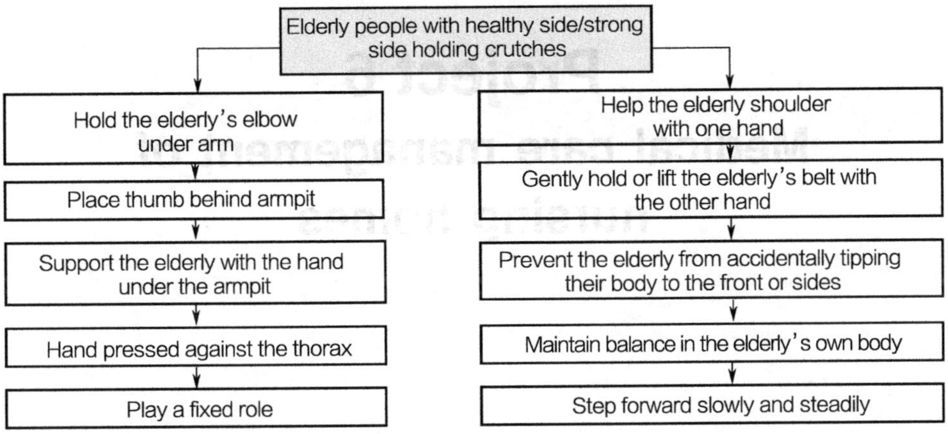

Figure 5-5 The process of walking training for the elderly

(3) Ensure that there are no obstacles in the walking environment for the elderly, such as wires, thresholds, book corners, sharp objects, etc.

(4) The length of the crutches is adjusted according to the height of the elderly. The best position to hold the crutches is the height from the ground to the wrist when the elderly person's arms are hanging down in the standing position.

Project 6
Medical care management of nursing homes

Instructional objectives

1. Master the content of medical nursing and rehabilitation services.
2. Understand the medical rehabilitation service process of elderly care institutions.
3. Do a good job in managing medical and nursing services.

Work tasks

Case

Xiao Zhang, a junior student majoring in elderly service management, has a basic understanding of the basic knowledge of pension institution management, filing and operation of pension institution after learning the previous chapters. When choosing an internship agency, Xiao Zhang found that nursing institutions were divided into different grades. Through consulting materials, he found that the core basis for grading was the quality of care provided by elderly care institutions. For the majority of the elderly, especially the elderly people who were particularly old, due to physiological dysfunction and psychological disorders, coupled with the improvement of social economy and medical and health conditions, the prevention, diagnosis and care of chronic diseases have become more sophisticated, disabled and semi-disabled elderly people had become an important part of the medical care of pension institutions. In addition, local standards on medical care had also been introduced in various regions, with more detailed specifications on the content and requirements of care services. Based on the career planning of elderly care service, Xiao Zhang decided to study the content and process management of medical services commonly used in elderly care institutions in depth.

Task 1 Master the content of medical care and rehabilitation services

Measures for the Management of Pension Institutions clearly stipulates that pension institutions can provide medical services for the elderly by setting up medical institutions or cooperating with surrounding medical institutions, so as to realize the combination of medical and nursing care. Elderly care institutions with internal medical institutions belong to institutions with integrated medical and nursing care, and shall carry out service activities in accordance with relevant laws, regulations and guidelines on the management and service of such institutions.

Work steps

Work steps of Task 1 are shown in Figure 6-1.

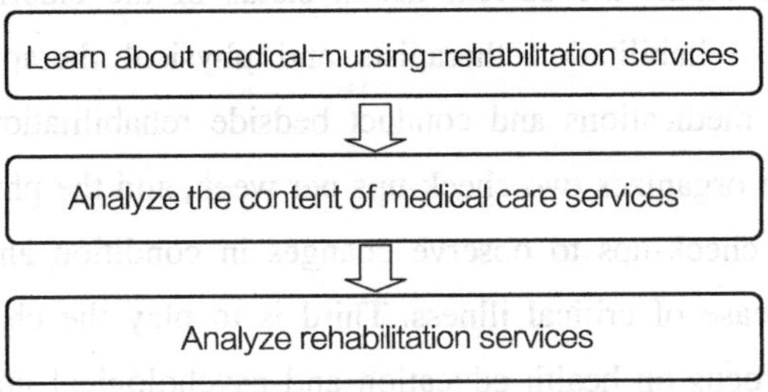

Figure 6-1 Work step diagram of Task 1

Step 1 Learn about health care services

Activity content

Read the case materials and think about the services added by the nursing home in the case compared with the traditional welfare home, so as to win the recognition of the society.

Case

Established in 1981, Qingyang Social Welfare Institute in Gansu Province is a comprehensive social welfare institution that adopts orphaned and widowed elderly, orphaned and disabled children and socially abandoned babies. In April 2016, Qingyang Social Welfare Institute was identified by the Provincial Health and Planning Commission (now the Provincial Health and Wellness Commission) and the Department of Civil Affairs as a provincial pilot unit for the integration of medical care. As the only comprehensive orphanage in the city, Qingyang City Social Welfare Institute has refined its service standards, optimized its service process, fixed its posts and staff, and improved its supervision mechanism, so as to realize that there is nurturing in medicine and medicine in nurturing.

Most of the elderly people in Qingyang Social Welfare Institution suffer from cardiovascular, cerebrovascular, diabetes, rheumatism, back and cervical spine diseases, etc. In view of the different needs of the elderly admitted to the hospital, Qingyang City Social Welfare Institute has classified and summarized the common and individual needs on the basis of a comprehensive and in-depth survey, and formulated a scientific and humanized management service workflow. The first is the implementation of graded care. According to the physical condition of the elderly and their ability to take care of themselves, four levels of nursing care have been established: special nursing care, first-level nursing care, second-level nursing care, and third-level nursing care. The nursing staff's salary is linked to the nursing care level and a 24-hour duty system has been implemented. Secondly, They insist on the three-level room inspection system. Every Monday, the chief physician leads the physicians at all levels to conduct a room visit, measure blood pressure and other vital signs, conduct a physical examination, evaluate the current health status of the elderly, propose a treatment plan, while the nurses, rehabilitation therapists and physical therapists carry out medical prescriptions, distribute medications and conduct bedside rehabilitation or physical therapy. The attending physician organizes two check-ups per week, and the physician in charge of the bed has daily morning check-ups to observe changes in condition and contact the elderly's family immediately in case of critical illness. Third is to play the characteristics of Chinese medicine. Fourth is to focus on health education and psychological guidance. For the elderly suffering from chronic diseases such as diabetes, cardiovascular and cerebrovascular diseases post-stroke, health education is carried out from time to time. For the elderly who are introverted and suffering from mental disorders, the staff patiently guide and encourage them to build up their confidence in life.

In order to standardize health care management, Qingyang City Social Welfare Institute has formulated the "Implementation Plan for the Pilot Work of Combining Medical and Nursing Care in Qingyang City Social Welfare Institute", which focuses on the substitute elderly and public elderly in the Elderly Care Department, establishes health records, makes personal record books for combining medical and nursing care, and consists of rehabilitation physicians, rehabilitation therapists and nurses in the Rehabilitation Center as the medical rehabilitation service team and nursing staff in the Elderly Care Department as the living and living care team. The two groups work together to orderly carry out the work of oxygen, infusion, intramuscular injection, subcutaneous injection, urinary catheterization, stitch removal, bedside medication change, bedside hair medication, bedsore care and bedside rehabilitation physiotherapy for the elderly. The duties of each post are refined and quantified, so that the management service work is based on evidence and rules, and a scientific and efficient management service system is gradually formed.

Since the combination of medical care and health care in Qingyang City Social Welfare Institute, it has won the welcome and recognition of the community. In the past, it simply carried out elderly care services, but now it has introduced medical facilities and added medical services such as medical care and rehabilitation physiotherapy, which not only improves the hardware level and service level in medical care, but also makes the combination of medical resources and elderly care resources to maximize the social resources.

Thinking and discussion

What is the content and process of medical care and rehabilitation services in the medical care integration project of Qingyang Social Welfare Institute in Gansu Province?

____

____

| Step 2 | Analyze the content of medical care services

Activity content

What are the main content of medical care in welfare homes?

Knowledge link

1 Medical service content

1) Regular visits

According to the health needs of the elderly, the nursing home arranges doctors to visit the elderly room regularly and make records. Doctors record the physical condition of the elderly in the process of visiting and find the changes of the elderly's condition in time. Health guidance services can be provided to the elderly as needed during the course of visits.

2) Diagnosis and treatment services

There are regular or irregular diagnosis and treatment of common and frequently-occurring diseases for the elderly. Before diagnosis and treatment, doctors will inquire about the medical history of the elderly in detail, evaluate the elderly's illness, history of allergies, drug use, and history of adverse reactions, and then carefully conduct physical examination. During the diagnosis and treatment process, necessary physical examination and auxiliary examination should be carried out. Doctors check prescriptions and medicines before administration to avoid accidental or missed administration. Qualified institutions can assist diagnosis and treatment through telemedicine.

3) Emergency treatment services

The nursing home arranges medical staff to be on duty 24 hours a day or by telephone according to its own conditions in order to provide timely emergency services. For acute and critical diseases beyond the scope of processing capacity, timely ambulance referral can directly call 120 or notify the superior hospital to send an ambulance and prepare for first aid, at the same time notify the elderly family members. Before the ambulance arrives, the medical staff in the institution should give the elderly people treatment according to their condition and existing medical conditions, such as cardiopulmonary resuscitation, respiratory clearing and oxygen inhalation.

4) Critical care referral services

In the course of diagnosis and treatment, if the elderly's condition is beyond the professional scope or medical technical level of the institution, they shall be provided with timely, effective and smooth referral services after the consent of their family members. According to the condition and the family's wishes, the professional medical staff or the staff familiar with the elderly can be arranged to accompany the referral, or the doctors can write an introduction to the referral hospital, so as to facilitate the receiving hospital to know the patient's condition in time.

5) Hospice care services

Provide comfort care, psychological, spiritual, social support and other humanistic care services for the elderly. Provide symptom control services for older adults who need hospice care for pain, dyspnea, cough, sputum, hemoptysis, vomiting, blood in stool, constipation, bloating, edema, fever, anorexia, dry mouth, insomnia, etc. Help patients and their families cope with emotional reactions, seek social support, and provide psychological support such as death education. Observe drug efficacy and adverse reactions after drug administration.

6) Health management services

All elderly people who are admitted to institutions are required to establish health records, and institutions that are in a position to do so can establish electronic health records. Health records should be established in accordance with the requirements of the National Basic Public Health Service Standards (the third edition), and the content can be increased appropriately according to the different conditions of each institution to ensure accurate content and complete information, and update the content of health records in a timely manner. The staff should establish records of medical services received by the elderly such as consultation and referral, and put them in the health records. Health files should be updated in a timely manner with changes in the physical health of the elderly.

Nursing homes can provide or arrange for other medical institutions to provide at least one annual physical examination services for the elderly, and according to the needs of the elderly, to provide personalized medical examination services. Medical examination results should be timely feedback to the elderly and their families and communicate the results with medical staff, elderly service personnel, in order to provide more appropriate services for the elderly. Nursing homes provide health care, disease prevention, nutrition, mental health and other health services according to the health status of the elderly and their individual needs.

7) Health education and knowledge popularization services

Nursing homes should carry out health education and health knowledge popularization services. Health education materials such as health education folders, health education prescriptions and health manuals can be produced and distributed, including reasonable diet, weight control, proper exercise, psychological balance, sleep improvement, smoking and alcohol cessation, scientific medical care, reasonable use of medication and other healthy lifestyles and health education content that can intervene in risk factors. In public activity areas for the elderly, health education publicity boards shall be set up. Audio and video materials related to health knowledge shall be broadcast on a circular basis, and updated in time according to seasonal changes, disease prevalence and needs of the elderly. Regular health lectures for the elderly are held to guide the elderly to learn health knowledge, and master disease prevention measures and necessary health skills.

2 Nursing services

(1) Basic care services include but are not limited to vital signs monitoring, nursing assistance, risk response, safe administration of medicines, disinfection or cleaning of the environment and articles, and prevention of common infectious diseases. Providing a safe living environment for older persons with dementia and developing countermeasures. Provide psychological comfort and grief coping for the family members of the elderly. Assist the family members of the elderly to deal with the aftermath, etc.

(2) Treatment and nursing cares include the care of common diseases of the elderly, such as diabetes, coronary heart disease, hypertension, chronic lung disease, cerebrovascular disease, bone and joint disease, Alzheimer's disease and other diseases, collecting and submit specimens for examination, all kinds of pipeline maintenance and care.

| Step 3 | Analyze rehabilitation services

Activity content

What are the main content of rehabilitation services in welfare homes?

Knowledge link

The rehabilitation and nursing services of medical and nursing institutions are mainly divided into the following sections.

1) Physiotherapy

It includes exercise therapy, physical factor therapy, etc. Before the implementation of physical therapy, rehabilitation personnel needs to evaluate the physical function of the elderly through body form assessment, muscle strength assessment, sensory assessment, coordination assessment, cardiovascular assessment, and formulate rehabilitation treatment plans. Rehabilitation personnel can use exercise therapy techniques such as manual training and instrument training to maintain and restore joint dysfunction in the elderly caused by multiple factors such as tissue adhesion and muscle spasm. Rehabilitation personnel can use electric therapy, light therapy, magnetic therapy, ultrasonic therapy, cold therapy, heat therapy, stress therapy and other physical factor therapy technology to prevent or treat diseases.

2) Occupational therapy

It includes self-help equipment adaptation, use of walkers, wheelchair selection and use, manufacture and use of orthotics, etc. Before the implementation of occupational therapy, rehabilitation personnel needs to evaluate the elderly's occupational dysfunction through the assessment of daily living activities, hand function, perceptual function and cognitive function, and formulate rehabilitation treatment plans. The rehabilitation personnel can improve the living and working ability of the elderly through the training of daily living activities, recreational and leisure activities, hand function training and perceptual function training. Rehabilitation personnel needs to instruct and assist older persons in the proper use of walking AIDS such as crutches, walkers, braces and wheelchairs.

3) Lifestyle rehabilitation

It includes assisting the elderly to carry out daily living ability training such as postural change, eating training, dressing training, walking training, cleaning training, cognitive training, etc., and integrating rehabilitation services into routine life and care for the elderly.

Task 2 Master the procedures of medical-care and rehabilitation services

After clarifying the content of medical care and rehabilitation services, how to refine the service content into an operable, step-by-step service process and form a basic service process specification is crucial to the management of nursing homes.

Work step

World steps of Task 2 are shown in Figure 6-2.

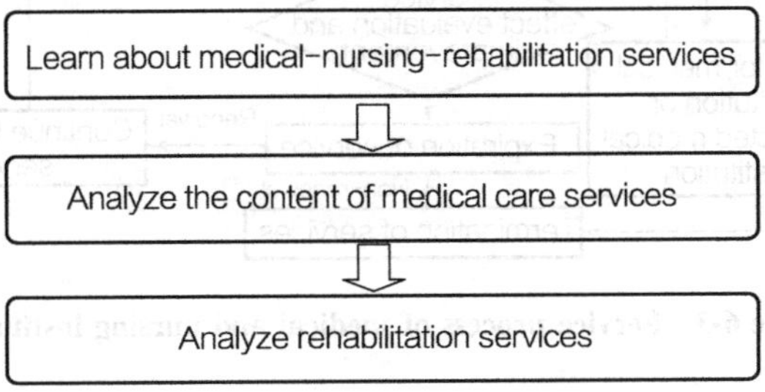

Figure 6-2 Work steps diagram of Task 2

| Step 1 | Interpret the service general principles

Knowledge link

General Rules of Service Process for Medical and Nursing Institutions

The specific service process of the combination of medical and nursing institutions includes service reception, admission physical examination of the elderly, assessment of elderly care needs, assessment of the elderly's ability, assessment of traditional Chinese medicine (institutions with TCM service qualifications), formulation of service plans, signing of service agreements, establishment of service files, provision of combination of medical and nursing services, etc. Figure 6-3 shows the service process, which is recommended, and the specific process can be adjusted according to the actual service situation.

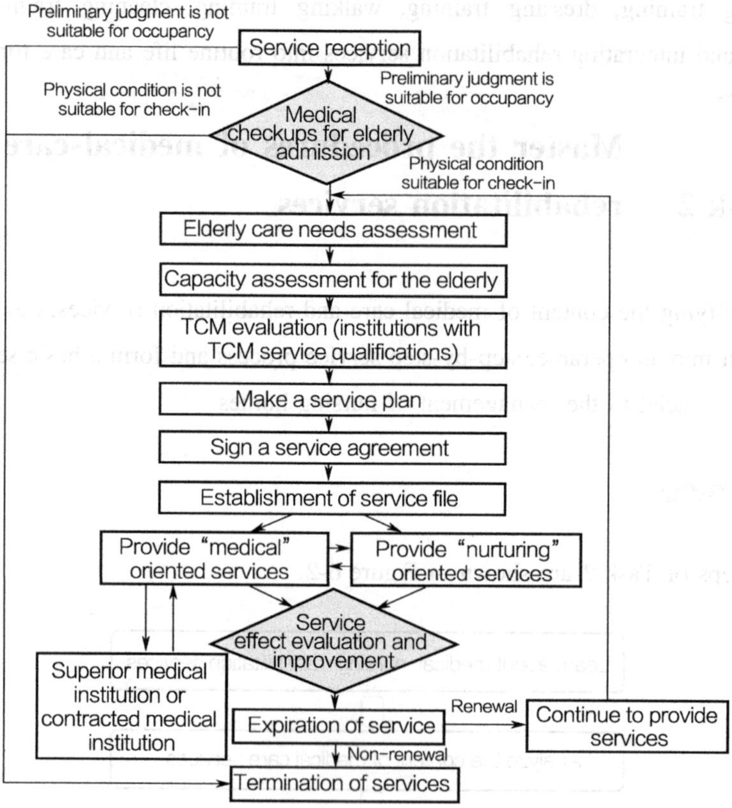

Figure 6-3 Service process of medical and nursing institutions

| Step 2 | Clarify service standards

Activity content

After becoming a pilot unit for the integration of medical and nursing care, Qingyang Social Welfare Hospital in Gansu Province should comply with what relevant management standards in the process of providing medical, nursing, rehabilitation, and other services.

Knowledge link

Medical Nursing Rehabilitation Management Standards for Combined Medical and Nursing Institutions

1) Medical quality management

(1) Medical service behaviors need comply with the requirements of the Basic Medical Health and Health Promotion Law, Regulations on the Management of Medical Institutions, Medical Quality Management Measures and other regulations to strengthen medical service

management and regulate medical service behaviors.

(2) It needs to set up a special department or working group for medical quality management, or designate full-time (part-time) staff responsible for specific management of medical quality.

(3) For the elderly to provide common diseases, multi-morbidity diagnosis and treatment services, it should refer to and follow the relevant clinical treatment guidelines clinical technical specifications, industry standards and clinical pathways and other relevant requirements, and strictly comply with the core system of medical quality and safety.

(4) It should develop a sound medical safety management-related work system, emergency plans and workflow to implement the safety goals of the elderly in the institution.

(5) There are quality objectives in line with the management requirements of medical institutions, regular monitoring and early warning, analysis, assessment, evaluation and continuous improvement of medical quality within the institution.

2) Medical care services

(1) All nursing services and nursing-related work systems, technical specifications, and guidelines should be implemented with reference to the Geriatric Nursing Practice Guidelines (Trial).

(2) It should follow the check system, in line with the principles of standard prevention, sterilization and isolation, aseptic technique, and follow medical advice to provide medical care services for the elderly.

(3) When assessing the medical care needs of the elderly, reference should be made to the Notice on the Development of Geriatric Care Needs Assessment and Standardization of Services.

(4) Nursing services should also comply with the relevant requirements of the diagnosis and treatment technical specifications and operating procedures issued or recognized by the state, such as the Standard for Basic Nursing Services, Standard for Common Clinical Nursing Technical Services, Routine Technical Operating Procedures for Chinese Medicine Nursing, etc.

3) Medical rehabilitation services

(1) Rehabilitation services that carry out the combination of medical institutions, should be based on the size of the institution and the needs of the elderly situation, equipped with appropriate facilities and equipment, and the strict implementation of the rules and regulations of rehabilitation, personnel duties and technical specifications. Independent rehabilitation medical center should be set up in accordance with the rehabilitation medical center management norms (for trial implementation) for management.

(2) Agencies conducting rehabilitation services should assess the physical and mental

conditions, activities of daily living and social functions of the elderly on a need basis, and develop and implement quality evaluation standards, effectiveness evaluation processes and risk prevention and control plans for rehabilitation services.

(3) To carry out rehabilitation aids adapted to the service institutions, it should establish a rehabilitation aids management system, a clear allocation of the institution's rehabilitation aids catalog, dedicated management, regular inspection, maintenance and related records, and guidance to the elderly scientific use of aids.

(4) Rehabilitation personnel are required to provide occupational therapy rehabilitation services for the elderly in accordance with the requirements of the Code of Practice for Common Rehabilitation Techniques (2012 edition).[①]

| Step 3 | Comb the process of medical nursing rehabilitation services

Activity content

Qingyang City Social Welfare Institute in Gansu Province has refined its service standards, optimized its service process, fixed its posts and staff, and improved its supervision mechanism, so as to realize medical care in health and medical care in health. What are the specific common medical care and recreation service processes?

Knowledge link

1) Emergency treatment (referral) procedures

(1) When the elderly are found to have an emergency condition change, the first discoverer shall carry out emergency rescue and call medical personnel at the same time.

(2) After arriving at the scene, the medical personnel should judge the condition and continue rescuing the patient, report to the superior management, and notify the family members. In case of legal risks, they should call 110 at the same time. Other staff should assist in the preparation of relevant articles, in rescue, etc.

(3) If there is no need for referral, it should rescue or the medical routine or the wishes of the family members and the elderly, and make rescue records as required, sign the notification of the condition, and soothe the family members.

(4) If referral is required, it should contact the ambulance immediately and write a description of the case. The elderly shall be accompanied by medical staff for referral, and necessary rescue measures shall be carried out continuously during the referral process. After arriving at the designated hospital, the elderly condition and rescue process shall be transferred to the medical institution. It should follow up the treatment of the elderly or their family members.

2) Accompanying out-of-hospital medical procedures

(1) After the change of the elderly's condition or referral requirement, the staff should communicate with the family members to confirm the needs of accompanying medical treatment, and explain the service content and related risks of accompanying medical treatment.

(2) The medical staff should write an introduction of the elderly's condition, including the purpose of seeking medical treatment, relevant examination results and current treatment.

(3) Nursing staff should accompany the elderly to the designated hospital with medical information and outpatient kits.

(4) If hospitalization is necessary, the staff should inform the family members to complete the relevant procedures and preparations for hospitalization.

(5) If there is no need to be hospitalized, the caregivers accompany the elderly back to the institution and hand over the results of the visit to the medical staff, who will adjust the treatment plan based on the results of the out-of-hospital visit.

3) Elderly care needs and plan change procedures

(1) When it is found that the care needs of the elderly do not match the actual situation, or when the elderly's family takes the initiative to adjust the care plan, the elderly's care needs are reassessed, and the level of care is determined according to the elderly's recent condition.

(2) Based on the results of the elderly care needs assessment, the results of the elderly capacity assessment, and the subjective needs of the elderly, a targeted care service plan is made for the elderly.

(3) The staff should discuss with the elder and family to determine new goals of care and plan of care.

(4) The staff should provide services to the elderly according to the new care goals and care plan and document dynamically, repeating the previous steps if the process is still found to be inconsistent or not meeting the family's needs.

(5) There is a final confirmation of the new care service plan with the elderly and their families after two weeks and handover of the shift.

Task 3　Master medical and nursing services interface management

As China's population ages, the social, economic and cultural living standards continue to improve, and people's demand for quality of life and health care continues to increase, the combined medical and nursing care model has emerged and become the development trend of elderly care. Since 2012, the government has attached great importance to the development of medical and health care integration, and the policy system of medical and health care integration has been improved and the service capacity has been enhanced. However, there is still a problem that medical and health services and elderly services need to be connected.

Work steps

Work steps of Task 3 are shown in Figure 6-4.

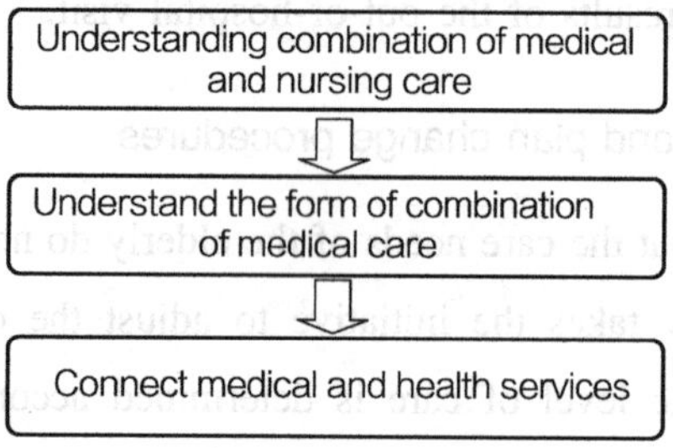

Figure 6-4　Work step diagram of Task 3

| Step 1 | Understand combination of medical and nursing care

Activity content

Case

In order to summarize and promote good experiences and practices in the integration of health care, and further strengthen cooperation and exchange, in 2019, the National Health Commission of China and the World Health Organization (WHO) jointly launched the 2018-2019 biennial cooperation project "Best Practices in the Integration of Health Care in China", and launched a nationwide campaign to collect and promote typical experiences in the integration of health care. The campaign was launched nationwide to collect and promote typical experiences in the integration of health care. After evaluation by experts and site visits, a total of 200 examples of typical experiences in the integration of medical and health care were selected, including "Beijing Pinggu District Health and Health Commission:

Medical and Health Care Linkage, Elderly People's Well-being, Government and People's Harmony".

Thinking and discussion

Please use the Internet or visit one of the above typical experiences in the integration of health care to answer the following questions:

What is the significance of the integration of health care model?

How did the organization achieve the effective integration of medical care?

Is there any room for improvement?

____

____

| Step 2 | Understand the form of combination of medical care

Activity content

There are different types of medical and health care integration depending on the organizing body. Please classify the medical and health care integration institutions in your province and city in the list of typical experiences of national medical and health care integration in 2019.

Knowledge link

The forms of medical care integration can be divided into different types according to different criteria, and this book can be divided into the following four categories according to different organizing bodies.

First, the main body is a senior care institution with medical institutions such as infirmaries and nursing stations. This model allows senior care institutions to further meet the basic medical needs of the elderly based on the provision of senior care services, thereby improving the quality of life and health of the elderly.

Second, medical institutions as the main body, built-in elderly institutions or geriatric wards, medical institutions have transformed into medical and nursing care institutions. This model can give full play to the advantages of medical institutions themselves to meet the medical needs of the elderly, while solving the problem of living care for the elderly in long-term hospitalization.

Third, the elderly institutions and medical institutions double main body collaboration. Elderly institutions can sign cooperation agreements with medical institutions on both sides to fully improve the utilization of relevant resources on both sides, as an effective way to expand the coverage of combined medical and health care services.

Fourth, the model of community home health care integration services. is government-led, relying on community health service centers or nursing stations, government purchase of services, etc. to carry out combined medical and health care services.

Step 3 | Connect medical and health services

Activity content

Some people think that a combined medical and nursing institution is a hospital + nursing home, and the two institutions serve the elderly independently. What do you think can be done to strengthen the interface between medical and nursing cares?

Knowledge link

The combination of medical and old-age cares are not simply medical + old-age care. It can not only meet the needs of the elderly in daily life and other services, but also provide medical care, health consultation, health management, health education, hospice care and other medical care services. Only by fully and effectively connecting medical and health care services with elderly care services, can the advantages of the combination of medical and nursing care be better played. It can be done in the following two ways.

1 Integration management of medical and nursing services

(1) Medical staff, medical caregivers, elderly caregivers, management staff and related support staff in the combined medical and nursing institutions together form an interlinked working mechanism.

(2) In terms of daily inspections of the elderly, medical staff regularly check on them to keep track of their health status. Medical nurses and nursing assistants conduct daily inspections of the elderly elderly they serve to accurately grasp the specific conditions of the elderly they serve and report and deal with any problems in a timely manner. Institutional managers conduct regular inspections to listen to opinions and suggestions to improve management and services in a timely manner.

(3) Medical institutions within the combined medical and health care institutions strictly enforce the entry and exit standards, and the elderly who are admitted to the nursing home beds can be transferred to medical beds only if their illnesses meet the indications for admission, while other cases are treated as outpatient visits and cannot be transferred to medical beds. The elderly who are admitted to medical beds are immediately transferred back to nursing beds when their illnesses meet the indications for discharge.

(4) The system of rescue and referral for critical and serious illnesses of the elderly is established, and relevant plans are made. The service personnel identify the critical condition

in time to ensure timely treatment and transfer of patients in acute and critical conditions. A green channel for referral can be established with higher or contracted medical institutions, and in case of emergency situations requiring timely referral to relevant medical institutions.

(5) It should carry out health education, health consultation, disease prevention, and chronic disease management, conduct physical examinations for the elderly, and establish health records.

(6) It should encourage medical and elderly care institutions to provide extended services to provide on-site medical and health care and elderly care services for the elderly in surrounding communities or small elderly care institutions. The service content and requirements must comply with the management regulations of relevant departments.

2 Integration management of medical and nursing information connection

(1) Establish electronic health records for the elderly, clarify the management paths of the elderly according to their different needs of daily living and inpatient medical care, and establish an information system to ensure accurate switching and timely updating of information when "medical" and "nursing" are exchanged. Establish a health information management system for the elderly to realize information management, information sharing, business cooperation and comprehensive management of outpatient, emergency and inpatient medical records, daily inspection records and elderly service records of the elderly, and paying attention to protecting the privacy of the elderly from leakage.

(2) Strengthen the construction of hospital information platform based on electronic medical records, establish appointment and treatment system, graded treatment system telemedicine system and other interconnection and sharing of health information of the elderly, and realize the information management of health information of the elderly.

(3) Make full use of information technology to carry out service quality management and control, and constantly improve the relevant system. Clarify the boundary of medical care, preventive health care, disease diagnosis and treatment, medical rehabilitation, hospice care, life care, spiritual comfort and comprehensive services.

Extended reading

Guidance on Further Promoting the Development of Health Care Integration (2022) (Excerpt)

Ⅴ. Strengthen the sharing of medical and elderly resources. All localities should promote community health care, elderly services, disability assistance and other public service facilities to coordinate the layout, resource sharing. Promote community health service institutions and community elderly service institutions, community rehabilitation stations, township health centers and special hardship support services (homes for the elderly), village health offices and rural welfare homes for people with disabilities care institutions to coordinate planning, adjacent to the construction, taking a variety of effective ways to achieve resource sharing, service connection. The medical and health institutions within the elderly institutions will be incorporated into the management of the medical consortium, and a two-way referral mechanism will be established with the leading hospitals, rehabilitation hospitals and nursing homes (centers and stations) within the medical consortium to provide integrated and continuous services, so as to realize the efficient synergy of medical, rehabilitation, nursing and elderly service resources. Encourage the grassroots to actively explore the relevant institutional beds for the elderly Ministry of Natural Resources, housing and rural areas and medical beds according to the need to regulate the conversion mechanism. (Incharge of National Development and Reform Commission, Ministry of Civil Affairs, Ministry of Construction, National Health and Health Commission, National Health Insurance Bureau, National Bureau of Traditional Chinese Medicine, China Disabled Persons' Federation, etc. according to the responsibilities of the division of labor.)

Ⅵ. Actively play the role of information technology. Relying on the national health information platform and the Jinmin Project, the construction of the national health information management system for the elderly, the national information system for elderly services, a comprehensive grasp of the health of the elderly and the state of the elderly, graded and classified to carry out related services. Implement intelligent health and elderly industrial development action, the development of health management, elderly monitoring, rehabilitation aids, Chinese medicine digital intelligent products and home service robots and other products to meet the needs of the elderly health and elderly. (In charge of National Health Commission, Ministry of Industry and Information Technology, the Ministry of Civil Affairs, National Bureau of Traditional Chinese Medicine, etc. according to the responsibilities of the division of labor.)

Practical training

Develop Medical Care and Rehabilitation Service Plans for Elderly Care Institutions

Objectives: Deepen familiarity with the content and process of medical care and rehabilitation services in elderly institutions, and understand the connotation of medical and nursing integration.

Requirements: Relatively separate, quiet classroom, paper and pens.

Case 1: Grandpa Wang, 87 years old, was transferred by his daughter from a general nursing home to a combined medical and nursing facility in order to receive better care.

Assessment: The old man had severe cognitive impairment, bedridden for a long time, with contractures in his limbs, an indwelling nasal feeding tube, a history of hypertension, diabetes, Alzheimer's disease, and took related medications for a long time. He also had a non-stageable pressure sore on his tail. During his stay, he was resuscitated several times due to pulmonary infections, but his family did not want to transfer him to another hospital.

Case 2: Grandpa Wang, 82 years old, lives with his partner, attaches great importance to his health. He has a strong sense of health care, lives on his own with advanced gastric cancer (confidential treatment, the elderly do not know his true condition), and suffers from hypertension and takes antihypertensive medication for a long time. His family agreed with the concept of hospice care and has guided the elderly to sign a pre-established medical care plan. At the time of signing, the elderly person expressed his wish to pass away in the hospital so that other elderly people would not be upset and afraid if they knew about it.

Practical training instructions:

1. Schedule (Table 6-1).

Table 6-1 Schedule

Activity	Estimated time
Introduction	5 minutes
Break into groups and prepare presentations	1 day
Carry out activities as required	10 minutes
Summarize and share	25 minutes

2. Steps

Step 1: Each group selects any of the above cases and analyzes and discusses them in groups to form a medical care rehabilitation service plan.

Step 2: Play the role of holding a family meeting to discuss and determine the medical care and rehabilitation service plan with the family and the elderly. One person plays the staff of the nursing home, one person plays Grandpa Wang, and one person plays Grandpa Wang's daughter.

Step 3: Share in groups in the class.

List of groups and roles played

Medical care rehabilitation service plan	
Short-term goals:	Long-term goals:
Service plan(time, executor, execution requirements, etc.)	

Main feelings or experiences

Suggestions and points of opinion

Project 7
Spiritual support services of nursing homes

Instructional objectives

1. Understand the psychological needs and problems of the elderly.
2. Understand the psychological care for the elderly.
3. Understand the organization of elderly spiritual support service activities.

Work tasks

Case

Xiao Zhang is a graduate of elderly service management specialty and is now working in an elderly nursing home. After starting work, he is mainly responsible for the spiritual support services for the elderly. He does not want to label the elderly group arbitrarily. He believes that regardless of their present state, the elderly have the right and ability to live a happy life that belongs to them. Therefore, he racks his brain to think about how he can do a good job in providing psychological support and emotional comfort for them, and enhance their adaptability and happiness. In fact, Xiao Zhang may start with the following tasks to do his job well.

Task 1: Recognize the psychological needs of the elderly
Task 2: Carry out psychological care for the elderly
Task 3: Organize service activities of elderly spiritual support

Task 1 Recognize the psychological needs of the elderly

Psychological support services provide elderly people with appropriate care and assistance based on their needs, enhancing their adaptability and happiness in nursing homes. Therefore, understanding the relevant needs of the elderly is a prerequisite for providing mental support services. Compared to physical needs, psychological needs are relatively difficult to identify as they are impacted by factors such as age, gender, and culture. Therefore, staff need to empathize and understand the psychological needs of the elderly and identify their psychological problems in order to provide effective mental support services.

Work steps

Work steps are shown in Figure 7-1.

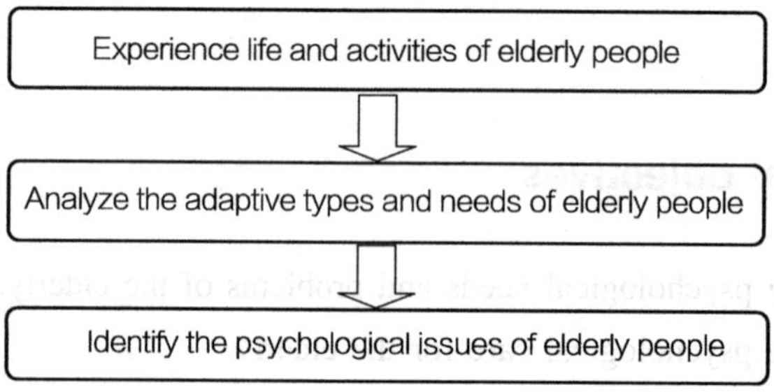

Figure 7-1 Work step diagram for Task 1

| Step 1 | Experience life and activities of elderly people

Task content

Physiological changes are the physical basis of psychological changes, and the physiological changes in the aging process can affect psychological functions such as perception, memory, attention, emotion, and creativity. In order to enhance awareness of services for elderly people, please work in groups with one student acting as an elderly person and the remaining students acting as assistants to help the player who plays the elderly person. All the participants are required to fill out a health record form.

Table 7-1 A health record form of elderly people

Project	Action	Physiological feeling	Psychological feeling
Preparation before operation	Prepare the examination clothes for elderly people		
	Take out hard or sharp objects such as mobile phone, and key from the pockets of the clothes		

(Continued)

Project		Action	Physiological feeling	Psychological feeling
Operation process	Put on examination clothes	Put on the specially made elbow pads, knee pads, sandbags and rubber gloves		
		Use auxiliary tools: earplugs, glasses, and crutches		
	Complete the required movements	Stretch movements: arm raising, leg raising (to all directions, front and back, left and right)		
		Flexion movements: sit down, squat, stand up		
		Balance movements: walk, go up and down stairs, jump, run		
	Complete activities in daily life	Get a book, flip pages, read the book		
		Answer a phone, tap on a computer keyboard		
		Tickle your back, pick up a comb and comb your hair		
		Get a cup from a table, pour water into the cup, drink water, put the cup back on the table		
		Get money from the wallet		
	Complete self-selected movements (students design the movement by themselves)			
Competition between groups	First round	One student is chosen from each group. They are required to read newspapers in glasses coated with white glue and finish reading a piece of news within 1 minute 30 seconds. Those who complete the actions correctly within the limited time will be given a thumbs-up. Each group has 3 times to seek help, that is, the news can be read by other students, each time one sentence		
	Second round	One student is chosen from each group. They are required to put on the gloves made of course cloth and arrange the articles in the designated place within 1 minute. Those who complete the task correctly within the limited time will be given a thumbs-up. Items include some paper clips, one-yuan coins, straws, etc.		
	Third round	Design activities by themselves		
After operation		Take off the examination clothes, tidy up them, and put them back to the original position		

Task description

(1) After completing the experience of life and activities of the elderly, compare your own state and complete the above tasks, and create a record sheet of young people's physical and psychological feelings.

(2) Compare the two record sheets and talk about the changes and characteristics of physical and psychological feelings of the elderly.

| Step 2 | Analyze the adaptive types and needs of elderly people

Case analysis

Mr. Zhang, 78, living in a nursing home, is in average physical condition. His wife has passed away. He lives on a pension. He has the ability to take care of himself. As his son works in other places all year round, he only comes back to see him during the Spring Festival. Although Mr. Zhang has entered a nursing home, he often stays alone in his room, having less contact with others. He seldom participates in collective activities. He has insufficient sleep, and is becoming thinner and thinner. His emotion is sometimes unstable, and he may even have a fear of death.

Analyze Mr. Zhang's adaptation to the life in the nursing home, and think what his psychological needs behind negative emotion and state are.

Knowledge link

After people age and leave their jobs, most elderly people have more and more leisure time. They pay more and more attention to their health and are worried that they are closer to death. When moving in a nursing home becomes the choice of some elderly people, their psychological and spiritual status becomes an important task that needs urgent attention in nursing homes' services.

1 Adaptative types of the elderly

Personality and psychological characteristics are relatively stable components in personality deconstruction, mainly including characteristics of individual temperament, abilities and behavioral styles. They are the main aspects of personality differences. In view of this, it can identify three psychological types of the elderly in terms of their adaptation to the life in nursing homes.

The first type includes those who are active in adaptation. Due to their relatively stable physical functions, extroverted personality, rich social interaction experience, and the ability to actively adjust their mindset, some elderly people can actively adapt to the new life after entering a nursing home. They actively participate in various activities, and find their spiritual sustenance and fun in various environments.

The second type includes those who can adapt to the new life basically. Some elderly people can basically adapt to the new life after they enter a nursing home, with a relatively stable mentality. But they are not very fond of participating in collective activities. Their social life circle is relatively narrow, and they pay more attention to their own physical health and leisure life.

The third type includes those who adapt to the new life negatively. Due to the poor physical and mental status of some elderly people, they lack correct understanding and evaluation of their past or current situation. They can't coordinate well with others around them. Because of their poor environmental adaptability and inner emptiness, they feel disappointed and confused about the life in the nursing home.

2 Psychological needs of the elderly

According to Maslow's hierarchy of needs theory, the safety needs of the elderly are mainly manifested in their requirements for life security and peace. Although they live in nursing homes, they generally pay great attention to issues such as elderly care security, medical treatment, social security, and legal rights. In addition, elderly people hope to receive more spiritual cares from nursing homes.

1) The need for love

One of the traditional concepts in China is to raise children to provide against old age, so most people like to get family support when they become old. However, due to the relatively professional living and care conditions in elderly nursing homes, some elderly people choose to stay in nursing homes. However, the relative lack of natural affection in nursing homes poses a challenge for most elderly people who desire affection and love. Some elderly people, especially those who are sent into elderly care homes against their will, have a fairly negative attitude towards the life in nursing homes, believing that they have been abandoned by their families or children. They think they are not needed, and feel very lonely. Some elderly people have limited time to meet and communicate with their family in nursing homes. They miss their family very much, which increases their sense of loneliness. Some elderly people repeatedly ask their children to come and visit them on the grounds of poor health. Some elderly people are constantly hesitating about their choice of nursing facilities or home-based care, and even if they have moved to a nursing home, they are unwilling to accept the fact that they will spend the rest of their lives in nursing homes. This is precisely the manifestation of the psychological need for love in the elderly.

2) The need for belonging

Most elderly people have a strong need for a sense of belonging after leaving their old acquaintances and entering a strange environment elderly nursing home. They have a strong desire for interpersonal communication and recognition. They are eager to integrate into groups and participate in related activities. But with the deterioration of their mental function, and reduction of intellectual level and memory, they are not willing to accept new things. Integrating into groups is stressful, and establishing a new circle of friends requires time. The need for belonging that their desire has not only never diminished, but also increased.

3) The need for self-esteem

Despite the changes in the social roles and social status of the elderly, they have a strong need to be respected when entering nursing homes, and they desire to have a certain degree of autonomy in life. They hope that their value can be recognized, their dignity can be maintained, their personality can be respected, and they can lead a self reliant and independent life within the scope of their abilities. However, due to reasons such as aging, poor physique, and multiple chronic diseases, some elderly people have increased sensitivity. They are sensitive and suspicious to changes in the expression and language of nursing personnel, and have doubts about their own value. Especially, some elderly people who are chronically paralyzed or seriously ill and have lose their ability to take care of themselves, due to strong self-esteem, may be prone to be stubborn and develop an inferiority complex.

| Step 3 | Identify the psychological problems of elderly people

Whether voluntarily or involuntarily entering a nursing home, elderly people leave their familiar living environment, resulting in corresponding changes in their lifestyle and social roles. Signs of spiritual "migratory" stress reaction would appear, mainly manifesting themselves as anxiety, depression, fear, loneliness, and withdrawal. If these issues cannot be well addressed, it will create certain obstacles to their life in nursing homes, which will further affect their physical and mental health. Therefore, the key to improving the quality of elderly care in nursing homes is for service personnel to identify the psychological problems of the elderly, and provide psychological comfort services by reference to elderly psychological health standards.

1 Degree of psychological problems

According to the nature of the stimulus, the duration and intensity of the response, mental health can be divided into general psychological problems, visual psychological problems, and neurotic psychological problems. Specific distinctions are shown in the table below.

Table 7-2 Differentiation between general and visual psychological problems

Project	General psychological problems	Severe psychological problems
Nature of stimuli	Inner conflict is caused due to what happens in real life, pressure from work and mistakes made in business, and bad emotions are experienced (like boredom, regrets, depression, self-reproach and so on)	A more intense and threatening realistic stimulus is experienced. Psychological barriers caused by different reasons lead to different painful emotions (such as regrets, frustration, anger, and sadness, etc.)
Duration of response	Bad moods continue uninterruptedly for one month or discontinuously last for two months before they dissolve by themselves	Bad moods last intermittently or continuously for more than two months, less than half a year.
Intensity of response	Bad emotions can be brought to be under control. They are able to restrain and never lose temper. Basically, they are able to live, study and conduct social interactions normally, but the efficiency decreases somewhat	The stronger the stimulus is, the stronger the reaction is. They lose marbles from time to time. Over time, the pain diminishes, but it is difficult for the pain to dissolve by"natural development" or " unprofessional intervention ". The spiritual pain has an effect on life, work and social interaction to a certain extent
Generalized or not	Negative emotions are triggered only by the initial event. Events similar to or related to the initial event do not cause such negative emotions. There is no generalization	Bad mood can be caused not only by the initial stimulus, but also caused by events similar or related to the initial stimulus, that is to say, the factors causing mental pain get generalized

2 Evaluation of mental health status of the elderly

1) Assessment implementation

The methods for assessing the mental health status of the elderly include observation, interview, case study, and questionnaire measurement. When conducting assessment for the elderly, relevant assessors should first get ready, including notifying the elderly in advance to prepare them for the test. They must prepare reading glasses, pencils, and other materials used in the assessment in advance. The number of evaluation questions should not be too large, and the content of the test should be familiar and understandable to the elderly, with closed questions as the main question type. The assessor must familiarize themselves with the instructions so that the elderly can feel relaxed and at ease after the assessment begins. They must also familiarize themselves with the specific test procedures and choose a familiar environment for the assessment.

Subsequently, the assessment is conducted in a structured manner. The assessor should have a stable gaze at the interviewee head-on, and maintain a relaxed and smiling facial expression. The assessor is expected to explain the purpose of the assessment to the elderly in advance, and assure them that their materials will be kept strictly confidential. Testing must be patiently conducted according to the assessment guidelines while the elderly feel good.

2) Identification of common psychological problems of the elderly

The common psychological problems of the elderly are mainly manifested in emotional depression and anxiety.

(1) Depression.

Due to deafness and dizziness, it is difficult for the elderly to receive various information correctly and quickly, and their attention and interest tend to be narrow, making it difficult to accept something new. Therefore, some elderly people gradually turn a deaf ear to much information stimulation, and gradually become estranged from their old friends after entering an elderly care home. The old relationship has disintegrated, and a new relationship has not yet been established. This situation will reduce their understanding of society, and restrict their social activities. The world around the elderly will become increasingly narrow, and they will become more and more concerned about their health. They begin to experience depression, pessimism, and reticence all day long. In particular, some elderly people who have been paralyzed for a long time or are seriously ill and bedridden can lose their desire to live on due to the loss of their ability to take care of themselves, and may even develop world-weariness. In view of this, the evaluator can conduct an anxiety assessment for the elderly based on the Elderly Depression Scale.

(2) Anxiety.

When people are becoming older and older, they are no longer the main income earners in their families. Some of them live on their pension or social relief funds or other social welfare, or family support. So they feel anxious about related expenses for their lives. In terms of physiology, the physical function of the elderly gradually declines, and their energy gradually decreases. Their various activities are increasingly limited. They pay more attention to health, and become increasingly anxious about their physical conditions. In terms of interpersonal relationships, they entered a new environment and couldn't see so many people who have been so important in their life. As they age, their physical and mental functions significantly deteriorate, their ability to take care of themselves decreases, and they have doubts about the value of their own existence. A sense of loss arises spontaneously, which might deepen their psychological problems such as anxiety or depression. In view of this, the evaluator can complete the assessment of anxiety emotions for the elderly based on the

Elderly Depression Scale.

3) Identification of psychological problems in special elderly groups

In terms of structure, the elderly in nursing homes include those from fully structured families, empty nesters, who left their original home to live with their children, and who have lost their only child. In terms of age, there are "relatively young elderly people" (60 to 74 years old), "elderly people" (75 to 89 years old), and "long-lived elderly people" (90 years old and above). From the perspective of self care, there are those who can take care of themselves, those who need assistance to take care of themselves, and those who totally depend on others. Different elderly people have different psychological status. The same elderly person may have different mental reactions under different environments. In general, caregivers should comprehensively understand the psychological problems that elderly people are prone to according to their appearance, clothing, speech, expression, movement, posture, and interaction with others. They especially should do this in combination with the relevant support systems of the elderly, and their group commonality and personality characteristics.

(1) Psychological problems of the elderly lost their only child.

Some elderly people who live in nursing facilities have lost their only child. The loss of their child can cause the elderly to lose their psychological balance and plunge into a state of crisis, bringing mental health risks to them. They tend to be chronically trapped in negative emotion such as loneliness and despair, and are unable to get it over. They are faced with emotional crises, cognitive crises, social exclusion and fragmentation crises. In elderly nursing homes, they are the groups that need attention and are prone to psychological problems.

(2) Psychological problems of the elderly living with children.

"The elderly living with children" is a special elderly group that should be paid attention to in the new era. This type of group is mainly the elderly who have left their original home and followed their children to cities. A large proportion of these elderly people also need enter elderly nursing homes to spend their remaining years. However, due to their special background, it is difficult for them to integrate into the life in a different place, and the sense of isolation and loneliness can be very strong.

(3) Mental problems of disabled elderly people.

For the disabled elderly people who live in elderly nursing facilities, the sense of abandonment is relatively strong, and their behaviors in everyday life are completely dependent on the care of others. The negative emotion of being a burden and "pessimism" is more prominent in them than in other elderly people, and they are more prone to depression.

Task 2 Carry out psychological care for the elderly

The trend that aging population is getting larger has brought a series of challenges to the development of the elderly service system, especially in the field of elderly psychological care. It is the responsibility and mission of elderly care personnel to enhance their understanding of the importance of psychological care for the elderly and enrich their spiritual services from the perspective of adapting to the new changes in the development of the era, meeting the new needs of the elderly, and building a harmonious society.

Work steps

Work steps of Task 2 are shown in Figure 7-2.

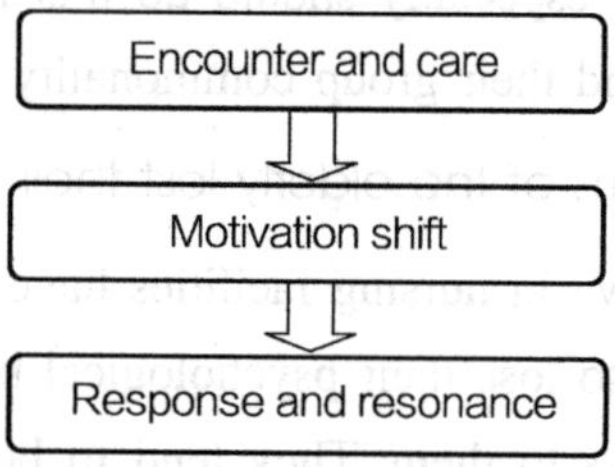

Figure 7-2 Work step diagram of Task 2

| Step 1 | Encounter and care

Activity content

Consider the prerequisites for someone to be inspired to care about others and read the following case to experience the emotion of Grandpa Zhang and the staff.

Case

On September 12th, some staff of the nursing home brought a cake and some gifts to Grandpa Zhang's room. Grandpa Zhang has been paralyzed for a long time who is sleeping in bed. Seeing the caregivers coming to his bed with a birthday cake and some gifts, Grandpa Zhang's slightly pale face finally had a hint of a smile on it, although he couldn't express himself. At the parting moment, the caregivers waved goodbye to Grandpa Zhang, who also waved his arm with difficulty. At this moment, one of the staff said, "We'll try to warm your heart with our true feelings. Warmth and love will company you forever. We find your simplicity and purity more and more lovely. Having experienced so much, your words and actions reveal a more simple and unadorned beauty, so thought-provoking, touching us so much!"

Thinking and discussion

The staff hold a birthday party for the paralyzed Grandpa Zhang. Seeing this scene, he was moved and pondered. Imagine what he was thinking about.

____

____

Knowledge link

1 Encounter

Encounter is a prerequisite for spiritual comfort, and only when both parties meet and form a connection, can subsequent actions exist. For elderly people living in nursing homes, the encounter here can refer to their encounters with their family, social workers, caregivers, roommates, etc., as well as strangers.

Because the parent-child relationship in the family is a "natural" encounter, the spiritual comfort provided to the elderly by relatives can take place naturally. For social workers or caregivers in elderly nursing homes, things are quite different. Things are not so natural. They must take the initiative to form a good relationship with the elderly. They must actively see, hear and understand the situation or difficulties of the elderly, and provide them with targeted material and spiritual care. Only in this way, can the realization of spiritual comfort be possible.

It should be noted that service personnel should prioritize safeguarding the interests of the elderly when providing relevant spiritual services. Caregivers should respect the individuality and personality of the elderly, and can not criticize or force them to accept any values. They should assist elderly people in getting rid of environmental oppression and powerlessness, and achieve self-improvement. They are expected to help elderly people play a leading role in decision-making related to their own interests. They should also adhere to the professional or psychological counseling ethics of social work, and protect the privacy of the elderly.

2 Care

Care is a component of spiritual comfort. Care means that the caregivers in elderly nursing facilities should actively concern the elderly, and pay attention to their needs, showing that "I can help you"and "I am willing to help you". Care also involves close attention to the response of the elderly. Specifically speaking, care should be understood in two ways.

Firstly, attention is a flow of consciousness. It means caregivers in elderly nursing facilities have the responsibility to let the elderly feel that there are people caring for them. They can feel the caregivers' enthusiasm towards them. They can feel the caregivers are willing to regularly provide psychological services for them, such as reading newspapers for them, or chatting with them. Caregivers are expected to remember that when communicating with the elderly, they need to focus their attention and show concern for them through eye contact, language communication, and physical languages, and closely watch their response. Even a kind gaze and a warm greeting will be able to convey a message to the other person, "I care about you."

Secondly, care means the close attention to the other party's needs. The personnel of a nursing home cannot truly approach the elderly in heart without understanding them comprehensively. On the other hand, only when they have completely understood the personality, capability, and most importantly, the current difficulties or needs of the elderly, can we say their care about them has just started. Only knowing what they are like at present is not enough. If they really care about the elderly, they must not only know their current situation. More importantly, they must also understand the reasons behind their current situation. Only in this way can we truly understand the elderly and enter their inner world. The exploration of knowing the reason often needs to be carried out in unusual ways, and simple and direct methods of understanding are often difficult to work because caregivers and the elderly are not quite familiar with each other at the very beginning. Some things can be learned about through daily contact, while others can only be completed through evaluation, analysis, and judgment. For example, for the elderly in order to adapt to the new environment, the personnel should help them familiarize themselves with the setting of living rooms, activity venues, medical and dining facilities in the nursing home as soon as possible. They must help them to learn about the structure, staffing, and service feedback routes of nursing homes. They must help them coordinate interpersonal relationships within nursing homes, handle relationships with other elderly residents, and communicate well with neighbors. A qualified nursing facility should provide differentiated care for the elderly according to their different physical conditions, help them improve communication skills such as promoting their verbal language and body language, and help them reduce psychological stress. The premise of all these services is the thorough understanding of the needs of the elderly.

| Step 2 | Motivation shift

Activity content

Analyze and think:

What are the inspirations that the following case has brought to you?

Case

Grandma Wang, staying in a nursing home, didn't feel quite well the other day. Her old neighbor came to visit her with some peeled durian. The old neighbor repeatedly emphasized the rich nutrition of durian but Grandma Wang just couldn't accept it, because she is allergic to durian and does not like the strong taste of durian.

Thinking and discussion

Is the neighbor's care smoothly transmitted to Grandma Wang at this time? How can the channel of care transmission be smoothly opened?

Knowledge link

1 The effectiveness of motivation shift

Motivation shift is a description of the process of energy exchange and flow in the motivation of spiritual comfort. Attention alone is not enough for spiritual comfort. Attention is the conscious response of the staff to the elderly, which is only unilateral. The staff of nursing homes should convey their intention to care for the elderly and elicit a response from the elderly. In the middle, there needs to be a way to ensure the mutual transmission of caregivers' motivation and the realization of the motivation by the elderly, or a channel device to ensure the smooth implementation of care. Therefore, the transfer mechanism of the motivation of spiritual comfort is essentially to bridge the "crevice" between service personnel and the elderly, shorten the "distance", and symbolize the unique human emotional response seen in the elderly.

2 The mechanism of motivation shift

Motivation shift is a mechanism for constructing spiritual comfort. The so-called mechanism refers to the process and manner of interaction between the organizations or organizational elements of a work system, which is an inherent requirement to ensure the completion of behavioral activities. Specifically speaking, service personnel empathize with the plight of the elderly, and the motivation to take the initiative to alleviate their distress is generated. Then, based on the situation of the elderly, nursing staff adjust the action strategy and convey their true intentions. The key point is to accurately understand the thoughts and confusions of the elderly and maintain the same frequency with the elderly, so that the elderly can truly receive the care of the service personnel. Emotions flow and interact smoothly between both parties, indicating that the building of a caring relationship is under construction. For example, while accompanying the elderly chatting, the caregivers can try to learn about the basic needs or confusions of the elderly, linking resources to help complete their "micro wishes", that is, providing customized "dream fulfillment services". During this process, the elderly can surely feel cared for. In elderly nursing facilities, the mechanism of "motivational transfer" mainly relies on establishing trust relationship with the elderly and providing them with social work services.

1) Service process of social work

The process mainly includes receiving cases, estimating, developing service plans, intervening, evaluating, closing cases, and referring.

(1) Receiving cases.

Nursing personnel need firstly to interview with the elderly, their families, and assess their condition and situation, and keep records of the interview, thus establishing professional relationship.

(2) Estimating.

Nursing personnel collect data on the elderly, analyze and define their problems and needs, and determine intervention strategy.

(3) Developing service plans.

Nursing personnel, together with the elderly and their family, determine and formulate specific goals of service, stages, and methods, including case work and group work.

(4) Intervening.

Nursing personnel provide service to the elderly through case work or group work based on service plan.

(5) Evaluating.

After the intervention service is completed, the nursing personnel will systematically evaluate the intervention effect and achievement of the service work in form of questionnaires or interviews with the cooperation of the elderly and their families.

(6) Closing cases.

Nursing personnel review and summarize the entire intervention process, help the elderly consolidate the achievement they have made, terminate work relationships, keep and archive records.

(7) Referring

The process of receiving, intervening and evaluating all involves referral. When accepting cases, nursing personnel define the problems of the elderly and refer them to other professionals or institutions that do not fall within their scope of responsibility. During the intervention process, if the elderly encounter new needs or problems that cannot be solved by social workers, they should be referred to other professionals or institutions. After evaluation, elderly people who still need other services should be referred to other professionals or institutions.

Before referral, nursing personnel should consult with the elderly and explain the reasons, and the elderly should make their own decision on whether to proceed with the referral. When referring is done, nursing personnel should provide information about other professionals or facilities for the elderly to choose from, and assist them to contact other professionals or facilities. After the referral, elderly people should be visited periodically to inquire about the effectiveness of the referral.

2) Methods to offer service

(1) Case work.

Case work involves guiding the elderly to speak out the words that have been hidden in their heart for a long time through accompanying, showing respect, understanding and empathy, helping them vent their emotions, making the elderly feel self-worthy and a sense of existence, and establishing confidence again in life.

(2) Group work.

Group work can be used for adaptation of the elderly to the new environment, their leisure and entertainment activities, education, spiritual comfort, community participation, and social resource linking. Based on psychological characteristics of the elderly, caregivers can design group activities to help establish trust relationships, narrow psychological distance between the elder, and enable them to help and accompany each other in life. For example, the staff can hold a collective birthday party for the elderly whose birthdays are in the same month. The staff can perform programs at the party for them, give them home-made birthday cards and flowers as gifts, and prepare birthday cakes and longevity noodles for them. The elderly will feel the warmth of the nursing home. The nursing home can also regularly contact cultural performance teams and ask them to perform singing, dancing, skits, and other programs for the elderly, bringing them joy and laughter. The nursing home can also regularly hold story-sharing sessions, where the elderly are guided to reminisce about their past together, listening and confiding together. This process will undoubtedly promote mutual comfort and encouragement among peers, and reduce the sense of loneliness and helplessness of the elderly.

| Step 3 | Response and resonance

Activity content

Read case materials and analyze the case.

Case

Grandpa Yin, staying in a nursing home, adapts to the life in the nursing home very well. The nursing home focuses on organizing interest and hobby groups and elderly volunteer groups through social work, so that Grandpa Yin can find his own value. At the same time, thoughtful care services can also enhance Grandpa Yin's sense of happiness. Grandpa Yin wrote a poem named *Thanks to Social Workers* to express his gratitude.

Beautiful flowers are everywhere;
Briskly, I go and enjoy here and there.
Services are carried out in good order;
Looking after me in a pleasant manner.
Whenever feeling a little blue;
Enthusiastic care they must do.
Just do your work resting assured, my child;
Living here happy and sometimes even wild.

Thinking and discussion

How does Grandpa Yin respond to the care he receives in the nursing home? What revelation and reflection can his response bring to himself and others?

Knowledge link

1 Response

Response is a symbol of the establishment of a spiritual comfort relationship. This interactivity refers more to the response of the elderly to the nursing personnel, indicating that the efforts of nursing personnel have been accepted. The elderly consciously recognize or acknowledge spiritual comfort, trust the nursing personnel, provide feedback to the nursing personnel in the form of response, and enable them to capture and perceive it. Response is a reflection to the motivation and awareness of service workers, which essentially reflects the satisfaction the elderly feel about their needs. Its important value lies in the fact that through the response of the elderly, service workers can recognize and evaluate their own behavior and their effectiveness.

In understanding of the response of the elderly, one more thing we should pay attention to is their response ability. Whether they are willing to respond and how they respond will affect how nursing personnel judge the effect of their own behaviors or the achievement of their own work. However, nursing personnel must be aware of individual differences. They must also pay attention to the specific situation in which the response is made. Some reserved elderly people are not good at giving response. Elderly people with dementia can't control their consciousness. Caregivers must take an objective view of the response the elderly give to the care they receive rather than apply universal laws mechanically to their response. It can be seen that response ability of the elderly is also an important aspect to pay attention to during the relationship building process.

2 Resonance

Resonance (an echo in heart) is the goal to be achieved in the construction of spiritual comfort relationship, that is, a result to be pursued by spiritual comfort. Resonance in physics refers to a harmonic relationship between objects, in which the vibration of one object causes the resonance of another. For the analysis of the construction of spiritual comfort relationships, resonance refers to the fact that nursing workers can find an echo with the elderly in their hearts during the process of spiritual comfort. Emotions flow through the interconnected channels of both parties, recognizing and accepting each other, thus achieving consistency in action. For nursing personnel, they should not only try to convey the motivation for care, they should also try to be good at capturing the response of the elderly, giving feedback to the response, examining the potential consequences of their behavior, and deciding to continue or modify their behavior based on the result so that they can better assist the elderly.

Task 3 Organize service activities of elderly spiritual support

Spiritual care is abstract and complex. Elderly nursing institutes need to rely on spiritual support activities to build a pleasant and colorful environment for the elderly based on the analysis of the needs of the elderly in spiritual comfort. in order to practice the humanistic care to the elderly, caregivers are expected to build the nursing home into a true family that the elderly are reluctant to part from.

Work steps

Work steps of Task 3 are shown in Figure 7-3.

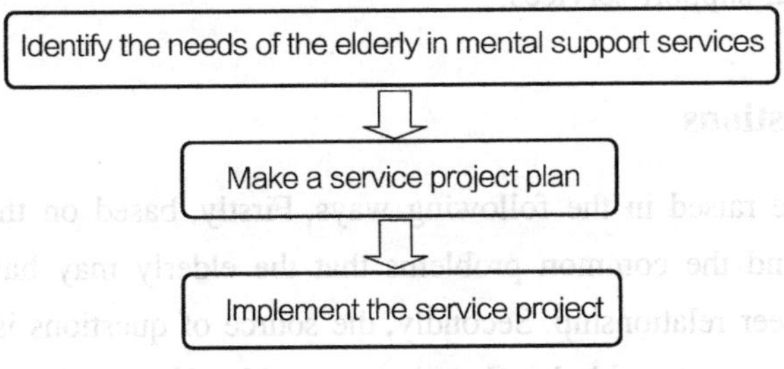

Figure 7-3 Work step diagram of Task 3

| Step 1 | Identify the needs of the elderly in mental support services

Ability training

According to the *Standards for Social Work Service of Elderly Nursing Facilities*, it is advisable to equip full-time and part-time social workers in elderly nursing facilities based on the number of adopted elderly people, job positions, and other conditions. The full-time and part-time social workers should be trained before going to their posts. They must master relevant knowledge of elderly social work, have the ability to independently carry out case work and group work, and understand basic knowledge in sociology, psychology, gerontology, medicine, and other related fields.

Please use the Internet or visit elderly nursing facilities personally to have a survey of the current departments of elderly nursing facilities that provide mental services, and clarify their relevant responsibilities(Table 7-3).

Table 7-3 Questionnaire on the organization of mental comfort services in nursing homes

Nursing homes	Names of position	The number of full-time social workers	The number of part-time social workers	Whether get trained before taking up the job	Post duties

Knowledge link

The main purpose of mental support services is to provide corresponding services for the elderly and promote development of service recipients' mentality. Therefore, understanding the needs of the elderly and identifying problems with their mental state is an important step in carrying out mental support services.

1 Ask questions

Questions can be raised in the following ways. Firstly, based on the ecological systems theory, it can be found the common problems that the elderly may have from their family support system and peer relationship. Secondly, the source of questions is from the process of providing spiritual care to the elderly. Caregivers can identify some questions through long-term interaction with the elderly, observation of prominent problems encountered by the elderly, attention to hot issues, and investigation and interviews of the elderly.

1) Observation method

The method for the staff to directly perceive the needs of elderly mental support services by using their own sensory organs or with the help of certain observation tools. Specifically, it can be divided into participatory observation and non-participatory observation. Participatory observation refers to the participation of staff in various activities of the elderly, as insiders interacting with the elderly and attempting to understand the thoughts and states of the observed objects. Non-participating observation refers to the staff not participating in elderly activities and appearing solely as an outsider or bystander. The difference between consciously using observation and attentive observation in daily life is that observation is a systematic understanding of an elderly person or a group.

2) Questionnaire survey method

The questionnaire survey method is the most commonly used demand research method, which uses the uniformly designed questionnaire to inquire about the situation or seek opinions from the elderly or their families through mail, inquiry, phone or Internet.

Survey questionnaires can be divided into self filled questionnaires and proxy filled questionnaires. A questionnaire generally consists of five parts: the opening line, explanation for filling in and answering, question and answer methods, coding, and other materials. The questions in the questionnaire can be open-ended or closed-ended. When designing questions and answers, it is also necessary to consider the respondents' understanding and acceptance of the questionnaire.

3) Interview method

Interview method refers to the way in which visitors directly inquire about the situation and problems of the elderly or their families through oral communication or other means. Interview methods can be divided into structured, unstructured or semi-structured interviews. Before the interview, it is necessary to have a clear understanding of the main objectives and content of the interview, and to have a certain understanding of the various characteristics of the elderly or family members. The opening remarks of the interview should be concise and clear in intent. During the interview process, it should be gradual and focused. Interviewers should listen attentively, record carefully, or record with the consent of the interviewee, and provide appropriate response and feedback.

2 Define and analyze issues

After observing and investigating the needs or mental state of elderly people for mental support services, it is necessary to define and analyze the corresponding issues. Firstly, identify the radiation population of the problem, whether it belongs to the common or individual issues of the group. Secondly, it should identify the manifestation and impact of the problem, as well as the services that the elderly can receive. Finally, it should explore the causes, consequences, and possible solutions of the problem.

The problem tree tool can serve as an important method for analyzing elderly people's problems.

Firstly, from a problem perspective, it should analyze the reasons for the problems/needs of the elderly and plan possible preventive measures from a long-term perspective. On the other hand, it is important to clarify the impact of issues/requirements, and remedial measures can be taken during the implementation process design. Then it is to analyze the results from macro, meso, and micro perspectives, and provide corresponding preventive or remedial measures from the perspectives of social structure changes, organizational group characteristics, individuals, and families (Figure 7-4).

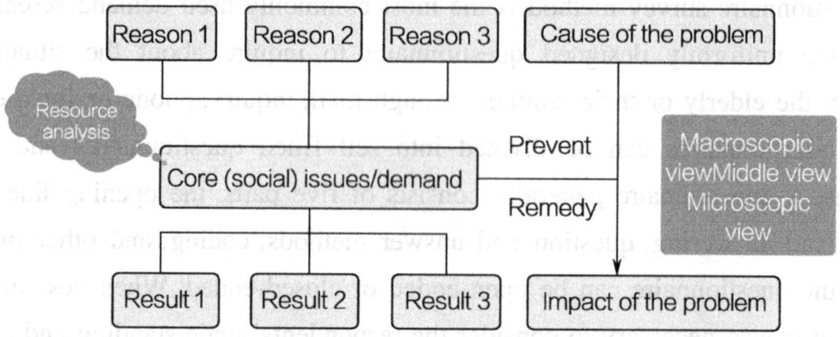

Figure 7-4 Problem tree analysis

| Step 2 | Make a service project plan

Activity content

Grandma Ma has a gentle and kind temperament. She has been married to Grandpa Zhou for 50 years and they have got along very well. When encountering problems in family life, Grandpa Zhou always faces and handles them with joy, and the relationship between them is very good. Arriving at a nursing home, although Grandpa Zhou suffers from various serious illnesses, as long as he doesn't develop symptoms, he feels like a healthy person. Every time he eats, takes a walk, or goes out, Grandpa Zhou always holds the hand of Grandma Ma, and the two of them are inseparable, becoming what everyone calls a "young couple, old companion" model couple. Grandpa Zhou was ill and hospitalized in ICU of a certain hospital, and was taken care of by his children every day. If Grandma Ma didn't receive a phone call from her children to inform Grandpa Zhou of her recovery, she might have difficulty in sleeping and eating, often washing her face with tears. After Grandpa Zhou passed away, Grandma Ma attended Grandpa Zhou's entire funeral, but Grandma Ma has always been unwilling to accept the reality of Grandpa Zhou's death. And Grandma Ma's two sons and one daughter both have their own families and jobs. Although they take good care of Grandma Ma, they cannot accompany her every day. Grandma Ma, who lives in a nursing home, is unhappy all day.

Read the case and imagine how you, as a caregiver, should provide mental support to Grandma Ma to help her release low emotion.

Knowledge link

1 Goal setting

Based on the basic analysis of the problem, it is necessary to clarify the service objectives which are specific work expectations that can be quantified and have a timeline for achieving the desired results within the corresponding time frame. For example, in response to Grandma Ma's emotional issues, the staff should set an overall service goal, which is to assist Grandma Ma in facing the reality of Grandpa Zhou's death and confidently facing the current life. The specific goal is first to assist Grandma Ma in facing reality, and calmly, bravely, and peacefully view death. Secondly, it is to guide Grandma Ma to recognize the benefit of a new roommate moving in and accept their move in. Finally, it is to guide Grandma Ma out of the room, communicate with others, and participate in activities to eliminate loneliness and loneliness.

2 Scope determining

The definition of the scope requires the participation of service beneficiaries, service providers, and other important people related with the benefit. If a mental support service project is carried out for the elderly who have lost their only child or empty nesters in elderly nursing homes, its scope is defined as the elderly who have lost their only child and empty nesters in elderly nursing homes. If caregivers provide spiritual support services for the widowed elderly Grandma Ma, the target of service is Grandma Ma.

3 Task clarifying

The staff can break down the project and divide it into different tasks, and every individual need to know his/her specific task. When breaking down tasks, it is important to note the following items.

- Identify all necessary work to achieve goals and refine them.
- Determine necessary work.
- Clarify responsibilities, assign tasks to individuals, and promote detailed planning and documentation.

Taking the case of Grandma Ma as an example, it can be clarified that professional social workers or psychological counselors will provide relevant mental support services based on her state and situation. What needs to be done in the first stage is to establish professional relationship. The caregivers must listen to the past of Grandma Ma with Grandpa Zhou carefully, and then try to gain Grandma Ma's trust and recognition through showing empathy and care.

In the second stage caregivers should help the elderly release pressure. The caregivers should accompany Grandma Ma and ask her to recall her psychological journey after Grandpa Zhou fell ill and was sent to the hospital, prompting her to gradually realize that she had done everything she could to care for Grandpa Zhou before he passed away.

In the third stage caregivers should help the elderly face reality. The caregivers continue to accompany Grandma Ma as watching TV and chatting. Grandma Mamocy reminisce about her past together with the caregivers and learn to look forward to the future. They can sometimes take walking in the nursing home, share videos, helping Grandma Ma accept the reality of the loss of Grandpa Zhou.

In the fourth stage caregivers are expected to help the elderly actively face life. The staff should encourage Grandma Ma to participate in activities organized by social workers, including calligraphy and painting activities, learning activities through smart phones, etc., to promote her reintegration into the life at the nursing home.

In the fifth stage caregivers' duty is to close the case and continue to follow up. The staff should occasionally visit Grandma Ma in the room to understand her current living situation and follow up on her achievements.

4 Schedule

The schedule is to set a deadline for each task and achieve service goals in a step-by-step manner. In this step, we can identify a point, from which we can push forward and backward to arrange all tasks. For example, in the case of Grandma Ma, the task of this project can be broken down into five sub projects: establishing career relationships, relieving stress, facing reality, actively facing life, closing the case, and following up. It is planned to complete the intervention of negative emotions of Grandma Ma within 6 months. The caregivers can break down the specific completion time of each sub task to help the project complete smoothly (Table 7-4).

Table 7-4 Project event plan

Tasks	Schedule: Jan. -Jun., 2022				
Establish professional relationships	□ 1. 1 to 1. 15				
Release pressure		□ 1. 18 to 2. 18			
Face reality			□ 2. 24 to 3. 15		
Actively face life				3. 17 to 5. 20 Group activities for 5 times	
Close the case and continue to follow up					5. 20 to 6. 10

Step 3 Implement the service project

Ability training

In order to enrich the spiritual life of the elderly, a certain nursing home plans to formulate a publicity form of theme activity for the elderly every week (Table 7-5).

Table 7-5 Weekly themed activities

Activity dates	The day of the week	Starting time	Themes	Places
Sep. 26	Monday	9:30 a. m.	A lecture on health	Cinema
Sep. 27	Tuesday	9:30 a. m.	A music class in the Elderly University	Cinema
Sep. 28	Wednesday	9:30 a. m.	Intelligence training	Sunny lobby
Sep. 29	Thursday	9:30 a. m.	A reading class in the Elderly University	Cinema
Sep. 30	Friday	9:30 a. m.	Healthy walking in the Double Ninth Festival	Nursing home
Oct. 1	Saturday	9:30 a. m.	Film appreciation: *The Teacher is Coming*	Cinema
Oct. 2	Sunday	9:30 a. m.	Film appreciation: *Warrior Company*	Cinema

Please analyze the weekly themed activities planned by the nursing home for the elderly, and point out the strong views of the activities as well as aspects needing improvement.

Knowledge link

1 Types of elderly service projects

1) Fitness and exercise activities for the elderly

(1) Organize the elderly to take exercise every day.

Elderly people can be organized to participate in sports activities, such as softball, fitness exercises, and goal ball. It should regularly organize walking activities for the elderly. Fitness activity rooms can be established in elderly nursing homes, purchasing and installing fitness equipment that is suitable for the elderly, so that they can exercise and improve their health.

(2) Promote health care exercises among the elderly.

It should promote some health care exercises among the elderly, such as Taiji and Eight-section Brocade, to help them nourish energy, dredge various channels in the body, promote blood circulation and promote fluid production, improve metabolism, enhance heart and lung function, and thus enhance their physiological function.

(3) Indoor exercise guidance.

The purpose of fitness for the elderly is to enhance their physical fitness and prolong their lifespan, but misunderstandings in exercise can actually lead to the opposite effect. Professional staff should guide the elderly to exercise at home and help them master the correct fitness methods.

2) Cultural and entertainmental activities for the elderly

Relatively younger elderly people in elderly care homes have a higher enthusiasm for participating in cultural and artistic activities, mainly including singing, dancing, calligraphy, painting, and watching movies. Therefore, activities of literature and art, chess and cards, handicrafts, fitness, sightseeing, festivals, and special commemorations should be carried out based on the physiological and psychological characteristics of the elderly. Due to limited physical and cognitive abilities, elderly people with disabilities and dementia should be provided with cultural and recreational activities that may help improve and restore sensory perception. Bedridden elderly people should be provided with cultural and entertaining projects such as reading books, newspapers listening radio, watching TV and enjoying themselves through electronic equipment.

(1) Singing and dancing.

Diverse artistic activities can be designed for the elderly, such as singing, dancing, listening to music, etc., to cultivate their artistic hobbies. Professional guidance teachers can be hired to teach and train the elderly. The elderly can be regularly organized to rehearse. A platform can be established to enrich the cultural activities of the elderly through cultural performances, competitions, and so on.

(2) Calligraphy and painting.

Interest groups of traditional Chinese painting, calligraphy, poetry, and so on can be organized among elderly people in the nursing home, while training and learning activities can be offered. Calligraphy exhibitions can be organized in elderly nursing homes. Members of interest groups can be invited to write Spring Festival couplets during the Spring Festival, and also a platform should be provided for the elderly to showcase their talents.

(3) Film watching activities.

Watching films can be regularly organized for the elderly in nursing homes and professionals can be invited to explain movies to the elderly. Film selecting is mainly based on old films that can evoke memories of their youth. while paying attention to the combination of new and old films should also be taken into consideration. Alternative showing of old and new films will ensure that the elderly are not disconnected from society.

3) Handcraft activities for the elderly

Under the guidance of professional personnel, handicraft activities suitable for the elderly can be conducted, such as silk screen flower, diamond painting, cross stitch embroidery, bead dressing, etc. Through learning and practicing hand crafting, elderly people can get chances to improve their finger flexibility, prevent dementia, and communicate with and help each other, forming a friendly atmosphere of mutual assistance and learning, and thereby enhancing their mental outlook and enthusiasm for life.

4) Technology application learning for the elderly

Many elderly people are not quite familiar with the internet and smart phones and lack practical application of modern technology. Elderly people can be organized to learn how to operate smart phones in a planned and targeted manner. Through various methods such as training lectures, one-to-one tutoring, on-site guidance, and practical exercises, elderly people can get online and talk with their family who are away, through QQ, WeChat, and other apps to enhance contact, expand social circles, strengthen communication, and promote their sense of happiness.

5) Health care education for the elderly

Many elderly people suffer from various chronic diseases and poor health, and need health knowledge and skills badly. Lectures and guidance on health care can help them gradually establish the concept of preventing diseases before having them, preventing mutations after having them. Therefore, elderly care facilities can rely on elderly universities, elderly learning societies, various learning and training courses and seminars to equip the elderly with some knowledge about hearing health, Parkinson's disease prevention, first aid and self help, intestinal health, Alzheimer's disease prevention, health care, hypertension prevention, cataract prevention, diabetes prevention, etc. These activities can promote the learning and exchange of the elderly, help the elderly give full play to their potential, and enhance their personal abilities.

2 Requirement for the implementation of elderly service projects

After making the project plan, nursing homes must ensure that the project is implemented according to the benchmark plan, activities are carried out in quality control, and the corresponding goals are ultimately achieved. To realize the above goals, elderly nursing homes must pay attention to the following requirements during the implementation of service projects.

1) Service premises and facilities

Warm colors should be the main colors when designing the layout of the service places. It is advisable to design relatively fixed activity venues, which must be well ventilated, clean and hygienic, free of terrible odor, well-lighted, quiet, and equipped with neatly placed items. The ground of the service area should be waterproof and slip resistant. The edges and corners of the walls should be processed so that they are not too sharp. The furniture in the service area should be made of hard faced sofas and stable seats which are not easily knocked over, and items that are not easily broken, ensuring sufficient activity space for the elderly to pass through and avoid tripping or collision. The location for conducting individual case work should be arranged in a relatively private and comfortable environment to avoid interference and interruption. The venue for conducting group work can be equipped with relevant equipment such as seats, mats, and stage property used in performance according to the content designed by the group.

2) Security management

During the service process, staff should always pay attention to the physical condition of the elderly. They should immediately terminate the service and contact medical staff in case of something unexpected. The exit passage in the service area should be kept unobstructed. In the event of an accident, social workers should immediately assist safety personnel in organizing the evacuation of elderly people from the exit passage to safety, and immediately report to the supervisor.

3) Archives management

Elderly nursing homes should establish service (social work) archives, including basic service record archives, service management record archives, and volunteer service record archives. Basic service record archives mainly include basic information forms for the elderly, social work service record forms, and other work forms. Service management record files mainly include assessment status, completion status of service quality objectives, and adjustment status of service plans. Volunteer service record files mainly include the basic information form of volunteers, volunteer service record forms, and other volunteer work forms.

4) Quality assessment

Elderly nursing homes should establish a mechanism to inspect the quality of elderly service projects, and formulate inspection plans and requirements for service quality. The leaders of elderly nursing facilities are expected to regularly conduct inspections or selective examination on the service sites, take surveys of service satisfaction, and propose corrective measures for any problems found.

Expanding reading

Working Language Used in Elderly Psychological Service

(1) May I help you?

Psychological services for the elderly are not provided to satisfy the need of caregivers to love or show love. The services provided by elderly service workers must be acceptable to the service recipients. The services must be what they need. During the service process, caregivers often take the initiative to help the elderly offer them tea, water, or other support. However, everyone has his/her own inner world, and some people are not willing to receive this help. They believe in independence and hope to demonstrate their abilities and do what they can. So before providing help, caregivers should ask the elderly if they need help and do things according to their ideas. Such expressions as "Can I help you?" and "Can I help you pour water?" are proper language that should be used often in the work of supplying elderly mental service.

(2) Let's deal with it together, will you?

It takes time for the elderly to accept the care from strangers. Even if they chat with caregivers very cooperatively and actively provide some information that caregivers need, which may be superficial phenomena. To truly establish a good trust relationship with the elderly, it is necessary for caregivers to constantly reflect on whether they have been really accepted by the elderly. Requiring complete acceptance immediately can put pressure on both the elderly and the workers themselves. Therefore, elderly service workers must learn to slow down and ensure that every step is steady.

(3) If you are willing, you can tell me when you counter something unhappy. I am very willing to help you reduce some worries, OK?

Some elderly people hold a melancholic attitude towards psychological services. Psychological counselors in the nursing home should be good at observing and listening, and judge whether elderly people are hiding their thoughts by observing their physical behavior. By listening to elderly people's stories, the staff can discover something behind their language. It is important to focus on the underlying relationships behind problems, or we can only cure the symptoms rather than the disease. We can never solve the problems just staring at them. While paying attention to the language of elderly residents, caregivers must make them feel respected and cared for through appropriate body language, thus opening their hearts. Very few people directly refuse someone who offer friendly greetings or kind deeds to them.

(4) Can you hear me in such voice?

Elderly people may have barriers in communication due to hearing impairment. But when talking to elderly people, it's not always necessary to shout. The staff should slow down your speaking speed, observe his/her reaction to determine their needs, speak patiently to them. So they will finally understand staff. It is impolite to shout at the elderly. In addition, the staff should not keep the elderly looking up when they talk or talking from a distance, as they will feel that you are superior and unapproachable. The staff should try to maintain a position as high as the elderly, so that the elderly will feel that you value them.

(5) "Your mental state is really good!", "You have been recovering well recently!"and "Your condition is getting better and better."

When communicating with the elderly, caregivers may wish to give them as much praise as possible. Sincere praise can have positive implications for the elderly, stimulate their inner potential, and effectively encourage them to maintain and expand social interaction activities. Praises can bring about lots of 'positive energy' that you can never imagine.

(6) How are you recently?

Some nursing workers who have just joined the mental health service for the elderly do not know how to engage in conversations with them, which can affect the collection of related information. If staff focus on the physical condition of the elderly and offer a greeting, it may help staff establish a good conversation atmosphere. On this basis, if staff can use the knowledge or information that staff have to provide some health care guidance for the elderly, they will be more willing to share some inner stories with staff. Therefore, in addition to work, it is important to accumulate knowledge.

Practical training

Scenario simulation

Imagine you were Xiao Huang, and as a caregiver in a nursing home, you have learned that Grandma Wang is in a poor emotional state. She has a relatively introverted personality and average language expression ability. Through communication, Xiao Huang learned that Grandma Wang suffered from osteoporosis and lack of strength in her legs. She often uses assistive devices when walking. In addition, her daily life is monotonous, with little interest or hobbies. She has nothing to enjoy herself but eat and sleep in her daily life. And she has little communication with other elderly people due to her personality. The saying "I am illiterate" that we often hear among the elderly has also become a psychological barrier for them to communicate with other people, making them feel inferior and timid when communicating with others.

Training objectives:

Enhance the perception ability of the psychological needs of the elderly, and strengthen the mastery of the process of psychological care or spiritual support services.

Training requirements:

Make a psychological care plan for Grandma Wang as a group, and then demonstrate the implementation process through scenario plays.

Practical training instructions:

Plan for psychological comfort of Grandma Wang

Role and division of labor in sitcoms

Evaluation and experience of project implementation

Project 8
Quality management of nursing homes

Instructional objectives

1. Understand the top-level design of the standardization of nursing services.
2. Implement standardized process management of nursing homes.
3. Supervise the service quality of nursing homes.

Work tasks

Case

The daily monitoring of the service quality of elderly nursing homes in Shanghai, which was launched in August 2021, was completed a few days ago, and the results have been announced to the public. This round of monitoring covered all the 475 normally operating elderly nursing homes in the city, with an average score of 81. 9 points, an increase of 4 points from 77. 9 points in 2021. Statistics showed that the service quality of the city's elderly nursing homes had steadily improved, and was generally at a "good" level. A total of 96 institutions were newly rated as "excellent" this time. In addition to the 122 institutions that were rated as excellent in the 2020 monitoring, a total of 218 institutions in the city were rated as "excellent", accounting for 36. 5% . At the same time, the Shanghai Municipal Civil Affairs Department has also prepared a targeted report for each elderly nursing facility, listing the existing problems and guiding the elderly nursing homes to make rectification. If you were the person in charge of the elderly nursing facility who requested rectification this time, from what aspects are you going to improve the service quality of the nursing facility?

Task 1 Understand the top-level design of elderly care service standardization

Activity content

From 2022 onwards in all provinces and cities across the country, the state strengthened the comprehensive supervision of elderly care services, carried out random inspections according to the national standards of the *Basic Standards for Service Safety of Elderly Care Homes*, and rated elderly nursing homes in accordance with the standards of *Classification and Evaluation of Elderly Care Homes* so as to strengthen and improve the quality standards and evaluation system of elderly nursing service. The state actively promoted the supervision of elderly nursing homes featuring "double random and one open". The central government made great efforts to crack down on fraud in elderly care services. The interests of the elderly have been protected effectively. The coordinated development of the elderly care cause and the elderly care industry have been promoted.

Please think about the *Basic Standards for Service Safety of Elderly Care Homes* and *Classification and Evaluation of Elderly Care Homes*. What are the connections and differences between them as national standards?

Work steps

Work steps of Task 1 one shown in Figure 8-1.

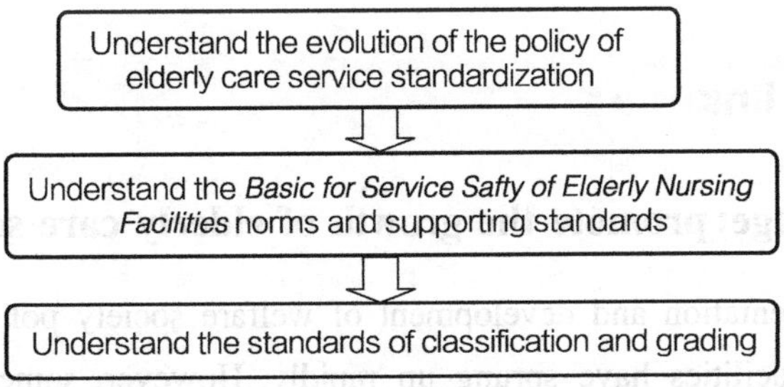

Figure 8-1 Work step diagram of Task 1

| Step 1 | Understand the evolution of the policy of elderly care service standardization

Activity content

The report of the 20th National Congress of CPC elaborated on the development direction of the elderly care industry and elderly care services from the perspective of "enhancing people's well-being and improving their quality of life". It emphasizes the implementation of the national strategy to actively respond to the aging population, develop the elderly care industry and elderly care services, optimize services for elderly people who are widowed or living alone, and promote the realization of basic elderly care services for all elderly people. By developing the elderly care industry and services, and building a diversified "elderly care service" system and a universal elderly care service, different market demands for elderly people of different ages, regions, and qualities can be met, which will enable elderly people to share the fruits of reform and development, and achieve a comfortable and happy life in their old age.

Thinking and discussion

After reading the text, search for relevant documents issued by the Ministry of Civil Affairs and other departments concerning the quality management of elderly nursing facilities in the past decade, fill in the Table 8-1 below and discuss the policy layout of the national-level "elderly care service" system.

Table 8-1 Collection of relevant documents on quality management of elderly nursing homes

Time	Document name	Release department	Key words	Reflects on the layout of the "serve the elderly" system

Knowledge link

1 Initial stage: promote the growth of elderly care service facilities

With the implementation and development of welfare society policies, various types of elderly care service facilities have sprung up rapidly. However, some problems in quality management of elderly care service facilities have emerged, such as lack of overall planning and system construction, lack of continuity, limited service projects, single service content, irregular management of social elderly care personnel, imperfect management mechanism of elderly care services, unreasonable layout, unbalanced development between regions and urban-rural areas, high turnover rate of service teams, low degree of specialization, and lack of unified industry management standards. Therefore, in view of the current situation of the rapid growth and uneven levels in quality of elderly care service facilities, how to manage their service quality has become an urgent issue.

2 Developmental Stage: promote the standardization construction of elderly care service facilities

Entering a new era, China's elderly care industry has ushered in an unprecedented period of rapid development. Since the 18th National Congress of CPC, our country has deeply grasped the new development stage, fully implemented the new development concept, actively integrated into the new development pattern, led by the construction of rule of law, improved the top-level design of elderly care service policies, and constructed the "four beams and eight pillars" of elderly care service policies.

Against this backdrop, the standardization of elderly care service facilities has received high attention from the government, and a series of policy measures have been introduced, pushing the quality construction of elderly care service facilities into a new stage of development.

In December 2011, the State Council issued the *Social Old-age Service System Construction Plan (2011-2015)*, which clearly stated that the elderly care service standards are an important part of the social old-age service system, proposing to "enrich service content, improve service standards" and "promote the standardization of the elderly care service industry".

In September 2013, the State Council issued *Several Opinions on Accelerating the Development of the Elderly Care Service Industry*, which was the first time that the State Council had deployed the development of the elderly care service industry. It clearly stated the goal of "scientific and standardized industry standards" and the task of "improving market norms and industry standards to ensure the quality of elderly care services and products". The standardization construction of elderly care service facilities has been increasingly widely concerned and valued.

In December, 2013, the Ministry of Civil Affairs issued *A Plan of Standardization Construction for the Elderly Care Service Industry* (2013-2017), which planned to establish a comprehensive, prominent, and structurally reasonable standard system for the elderly care service industry in five years. This has promoted the sustainable improvement of the level of elderly care services and management, and provided technical support for the scientific development of the elderly care service industry and the construction of the social elderly care service system. It proposed to "establish a working mechanism for the standardization construction of the elderly care service industry; formulate goals, tasks, and implementation steps for promoting the standardization construction of the elderly care service industry and effectively promote them; initially form a standardized and operational pattern for the construction of the elderly care service industry; achieve a leapfrog improvement of the overall level of standard development, implementation, and supervision; and effectively carry out the work of standardization pilot demonstration projects and professional talent team construction, etc."

In January 2014, the Ministry of Civil Affairs and other departments jointly issued the *Guiding Opinions on Strengthening the Standardization of Elderly Care Services*, which fully recognized the importance, overall requirements, main tasks, and guarantee measures for strengthening the standardization of elderly care services. It included "accelerating the improvement of the elderly care service standard system; strengthening the standardization research of elderly care services; implementing the elderly care service standards; promoting the standardization of management in the elderly care service field; and improving the order of the elderly care service market." Its issuance has promoted the standardization construction of elderly care service facilities throughout the country, and the standardization construction of elderly care service facilities has effectively promoted the service quality of elderly care service facilities.

In December 2016, general secretary delivered an important speech at the 14th meeting of the Central Financial and Economic Affairs Commission, calling for an improvement in the quality of service provided by nursing homes and the acceleration of the establishment of a unified national service quality standard and evaluation system.

All in all, with the introduction of relevant policies, the standardization construction of elderly care service facilities has accelerated across the country, and the quality of elderly care service facilities has been guaranteed to a certain extent. However, due to the non-mandatory nature of policies and the special nature of elderly care service facilities, it has become an urgent issue for the country to lead the normative development of elderly nursing facilities' services from the perspective of standard formulation to solve the quality of elderly nursing facilities.

3 Improvement stage: carry out special action on standardization of elderly care service facilities

In order to implement the spirit of important directions of general secretary and the major decisions on high-quality development that have been made by the State Council, the Ministry of Civil Affairs, the Standardization Administration of China and other related department shave jointly launched a four-year special campaign to improve the service quality of elderly nursing homes since 2017. They included the formulation of elderly service standard into the plan of action, strenuously promoted the levels of standardization of elderly service, and listed the research and development of the *Grading* in the important work of special actions. Since 2017, nationwide inspections and major renovations have been carried out, with 115 service quality indicators for elderly nursing facilities focused on in the special action as the main content, further clarifying the background of service quality in elderly nursing facilities nationwide. In this context, on December 28, 2018, the Ministry of Civil Affairs organized the compilation of and released the national standard *Classification and Grading of Elderly Nursing Facilities* (GB/T 37276-2018, hereinafter referred to as *Classification and Grading*) after submitting to the National Standard Committee and getting approval, which stipulated the classification and grading, basic requirements and conditions, evaluation principles and methods of elderly nursing facilities, which was the first national standard for the classification of elderly nursing facilities. It marked a new era of standardized management for the service quality of elderly nursing facilities nationwide.

It should be noted that the *Classification and Grading* is a recommended standard. In order to ensure the development of elderly care services, the Ministry of Civil Affairs issued a mandatory national standard in December 2021the *Basic Standards for Service Safety of Elderly Nursing Facilities*. The two standards of "one rigid and one flexible" have formed a new mechanism for the high-quality development of elderly care services in the new era. The *Basic Standards for Service Safety of Elderly Nursing Facilities* officially came into effect in January 2022, which meant that all elderly people residing in elderly nursing facilities nationwide would be protected by this mandatory national standard, and all elderly nursing facilities would be constrained. This national standard and its supporting 11 industry standards provided a reference and benchmark for elderly nursing facilities in their management and services, promoting the standardized development of the elderly care service industry. In the next step, the Ministry of Civil Affairs will continue to conscientiously implement the *National Standardization Development Outline* and related supporting policies, further improve the elderly care service standard system and promote and supervise the implementation of mandatory national standards for service safety in elderly nursing facilities. It will collaborate with relevant departments to organize and implement standardized pilot projects for elderly care services, and form a group of effective and replicable experiences and practices. It will carry out standardized training for elderly care services at multiple levels, to improve the professional level of standardized practitioners and the standardized system of elderly care services.

| Step 2 | Understand the *Basic Standards for Service Safety of Elderly Nursing Facilities* and supporting standards

Standards are the lifeline of managing the elderly care service industry well. Through standardization, it plays a role in regulating the elderly care industry, integrating resources, and stabilizing the quality of elderly care services. As a national mandatory standard, the *Basic Standards for Service Safety in Elderly Nursing Facilities* has a positive impact on improving the quality of elderly care services and the satisfaction of the elderly.

Activity content

According to the requirements of the State Council on the development of mandatory national standards for service safety of elderly nursing facilities, the Ministry of Civil Affairs has comprehensively sorted out the problems encountered in the special action for the construction of service quality of elderly nursing facilities, as well as the inspection and rectification of the hazards existing in the elderly service. It has summarized and analyzed the main situations where elderly people of elderly nursing facilities are prone to personal injury. It has organized a large number of front-line management service personnel, elderly care service and standardization experts to conduct research. They widely listened to the opinions and suggestions from both inside and outside industries, especially from the elderly and their families. The national mandatory standard *Basic Standards for Service Safety of Elderly Nursing Facilities* has been formulated and approved for publication by the State Administration for Market Regulation and the National Standards Committee. Starting from 2022, civil affairs departments in various regions had continuously deepen their understanding of the importance and urgency of standardization work of elderly care services, to establish and improve standardization work mechanisms, smooth communication channels, gather consensus, form joint efforts, focus on promoting the high-quality development of standardization work in the field of elderly care services, and try their best to let the elderly feel at ease in elderly care homes.

Thinking and discussion

What impact will the introduction of the *Basic Standards for Service Safety of Elderly Nursing Facilities* have on the development of the service in elderly nursing facilities in China?

Knowledge link

In December 2019, the State Administration for Market Regulation and the National Standardization Administration released the first mandatory national standard in the field of elderly care services in China *Basic Standard for Service Safety of Elderly Nursing Facilities*. This standard has been officially implemented since January 1, 2022.

1 Basic standards for service quality of elderly nursing facilities

The *Basic Standards for Service Safety of Elderly Nursing Facilities* officially implemented on January 1, 2022 was the first mandatory national standard for the elderly care service industry and also the first mandatory national standard for the service industry. This standard lists 9 major management requirements, including admission and discharge services, daily care services, meal services, cleaning and hygiene services, laundry services, medical care services, cultural and entertainment services, psychological/spiritual support services, and hospice care, and outlines the "red lines" in the service safety in elderly nursing facilities, which must be followed and implemented by elderly nursing facilities.

The introduction of the regulations has important significance. Firstly, they can ensure the safety in daily life for the elderly in nursing homes. By introducing mandatory standards as a guarantee of the service safety, the regulations defined the basic requirements for the safety in the service of elderly nursing facilities, safety risk assessment, service protection, the basis to safeguard the basic rights and interests of the elderly, and necessary support for promoting risk reduction and healthy operation of elderly nursing facilities. Secondly, they can promote the standardization of the services in elderly nursing facilities. The *National Standardization Development Outline* issued by the Central Committee of the Communist Party of China and the State Council has identified *carrying out special actions for the standardization of elderly care services* as one of the five special actions that need to be prioritized for promotion and implementation. Further improving the standard system of elderly care service is an effective practice for improving the life quality of the elderly living in elderly care homes. Thirdly, they can promote the high-quality development of the elderly care service industry. Standardization is the foundation for promoting the construction of the evaluation system in the elderly care service industry, and is an important support for promoting healthy competition, and meritocratic development, ultimately achieving high-quality development in the industry. Fourthly, they can promote the refinement and internationalization of service standards. The content of the regulations on the management of elderly monitoring, as well as a series of normative standards for elderly daily care, are actually promoting the transition of elderly care services in China from extensive management to refined management.

2 Supporting standards for the *Basic Standards for Service Safety of Elderly Nursing Facilities*

In order to implement the *Basic Standards for Service Safety of Elderly Nursing Facilities*, the Ministry of Civil Affairs, after summarizing the experience of the special action, developed a series of industry standards to promote the improvement of the standardization system of elderly care services, based on the basic requirements proposed in the *Basic Standards for Service Safety of Elderly Nursing Facilities* and the requirements of the "nine prevention", such as preventing choking, preventing accidental ingestion of food and drugs, preventing pressure ulcers, preventing scalds, preventing bed falls, preventing ground falls, preventing injuries by others, preventing self injuries, preventing getting lost, and preventing accidents in recreational activities.

There are mainly eight industry standards involved, namely, the *Commonly Used Graphic Symbols and Symbols for Elderly Care Services*, the *Service Standards for Elderly Nursing Facilities for Prevention of Pressure Ulcers*, and *Life Care Service Standards for Elderly Nursing Facilities* Released in December 2019, and the *Basic Standards for Preventing Falls of the Elderly in Elderly Nursing Facilities*, the *Basic Standards for Dietary Services in Elderly Nursing Facilities*, the *Standards for Washing Services in Elderly Nursing Facilities*, the *Standards for Service Etiquette in Elderly Nursing Facilities*, the *Standards for Post Setting and Staffing in Elderly Nursing Facilities*, the *Basic Standards for Reception Services in Elderly Nursing Facilities*, the *Standards for Evaluation and Monitoring of Nutritional Status of Elderly People in Elderly Nursing Facilities*, and the *Basic Configuration of Rehabilitation Aids in Elderly Nursing Homes* released in December, 2021.

The *Basic Standards for Preventing Falls of the Elderly in Elderly Nursing Facilities* is based on the *Technical Guidelines for Preventing Falls of the Elderly in Elderly Nursing Facilities* issued by the former Ministry of Health, drawing on the prevention and control methods and experiences of falls in the elderly at home and abroad. From the perspective of preventing falls in elderly nursing facilities, elderly nursing facilities are required to assess environmental and fall risks, and adopt such measures as environmental facility prevention, fall prevention education, and elderly medication observation and functional exercise to prevent and reduce falls in elderly nursing facilities. Two forms are introduced in the standard to assist the nursing facilities to carry out relevant assessments. One is the elderly fall risk assessment form, and the other is the test form for elderly balance capability. Falls are a common health threat for the elderly, and this standard could help elderly nursing facilities strengthen the management of fall prevention for the elderly, reduce their fall rate, and improve their quality of life.

The *Basic Standards for Dietary Services in Elderly Nursing Facilities* stipulate the basic requirements, environmental and facility equipment requirements, safety and emergency requirements, service content requirements, evaluation and improvement of dietary services in elderly nursing facilities. There are three main requirements for dietary services in elderly nursing facilities according to the standards. Firstly, safety is emphasized in terms of dietary environment, selection of ingredients, dietary processing and production, and dietary services. Secondly, the dietary service must be suitable for the elderly physiological characteristics and physical conditions. Thirdly, the food must be in good quality and be able to meet personalized needs with balanced nutrition and healthy and delicious taste. As the saying goes, food is the top priority for the people. Ensuring good food for the elderly is a fundamental and important task of elderly nursing facilities. This standard could improve the dietary safety and nutritional level of elderly nursing facilities, and promote continuous improvement in the quality of their dietary services.

The *Standards for Washing Services of Elderly Nursing Homes* regulate the basic requirements in the spaces and processes of elderly washing service, which can be referred to and implemented in other service facilities that provide textile washing and disinfection for elderly nursing facilities. On the one hand, the standards regulate the washing of general fabrics in elderly nursing facilities. On the other hand, they also put forward special requirements for the washing of contaminated or suspected infectious fabrics in elderly nursing facilities. The clothing washing for the elderly is very frequent and important, which is related to their physical health, public health and infection control in elderly nursing facilities. The introduction of standards helps establish a safe, scientific, and reasonable washing standard system in the management of elderly nursing facilities, further effectively ensuring the physical health of elderly residents.

The *Standards for Assessment and Monitoring of Nutritional Status of the Elderly in Elderly Nursing Homes* mainly stipulate the relevant indicators, evaluation methods, evaluation result judgment, evaluation result processing, and service requirements for evaluation and monitoring of the nutritional status of elderly people in elderly nursing facilities. An evaluation and monitoring table is introduced in the standards for the nutritional status of the elderly, as well as an evaluation table for dietary habits and nutritional risk factors. Nutritional support and improvement are directly associated with the alleviation of disability and dementia in the elderly, as well as the maintenance of self-care ability. Monitoring and evaluating the nutritional status of the elderly population are also an important measure to promote the implementation of the *National Nutrition Plan*, which is of great significance for healthy aging.

The *Standards for Post Setting and Staffing in Elderly Nursing Facilities* stipulate the basic requirements for post setting and staffing in elderly nursing facilities. Among them, a floor has been proposed for the proportion of full-time elderly nursing staff who provide services for the elderly who have self-care ability, partial self-care ability, or those who have completely lost their self-care ability. It means that the proportion of relevant personnel mentioned above can't be lower than the corresponding limit. These standards provide a reference basis for elderly nursing facilities to build an echelon system of the service personnel, carry out talent cultivation, and integrate human resources.

The *Basic Standards for Reception Services in Elderly Nursing Homes* stipulate the basic requirements for reception services, including relevant requirements in venue and facility equipment, business requirements for reception personnel, reception service methods, content, and processes. Providing good reception services is a basic task for maintaining contact between elderly nursing facilities and the outside world, which is beneficial for improving the service quality of elderly nursing facilities, ensuring the personal safety of elderly residents, protecting the right to know of family members and society, and reducing the risk of reception service processes.

The *Standards for Service Etiquette in Elderly Nursing Homes* stipulate the basic requirements for service personnel etiquette, as well as the service etiquette of key personnel. Respecting the elderly is a basic moral requirement for elderly care services, and it is also the most prominent cultural feature of elderly nursing facilities. Standardizing service etiquette in elderly care services helps fully implement the concept of respecting the elderly, establish a good service awareness, display a good service image, cultivate a good elderly care service culture, and effectively improve user satisfaction for the elderly and their families.

The *Basic Configuration for Rehabilitation Aids in Elderly Nursing Homes* stipulates the basic configuration requirements for personal and public rehabilitation assistance devices in elderly nursing facilities, and a corresponding basic configuration list is attached for reference. Due to factors such as age or self-care ability, elderly people need to use corresponding rehabilitation aids. This standard helps elderly nursing facilities guide the use of corresponding equipment in their services, improve the accessibility and aging adaptability of elderly nursing facilities, provide better care for disabled elderly people, and improve their quality of life.

These standards were completed by the local civil affairs departments or industry associations, after summarizing and combing the experience in the development of the industry and widely soliciting opinions from all parties. Their purposes are to provide support for the standardization and expansion of elderly nursing facilities, promote the effective transmission of service information to service recipients, and effectively improve service quality and efficiency.

3 The Relationship between the *Basic Standards for Service Safety of Elderly Nursing Facilities* and supporting standards

The national standard of the *Basic Standards for Service Safety in Elderly Nursing Homes* focuses on the basic standards of service safety, and its content belongs to the bottom line of service safety requirement. It is an important level in the standard system of elderly care service and a unified national standard. These standards have legal significance and must be implemented once promulgated. Elderly nursing facilities and individuals who cause adverse consequences and significant losses must bear corresponding legal responsibilities.

The 11 supporting industry standards, including the *Basic Standards for Preventing Falls of the Elderly in Elderly Nursing Facilities*, are further implementation and refinement of the *Basic Standards for Service Safety in Elderly Nursing Facilities*. Mature supporting standards are conducive to promoting the implementation of good standards.

Therefore, the two series of standards are interdependent and complementary in their advantages. After the introduction of the *Basic Standards for Preventing Falls of the Elderly in Elderly Nursing Facilities* and 11 industry standards, the service standards have become clearer and more able to protect the rights and interests of the elderly, and the safety bottom line of elderly care services has been firmly established in all aspects.

| Step 3 | Understand the standards of classification and grading

Activity content

In order to motivate elderly nursing facilities in Hubei Province to strive to be exemplary models, establish industry benchmarks, and continuously improve the level of standardized and professional service management, in May, 2022, Hubei Provincial Department of Civil Affairs issued the *Notice on Conducting the Grade Evaluation of Level* 3 *to Level* 5 *Elderly Nursing Facilities in* 2022, initiating the grade evaluation of Level 3 to Level 5 elderly nursing facilities in national standard. This was also the third time that Hubei Province had carried out the national standard rating assessment of elderly nursing facilities.

The qualified participants of this evaluation include the nursing homes which have legally registered and filed with the civil affairs department within the scope of Hubei Province, and have established a grassroots Party organization. Their license must be valid and the facility must have been in operation for more than one year and meet the basic requirements and conditions of the *Classification and Grading of Elderly Nursing Facilities* (GB/T 37276-2018) for applying for level evaluation. Nursing homes can apply for the grade evaluation voluntarily. Qualification review was conducted by civil affairs departments. Comprehensive evaluation was performed by third-party evaluation institutions. The results of the evaluation were disclosed by Hubei evaluation committees after strict reviewing and the final confirmation of evaluation results was performed by Hubei Provincial Department of Civil Affairs.

Thinking and discussion

Please use the Internet to find out how local provinces and cities promote the relevant work of the national standard *Classification and Grading of Elderly Nursing Facilities*?

Knowledge link

In order to promote the construction of service quality in elderly nursing facilities, on December 28, 2018, the Ministry of Civil Affairs organized the compilation of the national standard *Classification and Grading of Elderly Nursing Homes* (GB/T 37276-2018, hereinafter referred to as *Classification and Grading*) and released it after getting approval of the National Standardization Committee. The *Classification and Grading* specifies the kinds and marking, basic requirements and conditions, evaluation principles and methods of elderly nursing facilities, and is the first national standard for the classification of elderly nursing facilities. It marks a new era of standardized management for the service quality of elderly nursing facilities nationwide.

1 The content of the standards

There is a total of 118 standards, and in addition to scope, normative references, terminology, and definitions. A total of 102 specific requirements are proposed for the classification and evaluation of elderly nursing facilities, mainly including classification and marking. The standard divides the evaluation of elderly nursing facilities into five grades. The grade mark is composed of pentagram patterns. The higher the grade, the stronger the comprehensive ability.

The standards specify the basic requirements that elderly nursing facilities should meet when applying for grade evaluation and the basic conditions for corresponding grades. These basic requirements and conditions mainly come from relevant laws and regulations, and the basic safety requirements required for carrying out elderly care services, as well as the basic requirements that different levels of elderly nursing facilities should meet, setting the "starting line" for the application for evaluation of elderly nursing facilities.

2 Grading

The standards set requirements for the principles, methods, and participating personnel in the process of grade evaluation management to ensure the scientific and effective evaluation work. Elderly nursing facilities voluntarily apply for participation in the assessment. The total score for rating is 1, 000 points, including 4 aspects of evaluation, namely, environment, facilities and equipment, operational management, and services.

Content and Scores of Rating for Elderly Nursing Facilities, as a supplementary clause to the evaluation method, can explain the main content of the rating of elderly nursing facilities, including four items and their sub items: environment, facilities and equipment, operational management, and services. The content of the environmental assessment puts forward requirements from seven aspects, including traffic convenience, surrounding service facilities, public infographic signs, barrier free design, indoor temperature, indoor lighting quality, and indoor noise level. The content of facilities and equipment evaluation includes 13 aspects, including living rooms, bathrooms and bathing spaces, dining spaces, washing spaces, reception spaces, activity spaces, storage rooms, medical and health rooms, parking areas, elevators or lifting mobile devices and ramps, evaluation spaces, rehabilitation spaces, and social work/psychological counseling spaces. The content of operational management includes seven aspects: administrative office management, human resource management, service management, financial management, safety management, logistics management, evaluation and improvement. The content of the service evaluation includes 13 aspects, namely, admission and exit services, daily care services, meal services, cleaning and hygiene services, laundry services, medical care services, cultural and entertainment services, psychological/spiritual support services, hospice services, entrusted services, rehabilitation services, education services, and door-to-door services. At the same time, this section also explains the scoring intervals for each sub item.

3 The significance of the publication of *Classification and Grading*

As a recommended standard, although it does not have the effect of mandatory national standards, the *Classification and Grading* has a positive significance in promoting the standardization construction of elderly nursing facilities nationwide, and promoting the service quality and level of elderly nursing facilities.

Firstly, it fills the gap in national standards for the classification and evaluation of elderly nursing facilities. Service quality construction in elderly care industry used to lack guidance nationwide due to the inconsistent evaluation standards. Now a unified set of evaluation standards have come into being, so objective, fair, and transparent evaluation can be conducted easily. It is conducive to guiding elderly nursing facilities to provide high-quality services, reducing information asymmetry in elderly care services, facilitating people to choose satisfactory elderly nursing facilities, better protecting the legitimate rights and interests of the elderly, and enhancing their sense of happiness and gain.

Secondly, the levels for the development of elderly nursing facilities nationwide have been clarified. Due to differences in service providers, regions, scales, and establishment time, there are many differences in the management and service levels of different elderly nursing facilities, resulting in uneven service quality. Based on the actual development of elderly nursing facilities, the *Classification and Grading* encourages nursing facilities to achieve high-quality and diversified development while ensuring the quality of basic services.

Thirdly, it has explored and innovated the regulatory methods for elderly nursing facilities in the "post licensing era". The *Classification and Grading* comprehensively considers the current situation of imbalanced development of elderly nursing facilities, as well as the long-term development of elderly nursing facilities. At the same time, the introduction of standards is a specific measure to implement the high-quality development strategy, as well as an important deployment to improve the quality of elderly care home services. It is a practical need to promote the implementation of the reform of "delegating, managing and serving" in elderly care services and improve the comprehensive regulatory system for elderly care services. The release and implementation of the *Classification and Grading* is a milestone in the level management of elderly nursing facilities nationwide.

Task 2 Implement standardized process management of nursing homes

The standardization construction of elderly nursing facilities is an internal work. Mainly by setting and implementing various software and hardware standards and norms, applying relevant theories of standardization, strengthening hardware and software management, as well as work processes and programs, elderly nursing homes will always have standards and basis to depend on no matter what task or link needs to be dealt with. It effectively ensures work efficiency and quality, thereby making elderly nursing facilities more standardized and continuously improved, to achieve the ultimate goal of sustainable development.

Work tasks

Case

For a long time, service safety of elderly nursing facilities has become a prominent issue, but there are no legal norms to follow in the relevant industry access standards and inspection and supervision measures. The phenomena of illegal establishment of nursing homes, lax supervision, and inadequate punishment may be widespread, which leads to uneven levels of elderly nursing facilities and frequent accidents related to the elderly. Xiao Li, who has worked in a nursing home for five years, is now specifically responsible for the standardized management of the nursing facility. What can he do to promote the improvement of the work in the nursing home?

Work steps

Work steps of Task 2 are shown in Figure 8-2.

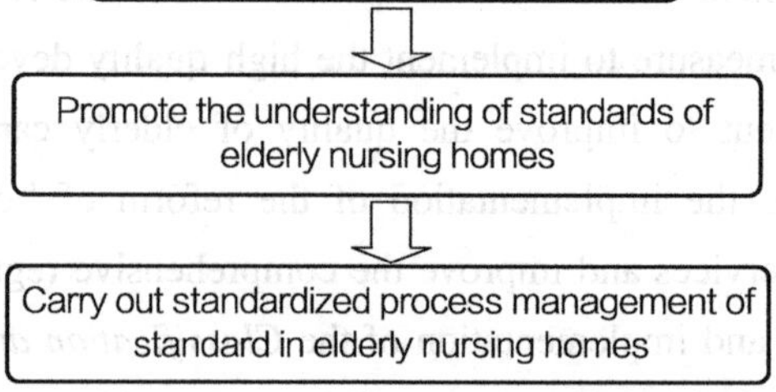

Figure 8-2 Work step diagram of Task 2

| Step 1 | Formulate a standard system for elderly nursing homes

There are a large number of elderly nursing homes in various parts of China, and problems occurred frequently in service safety. Elderly nursing homes in different places or in the same place should be tailored to local conditions. Elderly nursing homes should specify their management content in infrastructure construction, daily life care, and personnel allocation, scientifically formulate a standard system for elderly nursing homes, and firmly set and strictly stick to the bottom line of the service safety of elderly care.

Activity content

In April, 2022, an elderly person in Building 3 of a certain elderly nursing home posted a critical opinion in the opinion box, which said that the television in the public area of Building 3 was broken and had been left unattended for several days. After checking all the comment boxes in the morning, the staff of the Social Work Department forwarded the comments submitted by the elderly person to the mechanical maintenance personnel of the General Affairs Department, and learned that the mechanical maintenance personnel of the General Affairs Department had received such complaints. The maintenance team inspected the TV but was not able to repair it. They immediately contacted outside professionals and asked them to come and repair the TV. However, due to work arrangement, the outside professionals were unable to repair it in a timely manner and the relevant staff of the nursing home failed to explain it to the elderly in time. The mechanical maintenance personnel stated that they would promptly explain to the elderly in the future and inform them that they had contacted some outside professionals and they promised they would come the next day for maintenance. The next afternoon, the staff of the Social Work Department learned from a phone call with the elderly person who had reported the problem that the TV had been repaired.

Thinking and discussion

Please draw a flowchart for handling complaints and opinions based on this case, and consider whether it is necessary to establish standards for handling complaints and opinions in elderly nursing homes. Why?

Knowledge link

Guided by the common missions and goals of a nursing home, its staff should, with the elderly as the focus of attention, analyze the actual situation of the nursing home, form a series of service standards in personnel, facilities and equipment, environment, materials, methods/procedures, and provide sufficient publicity and training to fully reach consensus within the nursing home.

1 Establish a standardized management organization and determine its working mechanism

In order to promote the standardization of nursing homes, they can comb the administrative structure of the nursing home, clarify the responsibilities of each department, establish a leading group for standardization construction pilot, and establish a standardization management organization, such as a special standardization office. Under the direct leadership of the leading group, the standardization office of the nursing home is responsible for organizing the formulation and implementation of standardization work plans, and coordinating various departments to collect standard information and requirements. In order to form a mechanism for mutual coordination and collaborative promotion of standardization construction, the nursing home needs to incorporate standardization construction work into the major tasks of the development planning of the whole nursing home. It can hire experts in standardization research from industry or university as consultants for institutional standardization work, provide training and supervision on standardization work within the nursing home, and ensure that the process meets requirements. It can also establish a service platform to provide standardized information for staff in the process of standard inquiry and construction.

2 Build a standardized system based on the institutional framework

The standard system is the foundation of standardization construction. To ensure high-quality service and efficient management of nursing homes, it is crucial to develop a scientific and reasonable standard system for carrying out standardization construction.

In establishing a standardized system, the elderly nursing home firstly must adhere to the national standard as the criterion. Under the guidance of national standards such as *Classification and Grading of Elderly Nursing Homes*, *Basic Standards for Service Safety of Elderly Nursing Homes*, and some supporting standards, the elderly nursing home must develop standards based on the characteristics and actual needs of the elderly care service industry, combined with internal resources, and accustomed operating methods, etc., to provide guidance and norms for the personnel engaged in elderly care.

Secondly, the nursing home should ensure a good horizontal and vertical connection when building the standard systems. Internally, it should be noted that the establishment of the standard system is not simply piling one standard above another. The nursing home should avoid the contradiction between the departmentalization of nursing homes and the fragmentation of existing standards, so as to integrate service resources, link up various businesses, and achieve policy coordination. Externally, it is necessary to step out of the system and examine the rationality and integrity of the system from a higher perspective. It should learn from the beneficial experiences and successful practices of other regions, and make appropriate adjustment about its own standard system.

Finally, the nursing home should brainstorm and try to improve the standards constantly, which can formulate and revise various standards according to business modules. Experience of front line work should be extracted and summarized. Preliminary drafts of standards are formed. And then departmental discussions and centralized reviews are conducted. Finally the practical general basic service standard system, service guarantee standard system, and service provision standard system are formulated.

3 Dynamically adjust the standardization system

The standard system for elderly nursing homes is an organic whole constructed by applying the principles and methods of system management, identifying standardized elements that are interrelated and interactive in the development of elderly nursing homes, and integrating and connecting these elements. With the deepening of standardization, various specifications will definitely become finer and stricter, which may also lead to new work procedures and even adjustments to the organizational structure as improvements are made. So, the corresponding standard system also needs to be constantly dynamically adjusted. Nursing homes should also analyze the urgent problems based on the actual situation, and adjust and redesign a more reasonable and scientific standard system. They should grasp the key points of reasonable layout, complete fields, clear logic, perfect functions, and strong operability, and continuously examine the rationality and completeness of the system based on these key points.

| Step 2 | Promote the understanding of standards of elderly nursing homes

Activity content

A nursing home launched a safe service standard competition, which was based on the basic principle of combining theory with practice. The focus was on the testing of theoretical knowledge and practical operation. Each department was to be tested in the two forms mentioned above. This competition involved all departments and personnel within the nursing home. The nursing team was tested theoretical knowledge and the operation of removing sputum from the oral and nasal cavities. The safe production competition of the social work department was about simulated telephone consultation, testing their professional knowledge, consultation ability, and etiquette literacy. The medical rehabilitation department was tested theoretical knowledge. The mechanical maintenance personnel of the general affairs department were tested circuit inspection of insulated van. The office staff were tested their relevant skills, including explanation ability, attitude and etiquette, and emergency response ability. They were required to introduce a visit route for half an hour that they chose for themselves. Elderly care workers had oral exams and were tested their basic nursing knowledge and practical skills such as emergency treatment for choking, and dressing and undressing elderly people. After the competition, the leaders of each department would comment on the shortcomings in the test process and praise the standardized steps in the operation process.

Task simulation

Read the case materials, assign roles, simulate the process of safe service standard competition in the way of situational performance, experience the testing items of different teams, the emotions of the team members, and talk about whether this competition is conducive for the staff to understand relevant service standards.

Knowledge link

Measures must be taken to prompt every employee to have a clear understanding of their work standards and requirements, consciously carry out work according to standard requirements, practice self-discipline and self-control in the process, actively propose measures for improvements, and try to become a standard quality controller in the process of standard implementation, which is an important goal of standardization work in elderly nursing homes. To prompt employees to understand relevant standards, nursing homes can start from the following aspects.

1 Strengthen training and education

Nursing homes can adopt methods such as inviting in, going out, and multi-level training to strengthen the standardization awareness and theoretical level of staff. It is also necessary to cultivate a group of professional talents who may know the standardization, may understand the standards, can apply standards, and can use standards to guide work. This will make all personnel engage in elderly care work and have a clear understanding of the importance and necessity of standardization construction through multi-dimensional and comprehensive immersive learning. Nursing homes must try to improve their employees' awareness of implementing standards, and encourage them to become familiar with the work standards and processes required by their positions. The employees must be aware what should be done next after completing the current tasks, and what should not be done during this period of time.

Graded and classified training and comprehensive training must be combined. Specifically, the management departments can be firstly organized to learn about professional standards involved in some professional processes, familiarize themselves with the corresponding business processes and the key quality points of each process. Front-line service departments, especially medical workers, can be arranged to take a training course, providing them with comprehensive standard training in medical care, and helping them learn the medical procedures and key points required by various types of elderly people. Cross-departmental and cross-professional learning must also be done well. Nursing homes should organize specialized training for relevant personnel so that various work involving communication and collaboration among multiple departments can be dealt with smoothly.

2 Promote inspection and evaluation

Nursing homes can compile and print the standard system into volumes and distribute it to various departments. Through the formulation of self-inspection plans by departmental standardization specialists, standardization management agencies can inspect the implementation of standards in various departments through monthly spot checks and weekly administrative rounds throughout the nursing home. Departments with good implementation of standards can be incentivized, and a mechanism can be implemented to trace implementation records and improve implementation problems.

It is also necessary to conduct various professional skill competitions and employee assessment and evaluation based on the standards, strengthening the employees' understanding of the standards. Standardization construction of elderly nursing homes should be regarded as a daily activity. Managers should attach great importance to the normative role of service quality, and at the same time, make employees deeply aware of the necessity of providing services in a standardized manner in daily work, to establish a high-pressure warning line for standardized operation. In terms of service quality activities, projects with comparable difficulty can be chosen as inspection items, to obtain as many common weak points of staff as possible in each service quality evaluation. Based on this, special training activities can be carried out to promote the improvement of operational skills of staff.

| Step 3 | Carry out standardized process management of elderly nursing homes

Activity content

Case

A nursing home is implementing standardized process management. After an elderly person selects a room and gets confirmed. The finance department collects a deposit. And the marketing department notifies each department to prepare for the new comer to move in. On the day of the admission, the medical department evaluates his/her physical condition and determines his/her level of daily care based on the evaluation results and his/her needs. Within the first week after admission, the medical department and nursing department respectively conduct rehabilitation assessments, micro nutrition assessments, consultations, and pressure ulcer risk assessments for him/her, in order to determine his/her rehabilitation treatment needs, nutritional meal allocation needs, medical service needs, pressure ulcer care needs, and accommodation adaptation needs. Based on the evaluation results and the service needs of the elderly person, a daily service list for the elderly person in the nursing home and a daily work list for medical staff will be formed. The elderly person can evaluate the services provided by the nursing home during his/her stay, and the services provided by the quality inspection personnel are monitored to improve their service satisfaction.

Thinking and discussion

Please draw a flowchart for the elderly service management of this elderly nursing home and consider the key points that affect quality management in each link.

Knowledge link

1 Carry out standardized management based on key points of quality management

The entire business chain of elderly nursing homes includes two parts: elderly service management and daily operation management that supports elderly service management. Among them, the nine modules listed in the *Basic Standards for Service Safety of Elderly Nursing Homes* include admission and discharge services, daily care services, meal services, cleaning and hygiene services, washing services, medical care services, cultural and entertainment services, psychological/spiritual support services, and hospice services, which belong to the elderly service management, while customer management, residential management, material management, and cost management belong to the daily operation management.

For each business segment, elderly nursing homes should establish key points of quality management for each service based on the established standard system, including input sources, input, activities, output, and output recipients (Table 8-2), so as to facilitate the decomposition and analysis of key process elements in each business segment, evaluate whether the service complies with the standards, and take timely remedial measures if the service does not comply with the standards, to encourage elderly nursing homes to provide high-quality services.

Table 8-2 List of key points of service quality management

Types of service quality supervision	Service quality supervisors	Key points of service quality management
Items to be washed	Caregivers	Clothes, sheets and other items of the elderly need to be cleaned, aired, ironed, hung up or arranged in the bedside cupboard without strange odor
Food products for the elderly	Head nurses	Caregivers are expected to label the private food of the elderly (the names of the elderly, bed number, food shelf-life, etc.), place it into the refrigerator or lockers, timely get rid of the expired food, timely remove bones and cut vegetables for the elderly to prevent them from choking, etc.
Elderly life care	Head nurses	"Three short and six clean" must be done well to relatively healthy elderly people in the care process. "Four no" must be done well besides "three short and six clean" to bedridden elderly people
Falls and getting lost	All staff	Caregivers must take good care of the elderly to prevent them from falling, or getting lost, etc.
Check and maintenance of electrical equipment or appliances such as elevators or TVs	Heads of the general affairs	Electricians and other maintenance personnel must make records when finding some electrical equipment or appliances don't work or receiving reports from the elderly and fix them in time. If there are no spare parts for the broken equipment temporarily, maintenance personnel must make records and make explanation to the elderly. They try to solve the problem as soon as possible and make records about the maintenance results
Drug dispensing according to doctors' instructions	Nurses in charge of drug dispensing	Drug dispensing nurses must carefully check if right drugs are placed

In addition, elderly nursing homes also need to scientifically quantify service process details and standards, ensuring that quantification has something to be based on and is easy to implement and evaluate. Various standards must be specified. Detailed standards at different stages of the elderly care service chain must be implemented to improve service quality. For example, the number of time disinfectant is sprayed on each bathroom facility and the cleaning sequence of toothbrush cups and towels, etc. must be clearly described. Water temperature, cleaning sequence from cheeks through ears to the neck for personal hygiene of the elderly, and the cleaning of the oral and nasal cavities, teeth gaps, bite surfaces, upper jaw, and other areas, as well as the number of the cotton swabs used for lips and the methods to use them must be clearly stipulated. The amount of drinking water, desserts, fruits, etc. that the elderly have in a single time must be recorded. For elderly medication, a multiple signing process is carried out to ensure the safety of medication, including the signing of the prescribing physician, the signing of the dispensing officer, the signing of the nurse for medication verification, and the signing of the nurse for medication assistance. For elderly dining, each process involving elderly services, including the specific grams of large and small meals, the softness and hardness of rice, and the effect of insulation must be specified (Table 8-3).

Table 8-3 Record of quantitative service completion

Date	Air		Object surface					Floor		Toilet seat	Two basins and two towels	Mouth cup	Office supplies	Cleaning tools	Refrigerator	Recreational and sports equipment	Signature
	Open the window to ventilate the room twice a day	Disinfect rooms with the disinfector once a day	Door and window handle	Countertop, table and chair	Armrest	Faucet	Bed hanger and wardrobe	Bedroom	Public areas								
	Morning / Afternoon		Swab with 250mg/L effective chlorine once a day					Swab with 250mg/L effective chlorine once a day	Swab with 500mg/L effective chlorine once a day	Swab with 500mg/L effective chlorine once a day	Swab with 250mg/L effective chlorine once a day	Swab with 250mg/L effective chlorine once a day	Swab with 75% alcohol effective once a day	Swab with 500mg/L effective chlorine once a day	Swab with 250mg/ L effective chlorine once a day	Swab with 250mg/L effective chlorine once a day	

2 Implement standardization management based on people-oriented approach

Elderly nursing homes must always adhere to the people-oriented concept in the process of standardized management. Taking the elderly as the foundation and doing everything based on their needs as the starting point, hardware facilities should be designed to serve their living habits and physical condition, while software management should be more humanized.

Firstly, in terms of service personnel management, employees are the main body serving the elderly, and their work level directly affects the perception of service quality of the elderly. Therefore, attention should be paid to the standardization management of service personnel in elderly nursing homes. It should develop a strict assessment table of practical skills, score the standardization and completion of the service personnel's daily work, strengthen the service personnel's learning of professional knowledge, regularly arrange experienced nursing personnel to give lectures, and conduct monthly achievement assessment in combination with the content of teaching. The scoring results and exam results are directly linked to the salary, so as to drive the service personnel's enthusiasm for active learning, improve their professional skills and service level, and ensure that service personnel have sufficient abilities in their positions to provide better services for the elderly.

Secondly, in terms of medical service management, elderly nursing facilities should improve the emergency plan and workflow of medical services, implement the one-stop service of health examination, treatment, nursing and rehabilitation, and design scientific medical treatment and outpatient management processes. At the same time, nursing homes should assess the physical and mental condition, daily living ability, and social function of the elderly as needed, and formulate and implement relevant service standards. They should provide professional and personalized medical services for the elderly who are semi-self reliant or completely unable to take care of themselves through supporting medical services and professional care services, and provide comprehensive rehabilitation training for the elderly who need it. The service content should also be finely managed according to the management standards of medical, nursing, and preventive health care. Nursing homes with limited conditions can cooperate with medical institutions to install green channels for elderly care in hospitals to meet the personalized medical needs of the elderly.

Thirdly, in terms of nursing service management, combining graded and responsibility-based nursing should be implemented. For elderly people with high demands for nursing services and good economic conditions, one-to-one dedicated nursing care should be implemented, and elderly caregivers should be arranged to be fully responsible for daily care of the elderly. For elderly people with low service needs and average economic conditions, a responsibility-based nursing system is implemented, dividing the elderly and nursing staff into several groups, with tasks and responsibilities assigned to each individual. Nursing staff are fully responsible for the care of the elderly group during working hours. The elderly can rate the nursing staff who serve them, and those who are not satisfied with the service can directly request a replacement of the nursing staff. Elderly care work is the focus in elderly nursing homes. The work effectiveness of nursing staff is directly related to the quality of life and satisfaction of elderly residents with services. Therefore, it is necessary to divide the job positions and responsibilities of nursing staff, ensuring that tasks on each post will be performed strictly and carefully, so as to improve the overall quality of nursing services.

Task 3 Supervise the service quality of nursing homes

Work tasks

Case

A nursing home actively participates in the standardization pilot construction and regularly conduct the work of audition and authentication of quality management system performed by a third party to improve service quality. Based on the evaluation results, it determined the priority order for improving key businesses internally. The staff identify the main affecting factors, propose solutions, and organize the implementation of corrective measures through causal and trend analysis. At the same time, they accept supervision from family members of the elderly residents. The clients' family members can directly report face to face to the office of the nursing home or the staff of the social work department. They can also call the complaint hotline for online supervision, or leave a message in the complaint box set up in the nursing home. However, the head of the nursing home believes in the fragmentation of the service supervision and management and wants to improve the service quality of the nursing home through systematic and planned supervision measures.

Work steps

Work steps of Task 3 are shown in Figure 8-3.

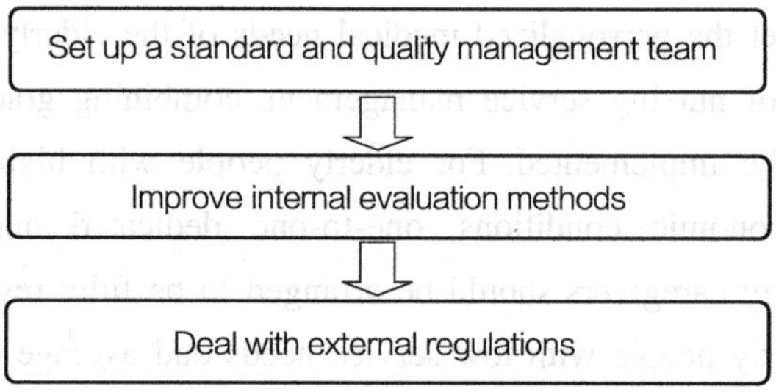

Figure 8-3 Work step diagram of Task 1

| Step 1 | Set up a management team of standard and quality

Activity content

Please survey the management teams of 2 to 3 elderly nursing homes through the Internet, personal visits or through telephone consultations(Table 8-4).

Table 8-4 A questionnaire about the management team of standard and quality of elderly nursing homes

Names of elderly nursing homes	whether there is a team or not	Team composition	Functions of the team

Knowledge link

1 Establish a cross-department management team of standard and quality

To achieve standard and quality management, it is necessary to establish a cross-department management team of standard and quality. The standard and quality management team should involve personnel in various positions of elderly care services within elderly nursing homes. The composition of the group members should include representatives of the elderly, nurses, chief doctors, kitchen staff, nutritionists, cleaning foremen/forewomen, daily maintenance leaders, heads of social work department, office directors, catering personnel, daily clothing change and washing personnel, etc.

The standard and quality management team should adhere to the principle of whole heartedly providing high-quality services for the elderly and provide feedback on all aspects of elderly care facilities that involve their daily lives. They should listen to the opinions of elderly representatives, conduct a wide survey of their opinions within the whole nursing home, and gradually meet their needs.

2 Clarify the responsibilities of the standard and quality management team

To improve the satisfaction of the elderly, promote communication among employees, and continuously improve the service quality of elderly nursing facilities, the standard and quality management team needs to clarify its responsibilities, specifically which may include following aspects.

Firstly, it should continuously improve the service systems and standards within elderly nursing homes, formulate expected quality goals for each stage, and provide feedback on the implementation of services through the convening of group meetings. It should regularly organize knowledge lectures on standard and quality management services and reform various operational norms.

Secondly, it should establish a management system for records and archives of work quality, as well as a responsibility inspection system, to record the completion and acceptance status of each staff member's work into the archives and keep them properly.

Thirdly, it should conduct systematic inspections in conjunction with departments and arrange for relevant staff to conduct covert inspections and record the inspection results.

Fourthly, it should gradually quantify the assessment standards and strictly standardize the standards of acceptance ratio for various tasks.

Fifthly, it should summarize and identify deficiencies in the previous stage of work. It should arrange excellent and standardized operators to demonstrate and provide hands-on guidance, specify and analyze each operation specification, and promote staff understanding.

3 Standardize the content of supervision and inspection

The supervision and inspection of standard and quality management within nursing homes are the important responsibilities of the standard and quality management team. This task needs to be coordinated by the standard and quality management team, with the aim of forming an inspection and evaluation mechanism to extract internal evaluation methods of the nursing facility. The specific supervision and inspection should include the following content.

1) Job inspection

The daily supervision and inspection of the implementation of relevant standards by personnel in various positions according to their job responsibilities are the responsibility of the head of the department, and the regular inspections are carried out by the standardization work group and relevant functional departments.

2) Expansion and optimization of service project inspection

The supervision and inspection of the implementation of newly expanded and optimized service projects, technical or management renovation projects, and introduced standardization projects should be carried out by the standardization work office in collaboration with relevant functional departments.

3) Inspection of care service items

The supervision and inspection of the implementation of relevant standards such as front-line service quality management and operational standards are regularly organized by the medical department and nursing department, and supervised by the standardization work office.

4) Inspection of standardized documents

The inspection of the preparation and filling out of standardization documents and records related to services, technology, safety, quality, operation, and management are the responsibility of full-time and part-time standardization personnel of corresponding functional departments.

| Step 2 | Improve internal evaluation methods

Activity content

A nursing home attaches great importance to the reorganization work and has formulated evaluation standards for the rectification work. The staff are required to place the seasonal clothes of the elderly in the bedside table for inspection, and prepare the clothes they will wear the next day in advance, so that they can easily find the clothes the next day. After disinfecting the daily necessities of the elderly (washbasin, toothbrush cup, water cup, etc.), it is necessary to reset them in a timely manner. Some bedridden elderly people's diapers should be placed near the bedside for easy access.

Thinking and discussion

What are the evaluation standards for nursing homes and their effects on internal quality management?

Knowledge link

1 Improve the development of evaluation standards

According to the standardized system, service evaluation indicators are classified and formulated based on different types of elderly people and their service needs at different stages. In the process of establishing a service evaluation system, attention should also be paid to the following issues. Firstly, it is clear that evaluation is a means, but not an ultimate goal. Establishing an evaluation system is actually to improve the quality of elderly care services. By identifying the shortcomings of elderly care services through evaluation feedback, the employees can continuously improve elderly care services. Evaluation is only a means and basis, not the last step of standardized construction. Secondly, attention should also be paid to the practical significance of the evaluation system. The evaluation indicators should fully consider the characteristics of the elderly and the actual work carried out. The setting of evaluation indicators should focus on the key quality points, with different indicator weights for different types of services, so as to allow the evaluation results quantifiable and comparable.

2 Introduce technological means of intelligence information

In the information age, intelligentization is an important way to obtain data and information, so standardization management must rely on the means of intelligentization. Elderly nursing homes should make full use of information technologies such as the Internet, integrate multiple intelligent systems, and introduce intelligent information methods into standardized monitoring and evaluation. For example, in the setting of admission and discharge management systems, food ordering systems, financial management systems, comprehensive information management systems, archive management systems, performance evaluation systems, etc. nursing homes should not only take into account the management needs of nursing homes themselves, they should also combine these with standardization construction. They should learn to apply the data flexibly, and promote the continuous improvement of standardization through the feedback of the information analysis results.

3 Apply the evaluation standards scientifically

The application of the evaluation standards should focus on two aspects. The first is the implementation of current service standards, and the second is the alignment between the execution results and the established goals. The consistency between the implementation results and the established goals is often reflected through indicator data. Therefore, elderly nursing homes need to set up some monitoring methods and indicators for service quality, such as service quality satisfaction rate, adverse report situation, proportion of severe adverse reports, fall rate, and incidence of pressure ulcers. Nursing homes need to pay close attention to the impact of evaluation results on management decisions. Changes in service processes and service quality indicators in elderly nursing facilities are often accompanied by changes in human, financial, and material inputs. Inputs and expected outcomes should be evaluated and trade-off and decisions must be made. For example, in the service process, if certain facilities and equipment need to be added or certain environmental modifications need to be made, the increasing of the satisfaction of the elderly (Table 8-5), or the reduction of labor costs can be expected. To stabilize service quality, it is necessary to evaluate or predict relevant data to help managers make decisions, so that the service quality can be improved steadily according to the predetermined plan.

Table 8-5 A survey on satisfaction of the elderly

First-level indicators	Second-level indicators	Marks assigned to specific indicators
Basic information	Sex	1 = male, 2 = female
	Age	1 = 60-69 years old, 2 = 70-79, 3 = 80-89, 4 = 90-99, 5 = 100 years old or above
Satisfaction of elderly care (A)	a_1 = Are you satisfied with the caregivers' service attitude and communication ability?	1 = unsatisfied, 2 = ordinary, 3 = satisfied, 4 = very satisfied
	a_2 = Are you satisfied with the caregivers' general skills?	1 = unsatisfied, 2 = ordinary, 3 = satisfied, 4 = very satisfied
	a_3 = Are you satisfied with the nurses' service attitude and communication ability?	1 = unsatisfied, 2 = ordinary, 3 = satisfied, 4 = very satisfied
	a_4 = Are you satisfied with the nursing skills?	1 = unsatisfied, 2 = ordinary, 3 = satisfied, 4 = very satisfied
	a_5 = Are you satisfied with the timeliness of the caregivers when you tried to call them over?	1 = unsatisfied, 2 = ordinary, 3 = satisfied, 4 = very satisfied
	a_6 = Are you satisfied with the work in the laundry room?	1 = unsatisfied, 2 = ordinary, 3 = satisfied, 4 = very satisfied
Satisfaction of the work quality of medical and rehabilitation department (B)	b_1 = Are you satisfied with the doctors' service attitude and communication ability?	1 = unsatisfied, 2 = ordinary, 3 = satisfied, 4 = very satisfied
	b_2 = Are you satisfied with the service attitude and working ability of the pharmacy staff?	1 = unsatisfied, 2 = ordinary, 3 = satisfied, 4 = very satisfied
	b_3 = Are you satisfied with the management of medical insurance card in medical rehabilitation department?	1 = unsatisfied, 2 = ordinary, 3 = satisfied, 4 = very satisfied
	b_4 = Are you satisfied with the timeliness of the doctors when you tried to call them over?	1 = unsatisfied, 2 = ordinary, 3 = satisfied, 4 = very satisfied
	b_5 = Are you satisfied with the doctors' treatment?	1 = unsatisfied, 2 = ordinary, 3 = satisfied, 4 = very satisfied

(Continued)

First-level indicators	Second-level indicators	Marks assigned to specific indicators
Satisfaction of the work quality of the general affairs department (C)	c_1 = Are you satisfied with the quality and variety of dishes served?	1 = unsatisfied, 2 = ordinary, 3 = satisfied, 4 = very satisfied
	c_2 = Are you satisfied with the timeliness and availability of equipment and facilities maintenance?	1 = unsatisfied, 2 = ordinary, 3 = satisfied, 4 = very satisfied
	c_3 = Are you satisfied with the work of doorkeepers, cleaners and maintenance personnel?	1 = unsatisfied, 2 = ordinary, 3 = satisfied, 4 = very satisfied
	c_4 = Are you satisfied with the outdoor environment?	1 = unsatisfied, 2 = ordinary, 3 = satisfied, 4 = very satisfied
Satisfaction of the work quality of the social work department (D)	d_1 = Are you satisfied with the work attitude and communication ability of the personnel in the social work department?	1 = unsatisfied, 2 = ordinary, 3 = satisfied, 4 = very satisfied
	d_2 = Are you satisfied with the fee charging procedures?	1 = unsatisfied, 2 = ordinary, 3 = satisfied, 4 = very satisfied
	d_3 = Are you satisfied with the recreational and study activities?	1 = unsatisfied, 2 = ordinary, 3 = satisfied, 4 = very satisfied
Satisfaction of the work quality of the office staff (E)	g_1 = Are you satisfied with the work attitude and communication ability of the office staff?	1 = unsatisfied, 2 = ordinary, 3 = satisfied, 4 = very satisfied
	g_2 = Are you satisfied with the cultural and propaganda work?	1 = unsatisfied, 2 = ordinary, 3 = satisfied, 4 = very satisfied
General satisfaction:		1 = unsatisfied, 2 = ordinary, 3 = satisfied, 4 = very satisfied

| Step 3 | Deal with external regulations

Activity content

In 2022, the Civil Affairs Department of the province, together with relevant departments, issued a "double random, one open" regulatory implementation plan for elderly nursing homes, and constructed a comprehensive regulatory system. They continuously increased and regulated standards on elderly care service, established the *Provincial Standardization Committee of Elderly Care Service*, promoted and implemented the relevant national standards such as the *Basic Standards for Service Quality of Elderly Nursing Facilities* and *Basic Standards for Service Safety of Elderly Nursing Facilities*, issued local standards such as the *Credit Evaluation System for the Elderly Care Service Industry* and *Classification of Care Levels for Elderly Nursing Facilities*, and promoted the accelerated construction of the standard system. The standardization work mechanism of this province has become increasingly improved.

Thinking and discussion

What effect does the the supervision of the Provincial Department of Civil Affairs have on relevant elderly nursing facilities?

Knowledge link

In order to enhance the comprehensive capacity of elderly nursing facilities, in recent years, the central government has continuously improved the service quality of elderly nursing facilities through regulatory systems, quality actions, administrative inspections, and other measures. It is necessary for elderly nursing facilities to actively respond to external supervision from relevant institutions and understand the current way government agencies regulate their services.

1 Establish a comprehensive regulatory system for elderly care services

Relevant departments have formulated a list of responsibilities and the system of being exempted from punishment if duty is fully fulfilled and receiving punishment if duty is not well fulfilled according to the the list to carry out. They formulated relevant policy documents to strengthen comprehensive supervision of elderly care services, established cross-department collaborative supervision mechanisms with each performing their duties and fulfilling their responsibilities, and improved the supervision system during and after a program. They set up the "double random, one open" working mechanism, and strengthened the investigation and punishment of violations. They adhered to the principle of the strictest standards, strictest supervision, and strictest punishment. The market supervision department shared the basic information of enterprise registration on the provincial sharing platform or the data interface between provincial departments. The Civil Affairs Department downloaded relevant information about elderly nursing facilities in a timely manner and strengthen guidance and supervision during and after a program.

2 Carry out special actions to improve the service quality of elderly nursing facilities

The departments continue to vigorously promote the rectification of hazards, register and cancel items one by one according to the problem list, and ensure that all nursing homes are rectified and cleared. They try to accelerate the clarification of standards and norms for the safety of elderly nursing facilities, establish mandatory national standards to ensure the quality and safety of basic services in elderly nursing facilities, and implement a nationwide unified system for assessing and certifying the level of elderly care services. They try to improve the food safety supervision mechanism of elderly nursing facilities, expand the coverage of comprehensive liability insurance for elderly care services, and encourage home-based community elderly care service facilities to purchase employer and elderly care liability insurance.

3 Standardize administrative inspections of elderly nursing facilities

To continuously deepen the reform of delegating, managing and serving in the field of elderly care services, reduce the burden on market entities of elderly care service, further improve the operating environment of elderly care services, and assist in the high-quality development of elderly care services, the Ministry of Civil Affairs issued the *Administrative Inspection Measures for Elderly Nursing Facilities* in November, 2022, to strengthen and standardize the administrative inspection work of elderly nursing facilities.

It focus on three key links of administrative inspection: source, process, and result, with a focus on refining the types of inspections, clarifying the requirements for each link of inspection, and strengthening the supervision and management of inspection behavior. According to the regulations, administrative inspections include three categories: daily inspections. Special inspections, and individual case inspections. Daily inspections are routine inspections, special inspections are inspections for common and prominent problems. And individual case inspections are targeted inspections based on problem clues. And it should be clarified that daily inspections should be conducted through double random sampling in principle. Special inspections can be conducted through double random sampling or full coverage inspection based on actual conditions. After discovering clues of suspected violations of laws and regulations in elderly nursing facilities, the Civil Affairs Department should immediately carry out a case inspection. If a case needs to be filed for investigation and punishment, it shall be investigated and dealt with in accordance with the administrative penalty procedures.

According to this policy, elderly nursing facilities have achieved great development and effectively promoted the internal standard management. Institutional rules and regulations, service standards, work flow, supervision mechanisms, etc. have been timely optimized and rectified. Service quality of elderly nursing facilities has been continuously improved.

Practical training

Survey on Satisfaction of the Elderly in Elderly Nursing homes

Objective: enhance understanding of the impact of satisfaction with elderly nursing facilities onthe management decisions of internal standard quality, and master the relevant communication skills required for implementing satisfaction surveys.

Requirement: conduct online or offline surveys with elderly residents residing in nursing homes.

Practical training affairs:

Scenario 1: conduct surveys of satisfaction with elderly nursing homes online or offline.

Scenario 2: analyze the satisfaction of the elderly with elderly nursing homes and adjust management strategies.

Practical training instructions:

Description of investigation process

Analysis of survey results
Regulate management policy

Project 9
Environmental construction of nursing homes

Instructional objectives

1. Understand the psychological activities of the elderly.

2. Understand the needs of different types of elderly people for environmental construction.

3. Understand the construction principles of pension environment.

4. Understand the specific construction methods of space designs, facilities and plants configuration in the elderly care environment.

Work tasks

Case

Futai Health Care and Elderly Care Nursing Home is under construction in the city, its construction relies on natural resources (hot springs, air, vegetation, climate, etc.) for development, it is a comprehensive residential area integrating leisure, health care, elderly care, rehabilitation and health care, and longevity culture. Its geographical location is superior, it can purchase the right of use or lease, enjoy lifelong continuous care, and it have a sound medical care ratio. It can meet the needs of elderly people with different physical conditions for residence and medical care, and it made the elderly be able to receive high-quality medical services and facilitate children's visits in a familiar social environment.

The organization believes that the physical function and psychological perception of the elderly are worse than the younger one. And they have poor cognition and weak adaptability to the environment. Therefore, they need the external environment to provide greater support for promoting healthy behavior activities. Specifically, it includes friendly location identification, barrier-free access environment, convenient rest facilities, various greening configurations, convenient traffic organization around, and comfortable pedestrian walkways. The organization's buildings are independent with a good geographical location (close to the city), keeping quiet in a noisy neighborhood. The external space is large and hierarchical, but the overall arrangement of the existing roads are complex and have been damaged measurably. There are existing plants here, but the plants arrangement are oversimplified. They hope to create a better environment through the construction of the institutional environment. The better environment should include the followings, healthy plant landscape, various landscape spaces in line with the psychology of the elderly, convenient walking system, parent-child communication space, healing garden areas, etc.

Task 1 Understand the characteristics of psychological activities of the elderly

The elderly feeling of the environment affects the overall atmosphere of the society. The elderly are the important users of the landscape, so the analysis of their psychological activities becomes increasingly important. To understand the psychological characteristics of the elderly, we need to think from the perspective of the elderly and put ourselves in their positions to consider their thoughts and needs.

Work steps

Work steps of Task 1 are shown in Figure 9-1.

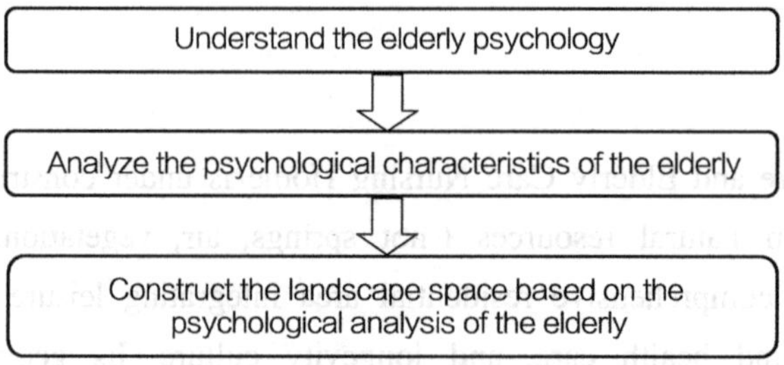

Figure 9-1 Work step diagram of Task 1

| Step 1 | Understand the elderly psychology

Activity content

Read the experiment of the two groups of elderly, analyze the psychological changes of them in the same nursing home. What are the differences between them? And why did these differences come out?

Case

This is an experiment about the subjective control, the sense of fulfillment of responsibility and the sense of self-realization of the elderly. The experiment confirmed the importance of personal control in the psychology of the elderly by comparing two groups of elderly people in the same nursing home. Both groups of elderly people received the same care, but different in telling.

The first group was told as follows

①The room is fixed up perfectly, and they don't need to care about it.

②A unified gift were given to them.

③Movies are playing every Thursday or Friday, and they will be notified to watch.

④Nursing staff are fully responsible for their daily life.

⑤Everyone can get their own plants, and the plants will be watered by the nursing staff every day.

The second group was told as follows.

①They can decide the furniture layout of their rooms.

②They can choose their own gifts.

③Movies will be played one day a week, and they can choose the day to watch.

④The elderly should participate in the daily maintenance of the living area.

⑤They need to take care of their own plants by themselves.

Thinking and discussion

Considering the two groups of the elderly people in the experiment, which group will have a higher quality of life and happier mood?

| Step 2 | Analyze the elderly psychological characteristics

Activity content

Analyze the different states of the two groups of elderly in the experiment, what psychological characteristics do these differences reflect of the elderly in nursing home?

Knowledge link

The Psychological Needs of the Elderly

The results of the experiment above are as follows.

After three weeks, most people in the first group rated themselves or were rated to be weaker than before. 93% of the elderly in the second group showed improved health, and to be more energetic and happier. The results show that strengthening the elderly sense of responsibility for the environment, improving their sense of control and choice, will improve the quality of life. And then they will have a more positive and optimistic attitude about life.

In the old age, the causes of the problems are complex and diverse, but they can be generally summed up in physical and psychological problems. Physical aging includes difficulties caused by natural aging and losses caused by diseases. Positive and healthy psychological state can inhibit and resolve negative factors, and improve the quality of life.

The factors affecting the psychology of the elderly mainly include personal quality, personal belief, social recognition, retirement problems, etc. The sources of impact include social impact, culture, community life, housing, family and other psychological impacts on the elderly. The current situation can be roughly divided into three categories.

1 Personal factors

The physical function of the elderly is obviously degraded, and the movement is inconvenient. The loss of some physical functions leads to the limitation of life everywhere. Sometimes, they lose control of life. After they enter the retirement life, their personal needs cannot be met. They can't adapt to the rapid development of technological products and modern life, and are afraid of technological products.

2 Family factors

Some of them are widowed and live alone. Some of their children are not around or they have no children to support. They have no one to company with or some have disharmonious family relations.

3 Social factors

Some elderly people have poor adaptability who have no contact with society for a long time, so they cannot integrate into society. Some old people cannot recover because of the death of friends and colleagues. Some of them think that they are worthless to the society and give up on themselves.

It can be seen that the elderly may have the following psychological barriers in psychological convenience: inferiority complex, as sense of worthless, hopelessness, loneliness and helplessness.

| Step 3 | Construct the landscape space based on the psychological analysis of the elderly

Activity content

According to the psychological state of the elderly, it should analyze the psychological needs of the elderly in the design of nursing home's environment, and create a characteristic space to meet the psychological needs of the elderly.

Knowledge link

In nursing care, the elderly lose their control of the environment in the new environment, which invisibly causes the mentally pressure. Reducing the mentally impact of the environment on the elderly, and optimizing the construction of nursing home environment can be interpreted from two perspectives: the right of option and the sense of responsibility.

1 The right of option

Starting from the psychological analysis of the elderly, the right of option can enable the elderly to enhance their personal recognition and self affirmation in a specific environment. This can be achieved through innovative landscape design.

(1) Movable landscape area may increase the selections of facilities for the elderly through mobile and combinable facilities.

(2) The versatility of the environment, which means that the spatial design has no fixed function, to provide more choices for the elderly. The areas can conduct different activities at different times of the week or of the day according to the needs of the elderly. The elderly can reasonably arrange and choose to participate in social activities considering the time and space requirements.

2 The sense of responsibility

Increasing the interaction between the elderly and the landscape can create a strong sense of responsibility of the elderly and improve their participation in the landscape. Specific ways to demonstrate the sense of responsibility include the following steps.

1) Set the vegetable planting areas

It should add edible green plants such as vegetables, melons, and fruits, to provide more participatory activities for the elderly and enhance their sense of responsibility.

2) Create a green plant display area

To enhance the interaction between the elderly and the landscape, self-growing plants can be placed in this public area, for everyone to visit and communicate to increase their sense of responsibilities and participation.

3) Create a parent-child activity area

In this area, the elderly can take children together to participate in the planting and display of plants, which can make a sense of responsibility, improve the relationship between grandparents and grandchildren, and regulate the mental state of the elderly.

Knowledge expansion

In the environmental design of nursing homes, what other spatial designs are consistent with the psychology of the elderly? And what are the characteristics of these environmental designs?

1 Sharing space

Most elderly people have a monotonous lifestyle after retirement, and generally want to communicate with others and participate in collective activities. Mutual communication and collective activities among the elderly can not only help them enjoy a slow paced elderly care life, but also reduce loneliness and possible depression. In nursing homes, the elderly have more opportunities to communicate with their peers, and the shared space can provides convenience for the elderly to communicate with each other.

2 Freely arranged space

It should create a free space for the elderly to arrange themselves in the external environment of the nursing home. In these spaces, the design of movable facilities can increase the sense of control over the environment.

3 Chinese classical garden space

According to psychological research, the fear of loneliness is a normal and reasonable physiological phenomenon. People's appeals and yearnings for groups are a manifestation of their sense of belonging. People desire to integrate into one or more groups, In the process of integrating into groups, they will feel spiritual comfort and warmth, enhance their sense of mental security, and weaken the negative emotional impacted by the sense of loneliness.

In landscape design, in order to enhance the sense of spatial belonging of the elderly, it can be achieved by designing cultural symbols with regional characteristics, and adding elements of classical gardens. The convenience of space needs to be preserved in the design for the elderly to remember and distinguish. At the same time, familiar or retro designs can give elderly people a greater sense of belonging and security inside.

4 Nostalgic space

The nostalgic space is an environmental restoration area familiar to the elderly when they were young. This area can enhance the initiative of outdoor activities for the elderly by making changes in design materials and the addition of nostalgic landscape elements.

5 Companion space

Providing partner space for the elderly, adding more double seats or creating a semi private space can improve the integrity of the emotional life for the elderly.

Thinking and discussion

In the construction of the nursing home, what other landscape spaces can meet the needs of the old people's selectivity and sense of responsibility?

Task 2 Determine the needs of different types of the elderly for environmental construction

The creation of the nursing home environment is related to the unique historical and cultural background of our country, and the creation of the environment in China has its unique characteristics. Institutional pension is a new concept in China and is gradually being accepted by more and more elderly people, especially those with higher self recognition. Elderly people with better economic conditions are also more likely to accept this new concept, and nursing homes care is also being accepted by more and more families.

The elderly involved in nursing homes can be divided into four types based on their physical conditions and whether they need escort or not: the healthy elderly, the self-care elderly, the elderly in needs of assistant care, and the elderly in needs of nursing care. Then, it will conduct a survey and analysis of the needs of four types of elderly people to identify the direction of building an appropriate environment.

Work steps

Work steps of Task 2 are shown in Figure 9-2.

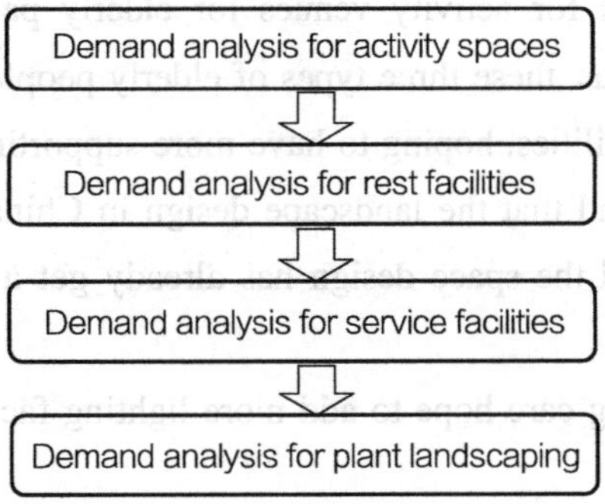

Figure 9-2 Work step diagram of Task 2

Activity content

We investigated the needs of different types of elderly people for landscapes through the activities of the elderly in urban parks, including the distribution of infrastructure, the use of rest facilities, the use of service facilities, and the demand for plant landscaping.

Research and analysis

Based on face-to-face interviews with the elderly, their filling out of forms, and observing their physical condition during activities in the park, the survey analyzed the needs of the elderly in the park for environmental construction.

Half of the elderly who come to the park are healthy elderly, who are in good health and can take care of their daily life. They mainly participate in equipment and venue fitness activities in the park, most of them focused on entertainment and fitness. 21% of the elderly in the park are self-care elderly who have relatively weak adaptive abilities and slow movements. However, they can take care of their daily activities, freely move around the park, and participate in various types of activities. Due to physical limitations, elderly people in the self care period have high requirements for fitness equipment and value the safety of activities. The elderly in need of assistant care and nursing care are unable to take care of themselves in daily life. They need the help of crutches or assistive devices in the daily life. Especially the elderly people in nursing care, they usually require specialized care, otherwise there will be various difficulties. These elderly people often engage in static activities in the park.

On account of the different physical conditions of the elderly, there are differences in the needs of the four types of elderly for venues and facilities in the park. Through the survey, the analysis of different types of elderly people's attention to environmental construction is as follows.

| Step 1 | Demand analysis for activity spaces

In terms of the demand for activity venues for elderly people during the health, self-care, and assistant care periods, these three types of elderly people have paid great attention to the number of supporting facilities, hoping to have more supporting facilities for the venue. At the same time, it can be found that the landscape design in China can meet the needs of skid resistance on the ground, and the space design has already get a higher quantity and is large enough.

Elderly people in nursing care hope to add more lighting facilities, for increasing demand of lighting design.

| Step 2 | Demand analysis for rest facilities

Elderly people in healthy and in self-care want to increase the number of seats in order to be more convenience when they are walking around.

Elderly people in assistant care pay more attention to seat orientation. And the elderly in the nursing care hope to add wind and rain proof facilities such as awnings around the seats.

| Step 3 | Demand analysis for service facilities

In the demand for service facilities, four types of elderly people have different requirements. They respectively focus on add handrails and build ramps for the platform. There are requirements for road anti-skid, too.

| Step 4 | Demand analysis for plant landscaping

The demand for plant landscaping is to increase plant species. Most elderly people have special concerns about planting plants of medical value. The traditional medicine in our country has a profound impact. Many elderly people have benefit from the treatment of it. Therefore, the using of medicinal plants is valued.

Task 3 Understand the principles of elderly environmental construction

Activity content

Through the park survey, summarize the design principles that need to be noted in the environmental construction of nursing homes.

Knowledge link

Principles for Environmental Construction of Nursing Homes

Based on the analysis of the needs of various types of elderly people for aging friendly landscapes, it is believed that the following principles should be considered at the beginning of design and renovation.

1 Spatial diversity principle

Detaching the elderly from their single group, communicating and integrating with other age groups, can form more joint activities space, break the boundaries in different age, and create a sharing space to promote communication, the meet the social needs of the elderly. The diversification of space maximizes the utilization of landscape resources.

2 Detail design principle

The design needs to meet the safety need of activities for the elderly in healthy. It should choose safe fitness equipment for elderly people in self-care, pay attention to the comfort and accessibility design of seats for the elderly in assistant care, create social space and private space needed by the elderly in nursing care. The environment design should construct a reasonable range of sight for the landscape, consider the landscape scale suitable for the needs of the elderly, set up a reasonable type and quantity of aging facilities, and pay attention to plant landscaping suitable for aging.

3 Participatory principle

Through participatory landscape design and transformation, it should enhance the sense of responsibility of the elderly, meet the right to choose, and give the elderly a sense of optimistic and confident satisfaction. According to the design requirements of spatial scale, reasonable zoning shall be carried out. Applying a space combine with static and dynamic activities can meet the needs of the elderly.

4 Safety principle

A suitable activity environment should be provided for elderly people with different physical conditions guided by safety. The space with security considering can reduce the sense of panic of the elderly in the unfamiliar environments. At the same time, the sense of belonging can be enhanced by the design of spatial recognition.

Knowledge expansion

Design Specification

General Codes for Accessibility of Buildings and Municipal Engineering Projects issued by the Ministry of Housing and Urban-Rural Development of the PRC summarized the practical experience of accessibility construction in different regions of China in recent years, studied and analyzed the current situation and development of accessibility construction. It refers to relevant international standards and advanced foreign technology, which was repeatedly discussed, revised, and improved on the basis of extensive consultation with relevant units throughout the country. The code details the terminology and design requirements of barrier-free design, as well as the barrier-free construction and renovation of squares, roads, green spaces, residential buildings, and historical and cultural relic's protection buildings. Detailed plans have been formulated to build an accessible environment, improve the quality of social life, and ensure the safe and convenient use of various facilities by those in need.

Architectural Design Standards for Elderly Care Facilities proposes that, in order to meet the needs of the construction and development of elderly care facilities and improve the quality of architectural design of elderly care homes, it is necessary to consider basic requirements such as safety, health, hygiene, use, economy, environmental protection, and formulate standards. This standard is used for the architectural design of elderly care homes with the number of designed beds more than 20, for new construction, reconstruction, and expansion. It proposes that the architectural design of elderly care homes should conform to the physical and psychological characteristics of the elderly, protect their privacy and dignity, ensure their basic quality of life to adapt to operational models, and the effective development of care services. It elaborates and stipulates terms, basic regulations, base and general layout, architectural design, special requirements, construction equipment, etc.

Task 4 Establish specific implementation methods for environmental construction of nursing homes

Through sufficient investigation and research, as well as analysis of the characteristics of landscape design at the current stage, the specific implementation of the nursing home's landscape construction would be discussed from the following aspects.

Work steps

Work steps of Task 4 are shown in Figure 9-3.

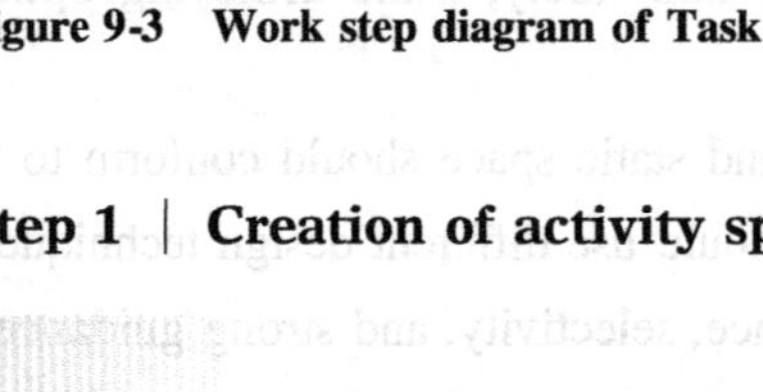

Figure 9-3 Work step diagram of Task 4

| Step 1 | Creation of activity space

Design content

What kind of space is suitable for elderly in nursing home to carry out various activities? The design needs to care about the psychological characteristics of the elderly mentioned above and the needs of different types of elderly people.

Knowledge link

The design of activity spaces for the elderly in nursing home should care about the psychological and physiological needs, safety needs, and respect needs of different types of elderly people. The space design needs to meet the needs of normal communication, activities, leisure and entertainment activities, walking activities, appropriate exercise, etc.

It can be started from the different states of spatial activities, the arrangement of communication spaces, the design of spatial identification, and the creation of microclimate spaces.

1 Division and combination of dynamic and static spaces

1) Dynamic space

Dynamic space is an important venue for sports, including Taichi, physical exercise, calisthenics, dance, etc. This space can be divided by hard landscapes (landscape walls, planting ponds, waterscapes, benches, frames, sketches, etc.) or vegetation, and it should be pay attention to the application of anti-skid materials on the ground. At the same time, the space should be considered for wind and rain protection, shading, and other conditions. The dynamic activity space can an open collective activity space with large size, even an open or semi-open space with medium size, or a covered space with plants or roof designs (airframe, gallery frames, membrane structure, etc.).

2) Static space

Most static spaces are independent small spaces that can be used as private or semi-private spaces for functions such as solitude, chatting, sunning, viewing, and recuperation. It should not only meet the need of independence of private spaces, by using vertical landscape elements such as hard landscapes, plants or covering elements to distinguish from the surrounding environment, but also meet the requirements of connecting with other surrounding spaces, to ensure accessibility and safety, while achieving optional communication with the outside world.

The design of dynamic and static space should conform to their respective characteristics to meet their needs. Then it should use different design techniques to reflect the independence, enclosure, connectivity, guidance, selectivity, and strong guidance of the space. The techniques could be combinations of hard landscapes, buildings, sketches, plants, etc.

2 Communication bubble space

In the 1960s, psychologist R. Sommer proposed the personal space theory, who believes that there is a "mysterious psychological bubble" around natural people. It is a kind of psychological safety space. When a person is surrounded by this bubble space, the bubble space will move with him. When people are in this space, they will feel mental secure and comfortable. Once the bubble space is affected by external forces, people in the space will feel flustered and anxious to some extent. This "bubble space" is the personal space, which is the minimum safe distance in psychology. In the design, the spatial layout can be used to guide the elderly to communicate, and the design with appropriate scales can ensure that the communication bubble space of the elderly would not be damaged, increasing the idea of mutual communication between the elderly in the same time.

It will conduct a reasonable allocation design based on the needs of the elderly for communication bubble space. There are many types of communication spaces for the elderly, which can be shared, including fitness equipment, ball games area, dancing area, landscape viewing area, chess and card activity area, and other types of shared spaces. They are generally classified into these types: equipment and fitness sharing spaces, sports sharing space, leisure and entertainment sharing space.

The functional design of each bubble space is not unique, and there are differences and connections between each bubble space.

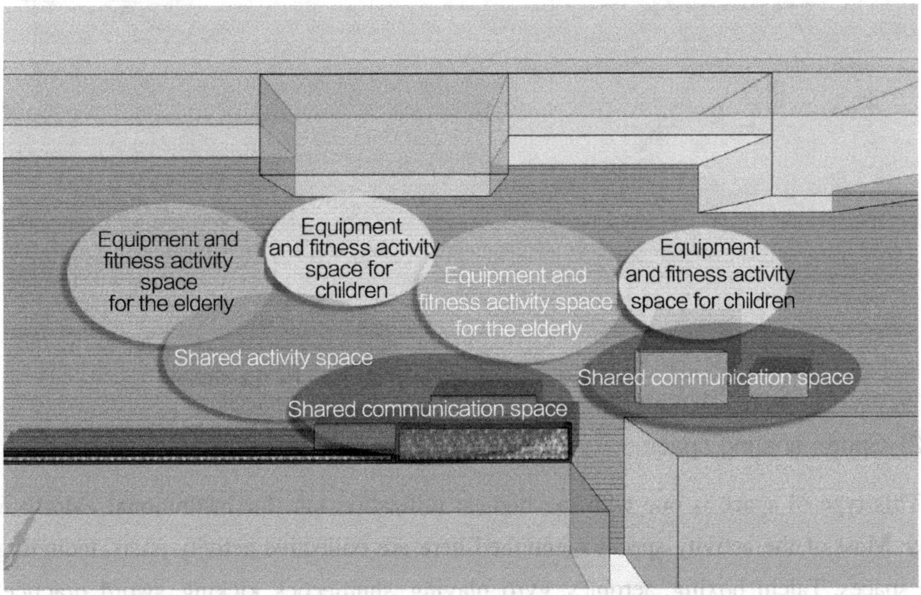

Figure 9-4 Equipment and fitness sharing bubble space plan sketch(by the author)

1) Equipment and fitness sharing spaces

The design of equipment and fitness space should take into account the psychological bubble space theory, ensuring that the bubble space for healthy and self-care elderly activities would not affected, and taking into account the psychological characteristics of elderly people in assistance nursing care, to let them feel respected, accepted, and able to communicate effectively with other elderly people in these areas. For example, elderly people in assistant or nursing care may have inconvenient with legs and feet, but they can also keep visual contact with the elderly in the fitness area. In some place, they can choose to communicate and chat with the elderly who are exercising.

In the aging friendly design of nursing home's environment, children's activity equipment space can be included. The introduction of children's construction equipment will have a positive psychological impact on elderly people, facilitate communication between elderly people in institutions and visiting children, and increase their interests.

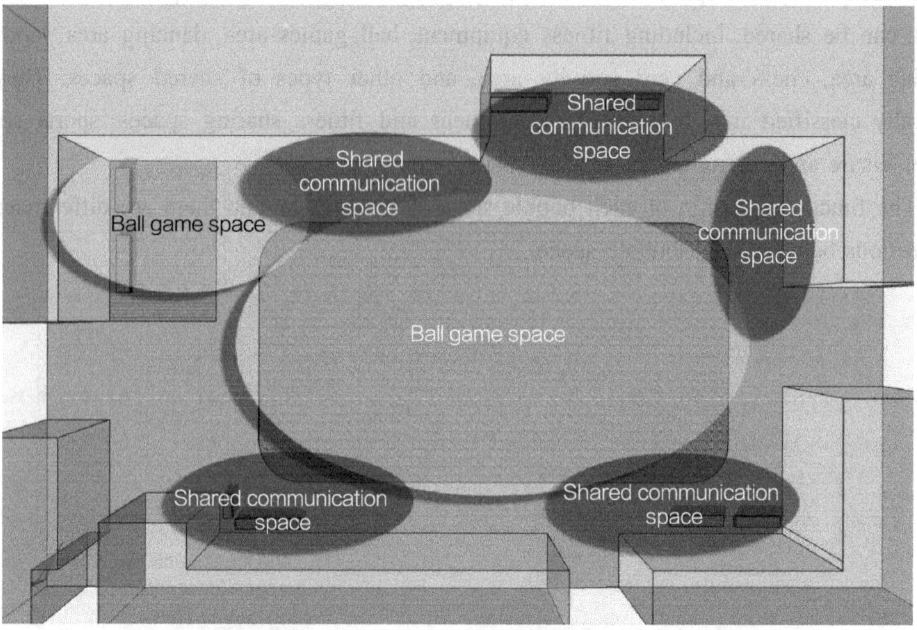

Figure 9-5 Sports sharing space plan sketch (by the author)

2) Sports sharing space

This type of space is one with the highest utilization rate for institutional elderly in the survey. Most of the activity spaces mentioned here are collective activity areas, including ball game spaces, Taichi boxing, aerobics, gyro playing, shuttlecock kicking, sword practice, and other activity spaces. This type of space is relatively large and open, or semi-open. Considering the safety of elderly activities, some areas can also be designed with partial coverage spaces, with designing a tree-lined square or setting up a veranda, planting plants to cover, to meet the need of elderly people for shade, rain protection, and wind protection during activities.

The large opening space can meet the need of healthy elderly and self-care elderly in ball playing activities. At the same time, even if the elderly in assistant and nursing care cannot participate in, they can also watch the event in the other space around them, or cheer for the elderly in the competition. This can meet the need of communication and form a diverse interactive space.

3) Leisure and entertainment sharing space

Leisure and entertainment space includes many types of activities. Although the utilization rate cannot be compared with the previous two items, strengthening its reasonable layout can expand the possibility of elderly interest activities and increase their psychological satisfaction. Each type of spaces needs to be reasonably designed based on the content of the event, with a good flow of people guiding, easy access, and complete facilities without interference. The specific space type, design feature, and usage rate are shown in the survey of a city park(Table 9-1) as follows.

Table 9-1 The survey of a city park on leisure and entertainment space

Space type	Design feature	Usage rate
Chat and rest space	Select areas with more traffic lines as chat and rest space to meet the communication need of the elderly	38%
Chess and card entertainment space	It is an independent area. The outdoor chess and card area is designed as an undisturbed space, and the surrounding space can be equipped with fragrant plants that can emit a soothing odor to relieve	52%
Singing and musical instrument performance	The space is designed as a semi open area, not only ensures the independence of the space, but also has a sense of connection with the surrounding space. While avoiding noise pollution, it attracts the surrounding people and satisfies the performers' sense of achievement	10%

In the design, reference can be made to the actual use of various spaces by elderly people in nursing homes, with emphasis on areas with high utilization rate.

The spatial form of leisure and entertainment space should also be a combination of dynamic and static activities, including both the dynamic activities mentioned in Table 9-1 and static activities, such as gardening operations, plant cultivation space, gardening display space, and family interaction space.

A safety alarm device should also be installed in the center of the area to facilitate rapid access to the alarm device from all parts of the site.

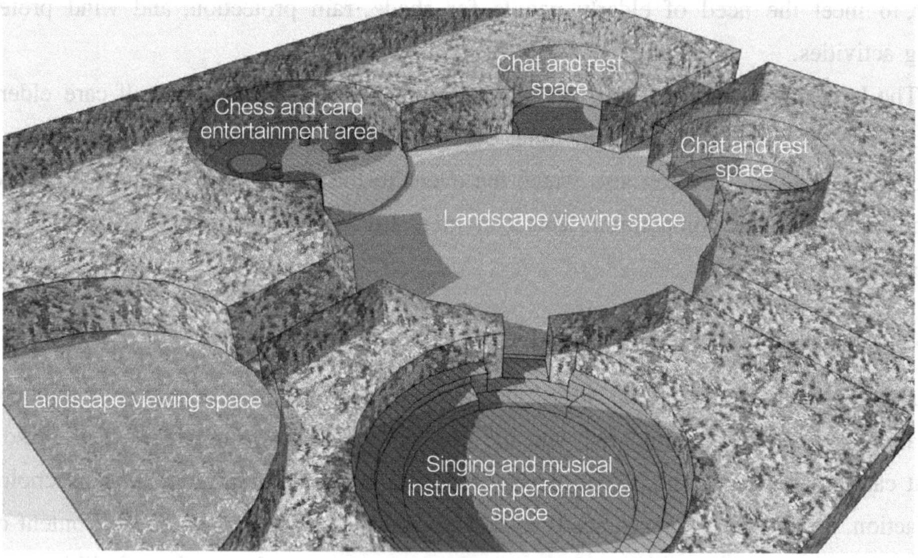

Figure 9-6 Leisure, cultural and entertainment shared bubble space plan sketch (by the author)

3 Spatial identification design

In spatial design, the impact of factors such as structure, materials, and color on the elderly should be considered, to strengthen spatial identification through the distinctive design of space lighting, color, and structure.

The beneficiaries of spatial identification design are the elderly people with memory impairment and the elderly people. With the decline of physiological functions and the loss of memory of the elderly, there is also a loss of security and the enhancement of loneliness.

1) Introduction of identifiable marks

The most direct presentation method in design is through guidance signs and guidance systems. For example, using orange signs for warning can provide visual stimulation and achieve the role of guidance. At the same time, guiding signs can play a decorative role in buildings and landscapes, to integrate visual effects with environmental design (Figure 9-7).

Figure 9-7 Here East innovative signage and guidance system design in London

2) Spatial identification design with the theme of the era background

With the decline of physiological functions and the changes of times, many elderly people will have nostalgia for the past time, and obtain a sense of psychological satisfaction and belonging through the process of recollection. In space design, the era background of the elderly in their youth can be taken as the theme, and era elements can be incorporated into space design to increase the sensitivity of the elderly to space, for improving their sense of recognition of space.

For example, it should create a unique scene when young, traditional, cultural symbols and materials can be incorporated, including traditional customs or symbols in memory, traditional spatial composition forms, cultural element patterns, etc. The reproduced landscapes include architectural styles and landscapes before and after the founding of PRC and in the early days of the founding of PRC, local characteristic landscape elements, etc.

It is also possible to create classical garden spaces and shape them through the integration of classical garden elements and modern craftsmanship. It preserves the simplicity and convenience of modern garden design, and also increases the artistic conception of classical gardens (Figure 9-8).

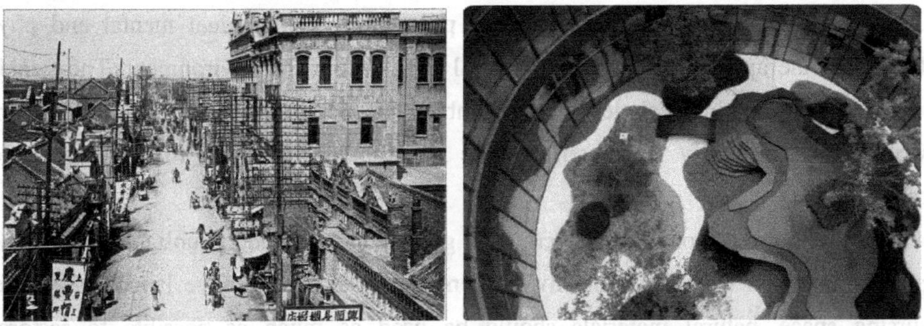

Figure 9-8 A distinctive space with a strong sense of identity against the era background

4 Create the micro-environment

A comfortable micro-environment can increase the desire of elderly people for activities and communication, bringing a sense of security and the communication needs. Micro-environment refers to different environmental conditions created by different temperatures, colors, brightness, and sound intensities within limits. A better environmental condition can bring more positive impact for the elderly. These different conditions create different environments, including wind, light, sound, and temperature requirement. The design should consider the impact of materials on light, use natural materials as much as possible, such as wood, stone, natural waterscape, etc., and avoid using reflective materials such as metal.

1) Creating wind environment

The wind in spring is called a gentle breeze, with a gentle temperament and pure taste. The wind in north area of china is warm, but the wind speed is strong, giving the impression of warmth and dryness.

The wind in summer is called a warm southerly breeze, which is passionate and unrestrained, mixed with bursts of hot heat. Maintaining well ventilated in summer, and allowing the wind to blow in, will make the elderly feel cool. During landscape design, low plants can be selected for spatial enclosure.

The wind in autumn is called the golden wind, which is cool and delicate, making people feel loneliness and sadness. Temperature is very different during the day and at night in autumn. It should ensure the wind environment creation for a specific period of time.

The wind in winter is called the north wind, which is cold and makes people feel dry. In landscape design, tall trees can be set on the northwest side, and the density should be ensured, which can effectively block the northwest wind in winter.

2) Creating light environment

Light environment creating refers to the promotion of individual mental and physical health through the appropriate intake of natural light within the environment. The benefit of light environment creating includes suitable ambient temperature obtained by lighting, absorb ultraviolet rays to purify and sterilize the air, absorb sunlight to promote calcium absorption, etc.

Proper lighting environment can create a good feeling through sunlight. Environmental design can combined with the light environment to create a restorative landscape. In design the nursing space, natural materials should be used as much as possible to restore the characteristics of materials, avoiding the use of metal and reflective materials that may stimulate the realization of the elderly and cause safety problem.

3) Regulate acoustic environment

Different types of elderly people have different requirements for the sound environment. Quiet and noisy areas should design to be separated, and not interfere with each other. In order to reduce environmental noise, the following methods can be used.

(1) Increase the elevation difference between areas to reduce noise;

(2) Set up landscape walls and waterscape to reduce noise;

(3) Laying sound absorbing materials to reduce noise;

(4) Planting plants with better sound absorption effects to reduce noise, which mainly refers to trees with large crown, dense branches and leaves, thick leaves, rough leaf surface, and rough bark. It can also be used with shrubs and ground cover plants to reduce noise.

Ability training

How will you do this landscape design in this picture to create a suitable micro-environment for the elderly through the rational layout of the landscape? The design needs to consider the following aspects.

(1) Use buildings and tall trees to block the cold wind in winter.

(2) Plant shrubs to allow sunlight in, and ensure sunlight on the site.

(3) Set up the tree pool to block the cold wind in winter and won't blocking the sight of the users.

(4) Bushes and tall trees are designed to be the leeward in winter and provide shade for people in summer.

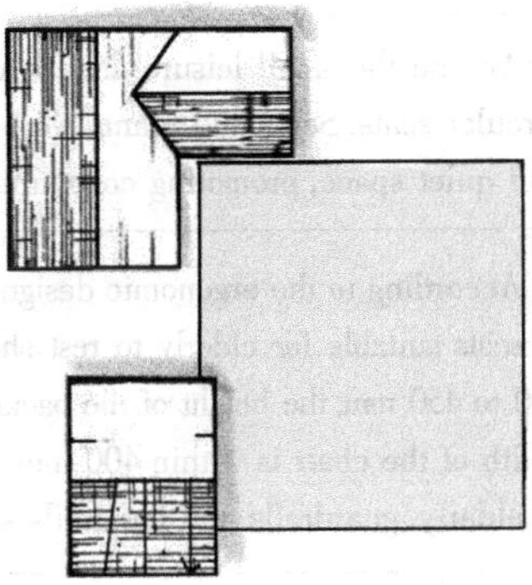

Figure 9-9 The project plan (by the author)

| Step 2 | Setting of aging facilities

From the classification theory of Maslow's hierarchy of needs, it can clearly recognize that the current aging design of nursing homes is primarily concerned with the physiological needs of humans. It means that the physiological needs of the elderly should be given special attention, and more consideration should be given to meet the physiological standards and behavioral habits of the elderly. At the same time, the environment design should be more humanistic, make the aging landscape more subtle and obscure, give elderly people more respect and made them realize their self-worth.

Design content

Designing facilities and landscapes that meet the physical and psychological needs of the elderly can be started from the following aspects: aging-friendly design of rest facilities, convenient facilities, and barrier-free facilities.

Knowledge link

1 Aging-friendly design of rest facilities(Table 9-2)

Table 9-2 Key points of aging-friendly design of rest facilities

Types	Key points of aging design	
Tables and chairs	Plane design of seats	At the edge of the fitness area, S-shaped or concave seats can be arranged to accommodate more elderly people. At the same time, this shape of seat setting can meet the needs of elderly for watching activities or chatting around
		Outside individual large trees can be arranged with surrounding seats
		Leisure and entertainment venues can be equipped with L-shaped seats.
		Around the small leisure area, it can accommodate L-shaped seats and circular seats. Seats and plants work together to create a relatively closed and quiet space, promoting communication
	Seat dimensions	According to the ergonomic design requirements for the elderly, the height of seats suitable for elderly to rest should be controlled within the range of 350 to 450 mm, the height of the backrest is between 350 to 600 mm, and the width of the chair is within 400 mm. To ensure the convenience and safety of elderly, guardrails and handrails should be added
	Seat mode	The seat modes include light blocking, rain blocking, wind blocking seats, and regular seats, to meet the static needs of the elderly
	The number of seats	The spacing between seats should be less than normal landscape design standards, more seats should be accommodate based on the actual situation.
	Tables	There is a table for four people. The height should be between 650 to 700 mm, and the desktop width should generally be around 700 to 800 mm, Considering the physical condition of the elderly, it should try to avoid using overly hard stones and should do the fillet design
Waterscape	According to ergonomics, when the height of the pool wall is designed to be 700 to 900 mm, it can both simultaneously meet the viewing needs of elderly that walking upright and elderly sitting in wheelchairs. It can be designed as a drop with different height, and it should pay attention to the detail and hidden design. For example, it can replace railings with low plastic or landscape stones at the edges of the pond, and also paying attention to anti slip design	
Fitness equipment	The size and color of the equipment should match the physical functions of the elderly, creating a comfortable exercise environment for them	

2 Convenient facilities(Table 9-3)

Table 9-3 Key points of aying design of convenient facilities

Type	Key points of aging design
Handrail	All outdoor venues, landscape passages, ramps, walkways, and corridors need to be designed with handrails, and the height of the handrails should meet the needs of the elderly and those in wheelchairs. The design of handrail not only includes differences in height, but also should meet the needs of different groups of people through psychological analysis of the elderly, changing the inclination of the handrails or designing special shaped handrails
Shelves, wind barriers	Through a questionnaire survey conducted in front, it can be seen that different types of elderly people have requirements for shelter from wind, rain, and shady sheds, especially for elderly people in nursing homes who require rain shelters, wind barriers, etc.
Storage rack	Shelves need to be set up around the activity areas and rest facilities to store things and clothing
Indicating signs	It should set up a landscape guide map for the entire park and identify important locations, for example, in road nodes and leisure areas, sports areas, bathrooms, service centers, etc. Such signs can provide reminders to the elderly at any time, so that the elderly will not panic due to getting lost, which can trigger tension
Bulletin board	The notification of institutional activities and the display of achievements can be communicated through the bulletin board, enriching the spiritual life of the elderly and providing them with a sense of achievement and satisfaction

3 Barrier-free facilities(Table 9-4)

Table 9-4 Key points of aging design of barrier-free facilities

Types	Key points of aging design
Main roads	The main road for sightseeing is designed as a circular road, and accessible entrances and exits should be connected to the main road. And it shouldn't go backwards. In special circumstance, to ensure unobstructed passage, each entrance and exit can also be connected to the circular branch roads. According to the *Specification for Design of Urban Green Space*(GB 50420-2007), considering the long-distance implementation of wheelchairs, the slope of the accessible main road should within 5% . This slope can not only meet the independent passage of some wheelchair users without assistance, but also make the passage of other elderly people more comfortable and safe. The longitudinal slope of roads in mountainous cities can be appropriately raised to within 8%

(Continued)

Types	Key points of aging design
Branches and paths	In accessibility design, it is important to ensure the side roads and pedestrian roads could guide visitors to scenic spots. Accessible tourist branch roads are connected to the main tourist road, forming a loop. When the road cannot form a loop, a wheelchair turning space should be set at the end to facilitate the wheelchair turning around. The width of the path for wheelchair access shall not be less than 1. 20 m
Rest platform	When the slope of the garden road is greater than 8% , considering the physical conditions of the elderly, it is recommended to set up a rest platform between every 10. 00 to 20. 00 m, for people with limited mobility to temporarily stay and rest
Safety guardrail	The horizontal height of vision for wheelchair users is generally 1. 10 m. To prevent wheelchair users from falling into the water while enjoying the scenery along the lake, the safety guardrail should not be less than 900 mm
Floor covering	Uneven and tattered ground can make it difficult for wheelchairs to pass through. The waterlogged ground and the alternating soft and hard pavement pose a danger to the passage of crutches. Therefore, the road surface of the accessible tourist park should be flat, anti-skid, and not loose
Tree pool design	The wall of the tree pool in the square should be higher than the ground to prevent wheelchairs from falling into the tree pit. If the tree pool is on the same level with the square ground, adding grates on the surface of the tree pool can also prevent wheelchairs from getting stuck
Garden bridge	When designing the garden bridge within the accessible route, the slope, width, and method of the bridge deck should take into account the safety needs of elderly people with limited mobility, and railings should be installed on both sides of the bridge
Service facilities set up at lower locations	The lower level service facilities can facilitate wheelchair users or shorter elderly people's access and use. For example, the design of the facility should not only require its upper surface to be high enough above the ground, but also require spaces below to ensure the access of the wheelchair. There should be space in front of it for the wheelchair to rotate
Lighting facilities	When selecting lighting facilities, in order to prevent excessive changes in brightness caused by strong light, lighting facilities with lampshades can be selected to filter the light, transforming direct light into soft diffuse and reflected light. When the lighting cannot achieve full coverage at night, additional light sources should be added at curbs, steps, ramps, or activity areas to prevent elderly people from falling down due to inability to see the road clearly. The street lights on both sides of the road are arranged with one high and one low, using high pole lights to reduce dark corners, while lower courtyard lights play a role in reducing glare. To avoid sources of scattered light generated by streetlights on both sides of the road, it is recommended to choose light blocking lamps or set up light blocking boards, grilles, etc. to avoid interference with the sight of pedestrians passing by

(Continued)

Types	Key points of aging design
Accessible Information system and intelligent public facilities	It refers to the equal, convenient, and accessible access of anyone to relevant information or the most convenient way to utilize information under any circumstances. For example, the construction of facilities for the visually impaired person includs tactile paving, Braille signs, voice prompt guide system (hearing compensation system), blind book corner, etc. The devices serving visually impaired person include portable blind positioning systems, accessible websites and terminal devices, screen reading software, visual aids, and information devices. Facilities serving visually impaired person should have a clear and visible color contrast with the background. The facilities serving for hearing impaired person include electronic display screens, synchronous sound transmission hearing aids, warning lights (audio strobe display lights), and the devices serving hearing impaired person include: sign language videos, hearing aids, video phones, etc.

Step 3 | Plant landscaping in nursing homes

Design content

When selecting plants for nursing homes, local suitable tree species and vegetation with strong adaptability, less disease and pest infestation should be preferred, and avoid using plants with flying catkins, pollution, toxicity, thorns, etc. Secondly, attention should be paid to the layering and matching of plants, with trees as the main foundation. Reasonable allocation of plants at the three levels of trees, shrubs, and grasses should be carried out to form a three-dimensional planting space. The design should fully utilize the green space of the base and other available spaces for expansion and effective greening, and increase the coverage rate of three-dimensional greening.

1 Partition landscape plant configuration

1) Leisure activity area

The selection of plant species in the leisure activity area should take into account the physical and mental health of the elderly, avoid plants with irritating odors, avoid vine like plants near people to prevent tripping, and set up trees to provide shade in sunny areas. The space design is reasonable and should meet the requirements of the elderly for extended visibility. Plants with beautiful meanings can be added appropriately to enhance the cultural atmosphere. Plants with rich colors and pleasant fragrance can be added to facilitate external environmental perception.

Private spaces can be set up in the leisure area, surrounded by trees and shrubs, to distinguish it from the external space. Bright flowering shrubs can be arranged around the activity area to create an active spatial atmosphere.

2) Landscape of pedestrian road

Planting plants with smaller leaves or evergreen plants should be along pedestrian roads to prevent pedestrians from slipping due to falling wet leaves. Ever-green trees and shrubs include plants such as pine and cypress, spruce, and yellow poplar. In addition, to ensure that the outdoor walking is not affected by weather, sheltered structures of the wind and rain corridor type can be installed in the walking space.

3) Sports areas and fitness equipment areas

According to the layout requirements of the user group and site, herbaceous plants should be planted near people to avoid hard and thorny branches. The plant's layout needs to consider wind direction, based on wind analysis, to avoid northwest winds in winter and ensure the circulation of southeast winds. At the same time, considering human perception of color and odor, it is advisable to use colored leafy plants, flowering plants, and plants with light and pleasant floral fragrance.

Rest areas are around sports and fitness equipment space. Shading trees can be set up around the area to create a sense of enclosure, forming a semi-open state along with the sports space. This area can also be a private space, surrounded by ornamental plants, making relatively quiet and relaxing feeling.

4) Parent-child activity area

This area can be enclosed by hedges to form a limited safe range of activities, and shading trees can be set according to the direction of light. It is gentle slope activity and learning cognitive area. The gentle slope activity area is a natural group, which is a limited activity area built through grassland. The learning and cognitive area can be planted with herbaceous plants of different textures and colors, facilitating science popularization and enhancing parent-child communication.

2 Barrier-free design of hedge plants

The barrier-free design of the green fence should provide a sense of security while ensuring enclosure without obstructing the view. If allowed, it can be made into three layers: trees, shrubs, and ground cover, to enhance the sense of vertical layering and horizontal rhythm, stimulating interest, and strengthening interaction and communication. Small spaces can be divided by the design of hedges. Plants in each space should be designed appropriately and have multiple levels of greening (Figure 9-10).

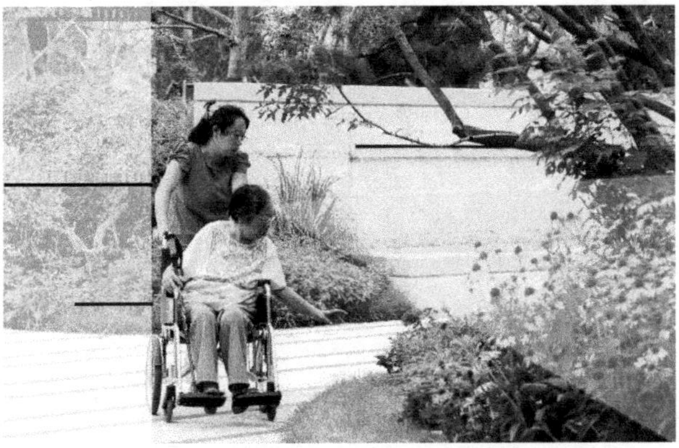

Figure 9-10 Reference for hedge height setting

3 Horticultural therapy, medicinal plant landscape application

According to the survey, most elderly people pay more attention to the pharmacological properties of plants, who can choose plants with medicinal value for configuration. Most plants can emit some beneficial and healthy odors, while some plants can also emit a pleasant fragrance. This fragrance is different from chemically produced fragrances and has good effects on the human body. Some plants can be used as medicine, and the odor is emitted by these plants can effectively regulate human functions, such as improving lung function, which even may have anti-allergic effects. Some plants can emit a fruity aroma, which may have a positive impact on people's emotions in an instant. Some plants can also emit volatile gases, which may have the effect of promoting blood circulation and help relieve cerebral vascular diseases(CVD). Some plants may have antibacterial effects, etc. (Table 9-5).

Externally therapeutic plant categories	Plant names
Plants with beneficial odors	Osmanthus, jasmine, hyacinth, and wintersweet
Plants that can alleviate fatigue	Mint, lavender, fragrance, magnolia, lilac
Medicinal plants	Affine cudweed, radix achyranthis bidentatae, polygonum cuspidatum, mistletoe fern, green bristlegrass, kummerowia striata
Anti-sensitive plants	Wide leaved palm bamboo, gerbera, banyan, chamomile, marigold
Anti-bacterial plants	Barbados aloe, wormwood leaf, bitter cabbage, podocarpus, honeysuckle